2024年版

コンプライアンスのための

金融取引ルールブック

野村 修也 監修

銀行研修社

はしがき

バブル経済の崩壊とともに噴出した金融不祥事は、金融界が永年にわたって培ってきた信用基盤を大きく揺がす結果となった。これらの不祥事は、本格的な金融自由化を控えて、体力強化を至上命題とした銀行等が、バブルに乗じて収益確保を焦った結果とみることができる。

銀行等の業務は顧客の財産を預かり、これを運用するという、国民生活にとってきわめて重要な要素を持ち、その行動は国民経済に少なからぬ影響を与えることから、銀行業務の遂行にあたっては、他の業界には見られない多くの法令上のルールが定められている。

銀行等を取り巻く経営環境が、いかに厳しい状況を迎えようと、また、たとえ収益確保のためとはいえ法令違反等の行為が許されるはずはなく、むしろ金融自由化による業務の拡大をひかえ、今まで以上に法令等の遵守が要請されるところである。

そこで本書では、銀行業務全般にわたって法令違反等に該当するケースを111集め、どのような場合にどのような法令違反になるかを、さらに防止対策はどのような手を打つべきか、その具体策を解説した。また、リード文では、法令違反に該当する法令等を挙げ、罰則規定のあるものについてはその具体的内容を明示し、法令違反の内容を素早く把握できるように構成した。

先般の金融制度調査会報告でも、内部管理体制の充実等が挙げられるとともに、法令に基づいたチェックや不正摘発の強化が謳われており、銀行等においては、早急に法令違反の事前防止への組織対応が迫られている。また、金融の自由化は、適正でかつ不正等のないフェアな競争が前提条件であるが、一方で、銀行等の自由裁量の幅が広がり、場合によっては、法令解釈の判断に迷うというケースも生じてこよう。こうした際に本書を積極的に活用されることを期待したい。さらに、銀行等のすべての行職員のための自己啓発書として、また内部研修のテキストとして多くの方々にご利用いただければ幸いである。

なお、本書は、大蔵省銀行局ならびに証券局、および第一勧業銀行調査部顧問の石井眞司が編集・構成したが、執筆の多くは、それぞれ銀行業務と各種法令に詳しい専門家の方々にご尽力を賜った。ここに記して厚くお礼申し上げたい。

平成四年一月

大蔵省銀行局　大蔵省証券局

第一勧銀
調査部顧問　石井　眞司

２０２４年版はしがき

２０２２年の旧版では、各種の法改正に合わせて、全ての項目を総点検し、加筆・修正を行った。すなわち、個人情報保護法や銀行法の改正、金融サービス提供法の施行、マネー・ローンダリングやリスク商品販売に関連する各種指針等の改訂などを反映した。

２０２４年版も、旧版の全面改訂の方針を受け継ぎ、昨今の法令改正等を網羅的に反映させた。具体的には、ＡＭＬ／ＣＦＴの徹底に向け新規項目の追加と既存項目の修正、顧客本位の業務運営や経営者保証の適正化等を要請する数次にわたる監督指針の改訂に伴う新規項目の追加と既存項目の修正を行ったほか、２０２３年11月20日に成立した「金融商品取引法等の一部を改正する法律」に関連する項目の改訂も行った。旧版に引き続き、森・濱田松本法律事務所の小田大輔弁護士の全面的な協力の下、同事務所の気鋭の弁護士に網羅的な点検作業をお願いした。内容の正確性には十分留意しているので、安心してご利用いただければ幸いである。

２０２４年３月

野村　修也（中央大学法科大学院教授・弁護士）

執筆者一覧

〈2024年版〉

小田大輔（弁護士）
吉田和央（弁護士）
白川剛士（弁護士）
篠原孝典（弁護士）
湯川昌紀（弁護士）
北　和尚（弁護士）
白根　央（弁護士）
尾登亮介（弁護士）
吉田瑞穂（弁護士）
冨永喜太郎（弁護士）
溝端悠太（弁護士）
荻野　績（弁護士）
渡辺真菜（弁護士）
城戸賢仁（弁護士）
佐藤万理（弁護士）
福島邦真（弁護士）
池田創人（弁護士）
正田和暉（弁護士）
鑓野目真由（弁護士）

〈2022年版まで〉

阿部隆彦（弁護士）
新井　誠（国学院大学教授）
飯島隆博（弁護士）
五百田俊治（弁護士）
池田俊明（常陽銀行）
石田清彦（弁護士）
一宮弘之（第一勧銀インターナショナル・ビジネス・サービス）
伊藤知之（第一勧業銀行）
稲葉俊一（第一勧業銀行）
岩澤祐輔（弁護士）
上田陽一（第一勧業銀行）
江口浩一郎（全国信用保証協会連合会）
江橋　翔（弁護士）
大島鋼一（元三井銀行）
大平　正（大平金融法務研究所）
小笠原浄二（第一勧業銀行）
小川友規（弁護士）
籠宮紀元（全国銀行協会連合会）
加藤浩康（ビジネス研究所）
金子史朗（東海銀行）
河上佳世子（弁護士）
吉川　純（弁護士）
近藤　寛（東洋信託銀行）
佐藤孝幸（弁護士）
佐野剛史（弁護士）
清水康司（シティバンク）
杉本文秀（弁護士）
鈴木秀一（弁護士）
鈴木仁史（弁護士）
瀬戸祐典（弁護士）
高階雅芳（弁護士）
高橋昭二朗（安田生命）
千原　剛（弁護士）
寺岡咲紀（弁護士）
遠山浩之
中澤　明（第一勧業銀行）
中島　皓（弁護士）
中西武志（シティバンク）
西尾信一（三重大学教授）
西垣義明（弁護士）
二田　弘（常陽銀行）
二瓶　修（弁護士）
野村重信（弁護士）
旗田　庸（元東京リース）
福島良治（元日本長期信用銀行）
福谷賢典（弁護士）
堀越　孝（弁護士）
増本善丈（弁護士）
松本貞夫（全国銀行協会連合会）
松本　崇（三菱信託銀行）
丸山幸朗（弁護士）
水口美穂（弁護士）
峯崎二郎（三菱銀行）
三原秀哲（弁護士）
山川佳子（弁護士）
山下統光（三井信託銀行）
山下　丈（弁護士）
山下典孝（大阪大学教授）
山田　齊（弁護士）
山中康嗣（岐阜信用金庫）
渡部隆生（第一勧業銀行）
和田好史（弁護士）

（敬称略　所属・肩書は執筆当時）

目　次

1 ガバナンス

3　障がい者・高齢者と銀行取引

4　預金取引

(1)　マネー・ローンダリング防止対策

7 担保・保証

(1) 保証

11　保険販売

12 相談・提案

本書で用いている略語一覧

（各項目及び項目内の種類ごとに五十音順）

① 法律

外為法 ⇓ 外国為替及び外国貿易法
金商法 ⇓ 金融商品取引法
金サ法 ⇓ 金融サービスの提供に関する法律
金融円滑化法 ⇓ 中小企業者等に対する金融の円滑化を図るための臨時措置に関する法律
景表法 ⇓ 不当景品類及び不当表示防止法
国外送金等調書法 ⇓ 内国税の適正な課税の確保を図るための国外送金等に係る調書の提出等に関する法律
個人情報保護法 ⇓ 個人情報の保護に関する法律
資産流動化法 ⇓ 資産の流動化に関する法律
出資法 ⇓ 出資の受入れ、預り金及び金利等の取締りに関する法律
障害者差別解消法 ⇓ 障害を理由とする差別の解消の推進に関する法律
消契法 ⇓ 消費者契約法
組織的犯罪処罰法 ⇓ 組織的な犯罪の処罰及び犯罪収益の規制等に関する法律
宅建業法 ⇓ 宅地建物取引業法
独占禁止法 ⇓ 私的独占の禁止及び公正取引の確保に関する法律
犯収法 ⇓ 犯罪による収益の移転防止に関する法律
振り込め詐欺救済法 ⇓ 犯罪利用預金口座等に係る資金による被害回復分配金の支払等に関する法律
マイナンバー法 ⇓ 行政手続における特定の個人を識別するための番号の利用等に関する法律
麻薬特例法 ⇓ 国際的な協力の下に規制薬物に係る不正行為を助長する行為等の防止を図るための麻薬及び向精神薬取締法等の特例等に関する法律
民執法 ⇓ 民事執行法
民訴法 ⇓ 民事訴訟法
預金者保護法 ⇓ 偽造カード等及び盗難カード等を用いて行われる不正な機械式預貯金払戻し等からの預貯金者の保護等に関する法律
預金不当契約取締法 ⇓ 預金等に係る不当契約の取締に関する法律

② 政省令等

外為省令 ⇓ 外国為替に関する省令
外為令 ⇓ 外国為替令
金商業府令 ⇓ 金融商品取引業等に関する内閣府令
金商法定義府令 ⇓ 金融商品取引法第二条に規定する定義に関する内閣府令
貿易関係省令 ⇓ 貿易関係貿易外取引等に関する省令
報告省令 ⇓ 外国為替の取引等の報告に関する省令

③ 金融検査マニュアル・監督指針等

旧オペレーショナル・リスク管理態勢チェックリスト ⇓ オペレーショナル・リスク管理態勢の確認検査用チェックリスト（2019年12月廃止）
旧経営管理態勢チェックリスト ⇓ 経営管理（ガバナ

ンス）態勢―基本的要素―の確認検査用チェックリスト（２０１９年12月廃止）
旧顧客保護等管理態勢チェックリスト ⇓ 顧客保護等管理態勢の確認検査用チェックリスト（19年12月廃止）
旧法令等遵守態勢チェックリスト ⇓ 法令等遵守態勢の確認検査用チェックリスト（19年12月廃止）
金融円滑化監督指針 ⇓ 中小企業者等に対する金融の円滑化を図るための臨時措置に関する法律に基づく金融監督に関する指針
主要行監督指針 ⇓ 金融庁 主要行向けの総合的な監督指針
中小監督指針 ⇓ 金融庁 中小・地域金融機関向けの総合的な監督指針
金商監督指針 ⇓ 金融庁 金融商品取引業者向けの総合的な監督指針
保険監督指針 ⇓ 金融庁 保険会社向けの総合的な監督指針
金融分野ガイドライン ⇓ 金融分野における個人情報の保護に関するガイドライン
個人情報保護法ガイドライン ⇓ 個人情報の保護に関する法律についてのガイドライン

④ 日本証券業協会 自主規制規則

広告景品規則 ⇓ 広告等の表示及び景品類の提供に関する規則
従業員規則 ⇓ 協会員の従業員に関する規則
投資勧誘規則 ⇓ 協会員の投資勧誘、顧客管理等に関する規則

⑤ 判例・判例集等

高判 ⇓ 高等裁判所判決
最決 ⇓ 最高裁判所決定
最判 ⇓ 最高裁判所判決
大判 ⇓ 大審院民事部判決
地判 ⇓ 地方裁判所判決
下民集 ⇓ 下級裁判所民事裁判例集
刑集 ⇓ 最高裁判所刑事判例集
高検速報 ⇓ 高等裁判所刑事裁判速報
高裁民集 ⇓ 高等裁判所民事判例集
裁特 ⇓ 高等裁判所刑事判決特報
税資刑 ⇓ 税務訴訟資料 刑事
民集 ⇓ 大審院民事判例集又は最高裁判所民事判例集
民録 ⇓ 大審院民事判決録
金商 ⇓ 金融商事判例集
金法 ⇓ 金融法務事情
判時 ⇓ 判例時報

⑥ その他

全銀協 ⇓ 全国銀行協会
全業会 ⇓ 全国銀行協会通達

※金融検査マニュアルは19年12月に廃止されたが、コンプライアンス上参照することが適切と考えられる規定について、本書は「旧マニュアル参照」として該当する項目番号を明示している。

第一章　ガバナンス

1 コンプライアンスに関する検査・監督の枠組み

金融当局は、より良い規制環境の実現・金融規制の質的向上のため、ルール・ベースの監督とプリンシプル・ベースの監督の最適な組合せを実現しようとしており、法令等遵守を含めたコンプライアンス・リスクの分野では、①ルールベースではなく、経営の問題としての取組みを評価することを目的とした金融機関の経営陣との対話や、②重要な問題に焦点を当てた、リスクベースのモニタリングなどを通じて、検査・監督に当たることとしている。

解説

●「形式・過去・部分」から「実質・未来・全体」へ

2018年6月、金融庁は「金融検査・監督の考え方と進め方」（検査・監督基本方針）を策定し、従来型の「形式・過去・部分」という視点ではなく、「実質・未来・全体」という視点を意識した、ルールとプリンシプルのバランスを重視した監督を行うという方針を示した。「実質」とは、最低基準の形式的充足だけでなく、実質的に良質な金融サービスの提供やリスク管理等ができているかという視点、「未来」とは、過去の一時点の健全性の確認ではなく、将来に向けた健全性が確保されているかという視点、「全体」とは、特定の個別問題への対応に集中するのではなく、真に重要な問題への対応ができているかという視点を意味する。

これを受け、コンプライアンス・リスク管理の分野では、2018年10月、「コンプライアンス・リスク管理に関する検査・監督の考え方と進め方（コンプライアンス・リスク管理基本方針）」が策定された。同方針でも、①形式的な法令違反のチェックに終始、表面的な再発防止策の策定等、ルールベースでの対応の積み重なり（「コンプラ疲れ」）、②発生した個別問題に対する事後的な対応、③経営の問題と切り離された、管理部門中心の局所的・部分的な対応といった「形式・過去・部分」と訣別し、以後は、①経営陣において、ビジネスモデル・経営戦略・企業文化とコンプライアンスを表裏一体であるとの認識の下、経営目線での内部管理態勢を主導すること、②潜在的な問題を前広に察知し、その顕在化を未然に防止すること、③金融機関の規模・特性に応じたリスクベースでのメリハリのある管理態勢を構築することなどが、金融機関が対応を改善していくべき方向性であるとした。その上で、金融庁の検査・監督は、①ルールベースではなく、経営の問題としての取組みを評価することを目的とした金融機関の経営陣との対話や、②重要な問題に焦点を当てた、リスクベースのモニタリングなどを通じて行う方針が打ち出された。

同時に、金融当局の重箱の隅をつつくような検査の一因になったとされた金融検査マニュアルを廃止するという方向性も打ち出され、2019年12月に同マニュアルは廃止された。同マニュアルには、法令等遵守態勢に関するチェックリストが示されており、銀行においては、これを踏まえた実務が積み重ねられてきたところ、同マニュアルの廃止も、これまでに定着した実務を否定するものではなく、銀行において、同チェックリストを引き続き態勢整備の参考にすることは妨げられない。

対策

●自助努力の認識がカギ

銀行は、お仕着せの規制対応に終始するのではなく、尊重すべき主要な行動規範・行動原則に向けた自行なりの態勢整備が求められる。検査・監督基本方針やコンプライアンス・リスク基本方針は、金融検査マニュアルのようにチェックリスト的に態勢整備の要求事項の細目を規定するものではない。「法令さえ守っておけば大丈夫だろう」「法令違反ではないからよいではないか」という認識ではなく、より本質的な法令等の趣旨や目的を十分に理解した上で、顧客や地域社会等の正当な欲求を把握し、それに積極的に応えていく業務運営が重要であろう。

2 銀行の役員の義務と責任

銀行の取締役は善管注意義務・忠実義務の一内容として内部統制システムを構築・運用する義務を負うが、内部統制システムの内容・水準は、時代等に応じて変わり得るものであり、銀行の取締役には、態勢の構築とともに、適時のアップデートが求められる。

解説

●内部統制システムの構築・運用は、取締役の善管注意義務・忠実義務の一部

取締役は銀行に対して善管注意義務（会社法330条、民法644条）・忠実義務（会社法355条）を負い、取締役がこれに違反して銀行に損害を与えた場合は、任務懈怠責任、すなわち損害賠償責任を負う。取締役の善管注意義務・忠実義務違反が問題となる場面としては、大別して、①業務執行に関する決定（経営判断）の場面、②他の役職員に対する監視・監督の場面、③内部統制システムの構築・運用の場面がある。

このうち、③の内部統制システムの構築・運用義務とは、役職員の違法行為・不正行為の発生を未然に防止し、万一そのような行為が発生した場合は早期に発見し改善できる態勢を構築し運用する義務を指す。内部統制システムには、適正な会計処理や財務報告の他、コンプライアンス態勢やリスク管理態勢なども含まれる。求められる態勢の水準は、通常想定される違法行為・不正行為を防止することが可能な水準であり、当該銀行の規模・特性などが考慮される他、時代によっても異なり得る。時代の移り変わりとともに、銀行の内部統制システムは、マネー・ローンダリング等の防止、反社会的勢力の排除、情報セキュリティ・サイバーセキュリティ、システムリスク管理、労務管理まで広く包摂した概念となっている（例えば、近時では、銀行子銀行における反社会的勢力との取引防止のための体制構築義務違反（善管注意義務違反）があったとして、銀行持株会社の取締役の責任を追及する株主代表訴訟が提起されるなどしている（東京地判令和2年2月27日。ただし、結論は否定））。また、訴訟提起の有無に関わらず、銀行において、内部統制システムに関連する問題が発生した場合は、銀行のレピュテーションが大きく毀損するリスクも顕在化するところであり、取締役には、銀行の企業価値の維持・向上のために、法令等遵守というミニマム・スタンダードにとどまらず、社会的な要請に応えられるような内部統制システムを構築・運用することが求められているといえる。

対策

●態勢のアップデートが必要

銀行の内部統制システムの内容や水準は動的であり、取締役には、今、自行に求められる態勢とはどのようなものかを、認識・理解するための感度や情報収集が必要となる。内部統制システムは、構築すれば終わりではなく、その実効的な運用も重要である。気が付けば求められる水準から乖離していたということにならぬよう、態勢のアップデートを図ることが肝要である。

（小田大輔）

3 ディスクロージャーの高度化への対応

近年の国内外におけるサステナビリティの重要性の急速な高まりを踏まえ、上場会社には、有価証券報告書においてサステナビリティに関する考え方や取組み等の開示が義務づけられるようになった。銀行においても、投資家との対話を踏まえ、自行のサステナビリティに関する取組みを進展させながら、有価証券報告書の記載を漸進的に充実させていくことが考えられる。

解説

●有価証券報告書におけるサステナビリティ開示の義務化

上場会社が有価証券報告書において開示すべき事項は、財務情報に限られず、投資家の投資判断に必要な情報を分かりやすく提供する観点から、非財務情報の開示についても拡充が進められている。その中で、国内外における企業経営や投資家の投資判断におけるサステナビリティ（ＥＳＧ要素を含む中長期的な持続可能性）の重要性の急速な高まり等を踏まえ企業内容等の開示に関する内閣府令が改正され、2023年3月期決算の有価証券報告書からサステナビリティ情報の記載欄が新設された。これにより、各社が、環境（気候変動を含む）、社会、従業員、人権の尊重、腐敗防止、贈収賄防止、ガバナンス、サイバーセキュリティ、データセキュリティ等のうち自らにとって重要であると判断した項目について、企業の持続的な成長と中長期的な企業価値の創出のために、いかなる取組みを行っているかを連結ベースで開示することが義務化された。

具体的な記載事項としては、サステナビリティに関する考え方及び取組みとしての「ガバナンス体制」及び「戦略」に加え、「リスク管理」及び「指標及び目標」のうち重要なものの開示が求められる。

また、企業の持続的成長のためには、企業価値の向上の源泉となる人的資本の確保も重要な観点となる。そこで、上記内閣府令改正により、上記サステナビリティに係る「戦略」として、人材の多様性の確保を含む人材の育成に関する方針及び社内環境整備に関する方針を記載することや、上記「指標及び目標」として当該方針に関する指標の内容並びに当該指標を用いた目標及び実績を（重要性の判断にかかわらず）記載することも求められることとなった。さらに、女性活躍推進法等に基づき公表しなければならない「女性管理職比率」、「男性育児休業取得率」及び「男女間賃金格差」が、従業員の状況に係る開示項目として追加されている。

対策

●サステナビリティ開示を漸進的に充実させていく

上記開示事項については、細かな記載事項は規定されておらず、企業ごとの取組状況に応じて柔軟に記載できる枠組みとなっている。上場会社である銀行（または銀行持株会社）においては、投資家との対話を踏まえ、自行のサステナビリティに関する取組みを進展させながら、有価証券報告書の記載を漸進的に充実させていくことが考えられる（なお、上場会社でない銀行においても、サステナビリティを意識した経営が求められるのであり、自行のサステナビリティに対する考え方や取組みを対外的に公表する観点から、任意に開示することが期待される）。また、金融庁が公表している「記述情報の開示の好事例集２０２２」には、好事例として、気候変動が与信コストに与える影響についてシナリオ分析した結果を端的に記載している銀行の事例等が紹介されており、記載ぶりの検討に際しては、これらの好事例も参考にすべきである。

（小田大輔・城戸賢仁）

4 コンプライアンス・リスク管理態勢の整備と経営陣の責任

コンプライアンス・リスク管理態勢の整備は銀行の重要な経営課題であり、銀行の経営陣には、コンプライアンス・リスク管理態勢の整備義務がある。経営陣がこれを怠り銀行に損害を与えた場合は、損害賠償責任を負うこともある（会社法423条等）。このような事態とならないため、tone at the topを意識したコンプライアンス・リスク管理態勢の整備・確立を行う必要がある。

解説

●コンプライアンス・リスク管理態勢の整備は内部統制システム構築義務の１つ

「コンプライアンス・リスク」とは、自らのビジネスにおいて、利用者保護や市場の公正・透明に重大な影響を及ぼし、ひいては自身の信頼を毀損する可能性のある重大な経営上のリスクと理解される。例えば銀行の取締役は銀行に対して善管注意義務（会社法330条、民法644条）及び忠実義務（会社法355条）を負い、取締役がこれらの義務に反し銀行に損害を与えた場合は、取締役は銀行に対して損害賠償責任を負う（会社法423条）。善管注意義務・忠実義務の内容には、内部統制システム構築義務（銀行グループにおいては、他の役職員の法令違反を未然に防止し、万一生じた場合は早期に発見して改善できる体制を構築する義務）が含まれており、取締役が、銀行経営上のコンプライアンス・リスク管理態勢の整備・確立を怠った場合にも、善管注意義務・忠実義務違反があったものとして損害賠償責任を追及される可能性がある。

「コンプライアンス・リスク管理基本方針」（２０１８年10月金融庁）においては、「金融機関の経営陣における、『コンプライアンス・リスク管理は、まさに経営の根幹をなすものである』との認識に基づいた経営目線での対応が極めて重要となる」「経営陣において、ビジネスモデル・経営戦略から、どのようなリスクが生じ得るか、十分な想像力を巡らせて考えることが重要となる」「経営陣の姿勢（tone at the top）は、実効的なコンプライアンス・リスク管理の根幹として重要な企業文化にも大きな影響を与える」とされ、コンプライアンス・リスク管理が重要な経営課題であることが示されている。

対策

●tone at the topを意識した態勢整備を

コンプライアンス態勢の整備・確立は、内部統制システム構築の一環として、経営陣が率先垂範して行う必要がある（tone at the top）。その取組項目としては、例えば、①事業戦略・事業計画を踏まえたコンプライアンス・リスク管理方針の策定、②同方針に紐付いたコンプライアンス・プログラムの整備・周知、③営業部門から独立したコンプライアンス統括部門の設置・人員の配置と同部門を通じた全行的な法令等遵守の確保、④コンプライアンス・リスク管理態勢に対する内部監査、⑤コンプライアンス・リスク管理の実施状況の取締役会・監査役への報告、⑥これらに対する経営陣としての適切な検証と改善等の指示、を図る必要がある。その際には、コンプライアンス・リスク管理とは、形式的に法令等を遵守するだけでは足りず、法令等の趣旨・目的を十分に理解した上で、公共性が高く信頼性が求められる銀行として、顧客や社会の求める水準を認識し、その期待に応えていくことであるということを踏まえ、幅広くリスクを捕捉・把握することも必要である。

内部統制システム構築義務は、結果責任ではないがコンプライアンス違反が生じないよう防止する態勢整備の義務であるため、万一コンプライアンス違反事案が発生した場合、「知らなかった」は弁解にならない。銀行取締役としては、上記を踏まえ、ＰＤＣＡも意識しながら、適切なコンプライアンス・リスク管理態勢を整備・確立するようにしなければならない。

（小田大輔）

5 反社会的勢力との関係遮断・解消

銀行は、公共の信用を維持し、その業務の適切性・健全性を確保するためにも、反社会的勢力に対して屈することなく法令等に則して対応することが不可欠であり、その関係遮断・解消に向けた態勢整備に取り組む必要がある（中小監督指針Ⅱ－3－1－4－1等）。

解説

●反社会的勢力との関係遮断・解消は金融機関にとっての重要な課題

中小監督指針等においては、①反社会的勢力との取引の未然防止（入口）、②事後チェックと内部管理（中間管理）、③反社会的勢力との取引解消（出口）という3つの観点から、金融機関の態勢整備について、a．組織としての対応…取締役等の経営陣の適切な関与、グループ一体となった取組み、b．反社会的勢力対応部署による一元的な管理態勢の構築…反社会的勢力対応部署の整備、一元的な管理態勢の構築・機能発揮、c．適切な事前審査の実施…反社会的勢力情報等を活用した適切な事前審査の実施、契約書や取引約款への暴力団排除条項の導入の徹底、d．適切な事後検証の実施…既存の債権や契約の適切な事後検証を行うための態勢の整備、e．反社会的勢力との取引解消に向けた取組み…取引の相手方が反社会的勢力であると判明した場合における、取締役等の経営陣への報告等・取引解消の推進・利益供与にならないための配慮・資金提供等を行わないための態勢整備、f．反社会的勢力による不当要求への対処…反社会的勢力により不当要求がなされた場合における、取締役等の経営陣への報告等・外部専門機関への相談及び不当要求対応要領等を踏まえた対応・刑事事件化も躊躇しない対応・要求の理由となっている不祥事に係る事実関係の調査、g．株主情報の管理…属性情報の確認等、が求められており、態勢整備に重大な問題がある場合等には、業務改善命令（銀行法26条）が発出される可能性もある（中小監督指針Ⅱ－3－1－4－2、Ⅱ－3－1－4－3）。このような態勢整備等は、マネー・ローンダリング等対策の観点からも求められるものである。

また、全銀協からも、三次にわたり暴力団排除条項の参考例が公表されている他、全都道府県で暴力団排除条例が制定・施行され、銀行を含む事業者に、契約締結に際しての事前審査や契約書への暴力団排除条項導入の努力義務が課せられるなどしており、反社会的勢力との関係遮断・解消は、金融機関にとっての極めて重要な課題となっている。

対策

●反社チェック、暴力団排除条項の導入・適用、不当要求対応等がポイント

銀行対策　銀行における反社会的勢力との関係遮断・解消のための取組みとしては、①反社チェック（事前・事後）…反社会的勢力情報データベースの充実・更新等、同データベース等を活用した実効的な反社チェック（事前審査のみならず、取引開始後も定期的または必要に応じスクリーニングを実施）、事前審査の対象取引の拡大、②暴力団排除条項…契約・約款への暴力団排除条項の導入、導入対象契約・約款の拡大にとどまらず、実際に暴力団排除条項の適用による取引解消の実施、③不当要求対応…対応要領の策定・周知徹底、不当要求を受けたときの対応についての研修（ロールプレイなどを含む）の実施、などがポイントとなろう。

（小田大輔・城戸賢仁）

6 顧客からの苦情等への金融ＡＤＲ制度活用

銀行は、顧客の相談・苦情等を受けた場合には、必要に応じて金融ＡＤＲ制度を紹介・活用し、顧客とのトラブルを適時適切に解決するよう努めなければならない（中小監督指針Ⅱ－3－2－6－3等）。

解説

●銀行の金融ＡＤＲ手続への応諾義務等

金融分野における裁判外紛争解決制度（金融ＡＤＲ制度）とは、銀行等と利用者の間のトラブルを裁判外で簡易・迅速・柔軟に解決するための紛争解決制度である。同制度の下で、銀行は、指定紛争解決機関（銀行業務については、全銀協）との間で手続実施基本契約を締結し、同契約に基づいて、①当該指定紛争解決機関が実施する紛争解決手続を正当な理由なく拒んではならない義務（手続応諾義務）、②紛争解決手続において、報告または帳簿書類その他の物件の提出が求められた場合には、正当な理由なく拒んではならない義務（説明・資料提出義務）、③紛争解決手続において提示された特別調停案を、訴えを提起した場合その他の場合を除いて受諾しなければならない義務（特別調停案受諾義務）等を負う（銀行法52条の67）。

なお、指定紛争解決機関は、銀行にこれらの義務の不履行が生じた場合において、正当な理由がないと認めるときは、遅滞なく、当該銀行の商号及び当該不履行の事実を公表等しなければならない（同法52条の68）。

対策

●金融ＡＤＲの活用による紛争の簡易・迅速な解決

銀行は、相談・苦情等処理態勢の充実のため、適切な窓口の整備、相談・苦情等の原因分析、行内における情報共有、再発防止策の策定・周知・実施状況のフォローアップ等を、経営陣が関与する形で適切に行わなければならない。

特に、金融ＡＤＲ制度については、顧客に必要な情報（手続の概要等）を積極的に開示するとともに、顧客から具体的に相談・苦情等があった場合には必要に応じて金融ＡＤＲを紹介することが求められる。そして、当事者間の話合いでは顧客の納得が得られない場合や、損害賠償金額の確定が困難である場合には、その時点で改めて金融ＡＤＲの説明を行うことも必要である。また、実際に金融ＡＤＲ手続が申し立てられた場合には、銀行は、手続応諾義務、説明・資料提出義務、特別調停案受諾義務等を適切に履行しなければならない。なお、金融ＡＤＲの実際においては、受諾義務が発生する特別調停案が提示されることはあまりなく、任意に受諾を判断してよい和解案が提示されることが多いが、その場合であっても、顧客の被害回復、紛争の迅速解決等の観点から、銀行として可能な範囲で前向きに受諾を検討するべきであろう。

（小田大輔・城戸賢仁）

7 子会社・関連会社の反社会的勢力との取引と本体銀行の責任

銀行は、グループ・ガバナンスの一環として、その子会社・関連会社における反社会的勢力の排除に関しても、適切な管理を行う責務があり、そのために、方針・規程・マニュアル等の整備、反社会的勢力の定義の統一、反社会的勢力情報データベースの共有などを検討する必要がある。

解説

●子会社・関連会社からも反社会的勢力を排除することが必要

銀行に限らず、事業者には、暴力団排除条例に基づき、反社会的勢力排除のための措置を講じる（努力）義務が課されている。そのため、銀行だけでなく、銀行の子会社・関連会社も、同条例で求められている反社会的勢力排除のための措置を講じなければならない。

また、銀行は、銀行自身の業務の健全かつ適切な運営を確保するなどの観点から、その子会社・関連会社に対しても適切な管理（グループ・ガバナンス）を行うことが求められている。中小監督指針等において、「銀行単体のみならず、グループ一体となって、反社会的勢力の排除に取り組むこととしているか」（Ⅱ－3－1－4－2⑴）、「（反社会的勢力に関する）情報の収集・分析等に際しては、グループ内で情報の共有に努め…ているか」（同⑵①）といった着眼点が示されているということもあり、子会社・関連会社も含めたグループベースでの反社会的勢力排除が、銀行の取締役の善管注意義務（内部統制システムの構築義務）の一内容となっているといえる。

銀行の子会社・関連会社が反社会的勢力と取引を行った場合、それが銀行本体による子会社・関連会社管理の不備等に起因するものであれば、子会社・関連会社の取締役だけでなく、銀行本体の取締役の善管注意義務違反の問題に発展する可能性もあるし（子銀行における反社会的勢力との取引防止のための体制構築義務違反（善管注意義務違反）があったとして、銀行持株会社の取締役の責任を追及する株主代表訴訟が提起された例もある（東京地判令和2年2月27日。ただし、結論は否定）、仮にそこまでいかなくても、銀行本体のレピュテーションの毀損に繫がるリスクはある。

対策

●グループベースでの反社会的勢力排除の取組みを

グループベースでの反社会的勢力排除のためには、例えば、①子会社・関連会社の方針・社内規程・マニュアル等も、（当該子会社・関連会社の業種業態に伴う修正は当然行うとしても）銀行本体のものと基本的に同内容・同水準のものを整備する、②社内の管理区分や暴力団排除条項における属性要件の定義を統一する（銀行本体と同様、いわゆる共生者類型を属性要件に含めるなどを含む）、③子会社・関連会社における反社チェックの充実のために、銀行本体と反社会的勢力情報データベースを共有する、あるいは、銀行本体が子会社・関連会社から顧客情報の提供を受けて反社チェックを行う、④子会社・関連会社の所管部署との連携の枠組みを構築するなどの取組みを検討する必要がある。

銀行のコンプライアンス・マニュアルには、反社会的勢力への対応について、初期対応の方法、担当部門の連絡先、担当責任者等が規定されることとなるが、必要に応じて、子会社等においても同様の措置をとることが必要である（旧法令等遵守態勢チェックリストⅢ-2①ⅲ参照）。

（小田大輔）

8 SNS・インターネットバンキングの普及と風評リスク

近時は、SNSやインターネットバンキングの普及に伴い、情報は瞬時に拡散され、取引も日本全国で24時間365日行うことが可能になっている。そのため、銀行は、SNSに生じた風評を放置すると、昼夜問わず一瞬にしてこれが拡散し、銀行の経営に大きな悪影響を与えかねない。銀行においては、このような観点も加味して、危機管理態勢を整備し、SNS等で風評リスクが生じた場合には直ちに経営陣に報告が上がる体制を構築し、経営陣が機動的に対応できるようにしておくことが求められる。

解説

●SNS・インターネットバンキング普及の影響

2023年3月、アメリカのシリコンバレー銀行が経営破綻に追い込まれたが、その理由の1つとして、SNSやインターネットバンキングを通じた瞬時の経営不安の情報拡散と預金流出が挙げられると分析されている。すなわち、SNSやインターネットを通じた取り付け騒ぎである。もっとも、当該銀行が特殊な資産・負債構造になっていたために、急速な預金流出の悪循環に繋がったものと考えられており、日本の銀行全般にそのままあてはまるリスクであるとはいえないと考えられる。

しかし、近時、SNSの普及によって情報伝達のスピードは加速しており、また、インターネットバンキングの普及に伴い、日本全国で24時間365日取引を行うことが可能になった一方で、短期的・流動的に操作できる資産が少ないという銀行の資産構造には変わりはないことから、日本の銀行においても、万が一SNSでの情報拡散に起因する信用不安等が生じた場合には、十分な時間を確保して対策を検討することが困難になりつつあると考えられる。そのため、銀行においては、このような観点も加味して、危機管理態勢を整備し、SNS等で風評リスクが生じた場合には直ちに経営陣に報告が上がる体制を構築し、経営陣が機動的に対応できるようにしておくことが求められる。また、SNSでの情報拡散を早期に発見する観点からは、

ＳＮＳのモニタリングを実施することも考えられる。なお、ＳＮＳにおいて影響力の小さい投稿がなされただけの段階において当該投稿に反応すると、当該反応によりかえって信用不安等が惹起されてしまう可能性もあるため、状況の慎重な分析が必要となる点に留意が必要である。

対策

●有事の際のシナリオを検討する

上記のように情報伝達のスピードが加速していることを受けて、従前までのオペレーションサイクルを更に加速させたサイクルで対応することが求められつつある。危機管理マニュアルを整備する際には、瞬時に情報伝達がなされる現代の特徴も考慮した上で、有事の際のリスクシナリオをあらかじめ検討しておく必要がある。風評リスクが生じた場合には、当局、報道機関、投資家への説明やウェブサイトにおける情報提供等、並行して複数の対応を実施する必要性が生じ得るため、役割分担を事前に明確化しておくこと、有事を想定したリハーサルを実施し、各自がその役割を的確にこなせるか等、関係者の動きを含めた危機管理マニュアルの実効性を確認すること、リハーサルの実施を通じて判明した改善点につき見直しを図り、危機対応能力を高めておくことなども有用である。

（小田大輔・城戸賢仁）

9 コンプライアンス統括部門とコンプライアンス担当者との連携

法令等遵守の問題を一元管理するため、コンプライアンスに関する統括部門を設置するとともに、法令等遵守規程を策定し、組織内に周知する他、各業務部門及び営業店ごとに配置したコンプライアンス担当者との連携を密に図ることが重要である（旧法令等遵守態勢チェックリストⅠ－2①～③iii、同Ⅱ－1②③④、同Ⅱ－2③⑥参照）。

解説

●統括部門の設置

近時、コンプライアンスの守備範囲は、法令違反の防止だけではなく、顧客保護・顧客本位、市場の公正性・透明性、その他各種リスク管理の分野に跨がることもあり（これらをコンプライアンス・リスクと総称することもある）、また、銀行のレピュテーション（社会的評価）の低下等をいかに回避するかといった点への配慮も重要な課題である。

このように銀行のコンプライアンスが、その範囲に広がりをみせ、高度化する中で、適時適切に課題に対処するためには、本部内に統括部署を設けて現場にアドバイスを提供したり、現場と共に対応する態勢、すなわち現場との連携態勢を構築する必要がある。専門的な部署に人材と情報を集約しておけば、各種の事案に対して統一的かつ迅速な対応ができるし、集積した事例・解決等の成果を現場に還元することもできる。さらには弁護士等の外部専門家に相談するにしても、窓口を一本化して事例を整理しておけば、効率的に解決方法を見出すことができる。

●統括部門と各業務部門等との連携

こうした統括的な法令等遵守管理を全行的に実効たらしめるためには、各業務部門及び営業店等ごとに、コンプライアンス担当者を配置することも必要である。コンプライアンス担当者は、コンプライアンス統括部門と密接に連携して、各業務部署の情報を収集し伝達するなど、法令等遵守の状況をモニタリングするための役割を担うとともに、各部店において法令等遵守の取組みを適切に行わなければならない。

対策

●連携のあり方と留意点

コンプライアンス統括部門と各業務部門等のコンプライアンス担当者が密接に連携するためには、両者間で、コンプライアンス・リスク管理関連情報の連絡・報告・協議のためのルールを明確化しておくとともに、日頃から相互に情報交換や意見交換を図ることが重要である。言うまでもなく、その前提として、コンプライアンス統括部門と連携するための責務を負うコンプライアンス担当者は、普段から法的知識の蓄積を図り、いざ違法行為を発見したときには、直ちに統括部門に報告・協議するなどして、その損害の発生や拡大の防止等に努めなければならない。当然のことながら、業務に関する法的知識の蓄積を図ることも求められる。

（小田大輔）

10 不祥事防止に向けた総合的な人事施策

不祥事防止等の観点から、必要に応じ、特定の職員を長期間同一部署の同一業務に従事させないよう、適切な人事ローテーションを実施するとともに、連続休暇、研修、内部出向制度等を用い、職員が一定期間職場を離れる方策をとることも検討に値する。もっとも、不祥事防止策はこれらに限られるものではなく、柔軟な人材配置や人材育成を通じた顧客向けサービスの向上という観点も加味した、総合的な不祥事防止策に取組むことが重要である。

解説

●不在中の不祥事の発見とその抑止力

不祥事を防止するためには、常日頃からのコンプライアンス・リスク管理の啓蒙・研修活動に加え、不祥事を起こしにくい制度・環境を整備することも必要である。

過去の不祥事には外部の者にそそのかされて犯行に至る場合も多く、取引の行きがかり上断りきれなかったり、リベートをちらつかされて犯行に協力するという例も少なからず見受けられる。こうした不祥事の土壌となる顧客との癒着や握り込み等の防止のため、必要に応じ、人事ローテーションを適切に実施することは有効な施策の1つである。内部者単独の犯行でも、長期間同一部署の同一の業務に就けばそれに精通するだけでなく、チェックが甘くなって犯罪を誘発することが多く、そうした事態の防止にも人事ローテーションが有効に働くことがある。さらに、不在中の不祥事の（早期）発見や抑止力という観点から、役職員に長期の連続休暇等を取らせることも効果的である。

そのため、必要に応じ、適切な人事ローテーションの実施とともに、連続休暇、研修、内部出向制度等やその組合わせにより、職員が一定期間職場を離れる方策をとることも検討に値する。

不祥事防止策としては、権限の制限・分離も有効であり、権限を1人の人間に集中・固定化するのではなく、複数の人間が関与できるようにするなど、チェック機能を補うことも必要となろう。

対策

●方策の実効性を確保することが重要

これらの施策を実施する際には、形ではなくその内容の実効性が求められる。連続休暇を例にとれば、その目的は休暇中の行員の仕事ぶりを確認するとともに、そうした確認が行われるという牽制を働かせることにある。したがって、単に連続休暇を取得させるだけでは実効的な運用とはいえず、例えば、当該行員が連続休暇によって職場を離脱している間に、普段当該行員の担当している顧客に他の行員が連絡・訪問等をすることによって、休暇中の行員の仕事ぶりを把握し、異例取扱いがないかなどを確認するといった対応が行われることが適切である。

限られた人員の中ではこうした人事施策は現実には難しい場合もあるかもしれないが、不祥事防止策は、必ずしも特定の方法に限られるものではないし、柔軟な人材配置を通じて、銀行が人材の育成やこれを通じた良質な顧客向けサービスの提供に取組むことも必要である。すなわち銀行には、これらの点も加味して、総合的な不祥事防止策に取組むことが重要である。

（小田大輔）

11 コンプライアンス・プログラムの適切な実施

コンプライアンス統括部門は、同部門の管理者が年度ごとに策定したコンプライアンス・プログラムの内容を適時適切に実施するとともに、進捗状況や達成状況をフォローアップし、取締役会等へ報告することが要請される（旧法令等遵守態勢チェックリストⅡ－1⑴⑤、2①参照）。

解説

●コンプライアンス・プログラムは策定自体に目的があるのではなく実施することが重要

銀行においては、コンプライアンス統括部門の管理者が、コンプライアンスを実現するための具体的な実践計画であるコンプライアンス・プログラム（規程の整備、内部統制の実施計画、役職員の研修計画等）を最長でも年度ごとに策定し、取締役会の承認を経た上で周知徹底することが求められる。

コンプライアンス統括部門の職員やコンプライアンス担当者等の役割には、法令等違反行為の監視・是正だけでなく、法令等違反行為を未然に防止することもある。法令等違反行為を芽のうちに摘み、コンプライアンス・リスクを顕在化させないために銀行として何を実施していかなくてはならないか、どういった事項をPDCAサイクルによって取組んでいかなくてはならないか、そのための具体的な実践計画がまさにコンプライアンス・プログラムであるが、このコンプライアンス・プログラムは策定すること自体に目的があるのではなく、実施することが重要である。

対策

●コンプライアンス・プログラムの策定・実施のための態勢整備

代表取締役及び取締役会は、コンプライアンス・プログラムの進捗状況や達成状況を定期的にかつ正確に把握・評価し、その実施状況を業績評価や人事考課等に衡平に反映する態勢を整備しなくてはならない。また、コンプライアンス・プログラムの内容については、期中であっても、法令・規制、金融庁の監督指針等の制定・改定の他、社会情勢や自行や他金融機関等での重大なインシデント等に応じて見直しを検討する必要もある。コンプライアンス統括部門としては、コンプライアンス・プログラムが銀行にとって極めて重要であることに鑑み、その内容を適時適切に実施することはもとより、進捗状況や達成状況をフォローアップし、取締役会等へ報告することも必要である。このような報告が適切になされない場合は、経営陣による銀行全体のコンプライアンスに関する取組状況の把握が遅れることになり（最悪の場合は欠落することになり）、その結果、コンプライアンス上の問題を組織として放置したとの誹りを免れない事態も生じ得る。

その他、コンプライアンス・プログラムの適切な実施のためには、内部通報制度（詳細は「12内部通報制度の実効性向上」を参照）を整備するとともに、それに対する信頼を確立することも不可欠であろう。例えば、経営陣が積極的に内部通報制度を評価し、コンプライアンス・リスク管理態勢の重要な要素として機能させることを明確に示すことなどが必要である。

（小田大輔）

12 内部通報制度の実効性向上

内部通報制度は、銀行におけるコンプライアンス・リスク管理推進のための重要な仕組みである。その適切な運用は、コンプライアンス・リスク管理上の問題点の早期発見と自浄作用に資する。運用に際しては、通報者の個人情報のみならず、通報の対象となった者や調査協力者の個人情報の適正な取扱いにも留意が必要である。

解説

●内部通報制度は銀行の自主改善、自浄作用のための仕組み

内部通報制度は、コンプライアンス・リスク管理上の問題点の早期発見と自浄作用に資するものである。また、公益通報者保護法も、常時使用する労働者数が300人を超える事業者に、内部公益通報対応体制の整備等を義務付けている（同法11条）。内部通報制度の整備においては、消費者庁が公表している「公益通報者保護法第11条第1項及び第2項の規定に基づき事業者がとるべき措置に関して、その適切かつ有効な実施を図るために必要な指針」（以下「指針」という）や「公益通報者保護法に基づく指針（令和3年内閣府告示第118号）の解説」などを参考にしながら、通報者を保護する体制を整備（範囲外共有等の防止も含めた秘密保持の徹底や解雇その他の不利益取扱いの禁止等）し、内部通報制度を実効的に機能させるための措置（内部公益通報対応体制についての行員等に対する教育・周知や通報者への是正措置等の通知等）を講じなければならない。その際には、指針を遵守するための取組みにとどまらず、必要に応じ、自主的に通報を行った者に対する処分等の減免（いわゆる社内リニエンシー制度）の導入なども検討すべきであろう。

そして、内部通報制度の整備に関しても、より実効的に運用可能な制度とする観点からＰＤＣＡを回すことが肝要であり、制度の整備・運用状況や実績等について客観的な評価・点検を定期的に実施し、制度を継続的に改善していくことが適切である。

近時の金融機関の不祥事においては、内部通報制度が機能しなかった事例として、「事実上、上司への相談が利用の前提となっていた結果、内部通報制度が機能しなかった事例」、「『営業現場において、コンプライアンス違反の疑いがあった場合、本来はこれを糾すべき立場にある管理者等が、営業推進のために見て見ぬふりをしている』という風潮が存在した結果、内部通報制度が十分に機能していなかった」事例が挙げられている（金融庁「コンプライアンス・リスクに関する傾向と課題」）。こうした例を踏まえ、銀行においても、内部通報制度を自主改善、自浄作用ひいてはガバナンス及びコンプライアンス・リスク管理向上のための仕組みとして有効活用することが重要である。

対策

●内部通報制度の実効性向上に向け態勢整備が必要

コンプライアンス・リスク管理の徹底のためには、それに関連する情報、とりわけコンプライアンス違反やそのおそれがある行為等の情報を早期に探知することが重要であり、それこそがガバナンスが機能しているということの1つの表れでもある。そのための仕組みの1つが内部通報制度であり、銀行においては、通報を受け付ける窓口を、外部の独立した窓口も含めて複数設置すべきであるし、内部公益通報対応体制について、その意義や重要性も含め、行員等（銀行グループ共通の窓口である場合には、グループ企業の労働者等を含む）に対して十分に教育・周知することが必要である。また、内部通報制度の運用に際しては、通報者の個人情報のみならず、通報の対象となった者や調査協力者の個人情報の取扱いにも留意が必要であり、これらの者の個人情報を共有する範囲を必要最小限に限定するなど、通報処理に従事する者に個人情報の適正な取扱いを徹底させなければならない。

（小田大輔・城戸賢仁）

13 不祥事件届出

不祥事件届出は、銀行における法令等違反など内部管理態勢上の問題を早期に当局が探知するための仕組みである。銀行においては、迅速かつ正確に不祥事件届出を行うためのフローの確立が求められ、特に法改正によって判断基準が実質化された現金等の紛失の場合や、いわゆるバスケット条項に該当する場合の届出に判断ミスや漏れがないよう注意が必要である。

解説

●不祥事件届出が必要な場合とは

銀行は、自行、子会社または業務の委託先において不祥事件が発生したことを知ったときは、当局に届出を行わなければならない（不祥事件届出）。届出が必要になる「不祥事件」とは次のとおり法定されている（銀行法施行規則35条8項）。①銀行の業務または銀行代理業者の銀行代理業の業務を遂行するに際しての詐欺、横領、背任その他の犯罪行為、②出資法または預金等に係る不当契約の取締に関する法律に違反する行為、③現金、手形、小切手または有価証券その他有価物の紛失（盗難に遭うこと及び過不足を生じさせることを含む）のうち、銀行の業務または銀行代理業者の銀行代理業の業務の特性、規模その他の事情を勘案し、これらの業務の管理上重大な紛失と認められるもの、④海外で発生した前記に掲げる行為またはこれに準ずるもので、発生地の監督当局に報告したもの、⑤その他銀行の業務または銀行代理業者の銀行代理業務の健全かつ適切な運営に支障を来す行為またはそのおそれがある行為であって前記に掲げる行為に準ずるもの（いわゆるバスケット条項）。

●現金等の紛失の場合の届出基準の実質化

このうち③については、以前は、現金等の紛失に係る不祥事件届出の金額基準が、一件当たり100万円以上と定められていたが、実質的な管理が可能となるよう、２０１７年の銀行法施行規則改正により、形式的な金額基準が廃止されている。

対策

●迅速かつ正確に不祥事件届出を行うためのフローの確立が重要

銀行においては、現金等の紛失の場合の届出基準の実質化を踏まえた届出要否の基準やフローを確立する必要がある。その際には、紛失の金額のみに着目するのではなく、紛失の状況、原因、再発の可能性、顧客被害などを勘案し、現金を預かる身として管理に態勢上の不備や落ち度がなかったかを、実態に照らして検証しなければならない。また、同様に実質的に検証しなければならない届出事由としていわゆるバスケット条項があり、重大な法令違反があるか、行為の悪質性、被害の有無・程度、行為が行われた期間の長短、反復継続性、顧客への影響の有無・程度、行為の発生原因、類似事案が多数発生しているなど態勢的な問題点が認められるか、役員や管理者の関与が認められるか、組織的な関与が認められるか、といった点を総合考慮し判断する必要がある。

金融当局は、銀行から不祥事件届出が提出された場合、当該事件の内容が銀行の経営等に与える影響はどうか、内部牽制機能が適切に発揮されているか、改善策の策定や自浄機能は十分か、当該事件の発覚後の対応は適切か等を検証し、当局としての対応を検討する（中小監督指針Ⅱ-3-1-1(3)）。銀行においては、不祥事件届出を行う際には、改善策の策定や事件後の対応なども含め、自浄作用の発揮に向けてどのような措置を講じるか整理しておくことも肝要である。

（小田大輔）

14 不祥事件発生時の担当者の対応

不祥事件の発生を確認した場合、コンプライアンス担当者等は、直ちに統括部門に報告するとともに、関係書類を確保・保存するなど、迅速かつ適正な行内調査に備えておかなければならない。

解説

●不祥事件発生時にやらなければならないこと

銀行が不祥事の発生を受けてどのような対応方針をとるかについて適切に判断を行うためには、まずは事案を正確に把握し、その発生原因を分析しなくてはならない。事実調査は不祥事発生部署から独立した部署（一般的にはコンプライアンス統括部門や内部監査部門など）が担当する必要がある。特に重大な法令違反の疑いがある場合には、弁護士（顧問弁護士は避けるべきである）、外部専門家等からなる独立した第三者委員会による客観的かつ厳正な調査を行うことが必要になるときもある。

営業店においては、例えば自店において不祥事が発生した場合には、レポーティング・ラインに従って速やかにコンプライアンス統括部門等の所管部署へ報告を行うとともに、事実調査・確認のためのヒアリングに応じたり、不祥事を起こした職員の勤務状況などについて報告を行うことなども必要になる。

事案の把握、発生原因の分析の次は、再発防止策により抜本的に内部管理態勢の改善を図っていくことが必要となるが、例えば個人情報漏えい事案においては速やかに該当顧客に通知を行うなど、適時に当面の対応策を講ずることが必要なケースもあるし、当該不祥事が、刑罰法令に抵触しているおそれがある場合には、所管部署と協議の上、適時に警察等の関係機関等へ通報等を行うことも検討する必要がある。また、銀行法上の不祥事件（銀行法施行規則35条8項）に該当する場合は不祥事件届出を行うことも忘れてはならない。

再発防止策の内容は、原因分析に基づき、実効的なものとする必要があるが、コンプライアンス担当者は、所管部署とも連携の上、その実効的な履行を図るべく取組みを進めなければならない。再発防止策は策定して終わりではなく、その後適切にフォローアップを行い、定着を図ることが肝要である（以上、中小監督指針Ⅱ－3－1－1(1)参照）。

対策

●事件発生時の速やかな連携が重要

不祥事件発生時の対応は概ね以上のとおりであるが、実際突発的な事態が生じたときに満足な対応ができるかどうかは、日頃からの準備にかかっているため、コンプライアンス担当者は、万一の事態に備えて情報の連携のためのフローを頭に入れておく必要がある。現場からの速やかな情報連携が、適時の関係部署間の連携（横の連携）や経営陣への報告（縦の連携）、ひいては全行的な不祥事件対応態勢の強化につながることになる。

（小田大輔）

15 リスク性金融商品の勧誘・販売等における最善利益義務

銀行においては、自行が策定した「顧客本位の業務運営に係る方針」に基づき、顧客の最善の利益を追求しなければならない。そのためには、第1線はもとより、経営陣や第2線・第3線が、販売実績や、営業職員・顧客の意見・声など営業現場の実態を把握した上で、顧客の最善の利益を追求した提案ができているか検証する必要がある。

解説

●最善利益義務

16 「顧客本位の業務運営に関する取組み」において述べるとおり、これまで銀行には、金融庁の公表した「顧客本位の業務運営に関する原則」に基づき、自行の業務の実態に沿った「顧客本位の業務運営に係る方針」を策定・公表するとともに、当該方針への取組状況を公表することが求められてきており、この原則の1つに「顧客の最善の利益の追求」が含まれていた。これは遵守が期待される準則として監督上示されたものであったが（いわゆるプリンシプル）、2023年には、これを法律上も明文化する法改正が行われ、「金融サービスの提供等に係る業務を行う者は（中略）、顧客等の最善の利益を勘案しつつ、顧客等に対して誠実かつ公正に、その業務を遂行しなければならない」旨の法的義務（最善利益義務）が規定された（金融サービスの提供及び利用環境の整備等に関する法律2条）。従来は、金融商品取引業者・金融商品仲介業者や金融サービス仲介業者には同様の法的義務が課せられるとともに（改正前金商法36条1項、同66条の7、改正前金融サービス提供法24条）、（それらも含めた）金融事業者全般に対しては、同じ理念に基づく行動準則である顧客本位原則の遵守が求められてきたが、今般の法改正では、およそ「金融サービスの提供等に係る業務を行う」すべての業者に共通するものとして、横断的に上記の法的義務が規定され、銀行も当然にこの規律に服することになる。

この最善利益義務は従来の顧客本位原則と同じ理念に基づくものであり、法的義務とされたことにより内容自体が大きく変わるわけではないが、その不遵守があった場合に直接法令上の義務違反になるということからすると、管理態勢のより一層の厳格化が求められることになろう。

このような観点で、あらためて顧客本位原則に関する留意点を見ていくと、2023年、金融庁は、リスク性金融商品の勧誘・販売等について仕組債や外貨建て一時払い保険の販売・管理態勢を中心にモニタリングを実施し、その結果を「リスク性金融商品の販売会社による顧客本位の業務運営のモニタリング結果について」(以下「本結果」という)として公表した。本結果によれば、課題として、①仕組債や外貨建て一時払い保険の販売・管理態勢、②プロダクト・ガバナンス、③銀証連携、④リスク性金融商品販売・管理態勢、⑤従業員に対する適切な動機付け等の様々な点が指摘されている。特に、リスク性金融商品の販売・管理態勢についてみると、以下の事例が見受けられたとする。

・仕組債等のリスク性金融商品の販売に当たり、投資判断に必要となるコスト開示が不十分である(手数料等が明確でない)。

・仕組債や外貨建て一時払い保険の販売に当たり、高クーポンといった表面的なニーズのみに対応し、元本毀損リスク等を十分に説明していない(重要な情報が提供されていない)。

・自社の取扱商品数が多いため、営業現場で商品性の理解が十分に進まないため、最適な商品説明・提案ができていない。

・顧客へのフォローアップの機会が、専ら提案営業の目的に活用されている。

銀行においては、第1線の役職員が自行の取組方針を踏まえ、顧客の最善の利益を追求するよう行動することはもとより、経営陣や第2線、第3線の役職員が、上記の金融庁の指摘を踏まえ、販売実績や、営業職員・顧客の意見・声など営業現場の実態を把握しながらも、分かりやすい情報提供や真の顧客ニーズを踏まえたサービス提供を検証していく必要がある。

対策

●取組方針に記載した事項の実施を

本結果においては、取組方針に定めた取組みがなされていないなど、そもそも取組方針が銀行に浸透していない点も指摘されている。最善利益義務が法律上の義務として明文化された現在、今一度、自行に顧客本位の業務運営の考え方を根付かせる対応が求められる。

（小田大輔・渡辺真菜）

16 顧客本位の業務運営に関する取組み

顧客本位の業務運営の要請は近時ますます高まっている。銀行は、金融庁が公表した「顧客本位の業務運営に関する原則」を踏まえ、自行なりの方針や取組方針の策定・公表が求められるとともに、全行的な顧客本位の業務運営に向けた取組態勢の整備が必要となる。

解説

●「顧客本位の業務運営に関する原則」とは

金融庁「顧客本位の業務運営に関する原則」は次の7項目から構成されている。

①顧客本位の業務運営に係る方針の策定・公表等、②顧客の最善の利益の追求、③利益相反管理の適切な管理、④手数料等の明確化、⑤重要な情報の分かりやすい提供、⑥顧客にふさわしいサービスの提供、⑦従業員に対する適切な動機づけの枠組み等。

●銀行は取組方針や取組状況の策定・公表が必要

銀行は、同原則を踏まえ、自行なりの「顧客本位の業務運営に係る方針」を策定・公表するとともに、当該方針への取組状況を公表することが求められる。その際、取組みの定着度合いを客観的に評価できるようにするための成果指標（ＫＰＩ）を盛り込んで、顧客等に「見える化」することが必要であり、どのようなＫＰＩを設定するかを含め、「見える化」の内容・方法に工夫を凝らす努力も必要となろう。これら方針や取組状況については、経営陣・本部・営業現場が一体となって当該方針を実践し、その結果である取組状況を第2線・第3線の検証とともに振り返り、必要に応じて取組方針を見直す、というＰＤＣＡサイクルを通じて、取組内容・水準を向上させていくことが求められる。

●ＫＰＩの設定と運用

金融庁は、国民が、リスクや販売手数料等のコストに見合ったリターンを長期的に確保できているかを比較検討できるよう、金融事業者が、共通の定義による統一的な指標を公表することを期待して、投資信託及び外貨建保険に関する共通ＫＰＩを示している。具体的には、「投資信託の比較可能な共通ＫＰＩ」として、「投資信託運用損益別顧客比率」「投資信託の預り残高上位20銘柄のコスト・リターン」「投資信託の預り残高上位20銘柄のリスク・リターン」の3指標を、「外貨建保険の比較可能な共通ＫＰＩ」として、「外貨建保険の運用評価別顧客比率」「外貨建保険の銘柄別コスト・リターン」の2指標を、それぞれ示している。

その他、原則⑦として「従業員に対する適切な動機づけの枠組み等」があげられているとおり、ＫＰＩの設定・運用にあたっては、営業現場が売上・収益・販売額に偏重することなく、顧客目線に適った姿勢で販売に取組めるよう、適切に導くという観点が必要である。

●顧客への情報提供や適合性の確保のさらなる徹底

２０２１年には、顧客本位の業務運営のさらなる徹底のために、顧客本位の業務運営に関する原則や金融商品取引業者等向けの監督指針が改定され、例えば、顧客において同種の商品の内容と比較することが容易となるように配意した資料（重要情報シート）の活用が求められるようになった。また、２０２３年には、原則②のさらなる徹底を意図して、「顧客等の最善の利益を勘案しつつ、顧客等に対して誠実かつ公平に、その業務を遂行しなければならない」旨の法的義務を金融サービスの提供等に係る業務を行うすべての事業者に課すための改正法が成立した（金融サービスの提供及び利用環境の整備等に関する法律2条）。

対策

●全行的に浸透させることが重要

顧客本位の業務運営の重要性が高まってきている。銀行においては、真の顧客本位とは何かということについて、研修や好事例の共有などを通じ、全行に浸透を図るべきである（職場単位での勉強会なども有効であろう）。その際には、顧客本位の業務運営がベストプラクティスを志向するものであることも踏まえ、横並びではなく、自行なりの創意工夫に努めるという観点も重要となる。

（小田大輔・渡辺真菜）

17 利益相反のおそれのある取引の特定

銀行は、自行または自行のグループ内における利益相反によって顧客の利益が不当に害されることのないよう、利益相反のおそれのある取引（以下「利益相反取引」という）を適切に管理する必要があるところ、その前提として、自行及び自行のグループ内会社の業務の内容・特性・規模等に応じ、利益相反取引をあらかじめ特定・類型化することが求められる。

解説

●利益相反取引の特定

金融機関の提供するサービスの多様化や、業態を跨ぐ形での国際的なグループ化の進展に伴い、金融機関内または金融グループ内において、競合・対立する複数の利益が存在し、利益相反が発生するおそれが高まっている。こうした状況を踏まえ、銀行及び銀行グループ内における利益相反管理態勢の整備（銀行法13条の3の2第1項、中小監督指針Ⅲ-4-12）がより一層重要となっている。

利益相反取引を管理するためには、その前提として、利益相反を管理・統括する部署（利益相反管理統括部署）の関与の下、利益相反取引をあらかじめ特定・類型化するとともに、継続的に評価する態勢を整備することが必要である。特に、2022年に銀証ファイアーウォール規制が緩和されたことに伴ってその必要性は一層増しており、各銀行のビジネスモデルの実態や、銀行が属するグループ内の他の金融機関の業態等に応じて適切に利益相反取引の特定が行われるべきであるし、グループ内に証券会社がある場合には、証券会社において行われている利益相反取引の特定・類型化とも整合的な取扱いとする必要がある（以上につき、中小監督指針Ⅲ-4-12(1)①）。

利益相反を特定するプロセスは、自行や自行のグループ内会社等の業務内容、規模・特性を反映したものである必要があるほか、一度特定された利益相反取引についても、新規の業務活動や、法規制・業務慣行の変更等に的確に対応し得るものであることが求められる（中小監督指針Ⅲ－4－12－2(1)②）。

対策

●利益相反の特定方法の定期的な検証を

利益相反取引は、銀行内の部門間、または同一金融機関グループ内の親会社・子会社・兄弟会社・関連会社のいずれとの間でも起こり得る問題であるだけでなく、場合によっては顧客との間でも利益相反的状況が生じ得ることに留意する必要がある（金融審議会市場制度ワーキング・グループ「顧客本位タスクフォース」による中間報告（2022年12月9日）では、顧客との間の利益相反の可能性についても把握・管理が必要であることが示唆されている）。また、前述のとおり、新規の業務活動や、法規制・業務慣行の変更等によって、従前は想定されない新たな利益相反状況が生じることもある。

このように利益相反取引の特定方法については、一度方法を決定すれば十分であるとはいえず、その有効性を確保する観点から、定期的な検証を行い、必要に応じて特定方法の変更を検討するなどの対応を行うことが求められる。

（小田大輔・渡辺真菜）

18 利益相反管理態勢の整備

銀行においては、銀行自身またはグループ関連会社による取引に伴い顧客の利益が不当に害されることのないよう利益相反の管理を適切に行うことが求められる。利益相反管理は、経営陣の指示の下、管理統括部署が適切かつ十分な利益相反管理を行うための態勢を整備し、その実効性を確保するための具体的施策として、営業部門からの独立性を確保し、牽制機能を発揮する態勢を整備する必要がある。これらの態勢整備を怠った場合には、金融検査において指摘を受けたり、行政処分の対象となることもあり得る。

解説

●利益相反管理態勢の整備は法令上の義務

銀行は、顧客保護・顧客本位の業務運営の一環として顧客の利益が不当に害されることのないよう適切に業務運営を行うことが求められ、銀行法上も、利益相反管理態勢の構築義務として明定されている（銀行法13条の3の2）。利益相反管理態勢を適切に整備していくためには、経営陣の指示の下、利益相反管理統括部署を行内で定め、適切な管理の実施を図らなければならない。その際には、概ね以下のような点に留意する必要がある。

・自行やグループ会社の業務内容・規模・特性を反映し、利益相反のおそれがある取引をあらかじめ特定・類型化するとともに、継続的に評価するための態勢を整備すること（中小監督指針Ⅲ-4-12-2(1)参照）。

・次のような管理方法を選択し、または組合わせることができる態勢を整備し、定期的に管理方法の検証を行うこと（同(2)参照）。①利益相反を発生させる可能性のある部門の分離（情報共有先の制限）、②利益相反のおそれがある取引の一方または双方の取引条件または方法の変更、③利益相反のおそれがある取引の一方の取引の中止、④利益相反事実の顧客への開示、⑤情報を共有する者の監視・利益相反のおそれがある取引の特定及び顧客の利益を保護するために実施した利益相反管理の方法等について、適切に記録・保存すること。

・利益相反管理規程の遵守状況のモニタリングや研修・教育等により、利益相反管理の適切性及び十分性が確保されているか継続的に確認すること。

なお、「重要情報シート（個別商品編）」では、顧客に提供する利益相反の可能性に関する情報として、顧客が支払う費用のうち販売会社が組成会社から受取る手数料の割合及びその対価として顧客に提供するサービスの内容、販売会社と組成会社との関係（資本関係等）、特定の商品を販売した営業職員に対する業績評価上の評価に及ぼす影響、等が挙げられており、かかる情報提供も利益相反管理の一手法として機能すると言える。

対策

●適時適切に管理できるようにするための態勢整備が重要

利益相反管理統括部署は、経営陣の指示の下、銀行自身またはグループ関連会社による取引に伴い顧客の利益が不当に害されることのないようにするため、利益相反管理を適時・適切に実施できるよう、関係業務部門及び営業店等に対して、指導・監督を行うとともに、利益相反のおそれがある取引の特定、利益相反管理に関する記録の作成・保存、利益相反管理に関するモニタリングや教育・研修等の実施などの適切な措置を講じる必要がある。

（小田大輔）

19 顧客説明態勢・顧客情報管理態勢と責任者の役割

銀行には、顧客との間で行われるあらゆる取引に関し、顧客に対する説明が適切かつ十分に行われ、また、顧客情報については、その漏えい防止の観点から適切に管理することが求められる。

解説

●顧客説明態勢

銀行は、その営む業務の内容及び方法に応じ、顧客の知識、経験、財産の状況及び取引を行う目的を踏まえた重要な事項の顧客に対する説明を確保するための措置を講じなければならない（銀行法12条の2第2項、同法施行規則13条の7）。具体的には、業務の内容（貸付、保証等の取引類型）や方法（インターネット取引等）だけでなく、顧客の知識、経験、財産の状況及び取引を行う目的に応じた説明体制を社内規則等で明確に定めた上で、当該社内規則等に基づいて業務が運営されるような実施態勢を構築する必要がある。

また、契約時点等における商品・取引の内容及びリスク等に係る説明に当たっては、契約の意思形成のために顧客の十分な理解を得ることができるよう、必要な情報を的確に提供することが求められるし（例えば、デリバティブ取引の商品内容やリスク等につき、具体的に分かりやすい形で解説した書面を交付して適切かつ十分な説明をする、住宅ローンの金利変動型・固定金利型に係る金利変動リスク等について十分な説明を行う、個人保証契約については、保証債務を負担するという意思を形成するだけでなく、その保証債務が実行されることによって自らが責任を負担することを受容する意思を形成するに足る説明を行う、等）、契約締結の客観的合理的理由の説明、契約の意思確認、契約書等の書面の交付についても徹底する必要がある（中小監督指針Ⅱ−3−2−1）。

そして、顧客説明管理責任者は、顧客説明管理規程等を遵守させ、適切かつ十分な顧客説明を行うための態勢を整備し、その実効性を確保するための具体的施策を実施する必要がある。

●顧客情報管理態勢

銀行は、その業務に関して取得した顧客に関する情報の適正な取扱いを確保するための措置を講じなければならない（銀行法12条の2第2項）。具体的には、業務の内容・規模等に応じて、顧客情報管理の適切性を確保するための組織態勢の確立、社内規程の策定、金融グループ内の他の金融機関との連携等による内部管理態勢の整備、顧客情報の取扱基準を定め周知徹底、顧客情報へのアクセス管理、漏洩等が発生した場合における適切・迅速な報告態勢の確立等が求められる。特に、個人である顧客に関する情報については、個人情報保護に関する法令・ガイドラインも遵守しなければならないことに留意が必要である（以上につき、中小監督指針Ⅱ－3－2－3）。そして、顧客情報統括管理責任者は、顧客情報管理規程等を遵守させ、顧客情報の適切な取扱いを確保し牽制機能を発揮する態勢を整備し、その実効性を確保するための具体的施策を実施する必要がある。

対策

●両責任者によるモニタリングが不可欠

顧客説明管理責任者は、適切な顧客説明について、各種マニュアルの遵守状況のモニタリングを実施し、また、顧客情報統括管理責任者は、顧客情報管理のためのシステム対応や顧客情報の漏えいが発生した場合の事後対応の管理態勢（報告や情報漏えいによる二次被害の防止、顧客情報の漏えいが発生した原因分析、再発防止を含む）に加え、各部門の顧客情報管理状況や外部委託先の顧客情報管理状況のモニタリングについても適切に実施していく必要がある。顧客保護等管理については、銀行の各役職員が、顧客の視点から自らの業務を捉え直し、不断に検証し改善する姿勢が重要であり、銀行に対する公共の信頼は、このような絶えざる見直しの努力の上に成り立つものであることを十分に理解することが重要である。

（小田大輔・渡辺真菜）

20 銀行におけるサイバーセキュリティとＩＴガバナンス

銀行におけるサイバーセキュリティの確保は、喫緊の経営課題である一方、ＩＴガバナンスを有効に機能させ、企業価値を高めることの重要性も増している。銀行の経営陣は、攻めと守りのバランスを保ちながら、ビジネスモデルの変革を進めなければならない。

解説

●サイバーセキュリティ管理態勢のさらなる高度化が求められている

近年、銀行のビジネスは、ＩＴシステムなくして成り立たない情報産業となっており、ＩＴシステムへの依存度は年々高まっている。しかも、クラウドサービスの利用拡大等により、サイバーセキュリティに係るリスク管理の難度は増している。サイバー攻撃の高度化・複雑化も相まって、規模にかかわらず全ての銀行において、サイバーセキュリティ管理態勢のさらなる高度化が求められている。

金融庁が２０２２年に改訂した「金融分野におけるサイバーセキュリティ強化に向けた取組方針」は、「新たなリスクへの備え」として、①キャッシュレス決済サービスにおける安全性の確保、②クラウドサービスの普及等への対応、③サイバーハイジーン（基本的な行動を組織全体に浸透させる取組み）の徹底、④サイバーレジリエンスの強化、に係る取組みを金融機関に促していくとしており、また、「サイバーセキュリティ確保に向けた組織全体での取組み」として、①経営層の積極的な関与、②セキュリティ人材の育成、の必要性・重要性に言及している。銀行の経営陣には、サイバーインシデントが重大なコーポレートリスクであることを認識し、強いリーダーシップを発揮して、全行的にサイバーセキュリティ管理態勢の高度化に取り組むことが求められる。

銀行は、それぞれの規模・特性に応じ、サイバーセキュリティ管理態勢の高度化に取り組む必要があるところ、そのためには、自己評価に基づいて自行の課題を認識することも重要である。この点、金融庁は、

2022年に、地域金融機関の自己評価結果を収集・分析し、その結果を還元する「サイバーセキュリティセルフアセスメント」を実施しており、地域銀行においては、当該分析結果も参考に、サイバーセキュリティ管理態勢を高度化することが期待されている。

また、サイバーレジリエンスの強化のための取組みについては、実際のサイバー攻撃を想定した演習を通じて現在の対応態勢や手順が十分であるかを確認するなど、PDCAサイクルを回しつつ、インシデント対応能力を向上させることが求められている。この点、銀行自身による演習の実施には水準等の確保の点で限界があるため、金融庁が毎年実施している「金融業界横断的なサイバーセキュリティ演習（Delta Wall）」への参加も極めて有益である。

対策

●リスク管理だけではなく、ITシステムと経営戦略を連携させていくことも必要

金融のデジタル化が進展する中、銀行では、ITシステムについて、サイバーセキュリティなどのリスクの管理の対象とするのみならず、経営戦略と連携させ、企業価値を向上させることが重要となっている。このような観点から、金融庁が2023年に改訂した「金融機関のITガバナンスに関する対話のための論点・プラクティスの整理」は、ITガバナンス（経営者がリーダシップを発揮し、ITと経営戦略を連携させ、企業価値の創出を実現するための仕組み）が適切に機能することが銀行にとって極めて重要とする。銀行の経営陣は、サイバーセキュリティに係るリスクを適切にコントロールしつつ、新たなビジネスの創出やDX（デジタルトランスフォーメーション）を推進していく必要がある。

（小田大輔・城戸賢仁）

21 コンダクト・リスクの管理

銀行は、自身の業務の公共性や社会的役割に照らし、リスク管理においては、法令として規律が整備されていないものの、社会規範に悖る行為、商慣習や市場慣行に反する行為、及び利用者の視点の欠如した行為等により、結果として企業価値が大きく毀損することとなるリスクも存在するという意識を持ち、幅広い観点から検討を行うことが必要である。

解説

●コンダクト・リスクとは

金融庁「コンプライアンス・リスク管理基本方針」によれば、「コンダクト・リスク」とは、法令として規律が整備されていないものの、社会規範に悖る行為、商慣習や市場慣行に反する行為及び利用者の視点の欠如した行為等により、結果として金融機関自身の価値が大きく毀損することとなるリスクと紹介されている。

コンダクト・リスクが生じる場合の類型としては、銀行の役職員の不適切な行動等によって、①利用者保護に悪影響が生じる場合、②市場の公正・透明に悪影響を与える場合、③客観的に外部への悪影響が生じなくても、銀行自身の風評に悪影響が生じ、それによってリスクが生じる場合等が考えられる。①は高齢顧客に対する不適切な契約勧誘や、不相当な手数料を十分に説明せず徴求する行為など、②は顧客の取引情報を不当に利用した投資など、③は不適切なSNSの利用などが例として挙げられる。

対策

●コンダクト・リスクを意識したリスク管理が求められる

従来から銀行には業務の公共性や社会的役割に照らし、最低限のルールを超えて、利用者保護や市場の公正・透明に寄与すべきとの社会的期待が寄せられており、コンダクト・リスクとは、この社会的期待に応えられなかった場合に顕在化するリスクを言い換えているにすぎないとも考えられている。

したがって、銀行には、この「コンダクト・リスク」の議論の趣旨を踏まえ、刻々と変化する社会情勢を機敏に捉え、自行の現状のリスク管理において、「コンプライアンス」の観点からでは捕捉できていない「盲点」となっているリスクが存在するという意識を持って、幅広いリスク管理を行うことが求められると言えよう。

コンダクト・リスクが行為に起因するリスクである以上、そのリスクが最も集積するのは現場（第一線）である。そのため、コンダクト・リスク管理のためには、第一線である事業部門の自律的管理が重要となる。金融庁「コンプライアンス・リスク管理に関する傾向と課題」では、その好事例として以下のような取組みが紹介されており、参考になる。

・本部が把握した事業部門における営業姿勢に問題がある事例について、本部から問題提起を行うとともに、事業部門の職員自身に真因分析及び自浄のための検討を要請している。

・管理部門からコンプライアンスに関する情報を発信する際には、事業部門を交えて議論を行い、さらに社内通達の発信者を事業部門と管理部門の責任者の連名とすることにより、事業部門のリスク・オーナーシップを醸成している。

22 金融仲介機能のベンチマーク及び評価ＫＰＩと銀行の責任

銀行が、取引先企業の事業の実態をよく理解し、融資や担保・保証の見直し、コンサルティングへの取組みによりそのニーズや課題に適切に応えていくことは、取引先企業の価値向上や生産性向上、ひいては銀行自身の経営の安定にも寄与するものである。銀行は、ベンチマーク及びＫＰＩの趣旨をよく理解し、金融仲介の取組み等の実績を着実に上げていくべきである。

解説

●金融仲介機能のベンチマーク

金融庁は、銀行が自行の金融仲介機能の発揮状況を客観的に評価できる多様な指標として「金融仲介機能のベンチマーク」を策定・公表している。ベンチマークには、全銀行が金融仲介の取組みの進捗状況や課題等を客観的に評価するために活用可能な「共通ベンチマーク」と、各銀行が自身の事業戦略やビジネスモデル等を踏まえて選択できる「選択ベンチマーク」がある。また、これらに加え、銀行において金融仲介の取組みを自己評価する上でより相応しい独自の指標がある場合には、その指標を活用することも求められている。このうち、共通ベンチマークは、①銀行がメインバンクとして取引を行っている企業のうち、経営指標の改善や就業者数の増加が見られた先数、及び、同先に対する融資額の推移、②銀行が貸付条件の変更を行っている中小企業の経営改善計画の進捗状況、③銀行が関与した創業、第二創業の件数、④ライフステージ別の与信先数、及び、融資額、⑤銀行が事業性評価に基づく融資を行っている与信先数及び融資額、及び、全与信先数及び融資額に占める割合、の5指標である。なお、「金融仲介機能のベンチマーク」の指標に係る計数の定期的な当局報告は、２０２２年3月末分以降は不要となった。

●金融仲介機能のフレームワーク

銀行が客観的な自己評価を進めるための仕組みとしては、「金融仲介機能のフレームワーク」もある。これは銀行の金融仲介機能に係る施策全体を俯瞰し、経営の目標や施策の背景・趣旨等を、当局と銀行が互いに共有した上で、どのような金融仲介機能が発揮できているのかを対話するための枠組みであり、同フレームワークの活用により、地域金融機関の営業活動（アウトプット）が、中期経営計画などに掲げる経営理念や目標（アウトカム）にどのようにつながっていくのか、といった点を含めた金融仲介機能の発揮状況やその評価を踏まえた組織運営の改善の取組みに関して、より深度ある対話につながっていくことが期待される。

●金融仲介の取組状況を客観的に評価できる指標群

そのほか、金融庁は、担保・保証に過度に依存せず、中小企業・小規模事業者の事業性評価や生産性向上に向けた経営支援に十分に取組んでいくことを目的として、「金融仲介の取組状況を客観的に評価できる指標群（ＫＰＩ）」を策定・公表している。その項目は、①新規融資に占める経営者保証に依存しない融資の割合、②事業承継時（経営者の交代時）における経営者保証徴求割合、である。

対策

●ベンチマークやＫＰＩの趣旨を理解した開示等を

ベンチマーク及びＫＰＩの趣旨は、銀行が、金融仲介機能を発揮し、取引先企業のニーズや課題に応じた融資やソリューション（解決策）の提供、担保・保証に過度に依存しない融資等を行うことにより、取引先企業の生産性向上や地域経済の活性化等に貢献していくといった取組みの質を「見える化」する点にある。銀行はこの趣旨をよく理解して、安易な計数づくりになるような対応は避けなければならない。

もとより、金融仲介の取組みについては、単一のベストプラクティスがあるわけではなく、それぞれの銀行が自主的に創意工夫を発揮して、企業の価値向上に資する取組みを検討・実施していくべきであるが、取引先企業にとっては、自らのニーズや課題解決に応えてくれる銀行を主体的に選択できるための十分な情報が提供されることが重要である。銀行においては、ベンチマーク及びＫＰＩを用い、自身の金融仲介の取組みを積極的かつ具体的に開示し、企業との情報の非対称性の解消に努めることが求められる。

（小田大輔）

23 相談・苦情等への迅速・公平かつ適切な対処

銀行は、顧客の相談・苦情等を積極的に経営改善・業務改善に活用するために、相談・苦情等を上司や所管部署等に報告・連絡・相談するための態勢を整備し、顧客に対しては可能な範囲で具体的に理由を示しつつ、適時に回答や対処方針を説明する必要がある。相談・苦情等を放置し、顧客に不誠実対応との印象を与えることは避けなければならない。

解説

●顧客の相談・苦情等を銀行の経営改善・業務改善に活用

顧客の相談・苦情等には、経営改善や業務改善のために有用なヒントが隠されていることが多く、また、些細な相談・苦情等が銀行の大きな問題点の発見のきっかけとなることもある。そのため、銀行は、幅広に顧客の相談・苦情等を拾い上げて、その原因を分析するとともに、再発防止策の策定・周知、その実施状況のフォローアップを行うなど、顧客の相談・苦情等を自行の経営や業務の改善に役立てていくことが重要である。すなわち、顧客の相談・苦情等への対処は、顧客の利益を保護するものであると同時に、銀行自身のためにもなる。

したがって、銀行には、顧客の相談・苦情等に迅速・公平かつ適切に対処することが求められる。具体的には、①相談・苦情等の内容について、その対処結果を含めて、記録簿等により記録・保存するとともに、一元的に管理すること、②相談・苦情等の内容及び対処結果を、適時にコンプライアンス統括部門、内部監査部門等の関係部署に報告すること。特に、経営に重大な影響を与える、または顧客の利益が著しく阻害される事項については、速やかに取締役会等にも報告すること、③相談・苦情等への対処状況の進捗管理を適切に行い、長期未済案件の発生を防止するとともに、未済案件の速やかな解消を行うこと、④相談・苦情等の内容について分析し、必要な調査を行ってその発生原因を把握した上、内容の分析に基づき、必要に応じて取締役会等に対する改善施策の提言や関連部署に対する報告・改善要求を行うなど、改善に向けた取組みを不断に行う態勢を整備すること。特に、繰返し生じる相談・苦情等については、何らかの問題が生じている可能性を含め十分検討し、適切な取組みに向け、具体的な方策をとること、⑤相談・苦情等への対処状況のモニタリング等により、顧客対応等の適切性及び十分性が確保されているか継続的に確認すること、⑥顧客の利便や多様性（顧客の障がいの有無・程度を含む）に配慮したアクセス時間・手段（電話、手紙、FAX、eメール等）を設定するなど、広く相談・苦情等を受け付けられるようにするとともに、相談・苦情等の受付窓口、申出の方式等について広く公開するなど、顧客の多様性に配慮しつつ分かりやすく周知すること、などの対処が求められる。

なお、顧客から銀行に関する相談・苦情を受けた当局から、当該銀行に対して、当該相談・苦情等についての情報提供がなされる場合もあるが（中小監督指針Ⅲ-2-1）、銀行がこの場合も当該相談・苦情等に迅速・公平かつ適切に対処すべきことは言うまでもない。

●障がい者への配慮により一層留意

顧客の多様性への配慮という観点からは、障害者差別解消法を踏まえた適切な対応を図るべく、障がい者及びその家族その他の関係者（以下「障がい者等」）からの相談を広く受け付けこれに的確に対応することのできる受付窓口を整備・周知する（例えば、対面・電話・FAX・電子メールなど障がい特性等に応じた多様な手段の用意や、ホームページ等を活用した相談窓口等に関する情報の周知）とともに、受付窓口の実効性を確保すること（例えば、相談等への対応に必要な研修を受けた人員の配置）が重要である（「金融庁所管事業分野における障害を理由とする差別の解消の推進に関する対応指針」第4参照）。

対策

●一人で抱え込まず報告・連絡・相談、放置は厳禁

顧客の相談・苦情等が経営改善・業務改善の有用なヒントになることが行内に周知・浸透さ

れ、それを受けて行員各自もそのような認識を持ちながら、顧客の相談・苦情等に対処する必要がある。顧客からの相談・苦情等を受けた場合には、一人で抱え込むのではなく、上司、本部所管部署等へ適時に報告・連絡・相談し、対処方針等について指示を受け、顧客の相談・苦情等を放置しないようにする必要がある。顧客が放置されたと感じると、当該相談・苦情等が発生した直接の原因である事務ミス等に止まらず、不誠実対応を理由に二次的な相談・苦情等を誘発することにもなりかねない。相談・苦情等に関する行内検討が終われば、顧客に対し可能な範囲で具体的に理由を示しつつ、銀行としての回答や対処方針を説明することが適切である。

なお、反社会的勢力から、相談・苦情等を装った圧力を受けた場合は、通常の相談・苦情等と区別し、断固たる対応をとる必要がある。

（小田大輔・城戸賢仁）

24 銀行経営におけるコーポレートガバナンス・コードの実践

上場企業である銀行は、証券取引所の上場規則としてのコーポレートガバナンス・コードを遵守・実践し、自行の株主や取引関係者をはじめとするステークホルダー（利害関係者）に向けて、コーポレートガバナンスへの取組みを開示・説明しなければならない。

解説

●コーポレートガバナンスの適切な実践で、会社、投資家、経済全体の発展に寄与

コーポレートガバナンス・コード（CGコード）は、上場会社における実効的なコーポレートガバナンスの実現に資する主要な原則を取りまとめたものである。その内容は、①株主の権利・平等性の確保、②株主以外のステークホルダー（従業員、顧客、取引先、地域社会等）との適切な協働、③適切な情報開示と透明性の確保、④取締役会等の責務（独立した客観的立場からの取締役に対する実効性の高い監督等）、⑤株主との建設的な対話の5つから構成される。CGコードは法令そのものではなく、法的拘束力を持つ規範ではないものの、原則を遵守・実践するか、または遵守・実践しないのであればその理由を説明する、という、いわゆる「コンプライ・オア・エクスプレイン」の手法が採用されている。そのため、上場会社である銀行は、各原則を遵守・実践しない場合には、その理由を説明しなければならない。

●CGコードの改訂への対応も必要

コーポレートガバナンスの実質化に向け、時勢に応じてCGコードも改訂される。2021年6月には、⑴取締役会の機能発揮（a. プライム市場上場企業において、独立社外取締役を3分の1以上選任、b. 指名委員会・報酬委員会の設置（プライム市場上場企業は、独立社外取締役を委員会の過半数選任）、c. 経営戦略に照らして取締役会が備えるべきスキル（知識・経験・能力）と、各取締役のスキルとの対応関係の公表など）、⑵企業の中核人材における多様性の確保（管理職における多様性の確保（女性・外国人・中途採用者の登用）についての考え方と測定可能な自主目標の設定など）、(3)サステナビリティを巡る課題への取組み（a．プライム市場上場企業において、ＴＣＦＤまたはそれと同等の国際的枠組みに基づく気候変動開示の質と量を充実、b．サステナビリティについて基本的な方針を策定し自社の取組みを開示など）、等を内容とする改訂が行われた。

対策

●自行の実情に応じた地に足の付いた対応を

上場会社である銀行においては、ステークホルダー（株主のみならず、顧客・取引先、従業員、地域社会等といった利害関係者全般を含む）の期待に応えるため、ＣＧコードの各原則の趣旨を踏まえた経営管理態勢の構築・運用に努める必要がある。その際には、各原則を形式上コンプライすることに労力を割くのではなく、自行の業務内容・規模・特性、事業戦略・ビジネスモデル、株主構成、対話の進展状況等に照らして、自行の実情に応じた地に足の付いた対応を進めていくことが期待される。

（小田大輔）

25 職場のハラスメントの法的責任とその予防

銀行は、職場におけるハラスメント等の問題行為の発生を未然に防止し、もしこのような問題行為が発生した場合には適切な対応を取る等の義務（安全配慮義務、職場環境配慮義務）を負っており、これらの義務に違反した場合には、従業員に対する損害賠償責任等を負う可能性がある。

解説

●ハラスメント概念の多様化と使用者のハラスメント防止義務

銀行においては、職場におけるハラスメント（セクシャルハラスメント、パワーハラスメント、マタニティハラスメント、ＳＯＧＩ（性的指向・性自認）ハラスメント等）が発生しない職場環境づくりが重要となるが、万一ハラスメントの疑いがある行為が確認された場合には、直ちに事実関係を調査し、当該行為を中止させたり、被害者の保護等の措置を講じる必要がある。ハラスメントに対して適切な対応を取らなかった場合、銀行は、被害者に対する不法行為責任（使用者責任）や安全配慮義務違反等を問われる可能性がある。また、ハラスメントによって、被害者が心身に不調を来す等した場合は労働災害の問題になるほか、他の従業員の労働意欲や帰属意識が低下したり、離職者や休職者が増えたり、組織や上司への不信感が増大するなどして、銀行の生産性の低下を招く可能性がある。また、近年では、ハラスメントの問題が外部に漏れ出た場合のレピュテーションリスクも無視できない。加えて、ハラスメントが横行するような職場は、他の不正行為の温床となったり、その早期発見や改善が阻害される傾向がある。実際、不正行為に関する多くの調査報告書において、ハラスメントやそれに伴う組織の風通しの悪さが不正行為の原因として挙げられている。

労働施策総合推進法はパワーハラスメントの定義を示すとともに（同法30条の2）、使用者に対し、職場におけるパワハラ防止のために、雇用管理上必要な措置を講じることを義務付けている。厚労省告示「事業主が職場における優越的な関係を背景とした言動に起因する問題に関して雇用管理上講ずべき措置等に関する指針」（令和2年厚生労働省告示第5号）は、雇用管理上必要な措置の内容として、①事業主の方針等の明確化及びその周知・啓発、②苦情を含む相談に応じ、適切に対応するために必要な体制の整備、③職場におけるパワハラに係る事後の迅速かつ適切な対応等を挙げている。現時点では、使用者が雇用管理上必要な措置を講じていなかった場合等であっても罰則の対象とはなっていないが、労働施策総合推進法上の義務の違反は厚生労働大臣の助言や指導、勧告の対象となり、当該勧告にも従わなかった場合はその旨が公表される可能性がある（同法33条）。

また、セクシャルハラスメントやマタニティハラスメント、ＳＯＧＩハラスメントについては、２０２０年に改正された「事業主が職場における性的な言動に起因する問題に関して雇用管理上講ずべき措置についての指針」（平成18年厚生労働省告示第615号。なお、ＬＧＢＴＱ等の性的少数者に対する言動も同指針の対象とされている）及び「事業主が職場における妊娠、出産等に関する言動に起因する問題に関して雇用管理上講ずべき措置についての指針」（平成28年厚生労働省告示第312号）に従い、必要な措置を講じることが求められている。

さらに、ＳＯＧＩハラスメントに関しては、ＬＧＢＴＱ理解増進法６条１項・10条２項が、性的指向・ジェンダーアイデンティティの多様性に関する労働者の理解増進のための措置を講ずる努力義務を規定していることに留意すべきである。

このほか、近年ではカスタマーハラスメント（顧客等からの著しい迷惑行為）も大きな問題となっており、使用者は従業員を守るため、カスタマーハラスメントに対して適切な対策をとることが求められている。

対策

●ハラスメント対応の要点

実際のハラスメント対応としては、平時においては、①ハラスメントに関する研修や啓発活動を定期的に実施する、②相談・通報窓口を複数設置し、従業員が相談や被害申告をしやすい環境を整える等の対応が考えられる（被害を受けた労働者が社内窓口への相談を躊躇する例もあるため、社内窓口のみならず社外窓口も設置することが望ましい）。そして、ハラスメントの疑いがある行為が確認された場合には、③速やかに関係者（加害者・被害者・同僚等）のヒアリングやメール等の証拠収集を行い、事実関係を調査した上で、④当該調査結果に基づき、加害者の処分や関係者の人事異動、被害者への説明等の対応を行い、⑤再発防止策を立案する必要がある。なお、上記の調査にあたっては、被害者のプライバシーを保護するための措置を講じる他、自身または同僚の被害を申告した従業員やヒアリングに協力した従業員が不利益な取扱いを受けることはない旨を周知徹底することが望ましい。

（小田大輔・北和尚・城戸賢仁）

26 同一労働同一賃金の実現

銀行の設けた非正規雇用労働者と正規雇用労働者の待遇の相違が不合理なものである場合、非正規雇用労働者との雇用契約のうち当該相違を規定する部分は無効となり、また、銀行は非正規雇用労働者に対して不法行為責任に基づく損害賠償責任を負う。そのため、銀行としては、非正規雇用労働者と正規雇用労働者の待遇の相違が不合理なものとなっていないか、定期的に点検・検討をする必要がある。

解説

●同一労働同一賃金における均衡待遇（不合理な待遇差の禁止）

同一労働同一賃金は、同一企業・団体における正規雇用労働者（無期雇用フルタイム労働者）と非正規雇用労働者（有期雇用労働者（定年後再雇用を含む）、パートタイム労働者、派遣労働者）との間の不合理な待遇差の解消を目指すものである。近年では、労働者が多様な働き方を選択できるようにするためや、いわゆる就職氷河期世代の問題の解消のため、社会全体として同一労働同一賃金の実現が大きな課題となっている。同一労働同一賃金に関して最も問題となるのが、非正規雇用労働者に関する均衡待遇規定（パートタイム・有期雇用法8条）であるため、本項ではこの点について解説を行う。

均衡待遇規定とは、同一企業内において、正規雇用労働者と非正規雇用労働者との間で、不合理な待遇差を設けることを禁止するものである。ここでいう待遇には、基本給や賞与、諸手当のほか、教育訓練、福利厚生、休暇、安全衛生等に加えて、解雇、配転、懲戒処分等、労働時間以外の全ての待遇が含まれる。

待遇差が不合理なものであるか否かは、①職務の内容（業務の内容及び当該業務に伴う責任の程度）、②職務内容・配置の変更の内容（今後の見込みも含め、転勤、昇進といった人事異動や本人の役割の変化等の有無や範囲）、③その他の事情（職務の成果・能力・経験、合理的な労使の慣行、労使交渉の経緯、他の待遇との関係等、多様な事情）の3つの要素のうち、当該待遇の性質及び当該待遇を行う目的に照らして適切と認められるものに基づいて判断される。

銀行の設けた待遇の相違が同条に違反する不合理なものである場合、パートタイム・有期雇用契約のうち当該相違を規定する部分は無効となり、また、銀行は非正規雇用労働者に対して不法行為責任に基づく損害賠償責任を負う。

派遣労働者についても同様の均衡待遇規定が定められており、派遣先に雇用される通常の労働者と派遣労働者の間の合理な待遇差、差別的取扱いは禁止されている（労働者派遣法30条の3第1項）。

対策

●不合理な待遇の相違がないか不断に点検・検討することが必要

２０２２年10月28日に閣議決定された「物価高克服・経済再生実現のための総合経済対策」では、賃上げを促進するための手段の１つとして「同一労働同一賃金の遵守の徹底」が挙げられ、２０２３年４月１日に策定された「令和５年度地方労働行政運営方針」でも、同一労働同一賃金に関する課題や取組みが挙げられるなどしている。このような社会情勢等を踏まえると、同一労働同一賃金の問題については、今まで以上に都道府県労働局長による助言・指導、勧告等（パートタイム・有期雇用法18条）が積極的に行われたり、待遇差の解消を求める非正規雇用労働者による裁判や調停（同法25条）が増加することが予想される。

また、同一労働同一賃金に関する非正規雇用労働者との紛争の帰結は、当事者となっている労働者との問題に留まらず、同様の待遇を受けている他の労働者との関係にも波及し得るものであり、銀行に大きな影響を与える可能性もある。他方で、不合理な待遇差の解消は、優秀な人材の確保や労働者の勤労意欲の向上等にも資するものであり、銀行全体の生産性の向上が期待できる。

そのため、銀行としては、非正規雇用労働者と正規雇用労働者の待遇の相違が不合理なものとなっていないか、定期的に点検・検討をするべきである。待遇の相違の内容やその前提となる事情は企業によって千差万別であり、不合理か否かの判断は容易ではないが、上記の取組みを進めるにあたっては、厚生労働省が作成・公表している「不合理な待遇差解消のための点検・検討マニュアル」や「同一労働同一賃金ガイドライン」（厚生労働省告示第430号）等が参考になるであろう。また、同一労働同一賃金については、２０１８年以降、最高裁判決（日本郵便（東京・大阪・佐賀）事件（最判令2・10・15労判１２２９号58頁・67頁・５頁）等）が相次いで出され、その後も重要な下級審判決（社会福祉法人紫雲会事件（宇都宮地判令５・２・８Ｌ０７８５０１６６）等）が数多く出されており、裁判例の動向にも留意が必要である。（北和尚・城戸賢仁）

27 長時間労働の是正と労働時間の管理

我が国では依然として長時間労働の是正や残業の削減が大きな課題となっている。２０１９年に施行された働き方改革関連法によって時間外労働の上限規制や年次有給休暇取得の一部義務化等が新たに導入されたが、これらの制度を適法に運用するためには、従業員の労働時間や有給休暇の取得状況を正確に管理することが不可欠である。労働時間の管理に不備等があり、記録された労働時間と実際の労働時間に齟齬が生じたり、従業員によるサービス残業が蔓延していた場合、残業代の未払いが問題となるうえ、労働時間が三六協定の限度時間を超えていれば労働基準監督署による是正勧告や企業名の公表等の対象となり、悪質な場合は労働基準法違反等による刑事罰を受ける可能性もある。

解説

●働き方改革関連法に基づく時間外労働の上限規制

銀行は、三六協定を締結することにより、労働者に法定労働時間を超える時間外労働をさせることができるが、時間外労働には法律上の上限が設けられている（労働基準法36条）。具体的には、時間外労働の上限は原則として月45時間・年360時間であり、特別の事情等がなければ当該上限を超えることはできない。さらに、臨時的な特別の事情があり、労使が合意する場合であっても、時間外労働は年720時間以内、複数月平均80時間以内（休日労働を含む）、単月100時間未満（休日労働を含む）に制限されており、原則である月45時間を超えることができるのは年間6カ月までとされている。

上記上限規制の違反は、労働基準監督署による是正勧告や企業名の公表等の対象となる。加えて、上記違反については、罰則も規定されている（同法119条1項）。

●労働時間の把握義務

銀行は、全ての労働者の労働時間（高度プロフェッショナル制度の対象労働者については、労働時間を含む健康管理時間）を把握しなければならない（労働安全衛生法66条の8の3、労働基準法41条の2）。労働時間は、原則として、タイムカード、パソコンの使用時間の記録や使用者自身による現認等の客観的な方法によって把握する必要がある。労働者が事業場外において行う業務に直行または直帰する場合等、やむを得ず客観的な方法によって把握できない場合には、業務日報や時間外勤務申請書等の自己申告により把握することもできるが、この場合には、当該自己申告によって把握した労働時間と実際の労働時間とを整合させるために、①適正な自己申告の実施等について労働者に十分な説明を行うこと、②実際に労働時間の管理を行う従業員に対し、自己申告制の適正な運用を含め、講ずべき措置について十分な説明を行うこと、③申告労働時間と実際の労働時間の整合性につき実態調査を実施し、必要に応じて労働時間の補正を行うことなどの措置が必要となる。

労働時間の把握義務の違反そのものに対する罰則は規定されていないが、銀行が労働時間の適正な把握を怠った場合、記録された労働時間と実際の労働時間に齟齬が生じたり、従業員がサービス残業を強いられること等が懸念される。

対策

●長時間労働の是正と適正な労働時間管理

近年は長時間労働に起因する過労死や自殺、精神疾患の発症等が大きな問題となっているほか、長時間労働がハラスメントの温床となったり、生産性の低下を招いているといわれている。また、不正行為が発生する職場では長時間労働が常態化しているケースが多いという指摘もなされている。さらに、以前と比べ、これらの問題に対する労働基準監督署や社会の目は非常に厳しくなっており、これらの問題が公になった場合のレピュテーションリスクも看過できない。

銀行の内部人材の多様化が進展する中、多様な人材が十分に能力を発揮し、パフォーマンスを向上させていくためには、雇用管理にしっかりと取り組んでいくことが重要である。フレックスタイム制や高度プロフ

1．ガバナンス

エッショナル制度、裁量労働制等に加え、リモートワークや時短勤務、ワークシェアリング等、個々の労働者の状況に応じて、多様かつ柔軟なワークスタイルを選択できるようにすることによって、労働者の負担軽減や生産性向上、キャリア形成支援、定着率上昇等を図り、ひいては長時間労働の解消に繋げることが期待されている。

（北和尚・城戸賢仁）

第二章　顧客情報の取扱い

28 個人情報・個人データの定義

個人情報とは、生存する個人に関する情報であって、①当該情報に含まれる氏名、生年月日その他の記述等により特定の個人を識別することができるもの、または、②個人識別符号が含まれるものをいう（個人情報保護法2条1項）。また、個人データとは、個人情報のうち、個人情報データベース等（特定の個人情報をコンピュータ等を用いて検索することができるように体系的に構成した個人情報を含む情報の集合物）を構成するものをいう。

解説

●銀行の取扱う情報は個人情報に該当

個人情報とは、生存する個人（外国人を含む）に関する情報で、①当該情報に含まれる氏名、生年月日その他の記述等により特定の個人を識別することができるもの、または、②個人識別符号が含まれるものをいう（個人情報保護法2条1項）。この個人に関する情報は、氏名、性別、生年月日、住所、年齢、職業、続柄等の事実に関する情報に限られず、個人の身体、財産、職種、肩書等の属性に関する判断や評価を表す全ての情報を指し、公刊物等によって公にされている情報や映像・音声による情報も含まれ、これらの情報が氏名等と相まって特定の個人を識別することができれば、①に該当し個人情報となる。そして、企業名等、法人その他の団体に関する情報は、基本的に個人情報には該当しないが、役員の氏名等の個人に関する情報が含まれる場合には、その部分については個人情報に該当する（個人情報保護法ガイドライン（通則編）2－1）。

また、②の個人識別符号とは、当該情報単体から特定の個人を識別できるものとして個人情報保護法施行令1条及び同法施行規則2条から4条までにあげられているものをいう。具体的には、旅券番号や基礎年金番号、マイナンバーのような個人を特定する番号の他、虹彩や指紋、手のひらの静脈のように認証に用いられているものも含まれる。

次に、個人データとは、個人情報のうち、個人情報データベース等を構成するものをいう。個人情報データベース等とは、特定の個人情報を①コンピュータを用いて検索することができるように体系的に構成した個人情報を含む情報の集合物、または、②コンピュータを用いていない場合であっても、紙面で処理した個人情報を一定の規則（例えば、五十音順等）に従って整理・分類し、特定の個人情報を容易に検索することができるよう、目次、索引、符号等を付し、他人によっても容易に検索可能な状態に置いているものもこれに該当する。

対策

●個人情報取扱事業者として適切な取扱いが必要

個人情報の中核は、個人の識別可能性にあるが、個人情報保護法の改正及び個人情報保護法ガイドラインの制定によって個人情報に該当するかどうかの判断はより明確となった。今後は、この基準を踏まえて、個人情報に該当すると判断された情報の一層の適正な取扱いに努めるべきであろう。

（白根　央）

29 外部委託先の顧客情報管理と銀行の監督責任

銀行においては、その業務が外部委託される場合の業務遂行の的確性を確保し、顧客情報の管理や顧客への対応が適切に実施されることの確保（外部委託先管理）が求められ、これを怠ると行政処分の対象となることもある。

解説

●外部委託先を通じた情報漏えいを防止

銀行が外部委託管理に伴って顧客情報を外部委託先に提供する場合は、適切な外部委託管理を行わなければならず、金融監督・検査では、例えば以下のような点が検証される（中小監督指針Ⅱ－3－2－4－2参照）。

・外部委託先の管理について、責任部署を明確化し、外部委託先における業務の実施状況を定期的または必要に応じてモニタリングするなど、外部委託先において顧客等に関する情報管理が適切に行われていることを確認しているか。

・外部委託先において漏えい事故等が発生した場合に、適切な対応がなされ、速やかに委託元に報告される体制になっていることを確認しているか。

・外部委託先による顧客等に関する情報へのアクセス権限について、委託業務の内容に応じて必要な範囲内に制限しているか。その上で、外部委託先においてアクセス権限が付与される役職員及びその権限の範囲が特定されていることを確認しているか。さらに、アクセス権限を付与された本人以外が当該権限を使用することなどを防止するため、外部委託先において定期的または随時に、利用状況の確認（権限が付与された本人と実際の利用者との突合を含む）が行われているなど、アクセス管理の徹底が図られていることを確認しているか。

また、実務上の必要がある場合には、外部委託先が再委託を行うことを禁止しなくてもよいが、再委託先の選定について事前報告または事前承諾を必要としたり、再委託契約の内容が委託契約と同等のものであることを確認するとともに、事後のモニタリングも（自行または外部委託先を通じて）適切に実施するなど、再委託先も含めた適切な顧客情報管理態勢の整備が必要である。

なお、個人情報保護法は個人データの外国移転規制等を強化しており、外部委託先（再委託先を含む）に個人データを取扱わせる場合には、委託先や委託先が利用するサーバ等の所在国の名称・個人情報保護制度等を把握する必要がある（個人情報保護法23条、28条等）。

対策

●外部委託先のモニタリング等が重要

以上を踏まえ、適切な外部委託先を選定するとともに、外部委託先の的確な業務遂行を確保するため、委託契約の締結、外部委託先に対するモニタリングの実施、外部委託先の業務に関する相談・苦情等の処理など、顧客情報保護等のための適切な措置を講じる必要がある。

（小田大輔・城戸賢仁）

30 個人情報の適正取得とセンシティブ情報の取扱い

銀行は、偽りその他不正の手段により個人情報を取得してはならず（個人情報保護法20条1項）、顧客から契約を締結することに伴って個人情報を取得するにあたっては、あらかじめ利用目的を明示しなければならない（同法21条2項）。

解説

●個人情報の適正取得とセンシティブ情報の取得の原則禁止

個人情報取扱事業者である銀行は、偽りその他不正の手段により個人情報を取得してはならない（個人情報保護法20条1項）。社名や利用目的を偽って取得することがその典型例である。その他、不正な手段で個人情報が取得されたことを知り、または、容易に知ることができるにもかかわらず、当該個人情報を取得することなども「不正な手段」にあたると解されている（個人情報保護法ガイドライン（通則編）3-3-1）。なお、第三者から個人データを取得するに際しては、当該第三者の氏名や当該第三者による当該個人データの取得の経緯等を、これを示す契約書等によって確認しなければならないとされており（個人情報保護法30条1項、同法施行規則22条1項・2項）、かかる義務を怠った結果、第三者が個人情報を不正な手段により取得していたことを知らなかった場合には、不正な手段による取得に当たるおそれがある。

また、個人情報保護法は、要配慮個人情報（人種、信条、社会的身分、病歴、犯罪の経歴、犯罪被害事実その他同法施行令2条に列挙される情報）の取得について原則として本人の同意を要するとしている（同法20条2項）。さらに、銀行は、センシティブ情報（要配慮個人情報並びに労働組合への加盟、門地、本籍地、保健医療及び性生活に関する情報）について、相続手続による権利義務の移転等の遂行に必要な限度とか、保険業等の事業の適切な業務運営を確保する必要性や、本人確認のため生体認証情報を本人の同意を得て取得する場合等を除いて取得、利用または第三者提供をしないものとされている（金融分野ガイドライン5条1項）。

対策

●個人情報の取得範囲との関連

取引開始時には、住所・氏名等の権利義務の帰属主体を特定するために必要な情報だけでなく、銀行の権利保全（融資における顧客の信用等）や義務の遵守（説明義務における顧客の属性等）に資する情報等も取得を要する場合がある。その意味で、当該取引に必要な情報の範囲は、その取引の特性や関係法令等によって定まるものであり、同法はその取得・利用方法の適正を図るものとして整理して理解し、各法令の求める規準に反しないよう留意する必要がある。

また、口座開設時の取引時確認に際して、顧客から本人確認書類の写しを取得する場合等には、本籍地の記載やマイナンバー、年金番号等に該当する部分はマスキングするなどして取得しないように注意する必要がある。

（白根　央）

31 顧客情報へのアクセス管理（Need to Know 原則）の徹底

銀行は、その業務において、顧客等に関する様々な情報を取り扱うところ、こうした情報は金融取引の基礎をなすものであるから、適切に管理されることが極めて重要である。そして、銀行は、その業務に関して取得した顧客に関する情報の適正な取扱いを確保するための措置を講じることが法律上求められている（銀行法12条の2第2項）。

解説

●Need to Know 原則の徹底

中小監督指針においては、顧客等に関する情報管理態勢の確立が求められており、いわゆる「Need to Know 原則」（顧客等に関する情報へのアクセス及びその利用は業務遂行上の必要性のある役職員に限定されるべきとする原則）が示されている。

この原則は、顧客等に関する情報一般に妥当するものと解されており、また「業務遂行上の必要性」は、顧客の利益・目的・意思、業務内容等に鑑み、正当な必要性が認められるか否かを踏まえ、個別事例ごとに実態に即して実質的に判断されることとされている（２０２２年4月22日付金融庁「金融商品取引業等に関する内閣府令及び金融サービス仲介業者等に関する内閣府令の一部を改正する内閣府令（案）」等に対するパブリックコメント63、65）。

銀行においては、Need to Know 原則を踏まえて、①業務内容・規模等に応じた内部管理態勢の整備（組織体制の確立、社内規程の策定、金融グループ内の他の金融機関との連携等）、②顧客等の情報の具体的な取扱基準の策定・周知徹底、③顧客等に関する情報へのアクセス管理の徹底（アクセス権限を有する者の範囲がNeed to Know 原則を逸脱したものとなることやアクセス権限を付与された本人以外が使用することの防止等）が求められており、加えて④情報の漏えい等が発生した場合の二次被害等の発生防止体制の整備及び⑤独立した内部監査部門における定期的または随時の顧客等に関する情報管理に係る幅広い業務を対象とした監査を行うことが必要とされている(中小監督指針Ⅱ-3-2-3-2①~⑤参照)。

また、②の具体的な取扱基準は、銀行の行内もしくは行外または行内の同一部門内もしくは異なる部門間のいずれかの共有についてもNeed to Know 原則を踏まえたものであることが求められている。

対策

●Need to Know 原則を踏まえた情報管理態勢の構築

銀行は、銀行法を始めとした各種法令及び個人情報保護に関する各種ガイドラインに基づき、顧客情報の適正な取扱いが強く要請されている。Need to Know 原則を踏まえた情報管理態勢の整備においては、取り扱う情報の守秘性や業務遂行上の必要を超えて利用されるおそれも考慮し、リスクベースでアクセス管理の方法等の検討を行うとともに、これらの法令等に基づき要請される顧客の同意等の手続が適切に履践されるように具体的な取扱基準を設定し、役職員に周知徹底を図っていくことが重要である。

32 個人データの第三者提供とグループ内での取扱い

銀行が取得した個人データを、そのグループ内で利用するには、グループ会社への提供につきあらかじめ顧客の同意を得るか（個人情報保護法27条1項柱書）、グループ会社と共同して利用する個人データの項目、共同利用者の範囲、利用目的、管理責任者の名称や住所・代表者の氏名等について、あらかじめ顧客に通知し、または顧客が容易に知り得る状態におくことが必要となる（個人情報保護法27条5項3号）。

解説

●個人情報の第三者への提供

個人情報取扱事業者である銀行は、法令に基づく場合等の例外を除き、あらかじめ本人の同意を得ないで、個人データを第三者に提供することはできない（個人情報保護法27条1項）。また、本人の同意を得て個人データを第三者に提供する場合、本人の同意を得ていること、提供した年月日、当該第三者の氏名等、当該個人データによって識別される本人の氏名等、提供した個人データの項目等の記録が義務付けられている（同法29条1項、同法施行規則20条1項2号、個人情報保護法ガイドライン（確認記録義務編）4－2－1－2）。

ここでいう第三者とは、顧客と銀行以外の者をいい、資本関係等のあるグループ会社も原則としてこの第三者に該当する（個人情報保護法ガイドライン（通則編）3－6－1）。このため、銀行はグループ会社に個人データを提供する場合であっても、原則として顧客の同意を要することとなる。

他方で、グループ会社で共同して顧客にサービス提供等を行うような場合には、取得した個人データを相互に利用することが有益なことも多い。このため、次の要件を満たす場合は、当該個人データを共同して利用する者は「第三者」にあたらず、個人情報の授受・共有が許容される。

それは、①共同して利用される個人データの項目、共同利用者の範囲、利用目的、管理責任者の氏名・名称や住所・代表者の氏名等について、②あらかじめ顧客本人に通知し、または顧客が、時間的にも手段においても、容易に知り得る状態におくことである（同法27条5項3号）。共同利用者の範囲については、共同して利用する者を個別に列挙することが望ましく、共同利用者の外延を示すことにより顧客に通知等する場合には、顧客が容易に理解できるよう共同利用者を具体的に特定しなければならない（金融分野ガイドライン12条4項）。ただし、外国にあるグループ会社との間では、原則として、銀行が取得した個人データを共同利用することはできず、個人データの提供につきあらかじめ顧客の同意を得る必要がある。また、顧客に同意を得る場合には、提供先の当該外国の名称や、当該外国における個人情報の保護に関する制度に関する情報、当該第三者が講ずる個人情報の保護のための措置に関する情報を提供することなどが原則として必要である（個人情報保護法28条）。

対策

●顧客からの同意の取得漏れがないような態勢の整備を

顧客情報の多くは個人データに該当することから、第三者提供にあたっては原則として顧客の事前同意を要する。このため、顧客から顧客に関する情報を取得する場合には、取得する顧客情報を第三者に提供することが想定されないかを検討し、その可能性がある場合には、取得に際して第三者提供についても同意を取得しておくことが求められる。

また、グループ会社間での個人データの共同利用が想定される場合には、公表するプライバシーポリシー等において、共同利用について公表しておくことが考えられる。

（白根　央、佐藤万理）

33 利用目的の特定

個人情報の取得にあたっては利用目的の特定が必要であり、利用目的の変更は変更後の内容が変更前の利用目的からみて本人が想定できる範囲でなければならない（個人情報保護法17条）。また、銀行が、与信事業に際して、個人情報を取得したり、個人信用情報機関に提供する場合には、利用目的について本人の同意を得る必要がある（金融分野ガイドライン2条3項・4項）。

解説

●利用目的の特定により情報提供の可否を判断してもらう

個人情報を取扱うにあたっては、本人が提供の可否を判断できるよう利用目的を特定しなければならず、特定の程度としては、どのような事業の用に供され、どのような目的で利用されるかを本人が合理的に想定できる程度に具体的に特定することが望ましいとされている（個人情報保護法ガイドライン（通則編）3-1-1）。銀行業務における利用目的の特定の方法としては、「預金の受入れ」「与信判断・与信後の管理」等、提供する金融商品・サービスを示した上で特定することが望ましいとされている（金融分野ガイドライン2条1項）。

また、利用目的を変更することは、変更前の利用目的と関連性を有すると合理的に認められる範囲、すなわち、変更後の利用目的が変更前の利用目的からみて、社会通念上、本人が通常予期し得る限度と客観的に認められる範囲内であれば可能であるが（同法17条2項、個人情報保護法ガイドライン（通則編）3-1-2）、この範囲を超えて個人情報の利用目的を変更する場合には新たに顧客の同意を要する。

例えば、利用目的において商品案内等を「郵送」とされていたものに「メール送付」を追加することは、送付手段が異なるだけで許容範囲と解されるが、「アンケート集計に利用」する目的を、「商品案内等」へと変更するのは、許容範囲を超えるものとされ、これを行うには本人の同意を得なければならない（金融分野ガイドライン2条5項)。

なお、本人の同意なく利用目的を変更する場合も、変更された利用目的について本人に通知し、または公表する必要がある(個人情報保護法18条3項、21条3項)。

その他、銀行が、与信事業に際して個人情報を取得する場合や、当該個人情報を個人信用情報機関に提供する場合には、その利用目的を明示の上、この利用目的について本人の同意を得なければならない点についても留意が必要である(金融分野ガイドライン2条3項・4項)。

対策

●抽象的・広範な目的の提示は不適切

個人情報の利用目的は顧客の予測可能性を担保するためにも特定が必要であるが、事後的に利用目的の変更を行う場合には、利用者の同意が必要になる可能性がある点も踏まえ、取得時点において、想定される利用目的に照らして明示する内容に不足がないかは慎重に検討すべきである。

(白根央・佐野剛史)

34 取得に際しての利用目的の通知

銀行は、あらかじめプライバシーポリシー等によって顧客に関する個人情報の利用目的を公表していることが一般的であるが、顧客との契約に伴って契約書記載の顧客の個人情報を取得する場合などは、別途、利用目的を明記した書面を本人に交付するなどしてその利用目的を明示する必要がある（個人情報保護法21条2項）。

解説

●契約前にはあらかじめ利用目的の明示が必要

個人情報取扱事業者は、個人情報を取得した場合、あらかじめその利用目的を公表している場合を除き、速やかに、その利用目的を、本人に通知する必要があるため（個人情報保護法21条1項）、銀行は顧客に関する個人情報の利用目的を記載したプライバシーポリシー等をウェブサイトに公表していることが一般的である。もっとも、利用目的を公表している場合であっても、銀行が、顧客との間で契約を締結することに伴って契約書等に記載された当該顧客の個人情報を取得する場合などは、あらかじめ、本人に対し、その利用目的を明示する必要がある（同法21条2項）。利用目的を明示する方法としては、利用目的を明記した書面を本人に手渡すことや示す方法が挙げられる。

なお、例外的に、利用目的の通知・公表を要しない場合としては以下のような場合が挙げられる（個人情報保護法ガイドライン（通則編）3-3-5、金融分野ガイドライン6条3項）。これらは例示であって、利用目的の通知が不要であるかは、個々の事案に即して判断する必要がある。

①本人または第三者の権利利益を害するおそれがある場合：暴力団等の反社会的勢力情報、疑わしい取引の届出の対象情報、振り込め詐欺に利用された口座に関する情報、業務妨害行為を行う悪質者情報の提供者が逆恨みを買うおそれがある場合

②銀行の権利または正当な利益を害するおそれがある場合：開発中の新サービス、営業ノウハウが明らかになることにより、企業の健全な競争を害する場合等
③国の機関等へ協力する必要がある場合：犯罪捜査への協力のため、警察から被疑者等に関する情報を取得した場合
④利用目的が自明である場合：今後連絡を取り合うために名刺交換した場合

対策

●個々の事案に即した適切な対応を

銀行では、顧客に関する個人情報の利用目的は公表されているのが一般的であるが、公表している目的と異なる利用目的が予定される取引先から個人情報を取得する場合や、契約書等から個人情報を取得する場合には、利用目的の通知を怠らないように留意が必要である。

(白根央・佐野剛史)

35 個人情報の目的外利用

銀行が個人情報を取扱うにあたっては、その利用目的をできる限り特定しなければならず（個人情報保護法17条1項）、あらかじめ顧客の同意を得ないで、利用目的の達成に必要な範囲を超えて個人情報を取り扱ってはならない（同法18条1項）。

解説

●利用目的による制限

銀行が個人情報を取り扱うにあたっては、その利用目的をできる限り特定しなければならず（個人情報保護法17条1項）、本人の同意を得ずに利用目的を変更する場合にも、変更前の利用目的と相当の関連性を有すると合理的に認められる範囲を超えて行ってはならない（同条2項）。本人の同意なく利用目的を超えて個人情報を取扱うことが許容されるのは、法令に基づく場合や、人の生命・身体・財産の保護のために必要がある場合であって、本人の同意を得ることが困難であるときなど、個人情報保護法で列挙されている場合に限られる（同法18条3項）。

したがって、例えば、預金取引のある顧客に関する個人情報を利用して、クレジットカードやカードローンといった他の商品の勧誘を行うことが想定される場合には、当初の、預金口座開設時点で、他の商品の案内等についても利用目的として明示しておく必要があり、事後的に利用目的の変更について顧客の同意取得という負担に至らないようにするためには、取得時点において利用目的の範囲について慎重な検討が必要である。また、自行ではなく、グループ会社や提携先の商品案内や勧誘のために顧客情報を利用する場合には、顧客の同意なく個人データの第三者提供を行っているものとみられないよう、個人情報を取扱っているのが銀行であることが明確になるよう案内の方法を工夫する等の検討も必要になるだろう。

なお、顧客から、当該個人データが当初の利用目的の達成に必要な範囲を超えて取扱われていることを理由にその利用停止または消去を求められた場合に、その理由があると判明すれば、原則として銀行は、利用停止等の措置をとらなければならない（同法35条）。

なお、与信事業に際して、個人情報を取得する場合や、個人信用情報機関への情報提供については、その旨を利用目的に明示した上で、顧客の同意を得る必要がある点にもあわせて留意する必要がある（金融分野ガイドライン2条3項・4項）。

対策

●情報管理の徹底を

顧客の個人情報の取扱いは、銀行業務において必ず生じるものであって、銀行の保有する顧客情報は経営資源としても重要性を増している。その反面、顧客情報の管理をおろそかにすれば、顧客の信用を喪失する等、レピュテーション上の影響も大きい。個人情報の利用目的の公表や顧客への通知に関しても、例えば、新商品の取扱いを開始する際などには、従前公表している利用目的の範囲に過不足がないか等、検討を行う必要がある。

（白根央・佐野剛史）

36 既存個人情報の利用の可否

銀行は、あらかじめ顧客の同意を得ないで、利用目的の達成に必要な範囲を超えて個人情報を取り扱ってはならず（個人情報保護法18条1項）、既存情報も例外ではないから、顧客が事後に目的外利用を許容しても、顧客との関係で民事上の責任が生じないに止まり、同法違反の瑕疵が治癒されるものではない。

解説

●既存個人情報の他目的への利用

銀行が既に預金取引のある個人顧客の情報を利用し、投資信託等への投資商品への乗換を勧誘しようとすることがある。この場合、特定の預金者の住所、氏名、取引履歴・残高等の内容は、当該個人を識別するに足るものであるから、個人情報保護法の対象となる「個人情報」に該当する。

当該個人情報の取得時に利用目的に投資信託の勧誘が含まれることを明示していない場合、預金取引と投資信託の勧誘とでは利用目的が異なり、相互に相当の関連性を有するとは認められないから、「利用目的の変更」として許容される性質のものではない（同法17条2項）。

そもそも銀行は、あらかじめ顧客の同意を得ないで、利用目的の達成に必要な範囲を超えて個人情報を取り扱ってはならず（同法18条1項）、このことは同一支店内でも例外ではないから、顧客の承諾なしに他目的に利用するような対応は許されないことになる。顧客の情報提供可否の判断は、顧客に明示された利用目的を前提とし、それと関連のない目的に利用されることは通常想定しておらず、目的外利用は顧客の権利利益を侵害する危険があるからである。このことは、例えば顧客が担当者の突然の訪問を受入れたばかりか、投資信託に関心を示し、その内容の説明を受けて契約した場合も同様である。この場合、顧客は担当者が手掛かりとした情報の「目的外利用」については不問に付し、投資信託の契約をしたとも見られるが、それは、せいぜい「目的外利用」について顧客が（黙示の）追認をし、それについて損害賠償等の請求をしないという銀行と顧客間の民事上の問題に止まり、個人情報保護法違反の瑕疵が治癒されるというわけではないからである。

もし顧客が投資信託の契約をしたのは早まったと思い直したとか、それによって損失を被ったという事態ともなれば、この「目的外利用」の瑕疵（法令違反）がクローズアップされ、銀行にとっても由々しき事態（社会的評価の低下や制裁）ともなりかねない点に留意すべきである。

対策

●目的外利用の回避を

個人情報保護法が個人情報保護のルールを明確に定立・宣言した以上、その趣旨を尊重して行動することが、個人情報の保護とその有用性に配慮した同法の趣旨に沿うものであり、コンプライアンスの観点からも望ましいことに異論はあるまい。そのため、既存情報を利用するには、手間ひまを厭わず、その情報を取得した預金部門等の担当者を通すなどして、事前に顧客の同意を得るようにすべきである。

（和田好史）

37 個人情報のビックデータ利活用と銀行の責任

個人データをビックデータとして利活用するために、匿名加工情報、仮名加工情報といった制度の活用が期待される。他方で、個人関連情報との規制範囲を広げる新たな概念も制度化され、最新のデータ規制に従ったビックデータの活用が求められる。

解説

●ビッグデータの利活用を目的とした制度の新設

情報技術の進展に伴い、企業には個人の購買履歴や移動履歴、インターネットの検索履歴等、特定の個人に結び付いた多くの個人情報が集約されている。これらの情報を分析することは、企業の商品開発や広告戦略、販促活動に資するものである。このようなビッグデータの利活用を図る上では、企業間の垣根を越えた情報の集積が重要であるが、これらの情報が個人情報に該当する、すなわち、特定の個人を識別できるままの状態であると、利用目的の制限や第三者提供に関する本人の同意が必要といった制約を受けることとなる（個人情報保護法18条、27条）。このため、特定の個人を識別することができないように個人情報を加工することにより、これらの制約を受けずにビッグデータの利活用を図ることが検討されたが、プライバシー等の権利利益の侵害との調整を図るため、個人情報保護法上、「匿名加工情報」、「仮名加工情報」に関する規定が設けられ、事業者が負う義務や保護措置の内容を定めている。

また、本人関与のない個人情報の収集方法が広まることを防止するため、個人データに該当しないものを第三者に提供する場合であっても、提供先で個人データとなることが想定されるときは、個人データの第三者提供に準じる規制として「個人関連情報」の制度が設けられている。

1．匿名加工情報

「匿名加工情報」とは、特定の個人を識別することができないように個人情報を加工して得られる個人に関する情報であって、当該個人情報を復元することができないようにしたものをいう（個人情報保護法2条6項）。個人情報を匿名加工情報とするための加工の方法としては、氏名やマイナンバー（個人識別符号）、顧客ID・会員番号、特異な記述等を削除すること、または、購買履歴に含まれる具体的な商品情報（品番・色）を一般的な商品カテゴリーに置き換える、といったものがあげられている（同法施行規則34条、個人情報保護法ガイドライン（匿名加工情報編）3-2-2）。個人情報を匿名加工情報とすることで、第三者提供に際しての同意取得等が不要となり、銀行と、外部のシンクタンク等との間でのデータを連携して利用しやすくなる。匿名加工情報は個人情報ではないが、安全管理措置（個人情報保護法43条2項）、匿名加工情報を作成する場合や第三者提供時の公表（同条3項・4項）、第三者提供時の匿名加工情報である旨の明示（同条4項）等が義務付けられていることに留意が必要である。なお、事業者が個人情報に関する安全管理措置の一環として氏名等を削除した上で、当該情報を個人情報として取扱う場合や、統計情報を作成するために個人情報を加工する場合等は、匿名加工情報の作成に該当せず、匿名加工情報の取扱いに関する規制は適用されない（個人情報保護法ガイドライン（匿名加工情報編）3-2-2）。

2．仮名加工情報

「仮名加工情報」は、個人情報に含まれる記述の一部を削除したり、個人識別符号の全部を削除する等して、他の情報と照合しない限り特定の個人を識別することができないように個人情報を加工して得られる個人に関する情報をいう（個人情報保護法2条5項）。仮名加工情報の利活用としては、例えば①当初利用目的には該当しない目的や、該当するか判断が難しい新たな目的での内部分析を行う場合、②利用目的を達成した個人情報について、将来的に統計分析に利用する可能性があるため、仮名加工情報として加工した上で保管する場合等が考えられる。このように、事業者内部での利用が念頭に置かれており、原則として第三者提供が禁止されている(同法42条1項)。代わりに、個人情報に対して課されている制限の一部がなく(同法41条9項)、事業者内部における情報管理の負担が軽減されている。例えば、利用目的が制限されているような個人情報を事業者内部において他の目的で利用したい場合に、仮名加工をすることで、目的外の利用ができるようになる。なお、個人情報に該当しない仮名加工情報についても、委託先や従業者への監督、安全管理措置等の義務は準用される（同法42条3項）。

また、仮名加工情報は、加工を行った事業者において、仮名加工情報の作成の元となった個人情報や当該仮名加工情報の作成に用いられた個人情報から削除された記述や個人識別符号等を保有している等によって、「他の情報と容易に照合することができ、それにより特定の個人を識別することができる」状態（同法2条1項1号）にあるときは、個人情報に該当することとなるが、「仮名加工情報である個人データ」については、利用目的の変更の制限や漏えい等の報告といった個人情報保護法上の義務は適用除外となる（同法41条9項）。

3．個人関連情報

「個人関連情報」とは、生存する個人に関する情報であって、個人情報、仮名加工情報及び匿名加工情報のいずれにも該当しないものをいう（同法2条7項）。例えば、氏名と結び付いていないインターネットの閲覧履歴、位置情報、クッキーなどが個人関連情報として想定されている。個人関連情報に該当する情報をデータベース等に保管し、当該データベース等を事業の用に供している者は、個人関連情報取扱事業者に該当する。個人関連情報を第三者に提供する場面において当該第三者が個人データとして取得することが想定されるときは、本人同意が得られていること等の確認が義務づけられている（同法31条1項）。銀行が個人関連情報を受入れる際、または提供する際には、個人データとして取得されないか注意が必要である。

対策

●事業者に課される義務を踏まえたビッグデータ活用の推進を

銀行においても、個人顧客との取引を通じて多様な情報が集積されており、これらの利活用を図ることは非常に重要なテーマである。また、他の事業者が有するビッグデータの提供を受けることで、商品開発や広告等の営業戦略の立案や、審査業務等へ活用することも考えられるだろう。今後は、銀行においても上記の制度を利用し、それに伴う法規制を遵守した上で、ビックデータをより積極的に利活用することが期待される。

（白根　央・佐藤万里）

38 顧客の同意擬制の可否

顧客から目的外利用（個人情報保護法18条1項、本人から同意を得た利用目的以外で個人情報を利用すること）や第三者提供（同法27条1項）の同意を得る場合、銀行であらかじめ作成された同意書面によるときには、個人情報の取扱いに関する条項が他と明確に区別され、確認欄を設け顧客がチェックを行うなど本人の意思が明確に反映できる方法により確認を行うことが望ましい。なお、本人が未成年者等の制限行為能力者である場合は、親権者や法定代理人等から同意を得る必要がある（個人情報保護法ガイドライン（通則編）2－16）。

解説

●明確な同意の取得の必要性

個人情報利用について顧客の同意を要するのは、自己に関する情報についてのコントロール権に由来するのであるから、その利用許諾については、顧客に利用目的の認識を通じて提供許否を判断してもらう。しかも、顧客本人から直接個人情報を取得する場合には、銀行側に利用目的を通知する機会は当然ある。そして、顧客の同意があったことを明確にし、後日の無用の紛争を回避するには、口頭での同意取得よりも書面（電磁的記録を含む。以下同じ）によるのがベターであり、その書式も個人情報の取扱いに関する条項が他と明確に区別され、確認欄を設け顧客自らがチェックを行うなど本人の意思が明確に反映できる方法により確認を行うことが望ましい（金融分野ガイドライン3条）。なお、個人データを第三者に提供する場合には、本人の同意を得ていることについて記録しておくことが義務付けられていることから（個人情報保護法29条1項、同法施行規則20条1項2号）、この点からも明示的な同意を得ておくことが望ましい（個人情報保護法ガイドライン（確認記録義務編）4－2－1－2）。

ところで、利用目的の範囲に変更が生じたり、第三者提供を行う先に追加が生じたりした結果、既存顧客から変更等について同意を逐一取得するのは煩雑であるからといって、例えば店頭やホームページ上での掲示を行い、顧客からの特段の申出のない限り、これについて同意を得たものと取り扱う旨表示することによって、顧客の明示的な同意を取得せずとも同意があったものとして取扱うことはできないと考えられる。なぜならば、情報利用の対象となり得る顧客の全てが、このような掲示を認識するとは限らず、顧客の判断に十分な情報や機会が付与されているとは言えないのであって、(同意取得の煩雑さといった) 銀行の一方的都合で顧客の同意を擬制するのは、前記のガイドラインの趣旨等を踏まえても適切でないと考えられるためである。

対策

●明示的な事前同意の取得を徹底

個人情報取得の際に利用目的を特定することが要請されていることから、顧客との取引開始にあたっては、事後的に再度同意を取得するなどの労を避けるためにも、申込書等の書面において明示する利用目的の範囲に漏れがないか慎重な検討を要する。

同意取得にあたっては、顧客が利用目的や第三者提供の相手方を明確に認識できるように表示位置等を工夫し、明示的に顧客から同意を得たことの証跡を確保しておくことが適切である。

(和田好史)

39 個人情報の安全管理措置

銀行は、取扱う個人データの安全管理措置を講ずる義務を負う。特に、顧客の個人データの取扱いを外部委託する場合、その取扱いを委託された個人データの安全管理が図られるよう、個人データが漏えい、滅失または毀損等をした場合に本人が被る権利利益の侵害の大きさを考慮し、事業の性質及び個人データの取扱状況等に起因するリスクに応じた委託先に対する監督を行わなければならない（個人情報保護法25条、金融分野ガイドライン10条1項）。

解説

●外部委託の自由と委託先の管理

銀行は、その取り扱う個人データの漏えい、滅失または毀損の防止その他の個人データの安全管理のため、安全管理に係る基本方針・取扱規程等の整備及び安全管理措置に係る実施態勢の整備等の必要かつ適切な措置を講じなければならず、それには個人データの取得・利用・保管等の各段階及びリスクに応じた組織的安全管理措置（従業者の責任と権限の明確化、内部規程等の整備・運用、安全管理措置の実施状況の点検・監査等）、人的安全管理措置（従業者との個人データの非開示契約等の締結、教育・訓練、監督等）、物理的安全管理措置（取扱区域等の管理、機器及び電子媒体等の盗難等の防止、電子媒体等を持ち運ぶ場合の漏えい等の防止、個人データの削除及び機器、電子媒体等の廃棄）、技術的安全管理措置（情報システムへのアクセス制御、監視等）及び外的環境の把握が含まれる（個人情報保護法23条、金融分野ガイドライン8条）。こうした、保有個人データの安全管理措置の内容は、プライバシーポリシー等に記載し公表する必要がある（個人情報保護法32条1項4号、同法施行令10条1号）。

また、銀行の業務効率化やコスト削減等の要請に応えるため、集金決済や郵便物の受発送、システム導入等に伴うデータ入力処理やその保守管理等の業務を、専門業者に外部委託し、その際個人データ（個人情報データベース等を構成する個人情報(同法16条3項))が委託先に提供されることがある。この場合、個人データの第三者提供の制限(同法27条)を受けるものではないが、委託先での個人情報の漏えい等の事故が生じることのないよう以下の措置を講ずることが求められる(同法25条、金融分野ガイドライン10条)。

①個人データの安全管理のため、委託先における組織体制の整備及び安全管理に係る基本方針・取扱規程の策定等の内容を委託先選定の基準に定め、当該基準を定期的に見直さなければならない。なお委託先の選定にあたっては、必要に応じて個人データを取扱う場所に赴くまたはこれに代わる合理的な方法により、確認し、個人データ管理責任者等が適切に評価することが望ましい。

②委託者の監督・監査・報告徴収に関する権限、委託先における個人データの漏えい・盗用・改ざん及び目的外利用の禁止、再委託条件及び漏えい等が発生した場合の委託先の責任を内容とする安全管理措置を委託契約に盛り込むとともに、定期監査を行う等により、当該委託契約に定める安全管理措置等の遵守状況を確認し、当該安全管理措置を見直さなければならない。なお委託契約に定める安全管理措置等の遵守状況については、個人データ管理責任者等が、当該安全管理措置等の見直しを検討することを含め、適切に評価することが望ましい。

③委託先が再委託を行おうとする場合は、委託元は、再委託の相手方、再委託する業務内容及び再委託先の個人データの取扱方法等について、事前報告、承認手続、定期監査等により、委託先が再委託先に対する監督を適切に果たすこと、再委託先が個人情報保護法23条に基づく安全管理措置を講じることを十分に確認することが望ましい。

対策

●委託先選定・管理も含めた適切な安全管理措置の構築に細心の注意を

個人データの安全管理措置を講じる上では、個人データが漏えい、滅失または毀損等をした場合に本人が被る権利利益の侵害の大きさを考慮し、事業の性質、個人データの取扱状況及び個人データを記録した媒体の性質等に起因するリスクに応じたものとする必要がある。保有個人データに関する安全管理措置は、公表する必要がある点にも留意する必要がある。また、委託先における個人データの取扱いや従業者の教育・訓練等が不十分であれば、委託先における漏えい事故等の発生するリスクが生ずることとなるため、委託する個人データの内容や取扱い状況等も踏まえた委託先の管理・監督を行うことが適切である。委託先管理において最も重要なのは、ガイドラインに示された内容を形式的に満たすことではなく、委託先が委託契約に定める各種義務を遵守し、かつ実効性のある漏えい等防止策を採り得る能力を委託先が備えているかどうかである。また万一の場合に、漏えいによる被害をてん補した銀行の求償権に応えられる資力を備えているかどうかも軽視できず、委託先の実績や規模、プライバシーマークの取得の有無等を考慮して選定にあたらなければならないし、委託後は定期的な監査・監督を行い、管理の状況次第では委託先の見直し等も検討の必要があるだろう。

（白根　央）

40 個人情報の漏えいと報告・通知義務

銀行において、個人情報または個人データの漏えい等があった場合、個人情報保護法及び銀行法に基づく監督官庁への報告及び本人への通知を行わなければならない。

解説

●個人情報保護法に基づく報告の要否

個人情報保護法は、個人データの漏えい等が発生した場合に、個人の権利利益の侵害のおそれが大きい事態については、個人情報保護委員会への報告及び本人への通知を法的義務としている（同法26条1項・2項、金融分野ガイドライン11条）。

報告が義務付けられる「個人の権利利益の侵害のおそれが大きい事態」としては、①要配慮個人情報が含まれる個人データの漏えい等が発生し、または発生したおそれがある事態、②不正に利用されることにより財産的被害が生じるおそれがある個人データの漏えい等が発生し、または発生したおそれがある事態、③不正の目的をもって行われたおそれがある当該個人情報取扱事業者による個人データ（個人データとして取り扱うことを予定しているものも含む）の漏えい等が発生し、または発生したおそれがある事態、④個人データに係る本人の数が1,000人を超える漏えい等が発生し、または発生したおそれがある事態が挙げられている（個人情報保護法施行規則7条各号、個人情報保護法ガイドライン（通則編）3-5-3-1）。

漏えい等の報告については、上記の事態を知ってから「速やかに」行う速報と、その後30日以内（上記③については60日以内）に行う確報とが求められている（個人情報保護法施行規則8条）。速報に関する日数の目安としては、事態を知った時点から概ね3～5日以内に速報を行う必要があるとされている（個人情報保護法ガイドライン（通則編）3-5-3-3）。

また、本人への通知も、上記の事態を知った後、当該事態の状況に応じて速やかに行う必要があるが、具体的に通知を行う時点は、個別の事案において、その時点で把握している事態の内容、通知を行うことで本人の権利利益が保護される蓋然性、本人への通知を行うことで生じる弊害等を勘案して判断するものとされている（個人情報保護法ガイドライン（通則編）3－5－4－2）。

なお、銀行法及び中小監督指針は、個人データの漏えい等が発生した場合の報告を義務付けている。また、個人データ以外の個人情報の漏えい等の発生時にも、個人データに準じて監督当局への報告及び本人への通知を行うことが努力義務として規定されている（銀行法施行規則13条の6の5の2、金融分野ガイドライン11条）。当該義務は金融機関を名宛人とするものであり、当該金融機関が個人情報取扱事業者でない場合にも適用される。

対策

●法令を遵守した報告・通知義務への対応を

銀行においては、漏えいが起きないように安全管理措置を講じることはもちろんだが、仮に漏えいが発生してしまった場合は、法令に従い、報告・通知義務に対応することが求められる。報告・通知を要する事態の発生時には速やかな対応が求められることから、個人データの漏えい等が発生した場合の手続については、内部規程やマニュアルで明確にしておくことが適切である。

（白根　央・佐野剛史）

41 個人情報取扱いに関する各種照会・申出に対する適切な対応

銀行は、顧客に関する保有個人データについて、顧客本人から開示請求（個人情報保護法33条）、訂正等の請求（同法34条）、利用停止等の請求（同法35条）を受けた場合、これに対応する必要がある。

解説

●開示請求、訂正等の請求、利用停止等の請求

1. 開示請求

個人情報データベース等（個人情報保護法16条1項）を事業の用に供している銀行は、「個人情報取扱事業者」（同条2項）に該当するところ、本人からその識別される保有個人データの開示を請求された場合、原則としてこれを遅滞なく開示しなければならない（同法33条2項本文）。例外的に、開示することにより、①本人または第三者の生命、身体、財産その他の権利利益を害するおそれがある場合、②当該個人情報取扱事業者の業務の適正な実施に著しい支障を及ぼすおそれがある場合、③他の法令に違反することとなる場合には、全部または一部の開示をしないことができる（同項但書）。

例えば、与信審査内容等の銀行が付加した内容については、②の例外に該当することが考えられ、開示請求を受けたとしても開示しないとの判断があり得る（金融分野ガイドライン16条）。また、銀行は保有個人データだけでなく、個人データを第三者に提供した際に作成した記録（同法29条1項）、及び第三者から個人データの提供を受けるに際して作成した記録（同法30条3項）についても、本人からの開示請求に対して、原則として遅滞なく開示する必要がある（同法33条5項）。

2. 訂正等の請求

また、本人が、その識別される保有個人データの内容が事実でないとして、当該保有個人データの内容の訂正、追加または削除（以下「訂正等」という）を請求した場合、他の法令の規定により特別の手続が定め

られている場合を除き、銀行は利用目的の達成に必要な範囲内において、遅滞なく必要な調査を行い、その結果に基づき、当該保有個人データの内容の訂正等を行わなければならないとされている（同法34条2項）。その銀行が調査の結果、本人の請求に応じる場合、当該請求に即した訂正等の措置を行うとともに、その旨を本人に通知する必要がある（同条2項・3項）。反対に銀行が調査の結果、本人の請求に応じないとした場合、その旨を本人に通知するとともに（同条3項）、その理由について説明する努力義務がある（同法36条）。具体的な理由の説明においては、判断の根拠及び根拠となる事実を示すことになる（金融分野ガイドライン17条）。

3．利用停止等の請求

本人が、その識別される保有個人データについて、目的外利用（同法18条）、不適正利用（同法19条）、または、不適正な取得（同法20条）による違反があったとして、当該保有個人データの利用の停止または消去（以下「利用停止等」という）を請求して、当該請求に理由があることが判明した場合、原則として銀行は遅滞なく当該違反を是正するために当該保有個人データの利用停止等の措置をとる必要がある（同法35条2項本文）。

また、本人が、その識別される保有個人データが第三者提供の制限に関する同法27条1項または同法28条1項の既定に違反して第三者提供されているとして、その提供の停止を請求して当該請求に理由があることが判明した場合、原則として銀行は当該提供を停止する必要がある（同法35条4項本文）。

さらに、本人が、その識別される保有個人データを銀行が利用する必要がなくなった、または、漏洩等（同法26条1項本文）の事態が生じるなど本人の権利利益が害されるおそれがあるとして、当該保有個人データの利用停止等または第三者提供の停止を請求して、当該請求に理由があることが判明した場合、原則として銀行は当該保有個人データの利用停止等または第三者提供の停止を行う必要がある（同法35条6項）。

対策

●各種請求に対する違反の効果

これら本人からの開示請求、訂正等の請求、利用停止等の請求について、銀行が合理的な理由なく応じない場合、請求の訴え提起・仮処分命令の申立て、苦情の申出(同法40条)、個人情報保護委員会による立入検査(同法146条)、指導・助言(同法147条)、勧告(同法148条)の対象となる。また、本人からの訂正等の請求及び利用停止等の請求については、違反が生じた場合、プライバシー権侵害等を理由とする不法行為に基づく損害賠償請求が提起されることも考え得る。銀行の役職員としては、個人情報に関する本人からの上記請求に対してはトラブル防止の観点から丁寧かつ真摯に対応すべきである。

(白根 央・佐藤万里)

42 執務終了後・退職後の情報漏えいと銀行の責任

銀行は、個人データの安全管理が図られるよう適切な内部管理体制を構築し、その従業者に対する必要かつ適切な監督を行い、在職中はもちろんその職を退いた後でも、その業務に関して知り得た個人データを第三者に知らせ、または利用目的外に使用しないことを内容とする契約を採用時等に締結するなどの措置を講じなければならない。銀行は、従業者に対して、個人データが漏えい等をした場合に本人が被る権利利益の侵害の大きさを考慮し、事業の性質及び個人データの取扱状況等に起因するリスクに応じた監督をしなければならない（金融分野ガイドライン9条1項）。

解説

●従業者の適切な監督

情報漏えい事件の特徴として、営業の必要性や仕事の持帰り等の理由で銀行外に持ち出された個人情報（書類やデータ等）の盗難や紛失例が多い。また雇用の流動化の進展、派遣社員の進出等に伴い、銀行との労働関係等終了後の情報管理も重要となる。そこで、銀行は、その従業者に個人データを取り扱わせるには、当該個人データの安全管理が図られるよう、当該従業者に対する必要かつ適切な監督を行わなければならない（個人情報保護法24条）。この「従業者」とは、銀行の組織内にあって直接または間接に銀行の指揮監督を受けて銀行業務に従事している者をいい、雇用関係にある者（正社員、契約社員、嘱託社員、パート社員、アルバイト社員等）のみならず、銀行との間の雇用関係にない者（取締役、執行役、理事、監査役、監事、派遣社員等）も含まれる（金融分野ガイドライン9条2項）。

金融分野ガイドラインでは、従業者に対する監督の方法として、①在職中及びその職を退いた後の、その業務に関して知り得た個人データを第三者に知らせ、または利用目的外に使用しないことを内容とする契約を採用時等に締結すること、②個人データの適正な取扱いのための取扱規程の策定を通じた従業者の役割・

責任の明確化及び従業者への安全管理義務の周知徹底、教育、訓練の実施、③従業者による個人データの持出し等を防ぐため、銀行内での安全管理措置に定めた事項の遵守状況等の確認及び従業者における個人データの保護に対する点検及び監査制度を整備すること、があげられている(同ガイドライン9条3項)。

対策

●実効性のある情報管理態勢の構築を

従業者との秘密保持契約の締結は、制裁を予定した心理的な威嚇力と万一の場合の損害賠償請求に期待するもので、不正利用行為それ自体を防止するものではなく、容易に不正利用ができないようなシステム構築、従業者に対する周知徹底といった他の安全管理措置を実施することが不可欠である。なお、転職者等を受け入れた場合は、その者の有する個人データについて、無断の第三者提供や目的外利用に該当する懸念があるので、事前に顧客同意の有無等、確認しておく必要があろう。

(和田好史)

43 情報漏えいと役職員の責任

銀行員の故意・過失により個人情報が漏えいされた場合、当該銀行員だけでなく銀行も顧客に生じた損害の賠償責任を問われるが（民法715条）、適切な内部管理態勢が構築されていなかったために漏えいが生じれば、その構築責任を怠った取締役、また当該銀行員の監督に注意を怠った支店長等の管理責任者も責任を問われることがある。

解説

●取締役、管理責任者も責任を問われる

銀行は、その取り扱う個人データの漏えい、滅失または毀損の防止その他の個人データの安全管理のため、安全管理に係る基本方針・取扱規程等の整備及び安全管理措置に係る実施体制の整備等の必要かつ適切な措置を講じなければならず、それには個人データの取得・利用・保管等の各段階及びリスクに応じた「組織的安全管理措置」、「人的安全管理措置」、「物理的安全管理措置」、「技術的安全管理措置」及び「外的環境の把握」が含まれる（金融分野ガイドライン8条）。これらの安全管理措置は、銀行の内部統制システムの一部として、取締役会によって構築されるべき性質のものであるから、その内容が同ガイドライン等によって客観的に要求される水準に満たなかったり、従業者の教育・訓練、実施状況の点検・監査等に不備があり、これによって漏えい事件を防止できなかったときには、取締役は善管注意義務違反等として、損害賠償責任を問われることになる。

また、銀行員による顧客に関する個人情報の行外への持出しは、顧客の個人情報を紛失したり盗難のリスクに曝す危険があり、社内規程等で禁止されているか、厳しく制限されていることが通常である。社内規程に違反した結果漏えいが生じれば、個人情報の不適切な管理を行った当該銀行員の責任は免れないし、もし、支店長等の管理責任者がこれを黙認していたのであれば、管理責任者についても銀行に対する責任を負うこ

とになろう。なお、個人情報保護法は、個人データの漏えい等が発生した場合に、個人の権利利益の侵害のおそれが大きい事態については、当局への報告及び本人への通知を義務づけている(40参照)。

対策

●漏えい事件は社会的評価を著しく低下させる

一度漏えい事件が発生すれば、銀行の社会的評価の低下は計りしれない。裁判例では、個人情報の漏えいにつき、1人当たり慰謝料1万円、弁護士費用5千円とした事例(宇治市住民基本台帳データ流出事件(大阪高判平13・12・25))の他、TBC事件(東京高判平19・8・28)では、基本情報の他にも身体情報などセンシティブな情報が流出したことから、1人当たり慰謝料3万円、弁護士費用5千円とする判断がなされている。慰謝料額は漏えいした情報の内容にもよって異なるが、今後、権利意識の高まり等により金額水準が上昇する可能性もあることから、顧客、銀行双方に不幸な事態を回避すべく、適切な情報管理態勢の構築と各種規程等の遵守の徹底が求められる。

(和田好史)

44 金融取引とマイナンバー

銀行は、投資信託の売買や国外送金等の金融取引を顧客との間で行う場合、顧客のマイナンバー（個人番号）を取得する必要がある。また、銀行は、預金者に関する情報とマイナンバーとを紐づけて管理する義務（いわゆる預金付番制度）を負っている。

解説

●マイナンバーの告知を受ける必要がある取引

マイナンバー制度は、わが国において住民票コードを有する者に12ケタのマイナンバー（個人番号）を付与し、これを社会保障や税、災害対策に関する行政手続に活用するものであり、以下のように、銀行業務においても顧客のマイナンバーの取得または利用が必要となる場合がある。

第一に、一定の金融取引を行う者は、銀行等の金融機関に対しマイナンバーを告知する義務を負っており、顧客から告知を受けた金融機関は、当該顧客のマイナンバーを支払調書等の税務関係書類に記載し税務署へ提出しなければならない。顧客によるマイナンバーの告知が必要な金融取引としては次のようなものがある。

①投資信託の売買等

投資信託や公社債の利子または分配金の受領や、これらを売却した際の譲渡対価の受領には、マイナンバーの告知が必要であり、銀行は顧客のマイナンバーを税務署に提出する支払調書に記載する必要がある（所得税法225条1項2号、同法施行規則83条1項1号イ等）。

また、顧客が特定口座や非課税口座（いわゆるＮＩＳＡ口座）等を開設する場合にもマイナンバーの告知が必要であり、銀行は顧客のマイナンバーを、税務署に提出する特定口座年間取引報告書や非課税口座年間取引報告書に記載する必要がある（特定口座について租税特別措置法37条の11の3第7項、同法施行規則18条の13の5第2項1号イ、非課税口座について租税特別措置法37条の14第31項、同法施行規則18条の15の9第2項1号）。

②国外送金等

国外送金や国外からの送金等の受領には、マイナンバーの告知が必要であり（国外送金等調書法3条1項、同法施行規則6条2項1号、同条3項1号）、銀行は、顧客が100万円を超える国外送金または国外からの送金等の受領をする場合、税務署に提出する国外送金等調書に当該顧客のマイナンバーを記載する必要がある（国外送金等調書法4条1項、同法施行令8条1項、同法施行規則10条1項1号、同条2項1号）。

③その他

銀行が保険会社から委託を受けて保険募集を行う（いわゆる保険窓販）場合に、保険契約者等のマイナンバーの取得についても保険会社から委託を受けた場合には、当該委託事務の範囲でマイナンバーを取り扱うこととなる。また、障がい者等の少額預金の利子所得等の非課税制度（いわゆる「マル優」）や、財形貯蓄（勤労者財産形成住宅貯蓄、勤労者財産形成年金貯蓄）との関係でも、銀行は顧客のマイナンバーが記載された書類を受け取り、税務署に提出する必要がある。

●預貯金付番制度

第二に、銀行は、預金者の情報に関するデータベースにおいてマイナンバーを記録することにより、預金者に係る情報をマイナンバーにより検索することができる状態で管理する義務を負っている。上記①～③の取引とは違い、預金者は銀行にマイナンバーを告知する義務を負わないが、24年4月に施行された口座管理法に基づき、銀行は預金口座の開設時に、顧客に対し、顧客の開設する全ての預金口座について、マイナンバーを利用して管理することを承諾するかどうかを確認することが義務付けられている（同法3条2項）。また、銀行は、預金者に対し、他の金融機関が管理する預貯金口座についても付番希望の有無を確認し、本人の希望がある場合には、預金保険機構を介して本人特定事項及びマイナンバー等を通知し、通知を受けた金融機関は、預貯金者の本人特定事項等をマイナンバーにより検索することができる状態で管理する義務を負う（同法6条1項）。

●公金受取口座登録制度

第三に、給付金等の公的給付の受取のための口座として、国に任意で預貯金口座をあらかじめ登録することが可能である。1人1口座まで、本人名義の預貯金口座を登録することが可能であり（公金受取口座登録法3条1項）、年金等の公的給付の迅速かつ確実な受取りが期待される。

●非対面取引における本人確認

第四に、デジタル庁が2023年6月に公表した「デジタル社会の実現に向けた重点計画」によれば、マイナンバーカードの利用推進施策として、犯収法に基づく非対面の本人特定事項の確認手法は、マイナンバーカードの公的個人認証に原則として一本化し、運転免許証等を送信する方法や、顔写真のない本人確認書類等は廃止するとの方針が示されている。また、対面でも公的個人認証による本人確認を進め、本人確認書類のコピーは取らないこととする方針が示されている。これらの施策の実施時期は決定されていないが、マイナンバーカードについても、今後一層、利活用の場面が増えることが見込まれる。

対策

●本人確認と厳格な安全管理措置

銀行が顧客のマイナンバーを取扱う必要のある一定の金融取引を行う場合には、当該顧客の本人確認の措置をとった上で当該顧客からマイナンバーを取得しなければならず、また、取得したマイナンバーの保存につき厳格な安全管理措置を講じなければならないなど、マイナンバー法上の規制を遵守しなければならない。また、マイナンバーの預金付番や公金受取口座の登録制度など、マイナンバーの利活用が進められているが、預金付番や公金受取口座の登録が適切に行われない場合、顧客情報の漏えい等のみならず、行政機関における事務遂行にも重大な支障が生じるおそれがあることから、銀行においてもこれらの事務を的確に実施するための事務手続きの検討を行っておく必要がある。

（白根　央・溝端悠太）

45 預金付番制度に伴うマイナンバーの任意提供要請と説明義務

新規顧客やマイナンバーの届出を受けていない既存顧客に対しては、預金付番のために、マイナンバーの任意の提供を求める必要がある。マイナンバーを届出済みの顧客については、利用目的を変更の上、当該マイナンバーと預金口座を紐づけて管理する必要がある。

●新規顧客とマイナンバー提出済みの顧客との取扱いの違いに注意

預金付番制度とは、社会保障制度の所得・資産要件を適正に執行する観点や、適正・公平な税務執行の観点等から、金融機関に対する社会保障資力調査や税務調査の際にマイナンバーを利用して照会できるようにしたり、預金保険法に基づき、マイナンバーを利用して預金口座の名寄せができるようにするため、銀行等の金融機関において、預貯金口座をマイナンバーと紐づけて管理することを義務付ける制度である。

解説

現行法上、顧客において預金付番制度のためにマイナンバーを告知する義務はない。したがって、銀行は、新規の顧客や、既存顧客のうち従前マイナンバーが必要な取引がなく、当該顧客からマイナンバーの届出を受けていなかった場合は、適宜の機会に、預金付番のためのマイナンバーの任意の提供を求めることとなる。

なお、預金付番制度は2018年1月1日から開始されたが、21年には預金口座への付番促進のために口座管理法が新たに制定され、24年4月から施行された。同法の施行後も、預金者はマイナンバーを告知する義務は負わないが、銀行は預金口座の開設時に、顧客に対し、顧客の開設する全ての預金口座について、マイナンバーを利用して管理することを承諾するかどうかを確認することが義務付けられている(同法3条2項)。また、銀行は、預金者に対し、他の金融機関が管理する預貯金口座についても付番希望の有無を確認し、本人の希望がある場合には、預金保険機構を介して本人特定事項及びマイナンバー等を通知し、通知を受けた金融機関は、預貯金者の本人特定事項等をマイナンバーにより検索することができる状態で管理する義務を負う（同法6条1項）。

他方、既存の取引において既にマイナンバーを提出している顧客（例えば、既に投資信託取引を行っており、マイナンバーの提出を既に受けている顧客等）について、銀行は、当該顧客のマイナンバーと預金口座を紐づけて管理する義務があることから、改めて提供の要請をせずに、マイナンバーの利用目的に預金付番を追加する旨の変更の手続（通知または公表）を行った上で、提出済みのマイナンバーを預金口座と紐づけて管理する必要がある。24年4月には、口座管理法及び口座登録法が施行されており、マイナンバーの利用目的にこれらの目的を追加した旨、変更後の利用目的について顧客に周知等を図る必要がある。

対策

●顧客への説明態勢の整備を

預金付番によってマイナンバーの任意の提供を求める場合には、制度についての説明を行い、任意提供への協力を求める。また、口座管理法は、24年4月に施行された。施行後は、マイナンバーを利用して管理するかどうかの確認を行う必要がある。

（白根　央・溝端悠太）

46 業務上必要なマイナンバーの適正取得

銀行は、マイナンバー法で認められた利用目的を超えて、顧客のマイナンバーを利用してはならず、また、顧客のマイナンバーを利用する際には、マイナンバー法の定める方法による本人確認の措置をとらなければならない。

解説

●マイナンバーが必要なのは限定的な取引

マイナンバーは、マイナンバー法の予定する利用範囲を超えて利用された場合や外部に漏えいした場合には、マイナンバーを利用したデータマッチングにより個人の権利利益に対する甚大な被害を生じさせる危険がある。このことから、マイナンバー法では、マイナンバーを利用できる場合や提供を受けることができる場合を限定し（同法9条、19条）、それ以外の場合にマイナンバーの提供を求めたり（同法15条）、マイナンバーを含む個人情報を収集したりすることを禁止している（同法20条）。銀行が顧客のマイナンバーを取り扱うことができるのも、投資信託の売買や国外送金等の一定の金融取引に際して税務関係書類等を作成する場合や、預金付番を行った顧客について金融機関に対する社会保障資力調査や税務調査の際にマイナンバーを利用して探索を行ったり、預金保険法に基づき預金口座の名寄せを行ったりする場合に限られる。

また、マイナンバーの提供を受ける際には、法令の定める本人確認の措置をとらなければならない（同法16条）。この本人確認には、番号確認（提供を受けたマイナンバーが正しいものであるかどうかの確認）と、身元（実在）確認（マイナンバーの提供者が当該番号を付与された本人であるかどうかの確認）とがある。個人番号カードには対象者の顔写真が表示されていることから、顧客が個人番号カードを保有している場合には、その提示のみで、番号確認及び身元（実在）確認の双方を完了できる。他方で、顧客が個人番号カードを保有していない場合は、住民票の写し等の提示を受けて番号確認を行うとともに、運転免許証等の提示を受けて身元（実在）確認を行う必要がある。また、代理人からマイナンバーの提供を受ける場合には、本人の番号確認に加えて、代理人の身元（実在）確認及び（委任状等の提示を受けることによる）代理権の確認を行うことにも注意を要する。

対策

●規制内容を周知させ、本人確認措置は適切に

銀行においては、マイナンバー法で認められた利用目的を超えて顧客のマイナンバーが利用されることのないよう、マイナンバーの利用方法等について、役職員に周知しなければならない。また、顧客からマイナンバーの提供を受ける際の本人確認の措置についても、営業店においてマイナンバー法の定める手続が的確に履践されるよう、事務マニュアル等で具体的に規定しておく必要があるだろう。

（白根　央・溝端悠太）

47 業務上不要なマイナンバーの取扱い

業務上不要なマイナンバーを取得することは、マイナンバー法違反となるため、銀行は、そのようなことが起こらないような事務フローや顧客への案内を検討し、担当者へ周知徹底等を行うことが適切である。

解説

●犯収法上の取引時確認時に要注意

マイナンバー法では、マイナンバーを利用できる場合や提供を受けることが可能な場合を限定し（同法9条、19条）、それ以外の場合にマイナンバーの提供を求めたり（同法15条）、マイナンバーを含む個人情報を収集したりすることが禁止されている（同法20条）。したがって、銀行が、マイナンバー法で認められた利用目的を超えて顧客のマイナンバーを取得したり利用したりすると、マイナンバー法違反となり、個人情報保護委員会による是正勧告・命令を受けるおそれがある。

この点、特に注意が必要となるのは、銀行が犯収法上の取引時確認において顧客から本人確認書類を徴求する場面である。例えば、銀行が顧客との間で融資取引を行う場合、当該顧客のマイナンバーを取得することはできない一方で、犯収法上、当該顧客の取引時確認を行う必要がある。顧客の取引時確認を行うために、個人番号カードを本人確認書類として提示を受けたり、写しを取得することは問題ないが、確認記録（同法6条）に、当該顧客のマイナンバーを記録したり、マイナンバーの記載部分（個人番号カードの裏面）を保管したりしないように注意する必要がある。また、郵送等によって、顧客が誤って個人番号カードのマイナンバー記載部分の写しを送付してきたような場合には、マイナンバーの記載部分について復元できない程度にマスキングするなどの措置をとって記録しておく必要があることに注意を要する。

また、取引時確認以外の場合にも、例えば、銀行において、顧客に住民票の写し等の提出を求める場合には、住民票の写しにはマイナンバーが記載されている可能性があることに注意する必要がある。

なお、個人情報取扱事業者は、個人情報保護法22条に基づいて、データ内容の正確性の確保に努めることが求められる。そのため、個人番号が変更されたときは本人から事業者に申告するよう周知しておくとともに、一定の期間ごとに個人番号の変更がないか確認することが考えられる。

対策

●不要なマイナンバーを取得しない事務フローの検討を

銀行においては、業務上不要な顧客のマイナンバーを、そもそも取得しないよう、各業務に係る従来の事務フローを改めて精査するなどして、顧客のマイナンバーを取得する可能性のあるケースを抽出し、事務フローや顧客への案内を検討するとともに、担当者に対しても、顧客のマイナンバーの取得がマイナンバー法上問題となり得ることを周知徹底しておくことが適切である。

（白根　央・溝端悠太）

48 マイナンバーの保存、削除・廃棄

銀行が顧客のマイナンバーを保存するにあたっては、その取扱いに係る基本方針及び取扱規程等を策定するとともに、組織的・人的・物理的・技術的各安全管理措置を講じなければならない。また、銀行は、事務処理上の必要がなくなった場合には、できるだけ速やかに顧客のマイナンバーを削除・廃棄しなければならない。

解説

●安全管理措置ガイドライン

〈マイナンバーの保存と安全管理措置〉

マイナンバーを取り扱う事業者は、その保有するマイナンバーやこれを含む個人情報について、漏えい、滅失または毀損の防止その他の適切な管理のために必要な措置、すなわち安全管理措置を講じなければならない（マイナンバー法12条、個人情報保護法23条）。そして、かかる安全管理措置の具体的内容については、個人情報保護委員会が定める「特定個人情報の適正な取扱いに関するガイドライン（事業者編）」末尾別添の「特定個人情報に関する安全管理措置（事業者編）」（以下「安全管理措置ガイドライン」）が例示しており、銀行が顧客のマイナンバーに係る安全管理措置を講じるにあたっても、その内容を遵守する必要がある。

安全管理措置ガイドラインにおいて、講じるべきとされている安全管理措置の具体的内容は、以下のとおりである。

①基本方針の策定…まず、銀行においては、マイナンバー等の取扱いに係る基本方針を策定する必要がある。当該基本方針に定める項目としては、銀行の名称、関係法令・ガイドラインを遵守する旨、安全管理措置の概要、質問及び苦情処理の窓口等が考えられる。

②取扱規程等の策定…次に、銀行は、マイナンバー等の具体的な取扱いを定める取扱規程や事務マニュア

ル等を策定しなければならない。取扱規程等には、マイナンバー等の取得、利用、保存、提供、削除・廃棄の段階ごとに、取扱方法、責任者・事務取扱担当者及びその任務等を定めることが考えられ、また、後記③～⑥に記載する事項を織り込むことが重要である。

③組織的安全管理措置…銀行は、マイナンバー等の取扱いに関し、従業者の責任と権限を明確に定め、取扱規程等に基づく運用状況の点検・監査等を行い、万一情報漏えい等事案が発生した場合に適切かつ迅速に対応するための体制を整備する等の組織的安全管理措置を講じなければならない。

④人的安全管理措置…銀行は、従業者との非開示契約等の締結や従業者に対する教育・訓練等を実施し、マイナンバー等の安全管理が図られるよう従業者を監督するという人的安全管理措置を講じなければならない。

⑤物理的安全管理措置…銀行は、入退館（室）の管理やマイナンバー等の盗難の防止等の物理的安全管理措置を講じなければならない。

⑥技術的安全管理措置…銀行は、マイナンバー等及びそれを取り扱う情報システムへのアクセス制御及び情報システムの監視等の技術的安全管理措置を講じなければならない。

〈マイナンバーの削除・廃棄〉

また、銀行はマイナンバー法に定める事務を処理する目的でのみ顧客のマイナンバーを取得し保存するところ、かかる事務を処理する必要がなくなった場合で、かつ、所管法令で定められている保存期間（があれば、当該期間）を経過した場合には、銀行は、顧客のマイナンバーをできるだけ速やかに削除または廃棄する必要がある。

なお、削除・廃棄の方法として、安全管理措置ガイドラインは、書類につき焼却、溶解、復元不可能な程度のシュレッダーによる裁断等、機器・電子媒体につき専用のデータ削除ソフトウェアの利用、物理的な破壊等をあげている。

対策

●**ガイドラインに従った措置を講じる**

安全管理措置ガイドラインには、安全管理措置の具体的内容に係る例示が詳細かつ多岐にわたり記載されており、また、同ガイドラインが定める事項の一部については、これに従わなかった場合にマイナンバー法違反と判断される可能性があることから、銀行は、同ガイドラインの内容を十分に理解し、実務における運用の現実的可能性を考慮しつつも、可能な限り同ガイドラインに従った安全管理措置を講じる必要がある。

（福谷賢典）

49 マイナンバーの漏えいと銀行の責任

銀行が顧客のマイナンバーを漏えいさせた場合において、その安全管理措置に不備があれば個人情報保護委員会から是正勧告・命令を受ける可能性がある。また、役職員による故意の漏えいの場合には、銀行・役職員ともに刑事罰を科される可能性もある。また、顧客との関係でも、守秘義務違反に基づく損害賠償責任を負う可能性がある。

解説

●故意の漏えいには厳しい罰則

マイナンバーは、外部に漏えいした場合にはマイナンバーを利用したデータマッチングにより個人の権利利益に対する甚大な被害を生じさせる危険がある。このため、銀行は、顧客のマイナンバーの漏えいを防止するための安全管理措置を講じることが求められるし、顧客のマイナンバーを漏えいさせた場合、個人情報保護委員会への報告と、顧客本人への通知が義務付けられる（個人情報保護法26条1項・2項、金融分野ガイドライン11条）。また、個人情報保護委員会は、マイナンバーの適切な取扱いを確保するため、事業者に対し必要な報告や資料の提出を求めたり、事業者の事務所等への立ち入りや質問、帳簿書類等の検査を行うことができる。報告を受けたマイナンバーの漏えいの状況によっては、報告徴求・立入検査等が行われる可能性がある他、こうした検査等の結果、銀行の安全管理措置に不備が認められれば、当該不備を是正するよう勧告ないし命令を受けることになるだろう。

また、銀行の役職員が、マイナンバーを故意に漏えいした場合、刑事罰を科される可能性もある。正当な理由がないにもかかわらず、その業務に関して取扱った個人の秘密に属する事項が記録された、マイナンバーをその内容に含む個人情報ファイルを提供したときは、4年以下の懲役もしくは200万円以下の罰金刑（またはこれらの併科）に、その業務に関して知り得たマイナンバーを自己もしくは第三者の不正な利益を図る目的で提供するなどしたときは、3年以下の懲役もしくは150万円以下の罰金刑（またはこれらの併科）に処される。なお、罰金刑については、役職員個人のみならず、これを使用する銀行も対象となり得ることにも注意が必要である。

さらに、銀行が顧客のマイナンバーを漏えいさせた場合には、当該顧客に対する守秘義務に違反することとなり、当該顧客に発生した損害を賠償すべき責任を負う可能性がある。

対策

●漏えい事案の発生防止のために適切な態勢整備を

顧客のマイナンバーの漏えい事案が発生した場合、個人情報保護委員会による行政処分や漏えいの被害にあった顧客からの損害賠償請求を受ける可能性がある。また、その守秘性の高さから通常の個人情報の漏えい事案よりも強い社会的非難が起こる可能性もあり、レピュテーションの観点からも銀行にとって重大なリスクとなり得る。こうした点を踏まえ、銀行では、漏えい事案の発生防止のために適切な安全管理措置を講じることが求められる。

（白根　央・溝端悠太）

50 銀行秘密の漏えい

銀行は顧客に対して守秘義務を負い、顧客情報をみだりに外部に漏らすことは許されない。これに反し漏えいが生じた場合、顧客に対し損害賠償責任を負う。他方、銀行が法令上の義務に基づき顧客情報の回答・報告を行う義務を負うことがあり、この場合は守秘義務は免除されるが、弁護士会照会等への対応については回答義務を負うものか、慎重な検討を要する場合も多い。

解説

●守秘義務は法的な義務

銀行は、顧客との取引内容に関する情報や顧客との取引に関して得た顧客の信用にかかわる情報などの顧客情報をみだりに外部に漏らすことは許されないとされている（最決平19・11・30民集61巻9号3364頁）。この義務を守秘義務という。前記最決のとおり、守秘義務は、単なる商道徳上だけでなく、法的な義務であると解されており、その根拠としては、従前より、①契約説、②商慣習説、③信義則説、といった見解があったが、この点について、前記最決では「商慣習上または契約上」守秘義務を負うとしている。

守秘義務の対象となる情報としては、①顧客と銀行との取引内容に関する情報（例えば、どんな種類の預金がどれだけあるか、どういう目的でいくらの借入があるかといった情報）、②銀行が業務上知り得た顧客の信用にかかわる情報（例えば、公表しない資産状態の明細や、業務計画といった情報）、③顧客の個人的プライバシーに関わる事項（例えば、離婚歴・前科など）、があげられる。これに対して、商業登記簿で公示されている情報や、法令等に基づいて公告・公表されている情報、報道等によって公知となっている情報は守秘義務の対象とはならない。

銀行が守秘義務に違反した場合は、顧客に対して不法行為または債務不履行に基づく損害賠償責任を負うことになる。もっとも、前記最決でも、「みだりに外部に漏らすことは許されない」としているとおり、正当な理由があれば守秘義務違反とはならないと考えられる。例えば、①顧客本人が同意した場合、②裁判官の令状に基づく捜査等の公権が発動された場合、③銀行が、民事訴訟の訴訟外の第三者として顧客情報の開示を求められた場合に、当該顧客自身が当該民事訴訟の当事者として開示義務を負うとき（前記判例の事案）、などである（52参照）。

対策

●照会・回答は慎重に

法令上の義務等に基づく顧客情報の回答は守秘義務違反とはならないと考えられるが、回答を行う場合には、守秘義務との抵触について慎重な検討を要する場合も多い。特に、弁護士会照会への回答については、報告を拒絶する正当な理由があるか否かについて、照会事項ごとに、報告により生ずる不利益と報告の拒絶により犠牲となる利益との比較衡量により決せられるべきとされているが（名古屋高判平29・6・30金法2078号68頁）、銀行が回答義務を負うものといえるか悩ましい場面も多く、回答にあたっては慎重な検討が必要となる。

（白根　央）

51 預金口座情報の開示請求への適切な対応

銀行は顧客に対して守秘義務を負い、顧客情報をみだりに外部に漏らすことは許されない。他方で、弁護士法23条に基づく照会があった場合、銀行は原則として照会事項を報告すべき公法上の義務を負うことから、当該義務と守秘義務によって保護される利益の比較衡量を要する。守秘義務と報告義務の優劣の判断が直ちにつかない場合には、違反時のリスクも考慮の上、弁護士会への報告については慎重な対応を取らざるを得ないだろう。

解説

●守秘義務と情報提供義務によって保護される利益の比較衡量が必要

銀行は顧客に対して守秘義務を負い、顧客情報をみだりに外部に漏らすことは許されず（最決平19・11・30民集61巻9号3364頁）、銀行が守秘義務に違反した場合は、顧客に対して不法行為または債務不履行に基づく損害賠償責任を負うことになる。

このため、本人以外から、預金残高等の取引状況に関する照会があり、本人から同意を得ることができない場合、これに応ずることが守秘義務に違反しないか、慎重な検討を要する。特に、弁護士法23条に基づく照会（いわゆる23条照会）があった場合の対応等で問題となる。23条照会があった場合、照会先は、照会事項を報告すべき公法上の義務を負うが、報告をしないことについて正当な理由があるときは、その全部または一部について報告を拒絶することが許されると解されており、銀行が顧客に負う守秘義務が正当な理由といえるかは、照会事項ごとに、①これを報告することによって生ずる不利益と②報告を拒絶することによって犠牲となる利益との比較衡量によって判断する必要があるとされている（名古屋高判平29・6・30金法2078号68頁等）。

もちろん、②が①を上回ることが明確である場合には、公共的利益の実現の観点からも報告をすることが適切であるが、実務上は、23条照会の「申し出の理由」及び「照会事項」から直ちに判断がつかず、回答を行うか悩ましい場面も多いと思われる。

対策

●義務違反時のリスクも踏まえた慎重な対応を

銀行が守秘義務に違反し顧客に損害を与えた場合、顧客に対して損害賠償責任を負うことになるのに対し、判例は、23条照会に対する報告を受けることについて弁護士会は法律上保護される利益を有しないとして、照会先が報告を拒絶した場合でも弁護士会に対する不法行為責任は否定している（最判平28・10・18金法2053号33頁）。このように、銀行が負う義務違反時のリスクも踏まえると、守秘義務と報告義務の優劣の判断が直ちにつかない場合には、弁護士会への報告については慎重な対応を取らざるを得ないだろう。なお、民事執行法に基づく第三者から債務者財産に関する情報を取得する制度（同法207条）が利用された場合は、弁護士会照会への対応よりも一律により広い範囲で回答することが可能になる（52参照）。

（白根　央）

52 債権者の財産状況調査制度に基づく預金債権等にかかる情報開示

民事執行法は、債務者の財産状況の調査の実効性の向上の観点から、債務者以外の第三者からの情報取得手続を設けている。銀行に対する情報取得手続としては、預金債権や有価証券等に関する手続が設けられたことから、かかる手続に対応するための行内の手続フローを整備する必要がある。

解説

●第三者からの情報取得手続

民事執行法は、勝訴判決等の債務名義を得た債権者が債務者の財産へ強制執行する際の手続を定めている。この強制執行の申立てには、執行の対象となる債務者の財産を特定することが必要であることから、実務上の工夫により財産をできる限り特定して申立てが行われてきたが、債権者において債務者の財産に係る情報を収集することは困難であることも多い。また、債務者の財産に関する情報を債務者自身の陳述により取得する手続として財産開示手続もあるが、その利用実績は年間1千件前後と少なく、債務者の財産の開示制度の実効性が十分であるとはいい難い。

こうした状況を受け、民事執行法は、債務者以外の第三者からの情報取得手続を設けている。この制度では、執行裁判所は、債権者等の一定の者による申立てにより、不動産、債務者の給与債権、預貯金債権や振替社債等について、強制執行や担保権の実行の申立てをするのに必要となる事項の提供を命じることができる（民事執行法205条から207条）。具体的には、銀行等は、執行裁判所の命令に基づいて、預貯金債権や有価証券に対する強制執行または担保権の実行の申立てをするのに必要となる事項を書面で提出する必要がある（同法207条、208条1項）。当該情報の提供がなされた場合には、執行裁判所は、申立人に当該書面の写しを交付し、情報提供がなされた旨を通知する（同法208条2項）。情報取得手続の申立人による当該情報の目的外利用は禁止されている（同法210条1項）。

対策

●手続フローの確認を

債務者以外の第三者からの情報取得手続に基づき、執行裁判所から情報の提供命令を受けた場合に備え、行内の手続フローを整備の上、周知・徹底しておく必要がある。

（白根　央・山川佳子）

53 未取引企業に対する守秘義務

銀行は与信判断などの目的で未取引企業に関する信用調査により得た情報についても、守秘義務を負い、保護すべき顧客の範囲を検討の上、方針を策定し、顧客情報管理規程等に基づいて適切に管理することが求められる（中小監督指針Ⅱ－3－2－3－2）。

解説

●未取引先でも秘密漏えいは厳禁

銀行は、顧客との取引内容に関する情報や顧客との取引に関して得た顧客の信用にかかわる情報等の顧客情報につき、商慣習上または契約上、当該顧客との関係において守秘義務を負い、その顧客情報をみだりに外部に漏らすことは許されないとされており（最決平19・11・30民集61巻9号3364頁）、守秘義務に違反すれば損害賠償責任（債務不履行または不法行為＝使用者責任）を問われることになる。もちろん、会社案内や新聞、業界紙、登記簿などで明らかな事項は、秘密に属さず、銀行がこれらの手持ちの資料を利用して第三者に情報提供を行っても、別段守秘義務に抵触するものではない。

しかし、銀行の負う守秘義務は既に取引関係があるかどうかにかかわらず、情報を保持している点に意味があるから、例えば新規融資を検討し、結果として取引に至らなかった場合でも、銀行がその企業の信用調査をして得た情報について守秘義務を負うことになる。そして、信用調査においては、当該企業の資産や負債の内容、取引内容や業務計画等企業経営の極秘事項について聴取、説明を求めるものであるから、預金取引等に比して一層秘密保持に配慮しなければならない。

また、部外の第三者に漏らさなければ足りるというわけではなく、顧客情報へのアクセス及びその利用は業務遂行上の必要性のある役職員に限定されるべきという原則（以下「Need to Know 原則」という。31参照）を踏まえ、顧客情報の管理の適切性を確保しなければならない。具体的には、顧客情報へのアクセス管理の徹底（アクセス権限を有する者の範囲がNeed to Know原則を逸脱したものとなることやアクセス権限を付与された本人以外が使用することの防止等）、内部関係者による顧客等に関する情報の持ち出しの防止に係る対策、外部からの不正アクセスの防御等情報管理システムの堅牢化、店舗の統廃合等を行う際の顧客等に関する情報の漏えい等の防止などの対策を含め、顧客情報を適切に管理するための態勢が構築しておくことが求められる（中小監督指針Ⅱ-3-2-3-2参照）。

対策

●顧客情報管理態勢の検証や内部監査も重要

取引先が経営にかかわる秘密事項を銀行に説明・開示するのは、銀行を信頼してのことであるから、その情報を当該調査の目的以外に用いたり、第三者に漏えいすることなどはこの信頼を裏切るものであり、利益相反や守秘義務の観点から問題となり得る。また、このような観点から、コンプライアンス部門の関与の下で、上記で述べた顧客管理の状況を適時適切に検証することや、独立した内部監査部門において顧客情報管理に係る態勢について監査を行うことも重要である。

（白根　央）

54 信用照会の虚偽回答

信用照会に虚偽の回答をした場合、一般にその責任は追及しないとの慣例はあるものの、故意または重過失により虚偽の回答がなされた場合には、回答銀行は不法行為に基づく損害賠償責任を負う余地がある（民法709条）。

解説

●故意・重過失による虚偽の回答には損害賠償も

銀行間においては、取引の便宜のため、特に手形割引の際に、当座取引の有無、手形事故の発生の有無、資本金、業種等の事項について、照会がなされることが慣例的に行われている。これが信用照会であり、本来ギブ・アンド・テイクの精神に基づき、相互に腹蔵なく情報を交換する反面、その結果に対する責任の追及や秘密の漏えい等のないことを相互に申し合わせたものであるが、金融の迅速化を図り、不良取引先を排除することなどの銀行の営業上の必要性があること及び秘密漏えいの可能性の少ないことなどから、その正当性が認められる。とはいえ、いかなる場合にも、回答銀行が責任を負わないとするのは疑問である。

本来その責任の免除を認めたのは、そうしないと必然的に回答が慎重になり、これを得にくくなる結果、所期の目的を達成されないことを考慮したためであろう。そうすると、責任の免除もその目的達成に必要な限度で認めれば足り、どのようなずさんな回答までも免責の対象とするのは、合理性を欠くというべきである。したがって、この慣行によって免責されるのは、虚偽の回答が回答者の軽過失による場合に限り、故意または重過失ある場合には、回答銀行はその使用者として、これに基づく損害賠償責任を負う（民法715条）と解するのが相当である。

なお、判例は、回答した事実が誤っていた場合に関し、信用照会は「回答銀行はその回答の結果について法律上の責任を追及されない趣旨のものとしてなされているのが慣例であると認められる」とし、照会銀行から回答を伝え聞いた者からの損害賠償請求を棄却している（東京地判昭31・10・9金法121号3頁）。また、これと同趣旨を述べるとともに「第三者も被照会銀行に対し、銀行間の信用照会制度により秘密情報を開示することを要求または期待することはできない」とした、大阪地判平4・6・25金法1357号62頁がある。

対策

●安易な回答は慎む

前記判例によれば、慣例によって、回答銀行が一般に免責されるかのようであるが、免責を認めた理由を踏まえても、やはり故意・重過失ある場合には、損害賠償責任が認められる可能性はあるため、安易な回答は慎むべきであろう。

また、回答自体、客観的事実にとどめるべきで、具体的な取引内容や評価については、回答を差し控えるのが無難である。

（和田好史）

55 転職者からの違法な情報収集・活用

銀行が、転職者から取得できる情報の中には、当該転職者が在籍していた企業との間における労働契約または信義則上の秘密保持義務によって保護されている秘密情報や、不正競争防止法の「営業秘密」として保護されている情報が含まれている可能性がある。

解説

●保護対象となる秘密情報

転職者が、従前の職務において知り得た知識・経験を生かして転職活動を行うことが珍しくないと考えられ、転職先の企業もそれら知識・経験を活用したいと考えて当該転職者を雇用することが多いであろう。しかし、転職者が有している知識・経験の中には、在籍していた企業における秘密情報が含まれる可能性は十分に考えられる。

そもそも労働者は、労働契約の付随的義務として、信義則上、使用者の利益をことさらに害するような行為を避けるべき責務を負い、その1つとして使用者の業務上の秘密を洩らさないとの義務を負うものとされる（東京高判昭和55年2月18日労働関係民事裁判例集31巻1号49頁）。この信義則上の秘密保持義務が、労働者が会社に在籍している間だけでなく、労働者が退職した後も存続するかについては見解が分かれるところであるが、退職後も秘密保持義務が存続する旨の誓約書が存在した事案において、当該特約を有効として、それに基づく損害賠償請求を認めた裁判例がある（東京地判平成14年8月30日労働判例838号32頁）。秘密保持義務によって保護されている企業の利益は、在籍者または転職者による義務違反によって害されることとなった場合、転職者または転職先に対する損害賠償請求によって回復が図られることになる。そのため、仮に転職先の銀行が、転職者と前職の企業との間で秘密保持義務が存在していたことを認識していたにもかかわらず、当該転職者が有する秘密を利用して、当該企業の利益を害することとなった場合は、損害賠償請求の対象となる可能性が否定できない。

また、上記の労働契約の付随義務としての秘密保持義務に該当しない情報であっても、不正競争防止法上の営業秘密に該当する場合がある。すなわち、同法2条6項によれば、同法の「営業秘密」とは、秘密として管理されている生産方法、販売方法その他の事業活動に有用な技術上または営業上の情報であって、公然と知られていないものをいうとされている。そして、例えば、ある企業が競合会社の顧客情報を当該競合会社の従業員から入手し、不正の利益を得る目的でそれを使用した場合、当該競合会社から当該企業に対して、同法2条1項7号の「不正競争」に該当するとして損害賠償を請求されることが考えられる（東京地判平成16年5月14日判例秘書L05932051）。銀行が競合する金融機関から転職してきた者を採用する場面においても、当該転職者が持ち出した顧客情報等の「営業秘密」を不正に利益を得る目的で使用した場合、当該銀行が損害賠償責任を負う可能性がある。

対策

●転職者から得る情報には細心の注意を

このように転職者から得る情報の中には、当該転職者が在籍していた企業の秘密情報が含まれる可能性がある。とりわけ、転職者が銀行と競合する金融機関等から転職した場合、銀行にとっての利益に直接繋がる情報を有している可能性が高い。銀行としては、転職しようとする者がどのような性質の情報を有しているか、採用の検討段階から注意を払うべきである。また、実際に転職した者が前職の企業の秘密情報を有している可能性がある場合には、その情報を使用することがないよう、十分に管理及び周知徹底をするべきである。

56 税務調査に対する妨害行為

質問検査権に基づく任意調査に際し、質問に対する不答弁ならびに検査の拒否・妨害を行えば、各税法所定の刑罰が科せられ、租税犯則調査（強制調査）に際し、暴行または脅迫を加えて、その職務の執行を困難ならしめたときは、公務執行妨害罪（刑法95条）が成立する。

解説

●質問検査権は、銀行側がその適法性を判断するのは困難

税務調査には、①質問検査権に基づく任意調査、②租税犯則調査の2種の調査があるが、①の質問に対する不答弁ならびに検査の拒否・妨害に対しては、刑罰が科せられる（国税通則法128条）し、②の職務の執行の妨害となるべき暴行または脅迫を加えたときは、公務執行妨害罪（刑法95条）が成立し、3年以下の懲役もしくは禁固または50万円以下の罰金に処せられる。

ところで、刑罰によって保護すべき公務等は、適法なものでなければならず、とりわけ①についてはその適法性の判断基準が問題となる。この点に関し、税法は、その要件として「税に関する調査について必要があるとき」と定めているが、これは質問検査の必要性が客観的に認められる場合を意味し、調査官の自由裁量を認めるものではない。ただ、この必要性の判断には、専門的技術的な知識を必要とするから、調査官の必要性の認定が違法とされることは少なく、まして調査の現場において、銀行側がそれを判断することは困難であるというべきであろう。

判例も、「質問検査の範囲、程度、時期、場所等実定法上特段の定めのない実施の細目については、質問検査の必要があり、かつ、これと相手方の私的利益との衡量において社会通念上相当な限度に止まるかぎり、権限ある税務職員の合理的選択に委ねられている」としている（最判昭48・7・10刑集27巻7号1205頁）。

対策

●取引先への通報は慎重に

銀行が質問検査権に基づく任意調査を受けた場合、適法性判断に困難を来すことから、基本的には形式的に判断し得る、①調査権限と目的の確認、②調査対象が特定されているか、特定されていても、いたずらに取引名義や印鑑が多数であって、実質的に普遍的・一般的調査となってはいないか、③無記名定期預金または架空名義預金についても、取引印鑑もしくは取引名義を特定しているか、などについて留意する。特に、預金付番制度の導入により、預金口座の検索が容易となったが、不必要と思われる範囲については、その調査の目的を確認すべきである。

なお、調査を行う対象は、当該納税者の税務調査に関係ある必要最少限の帳簿・書類に限定されるべきであり、貸出稟議書等の行内文書についてはその秘密性に照らし、対象から除かれるべきであり、必要性を欠くのが通常であろう。また、調査を受けたことを取引先に報告することは、調査の妨害等になりうるため、報告の是非は慎重に検討するべきである。

(和田好史)

57 支店内部情報の機密漏えい

銀行の役職員は、取引先重要情報を取得し、または報告を受けた場合は、部店長が認めるときを除き、当該取引先重要情報を他人に伝達してはならない（全銀協自主ルール）。

解説

●職務外で情報を伝達された者も規制対象

金商法におけるインサイダー取引規制（同法166条、167条）では、職務外（雑談や日常会話等）で重要事実を伝達された他の役職員・外部者も「情報受領者」として、規制の対象となることがあるため、支店内部の取引先重要情報の管理を徹底する必要がある。

●情報伝達行為についても明確に規制対象

なお、公募増資インサイダー事案等が多数発生したことに鑑み、会社関係者による未公表の重要事実を伝達する行為について、①取引させることにより、利益を得させ、または損失の発生を回避させる目的をもって行われ（主観的要件）、②伝達等を受けた者によって実際に取引が行われた場合（取引要件）には、課徴金や刑事罰の対象となる（金商法167条の2、175条の2、197条の2第14号・15号）と金商法が改正されている。

対策

●重要情報は直ちに部店長に報告

全銀協「内部者取引未然防止体制の整備についてのガイドライン」では、取引先重要情報の管理について次のような指導が行われている。①行員は、その業務に関して取引先重要情報を取得した場合は、直ちに部店長に報告する。部店長は行員から取引先重要事項の報告を受けたときは、当該行員に対し当該取引先重要情報の管理等について必要な指示を与える。②部店長は、取引先重要情報を記載した書類及び取引先重要情報になり得るような情報を記載した関係書類については、他の部署より隔離するなど取引先重要情報が業務上不必要な部署に伝わらないよう管理することとする。

（稲葉俊一）

58 SNSへの情報掲載と銀行の責任

銀行においてSNS（ソーシャル・ネットワーキング・サービス）を利用する場合、SNSの特性を踏まえた運用が重要となる。また、行員のSNSの利用に関しても、銀行の情報漏えい等のリスクやレピュテーショナル・リスクがあることを踏まえた教育・研修が求められる。

解説

●民事責任、行政責任、刑事責任を負う可能性がある

SNSの普及により、インターネット上で情報の発信を行うことが容易となった。SNSの活用は、利用者が双方向での情報発信が行えるといったメリットもあるが、インターネット上で即時に広く情報が拡散する性質を持つことから、銀行におけるSNSの利用にあたっては、風評リスクや「炎上」（SNS上の投稿に対し、膨大な非難や中傷のコメントがなされること）への対応について留意する必要がある。

また、銀行が広告等に利用する場合には、他のメディアと同様に、景表法や金商法等の各種の広告規制に抵触しないように留意する必要がある。その他、投稿を行う行員が個人のアカウント等への投稿と誤ることがないよう、私用のスマートフォンからの投稿は禁止する等のSNS固有の運用ルールの策定も必要だろう。

銀行がSNSを利用しない場合であっても、銀行の行員が、業務外でSNSを利用していることも珍しくない。これらを私的に行うこと自体は特段問題となるものではないが、行員が業務上知り得た顧客の情報をSNSへ掲載した場合、銀行にとって、個人データの漏えい等の事故となる可能性や守秘義務違反として民事上の損害賠償責任を負う可能性がある。また、法令違反の問題を直ちに生ぜしめない場合であっても、行員による不適切な情報発信が、銀行のレピュテーションの低下にもつながるおそれも考えられる。このように、銀行自体がSNSを活用しない場合であっても、行員によるSNS利用による情報漏えい等のリスクについても十分に留意しなければならない。

対策

●ＳＮＳ特有のリスクを認識させるための社内教育・研修が重要

銀行がＳＮＳを利用する場合にはその運用ルールの策定と遵守が重要となることはもちろんであるが、ＳＮＳの普及状況を踏まえれば、銀行での利用にかかわらず、社内規程としてソーシャルメディアポリシーを定めたり、社内教育を徹底したりすることにより、銀行の役職員が適切に使用するよう管理監督する必要があるだろう。顧客に対する守秘義務等の情報管理ルールの徹底を中心とし、その上、ＳＮＳを利用する行員に対し、①家族間・友人間のやり取りであっても不特定多数の者が閲覧する可能性があること、②匿名での投稿であっても、内容等から投稿者が特定されることも十分に考えられること、③即時に広く情報が拡散することから投稿の削除等によっても事後的に拡散を防止することは困難であること、などのＳＮＳ特有のリスクをしっかりと認識させることが重要である。

（白根　央・山川佳子）

第三章　障がい者・高齢者と銀行取引

59 障がい者に対する差別的取扱いの禁止と合理的配慮の提供義務

銀行は、顧客（障害者手帳の所持者に限られない）に対し、障がいを理由とする不当な差別的取扱いをしてはならず、障がい者が必要としている社会的障壁の除去について必要かつ合理的配慮を提供しなければならない（障害者差別解消法8条）。

解説

●障がい者差別解消のための具体的方策

金融庁は、障害者差別解消法に基づき、「金融庁所管事業分野における障害を理由とする差別の解消の推進に関する対応指針」を策定している。

障害者差別解消法は、事業者に対し、障がいを理由として障がい者でない者と不当な差別的取扱いを行うことを禁止し、障がい者から現に社会的障壁の除去を必要としている旨の意思表明があった場合において、その実施に伴う負担が過重でないときは、社会的障壁の除去について、必要かつ合理的な配慮を提供する義務を課している。

金融庁の指針は、不当な差別的取扱いに該当し得る具体例として、障がいを理由とした窓口対応の拒否、資料の送付、パンフレットの提供等の拒否、商品の提供の拒否の他、身体障がい者補助犬を連れていることや車いすを利用していることを理由とした入店の拒否、入店時間や入店場所に条件を付けること、来訪の際に付添い者の同行を求めるなどの条件を付けることを掲げている。

また、金融庁の指針は、合理的配慮の具体例として、入店時に声をかけて希望するサポートを聞くこと、段差がある場合に車椅子利用者を補助すること、本人の意思を確認した上で代筆対応すること、「筆談対応いたします」など可能な応対方法を案内するプレートを準備すること、意思疎通を援助する者（手話通訳等）の同席を認めることなどを掲げている。

さらに、２０２０年に施行された聴覚障害者等による電話の利用の円滑化に関する法律に基づく電話リレーサービスを利用することの検討も必要である。この点、企業の受付窓口として広く利用されているナビダイヤルでは電話リレーサービスを利用できないことから、電話リレーサービスを利用できるように一般回線の用意も必要である。

また、振込等の手続を行うに当たって、ＡＴＭの操作が困難な顧客を窓口に誘導する場合に、振込手数料をＡＴＭ利用時と同等に減額して取り扱うことも合理的配慮として求められる。

対策

●法律上の努力義務

合理的配慮は、顧客向けサービス向上の観点からも行うべきと考えられるものが多いが、法律上も合理的配慮を提供する義務を負っていることを認識しなければならない。障害者差別解消法では、銀行の対応が不十分な場合には、金融庁が報告を求め、助言、指導、勧告を行うことができるとされ（同法12条）、コンプライアンスの観点からも適切な対応が求められる。

（湯川昌紀）

60 自筆困難な障がい者・高齢者との銀行取引における代筆・代理

銀行には、自筆困難な障がい者や高齢者が円滑な金融サービスの提供を受けられるよう、顧客の受ける利便性と無権代理（代行）による銀行のリーガルリスクとのバランスに配慮し、本人の意思確認と適切な記録化に留意するなど、適正な取引を可能とする態勢の整備が求められる。

解説

●代筆・代理対応の要点

自筆困難な障がい者・高齢者と銀行取引を行う際には、当該本人の意思能力や行為能力に問題がないことと、その意思を確認の上、本人の意思を書面上に表示する行為として次のように代筆対応をするか、代理人との取引を行うようにすることになる。

預金取引の場合、預金者本人が同行者を連れて来て、預金者本人が同行者に対して代筆を依頼する意思がある場合には、預金者本人に対して直接に同行者への代理権の授与の意思や取引の意思を確認する。この確認を行った場合には、確認記録を作成・保存した上で、同行者による代筆による対応を行う。

ヘルパー等の同行者がいる場合であっても、預金者本人に代筆を依頼する意思がない場合には、当該同行者へ代筆を依頼するよう求めるのではなく、同行者がいない場合と同様に、銀行の職員が複数で対応する。同行者がいない場合であっても、再度同行者との来行を求めることとはせず、銀行の職員が複数で預金者本人の意思内容を確認した上で、銀行の職員が代筆する。この場合、銀行の職員が複数で預金者本人の意思内容を確認したことは記録として残す必要がある。

また、本人から代筆等の依頼を受けたという者だけが銀行を訪れた場合には、本人との身分関係、本人のその者への代行権限もしくは代理権の付与や取引の意思を確認する必要がある。その確認には、本人の委任状を取得するのが原則であり、少なくとも本人に直接電話をし、それらの意思確認の結果を記録化しておくことが不可欠である。

融資取引ではより慎重に対応し、推定相続人や第三者保証提供者など返済義務を承継する可能性のある者が本人に同行した場合に限って代筆を認め、複数の職員が立ち会い、本人の意思内容を確認し、記録を残す。代筆できる推定相続人等がいないことをもって融資を謝絶することはできず、本人が推定相続人等を用意できなければ、弁護士等の有資格者を代理人に選定してもらうか、公正証書の利用等を検討すべきである。

対策

●合理的な配慮

自筆困難な障がい者・高齢者に対しては、不当な差別的取扱いを行ってはならず、合理的な配慮を行う必要がある。口頭であっても取引を行う本人の意思を確認することは可能であり（申込書等の代読を求められた場合には代読を行った上で意思を確認する必要がある）、本人の意思を適切に確認すること、及び適切に確認したことを記録に残すことが重要である。

（湯川昌紀）

61 銀行取引上の高齢者に対する留意点

高齢者と銀行取引を行う際には、その意思能力と行為能力に問題がないことを確認し、問題があれば法定後見制度（民法7条以下）の利用を促すことになる。融資取引においては、返済期間（完済時の年齢）等の検討も必要になる。

解説

●意思能力と行為能力の把握

高齢者との銀行取引が有効に成立するには、まず高齢者に「意思能力」（自分の行為の結果を判断できる精神的能力）が備わっていることが大前提となる。行為者に意思能力がなければ、契約等は無効となる（民法3条の2）。

この場合、意思能力がない高齢者の不当利得としての銀行への返還義務は、「現に利益を受ける限度」（事実上得た利益が、そのまま、あるいは形を変えて残存しているときに限り、それを返還すればよい（浪費分等は返還不要））に止まることに注意を要する（同法703条）。

次いで、「行為能力」（法律行為を単独で有効に行うことのできる能力（法律上の資格））が必要となるが、これが不十分であれば、法定後見制度（同法7条以下）を利用してもらい、選任された法定代理人との取引（後見人による代理や代理権限を付与された保佐人、補助人）や取引についての同意（保佐人、補助人）を取得することになる。

法定後見制度を利用している高齢者が、単独で行った銀行取引は、取消すことができる（同法9条（日常生活行為を除く（同条但書））、13条4項、17条4項）が、取消によって銀行が返還を求められる範囲は、無効の場合と同様である。

なお、高齢者との融資取引においては、推定相続人による債務の承継（原則として相続人の相続分に応じた分割承継）の適否等も見越して、返済期間（完済時の年齢）等を検討する必要がある。

対策

●良好なコミュニケーションを取れる環境整備を

高齢者と一口にいっても個人差は大きく、年齢だけでひとくくりにするような対応は、決して好ましいものではない。判断能力等の把握以前の問題として、高齢者と良好なコミュニケーションが取れる環境の整備にも意を用いるべきであろう。

（和田好史）

62 判断能力が不十分な顧客との取引

顧客が未成年者や法定後見制度・任意後見契約の対象者か否かをよく確認し、各対象者ごとに代理権・同意権の有無及び範囲を把握するとともに、親族等から銀行取引の申出があった場合には、本人の判断能力の有無や取引の目的等を十分確認し、所定の手続を経た上で銀行取引を行うことが肝要である。

解説

●援助者との取引が基本

精神障害等によって判断能力が不十分となった顧客との取引においては、顧客本人の財産保護の観点から、成年後見制度の利用を促すことが基本となる。成年後見制度とは、本人の権利を保護する援助者を選任し、法律的に支援する制度であり、「法定後見制度」と「任意後見制度」の二種類がある。「法定後見制度」とは、判断能力が欠如しまたは不十分となった後に、家庭裁判所の審判によって援助者（成年後見人（民法8条）、保佐人（同法12条）、補助人（同法16条））の選任を受ける制度であり、本人の判断能力の程度に応じて「後見」「保佐」「補助」の三種類に分かれる。「任意後見制度」とは、判断能力が不十分になる前に、本人が任意後見人との間で、将来自分の判断能力が不十分となった場合の財産管理等に関する事務につき代理権を与える「任意後見契約」を、公正証書により締結する制度である。

このような成年後見制度を利用している顧客については、援助者を相手方として銀行取引を行う必要があり、銀行は、銀行取引が後日取消されることのないよう、本人及び援助者の双方について、法定後見開始の有無・種類、同意権・代理権の有無及びその範囲、任意後見契約の有無及びその内容を、慎重に確認する必要がある。法定後見制度の開始の審判がされたり、任意後見契約の公正証書が作成されたときには、家庭裁判所または公証人の嘱託により成年後見登記が行われ、法定後見制度における援助者の権限の範囲や、任意後見契約によって定められた任意後見人の代理権の範囲が登記されるため、銀行は、成年後見登記事項証明書の提出を求めることにより、これらの確認ができる。また、法定後見制度の場合には、前記登記事項証明書の他、家庭裁判所の審判書の提出を求めることも考えられる。

なお、保佐人・補助人・任意後見人の代理権の対象である銀行取引については、本人が取引を行うことも法律上は制限されない。しかし、トラブル防止の観点から、基本的には保佐人・補助人・任意後見人を相手方として取引を行い、本人から取引依頼があれば保佐人等に確認を取るべきである。

また、例えば、成年後見制度を利用するための手続が完了するまでの間に生活費や医療費等の支払いが必要となった場合などにおいて、やむを得ず判断能力が不十分な顧客本人との間で取引を行わなければならない場合もあると想定される。このような場合も、本人のための費用の支払いであることが一定のエビデンスをもって確認された場合等に限り、極めて限定的に応じることが望ましい。

さらに、本人の医療費や施設入居費の支払い等のために、親族等が本人に代わって銀行取引を申し出てくることも想定される。このようなケースの中には、認知症等によって本人の判断能力が低下している場合もあれば、そうではなくても、突然の病気や事故等で意識不明となった場合もあり得る。このようなケースでは、いずれも、成年後見人等の正当に選任された援助者以外の第三者との間で取引を行う以上、極めて限定的かつ慎重な対応とすべきである。例えば、医療費の支払いのために親族等から預金の払戻しの依頼があった場合であれば、本人との面談（本人の意識がある場合）や、診断書の徴求、担当医からのヒアリング等（ただし個人情報保護の観点から回答を得られないことも多い）により本人の判断能力喪失と取引目的を確認することに加え、診断書がない場合についても、複数行員による本人面談実施や医療介護費の内容等のエビデンスを徴求することで、本人の判断能力喪失と取引目的を確認することが必要である。その上で、判断能力を喪失する以前であれば本人が支払っていたであろう本人の医療費の支払手続を親族等が代わりにするなど、本人の利益に適合することが明らかである場合に限り、その範囲内で払戻しの依頼に応じるといった対応が適切と考えられる。このほかにも、やむを得ず第三者との間で取引を行う場合の留意事項としては、払出しを認める依頼人の範囲（本人との関係性）を限定することのほか、取引対象商品については解約等を要せずに払出しを行うことができる普通預金を優先すべきこと、外貨預金等のリスク性金融商品についてはより慎重な対応が求められるといったことが挙げられる。また、取引の性質上、取引可能な金額及び回数に上限を設けることや、本人の預金口座から費用請求者への直接払いを基本とすることも必要であろう（以上、全銀協「金融取引の代理等に関する考え方および銀行と地方公共団体・社会福祉関係機関等との連携強化に関する考え方」（2021年2月18日公表）、同「不測の事態における預金の払出しに関する考え方」（2022年5月16日公表）参照）。

対策

●援助者以外の者との取引は慎重に

判断能力が不十分な顧客との取引においては、援助者との取引を基本とし、その他の者（顧客本人を含む）との取引に際しては、行内の規定に従い、慎重に対応する必要がある。

（篠原孝典・渡辺真菜）

第四章　預金取引

63 マネー・ローンダリング及びテロ資金供与対策に関する態勢整備

マネー・ローンダリング及びテロ資金供与対策（ＡＭＬ／ＣＦＴ）の強化は国際的な課題となっている。わが国においても、銀行は、犯収法上の義務を遵守することに加えて、金融庁の定めるＡＭＬ／ＣＦＴに関するガイドライン（マネロンガイドライン）において、リスクベース・アプローチによる実効的な態勢の整備を全社的に行っていくことが求められており、そこには経営陣の主導的な関与も不可欠である。

解説

●リスクベース・アプローチによる実効的な態勢整備を

近年、国際的な取組みとして、ＡＭＬ／ＣＦＴの強化が求められている。わが国においても、ＦＡＴＦ（金融活動作業部会）の勧告や対日相互審査の結果を踏まえ、犯収法の改正がなされ、銀行等を中心とする特定事業者においては、これに対応すべく態勢の整備が求められている。犯収法では、特定事業者が自らの事業のリスク評価を行い、リスクベース・アプローチによる態勢整備が求められている。また、金融庁は、リスクベース・アプローチによる態勢整備の内容を具体的に示すため、マネロンガイドラインを制定している。同ガイドラインは、19年から実施された第４次ＦＡＴＦ対日相互審査等に備えて改定が行われた他、21年には同審査の指摘を踏まえた改定や同ガイドラインに関するＦＡＱの公表も行われている。

同ガイドラインでは、銀行等におけるリスクベース・アプローチに基づく、①ＡＭＬ／ＣＦＴにおけるリスクの特定・評価、及び②①を踏まえたリスク低減に係る措置を講じることが求められており、その実効性を確保するために「対応が求められる事項」「対応が期待される事項」等があげられている。このうち、「対応が求められる事項」の全項目については銀行の態勢整備義務の一環として対応が求められている。

①のリスクの特定・評価については、犯収法上も特定事業者作成書面（リスク評価書）の作成・見直しが求められているところであるが、同ガイドラインでは、国によるリスク評価（国家公安委員会の作成する犯罪

収益移転危険度調査書）を勘案しながらも、自らが提供している商品・サービスや、取引形態、取引に係る国・地域、顧客の属性等のリスクを包括的かつ具体的に検証し、自らが直面するマネロン・テロ資金供与リスクを特定・評価した上で、具体的な低減策を講じていくことが求められている。

また、②のリスクの低減策にかかる措置の方法としては、顧客管理（個々の顧客について、取引時確認や取引開始後に得た顧客の情報や当該顧客が行う取引の内容を調査し、調査の結果をリスク評価の結果と照らして、講ずべき低減措置を判断・実施すること）と、取引のモニタリング・フィルタリング（取引状況の分析、異常取引や制裁対象取引の検知等を通じてリスクを低減させる方法）といった方法があげられている。特に、同ガイドラインでは、全ての顧客についてリスク評価が求められることが明確化されており、銀行等の規模・特性を踏まえて、顧客ごとのリスク評価を行った上で、実効性のあるリスク低減措置を講じていくことが求められる。これらの低減策を講じるためには、取引時確認や取引開始後に得た顧客情報の集約・一元化が重要になる。また、日々行われる膨大な取引を全て人の目だけでモニタリングしていくことは困難であることから、ITシステムを活用していくことも重要になるところであり、リスクの特定・評価の結果を踏まえ、リスクに見合った対策を検討していくことが、リスクベース・アプローチに基づく対応として重要になると考えられる。

対策

●方針・手続・計画等に関するPDCAには経営陣も関与を

ガイドラインでは、実効的なAML／CFTを確立し、有効に機能させるためには、マネロン・テロ資金供与対策の方針・手続・計画等を整備し、全社的に共有を図ることが必要としている。また、銀行のリスク評価は、経営戦略全体の中でのリスク許容度、資源配分方針の検証・見直し等の一環として、考慮・検討されるべきものとされている。このため、経営陣はAML／CFTを経営戦略等における重要な課題の1つとして位置付け、方針・手続・計画等に関する策定・実施・検証・見直しといった過程にも主導的に関与することが求められる。

（白根　央・溝端悠太）

64 マネロン社内規程の完備

銀行は、金融庁の公表する「マネロン・テロ資金供与対策に関するガイドライン」（以下「マネロンガイドライン」という）の「対応が求められる事項」で求められている態勢整備として、自らの業務分野・営業地域やマネロン・テロ資金供与対策に係る方針・手続・計画等にかかるマネロン社内規程を完備しなければならない。

解説

●管理態勢構築のためのマネロン社内規程の完備が必要

金融庁は、同庁所管の金融事業者に対し、マネロンガイドラインの「対応が求められる事項」の全項目について、態勢を整備することを求めている。このため、銀行は、自らの業務分野・営業地域やマネロン・テロ資金供与対策に係る方針・手続・計画等を策定し、顧客の受入れに関する方針、顧客管理、記録保存等の具体的な手法等について、全社的に整合的な形で、これを適用することが求められる（マネロンガイドラインⅢ-1【対応が求められる事項】①）。

この点、銀行は、犯収法や外為法等の遵守のため、マネー・ローンダリングに係る社内規程（以下「マネロン社内規程」という）を整備しているものと思われるが、金融庁が2023年6月に公表した「マネー・ローンダリング・テロ資金供与・拡散金融対策の現状と課題」（以下「現状と課題」という）では、地方銀行を含む地域金融機関の現状と課題として、「法令対応が中心となっており、リスクに応じた低減措置を講ずるための態勢が整備されていない」、「マネロン対策等に係る方針・手続、計画等やそれに基づく管理態勢等について、定期・随時に見直しが行われていない」などのマネロンガイドラインへの対応として、基礎的な態勢整備が進んでいない状況が指摘されている。今後も、各行が作成する特定事業者作成書面の内容を考慮した上で、必要に応じて、顧客の受入れに関する方針や、マネロン社内規程の見直しも必要になるだろう。

対策

●マネロン社内規程の検証・見直しを

マネロン・テロ資金供与対策の実効性確保のためには、自らの方針・手続・計画等を策定した上で、経営陣による関与の下、これを全社的に徹底し、有効なマネロン・テロ資金供与リスク管理態勢を構築することが重要であるとされるところ（「現状と課題」Ⅲ）、犯収法や外為法等において定められた義務を遵守するためにマネロン社内規程を整備するのみではリスクベース・アプローチによる管理態勢が構築できているとはいえない。このため、銀行は、自行の業務の規模や特性等に応じたマネロン社内規程を策定する必要があることはもちろん、既に策定済みの場合でも、当該規程が十分なものとなっているか、適切に運用されているかを検証し、定期・随時の見直しを検討する必要がある点に留意が必要である。（白根　央）

65 マネロンリスク特定に向けた第1線及び第2線の連携・協働

銀行は、リスクベースアプローチに基づく顧客管理を行う際、自行の商品・サービスがマネー・ローンダリング等に利用されるリスク（以下「マネロンリスク」という）の特定・評価を行う必要がある。また、その特定・評価のためには、社内の情報を一元的に集約し、全社的な視点での分析を行う必要がある。このとき、第2線のみでは、銀行が提供する商品、サービスや顧客等の実態を必ずしも十分に把握することができないことから、第1線との連携・協働の下で、必要な情報を把握し、リスクを特定することが重要となる。

解説

●第1線と第2線の連携・協働が重要

銀行は、マネロンリスクへのリスクベースアプローチに基づく対応が求められており、その出発点として、マネロンリスクを特定・評価することが必要となる。この点、金融庁の公表する「マネロン・テロ資金供与対策に関するガイドライン」（以下「マネロンガイドライン」という）においては、マネロンリスクの特定のための包括的かつ具体的な検証における全ての部門の連携・協働の確保が求められている（Ⅱ-2(1)【対応が求められる事項】⑤）。そして、この全ての部門の連携・協働のうち、重要となるのは第1線及び第2線の連携・協働の確保である。

これは、第1線（営業部門）の職員が、商品、サービスの性質及び顧客等の実態をよく把握しており、第2線（コンプライアンス部門やリスク管理部門等の管理部門）の職員がマネロンリスクを特定するために必要な情報を把握しており、その情報をリスクの特定に活用することが重要だからである。

そして、金融庁の公表する「マネロン・テロ資金供与対策ガイドラインに関するよくあるご質問（FAQ）」では、この第1線及び第2線の連携・協働の具体的な方法として、第2線が商品、サービスの性質や顧客の属性等、リスクの特定のために必要な情報を整理し、該当する性質が、各商品、サービスや顧客に妥当するか否かを第1線が精査する方法及び第1線が自ら取扱う商品、サービスや顧客属性等の情報を整理した情報を第2線に提供する方法が考えられるとされる（Ⅱ-2(1)【対応が求められる事項】⑤Q2参照）。

対策

●第1線のマネロンリスク特定に係る理解の促進を

銀行における、マネロンリスクの特定における第1線と第2線の連携・協働が確保され、うまく機能するためには、第1線の職員におけるマネロンリスク特定に係る理解が重要である。このため、第2線は、第1線に対して、同リスクの特定方法について、適切な研修等を実施し、第1線がリスクの特定を始めとするリスクベースのマネロンリスク管理手法を理解させる必要があるとされる（FAQⅡ-2(1)【対応が求められる事項】⑤Q2）。

銀行において、リスクベースアプローチのため、マネロンリスクの対応の前提として、リスクを特定する際、経営陣の主導の下で第2線において自行が提供している商品、サービスや顧客属性等のリスクを包括的かつ具体的に検証する必要があり、第1線は通常リスクの特定に係る理解が十分でないことからこれに関与することは望ましくない。

（白根　央）

66 マネロンリスク遮断の懈怠と金融機関の法的責任

銀行は、全顧客との取引について、マネー・ローンダリング等のリスク（以下「マネロンリスク」という）を適切に評価し、当該リスクを遮断する合理的な理由が認められる場合には、リスク遮断のための措置を講じる必要がある。適切にリスク遮断がされなったことにより、自行の商品・サービスに係るマネロンリスクが十分に低減されていない場合には金融機関としての法的責任が生じ得ることに留意が必要である。

解説

●マネロンリスクの遮断を懈怠した場合には法的責任を負い得る

銀行は、金融庁の公表する「マネロン・テロ資金供与対策に関するガイドライン」（以下「マネロンガイドライン」という）において、必要とされる情報提供を利用者から受けられないなど、自らが定める適切な顧客管理を実施できないと判断した顧客・取引等については、取引謝絶を行うこと等を含め、リスク遮断を図ることを検討することが要請されている（Ⅱ-2(3)（ⅱ）【対応が求められる事項】⑪）。

このため、銀行は、内部統制システム構築義務として、マネロンガイドラインで求められる態勢整備義務を負っているものと考えられる。そして、このような態勢整備がされていることを前提に、全顧客との取引において、適切な資料の収集・調査に基づき、当該取引のマネロンリスクを評価し、リスク遮断の要否及び可否を検討することが求められている。

銀行において、上記の態勢整備を行い、リスクベースでリスク低減措置を講じたにもかかわらず、結果として自行の商品・サービスがマネー・ローンダリング等に利用されたような場合には、銀行が直ちに法的責任を負うものではないと考えられる。他方で、態勢整備の懈怠によりマネー・ローンダリング等を検知できなかった場合や、検知した取引等について必要なリスク遮断措置を講ずることを懈怠した場合には、態勢整備義務違反による法的責任が生じる可能性がある。

もっとも、銀行は、マネロン・テロ資金供与対策の名目で合理的な理由なく取引の謝絶等を行ってはならないとされており（Ⅱ-2(3)(ⅱ)【対応が求められる事項】⑪）、リスクの遮断措置を講じようとする場合には、顧客に対する不当な取引制限とならないよう留意する必要がある。そのため、銀行は、マネロン社内規程等により自行における顧客受入方針を確認の上、マネロンリスクの遮断をすべき合理的な理由があるかを検討するなど判断に慎重を期すべきである。この「合理的な理由」の存否については、預金規定の内容等、顧客との契約関係に照らして個々の顧客の事情・特性・取引関係やリスク管理に必要な情報が収集できるかといった点等を踏まえ、各行において、個別具体的に検討する必要があり、リスク遮断に係る調査、記録の保存、手続、リスク遮断の内容について、適切に規程等に定めることも必要とされる（「マネロンガイドラインFAQ」Ⅱ-2(3)(ⅱ)Q3）。

なお、銀行によるマネロンリスク遮断措置の法的根拠は、マネロンガイドラインを踏まえ全銀協の公表する預金規定・参考例を基に定めた各行の預金規定となるものと考えられる。

対策

●マネロンリスクの適切な遮断のために

銀行は、全顧客との取引において、マネロンリスクを適切に遮断するために、そのリスクを検知できる態勢整備を行い、マネロン等のおそれが生じた場合には、マネロン預金規定に基づき、質問権や資料提出要求権を行使し、適切な資料の収集・調査を行い、当該取引のマネロンリスクを適切に評価する必要がある。マネロンリスクの遮断が必要と判断した場合には、取引の一部制限等を行うことでリスクを遮断しなければならない。

（白根　央）

67 取引時確認義務

銀行は、顧客との間で預金口座の開設や貸付け、200万円を超える現金取引、10万円を超える現金送金等（特定取引）を行うに際して、顧客の本人特定事項や顧客管理事項と呼ばれる事項の確認を法令に定める所定の方法で行い（取引時確認、犯収法4条）、取引時確認を行った場合には直ちに確認記録を作成・保存する必要がある（同法6条）。

解説

●取引時確認はマネー・ローンダリングやテロ資金供与防止の基本

犯収法は、マネー・ローンダリングやテロ資金の供与等の防止等を目的としており、銀行は、同法に基づいて、顧客との間で「特定取引」を行うに際して、「取引時確認」をすることが求められる（同法4条1項）。

「特定取引」には、①預金口座や投信口座の開設、保険契約や貸付の契約、貸金庫契約の締結等の継続的取引関係を開始する取引、②200万円超の現金の受払いや両替、10万円超の現金振込みといった一定金額を超える単発の取引、③顧客管理を行う上で特別の注意を要する取引（疑わしい取引、同種の取引の態様と著しく異なる態様で行われる取引）、が規定されている。なお、②に関して、例えば、同一の顧客が連続して150万円ずつ両替を行おうとするなど、法令の定める敷居値以下に意図的に分割したことが一見して明らかなときは、取引時確認を行う必要がある。

取引時確認では、①顧客の本人特定事項（自然人-氏名、住所、生年月日／法人-商号、本店所在地）を運転免許証や登記事項証明書等の書類で確認することに加え、②取引を行う目的（申告）、③職業（自然人-申告）・事業内容（法人-書類）、④法人の実質的支配者の本人特定事項（申告）、⑤代理人・取引担当者の本人特定事項（①と同様）、⑤法人の取引担当者の代理権（委任状や電話等）、の確認が必要となる。

また、イ．取引時確認を行った顧客についてなりすましの疑いや本人特定事項を偽っているおそれのある取引、ロ．特定取引のうちイラン・北朝鮮に居住・所在する顧客等またはこれらの国に居住・所在する者への財産移転を伴う取引、ハ．特定取引のうち外国ＰＥＰｓ（国家元首や内閣総理大臣、国務大臣、衆参院の議長、最高裁裁判官、陸海空の幕僚長、大使に相当する外国政府における要人等）との取引、は「高リスク取引」として通常の取引時確認よりも厳格な方法での確認が求められる他、取引額が200万円を超えるときは顧客の資産・収入の状況の確認が必要になる（同法4条2項）。

取引時確認を行った場合には、直ちに確認記録を作成・保存しなければならない（同法6条）。顧客について過去に取引時確認を行ったことがあり、確認記録が保存されている場合には、2回目以降の特定取引を行う際に、通帳の提示や暗証番号の入力等によって顧客本人であることを確認すること（取引時確認済みであることの確認）によって取引時確認を省略することができる（同法4条3項）。

なお、取引時確認は銀行の義務であるが、顧客が取引時確認に応じない場合、銀行は預金の払戻しや送金等を拒むことができる（同法5条）。

対策

●業務規程の整備、担当者の教育・研修によって取引時確認の確実な実施を

取引時確認は銀行の義務であって、取引時確認が確実に実施されるよう、業務規程の整備と担当者の教育・研修等による周知・徹底が重要である。法人の実質的支配者の本人特定事項の確認は、法令上、申告を受ける方法によれば足りるが、本人確認書類により申告内容の真正性を確認すべき場合もあるであろうし、商業登記所（法務局）に登録される実質的支配者リストの利用も検討すべきであろう。

（白根　央）

68 CRS／FATCA規制への対応

銀行口座等を開設しようとする者は、氏名、住所、居住地国等を記載した届出書を銀行に提出する義務を負う。銀行は、顧客の居住地国を特定した上で、報告対象となる口座の情報を国税庁に提供する義務を負う。また、銀行は、所定の方法により、取引開始時に口座保有者等が米国税法上の「米国人」に該当するか否かの確認を行うことを要請されている。

解説

●実特法に基づく情報提供

経済取引のグローバル化が進展する中で、外国の金融口座を利用した国際的な脱税及び租税回避に対処することを目的として、経済協力開発機構（ＯＥＣＤ）において、非居住者に係る金融口座情報を税務当局間で自動的に交換するための国際基準であるＣＲＳ（Common Reporting Standards、共通報告基準）が定められている。ＣＲＳに基づき、日本を含む各国税務当局は、自国に所在する金融機関等から非居住者が保有する金融口座情報の報告を受け、租税条約等の情報交換規定に基づいて、相互に当該非居住者の居住地国の税務当局に対し情報の提供を行っている。

日本国内でのＣＲＳ実施に関する手続は、「租税条約等の実施に伴う所得税法、法人税法及び地方税法の特例等に関する法律」（実特法）に規定されている。銀行には、この実特法の規定に則った対応が求められる。具体的には次のとおりである。

まず、銀行に口座等を開設しようとする者は、氏名、住所（法人であれば名称、本店所在地）、税務上の居住地国、外国の納税者番号等を記載した届出書を銀行に提出しなければならない（実特法10条の5第1項）。法人であれば、上場会社（その子会社などを含む）や法人設立の日以後2年を経過していない法人であって、その事業を開始していないもの等を除き、「特定法人」としてその法人の実質的支配者に係る居住地国等も記載する。なお、これらの届出書の提出を拒んで取引した者は罰則の対象となるため（同法13条4項）、拒否する顧客には口座開設を認めることはできない。

また、口座保有者は、届出書記載の居住地国に異動があった場合には、3カ月以内に異動届出書を銀行に提出しなければならない（実特法10条の5第4項）。また、銀行は、口座保有者の居住地国が異動になったことを示す新情報を入手した場合には、口座保有者に対し異動届出書の提出を要求し、居住地国等の再特定手続を行わなければならない（同条6項）。

そして、銀行は、報告対象となる口座について、その情報（氏名・住所、居住地国、外国の納税者番号、口座残高等）を国税庁に提供する義務を負う（実特法10条の6）。報告した情報は、上記のとおり、国税庁を通じて、CRSに基づく情報交換を行う各国の税務当局へ提供されることになる。

CRSの報告対象となる国・地域の数は、年々増加している。銀行は、報告対象となる国・地域が追加された場合は、速やかに対応する必要がある。

●FATCAに基づく情報提供

また、米国には、CRSとは別に、米国人による外国の金融口座を利用した国際的な脱税及び租税回避に対処することを目的としたForeign Account Tax Compliance Act（FATCA）に基づく報告制度が存在する。FATCAは米国法であって、本来は日本国内の銀行に直接的な効力を有するものではない。もっとも、米国政府とFATCA参加に関する契約を締結しない外国金融機関は、当該金融機関がFATCA参加金融機関から受ける米国株式・債券等の米国資産の利息・配当や譲渡対価等対策の支払いについて、源泉徴収がなされるといった不利益を被ることになるため、事実上FATCAへの協力が求められている。日米政府は、FATCA実施に関して日本の法令等との抵触を避けること等を目的として日米当局声明（2013年6月11日公表）を公表しており、同声明ではFATCAによって外国金融機関に課される義務の一部が軽減・免除されている。

日本の銀行は、前記の日米共同声明に基づいて、取引開始時に口座保有者等が米国税法上の「米国人」（米国籍保有者の他、永住権保有者等の米国居住者を含む）に該当するか否かにつき自己宣誓を受けるなどの方法により確認し（デュー・デリジェンス）、特定された「米国口座」（特定米国人によって保有される金融口座）について、あらかじめ口座保有者の同意を得た上で、その口座情報（氏名・住所、口座残高等）を米国内国歳入庁（ＩＲＳ）に報告することが要請される。また、同意が得られなかった口座についても、その総数・総額を毎年にＩＲＳに報告することが要請される。

なお、新規に口座開設をする場合に、特定米国人に該当する顧客が当該報告への同意を拒む場合には、口座開設を謝絶することとされている。また、既存口座についても、報告の同意が得られなかった口座に関する情報は、ＩＲＳから国税庁に対し照会の上、国税庁から銀行に個別の口座情報の提出依頼がなされることとなっており、顧客はＩＲＳへの報告を免れることができるわけではない。

対策

●各種確認手続を遺漏なく行う必要がある

ＣＲＳもＦＡＴＣＡも、その目的は共通しており、居住地国の確認など手続的な共通点も多い。他方で、ＦＡＴＣＡと異なりＣＲＳは国内法である実特法によって具体的な手続や義務が法律上明確に定められており、報告先は国税庁である他、その違反について罰則が設けられているなどの相違点も存在する。特にＣＲＳは、実特法に基づき、銀行に対し顧客の特定居住地国に関する事項等の一定の事項に関する記録の作成・保存義務も課せられていることに留意する必要がある（実特法10条の8）。

銀行では、両制度の他、口座開設時に犯収法や預金へのマイナンバー付番などに基づく預金者の確認手続も行う必要があり、各手続を遺漏なく行うためのルール策定と担当者への周知徹底が不可欠である。

69 疑わしい取引の届出義務とその類型

銀行は、その業務において、マネー・ローンダリング等に関係する疑いのあると認められる取引を金融庁に届け出る義務を負う（犯収法8条）。その該当性判断は、犯収法の定める「項目」と「方法」に従って行うことが求められる（同法施行規則27条）。業務フローの策定にあたっては、業務にあたる行員が疑わしい取引を確実に発見できるよう、業務ごとに、より具体的な着眼点を示す必要がある。

解説

●法令の定める「項目」と「方法」に従った疑わしい取引の判断が求められる

「疑わしい取引の届出制度」は、金融機関等からマネー・ローンダリング等に関係する疑いのある取引の情報を届け出させ、捜査に役立てること、また、金融機関等の各種金融機能が犯罪者に利用されることを防止し、金融機関や金融システムに対する信頼を確保することなどを目的としている。金融庁の「疑わしい取引の参考事例」では、金融取引において、疑わしい取引に該当する可能性のある取引として特に注意を払うべき取引の類型が例示されており、日常の取引の過程で疑わしい取引を発見または抽出する際の参考となるが、同事例に形式的に合致するか否かによって、疑わしい取引に該当するか否かが判断できるものではない点には注意を要する。

疑わしい取引に当たるか否かは、銀行の行員としての一般的な知識と経験に基づき、取引の形態や顧客の属性、取引時の状況等を総合的に勘案して判断されるべきものとされている。その判断にあたっては、①他の顧客等との間で通常行う取引の態様との比較、②当該顧客等との間で行った他の取引の態様との比較、③取引の態様、取引時確認の結果その他取引時確認の結果に関して有する情報との整合性、に照らして判断しなければならない（犯収法施行規則26条）。ハイリスク取引や犯罪収益移転危険度調査書の内容（特に「預金取扱金融機関が取扱う商品・サービスの危険度」の項目の内容）を勘案してリスクが高いと認められる取引等については、加えて、顧客等に対して質問その他の必要な調査を行った上で、統括管理者が確認を実施する必要もある（同規則27条3号）。その際には自行で作成したリスク評価書も踏まえつつ、外国ＰＥＰｓ該当性、顧客が行っている事業等の顧客属性、取引に係る国・地域、顧客属性に照らした取引金額・回数等の取引態様その他の事情を考慮した判断を行うことが適切である（以上、マネロンガイドラインⅡ－2(3)ｖ参照）。

対策

●判断は総合的に考慮して行うことが必要

「疑いがある」かどうかの判断は、業務の過程で把握している顧客の職業・事業内容等からみて合理性のない高額あるいは頻繁な取引、架空名義や借名による取引、もしくは前提犯罪に従事している者の関与している疑いのある取引であることなどの情報を総合的に考慮して行う。その際には犯罪収益移転危険度調査書やそれを参考に作成した自行のリスク評価書が示している取引ごとの危険度の分析・評価なども参考にして届出を行うことなどにより制度の適切な運営を確保すべきである。かかる適切な運営には、疑わしい取引の届出態勢の実効性の検証や必要に応じた見直しも当然に含まれる。

また、銀行は、疑わしい取引の届出を行おうとすること、届出を行ったことを、その届出に係る取引の相手方に漏らしてはならない（犯収法8条3項）。

（白根　央・溝端悠太）

70 預金口座の犯罪利用防止に向けた開設手続厳正化

ＡＭＬ／ＣＦＴ対応の厳格化等を背景に、近時、預金口座の開設手続時の取引時確認や属性確認などの厳正化が求められてきている。銀行においては、口座開設に際し、犯罪収益移転防止法４条の取引時確認は当然のことながら、当該顧客の属性や口座開設目的等について、必要に応じ実態把握やエビデンスの徴求も含めた深度のある確認を行うことが適切である。

解説

●預貯金口座のリスクと悪用事例

預金口座は、手持ち資金を安全かつ確実に管理するための手段として広く一般に普及しており、また、昨今は、店頭に赴くことなく、インターネットを通じて、口座を開設したり、取引をしたりすることが可能となっており、その利便性が高まっているという特性により、マネー・ローンダリング等を企図する者にとっては、犯罪による収益の収受や隠匿の有効な手段となり得ることが指摘されている（国家公安員会「犯罪収益移転危険度調査書」（２０２２年12月））。

現に、預貯金口座がマネー・ローンダリングに悪用された事例として、本国に帰国した外国人の口座について、解約手続等の措置を執ることなく利用し、詐欺や窃盗等の犯罪による収益を収受または隠匿した事例や、架空名義で開設した口座、不正に開設された営業実態のない会社名義の口座等を利用し、詐欺、窃盗、ヤミ金融事犯、風俗事犯、薬物事犯、偽ブランド品販売事犯等の様々な犯罪による収益を収受または隠匿した事例等がある。これらのうち、外国人の口座開設時の留意点については、72において述べるが、とりわけ法人に関しては、実態のない法人口座を開設することのないよう特に注意が必要である。

対策

●一歩踏み込んだＫＹＣを

預金口座は犯罪収益の保管や送金の道具や受け皿として悪用される危険があるが、開設申込みの受付手続の中で、適正にリスクチェックを行い、リスクの高いものについては謝絶を行うことで、そのような悪用をそもそも防止することが可能となる。法人口座の開設に際しては、実態のない法人名義の口座が悪用された例なども踏まえ、顧客利便に配慮しつつも、法令（犯収法）上の義務からもう一歩踏み込んだ丁寧なＫＹＣ（Know Your Customer）を図る意識が必要である。例えば、法令上、法人の実質的支配者の本人特定事項の確認は申告を受ける方法によれば足りるが、本人確認書類により申告内容の真正性を確認すべき場合もあるであろうし、商業登記所（法務局）に登録される実質的支配者リストの利用も検討すべきであろう。また、商業登記の確認に関しては、必要に応じ、現在事項証明だけでなく履歴事項証明を取得し、商号、営業目的、役員などに不自然な変更がないかなどを確認することも有用である。

（小田大輔・城戸賢仁）

71 預金口座の売買・不法目的利用と口座凍結・強制解約

預金者がその口座を詐欺、恐喝、出資法違反等の犯罪の手段として不法な目的で利用している疑いがある場合には、組織的犯罪処罰法に抵触するおそれがあり、疑わしい取引として金融庁等に届け出る必要がある（犯収法8条）。

解説

●預金口座の売買・不法目的利用と疑わしい取引の届出

預金口座には、犯罪による収益の収受・隠匿を含むマネー・ローンダリングの手段やテロ資金供与の手段として悪用されるリスクがある。とりわけ、国際社会がテロ等の脅威に直面する中、架空・他人名義口座がマネー・ローンダリングやテロ資金供与（以下「マネロン・テロ資金供与」）に利用されることを防止する必要性は極めて高い。

犯収法は、金融機関に対し、顧客との預金契約の締結に際しての取引時確認の義務を課すとともに、当該確認の結果、当該収受した財産が犯罪による収益である疑いがあると認められるなどの場合等に、疑わしい取引として、速やかに金融庁に届出を行う義務を課している（犯収法8条1項2項）。また、売買等により不正に入手された架空・他人名義の口座は、特殊詐欺やヤミ金融等において犯罪収益移転の手段として悪用される危険性が類型的に高いことから、他人になりすまして預金契約に係る役務の提供を受け、あるいは第三者にさせる目的での通帳等の譲受・交付・提供や正当な理由のない有償での通帳等の譲受・交付・提供等の行為を禁止している（同法28条）。

さらに、金融庁が公表したマネロンガイドラインは、金融機関等が自らのマネロン・テロ資金供与リスクを特定・評価し、これをリスク許容度の範囲内に実効的に低減するため、当該リスクに見合った対策を講ずるというリスクベース・アプローチが必要であるとし、適切な顧客管理を実施できないリスクのある一定の顧客・取引等については「取引の謝絶」を含めたリスク低減措置を検討するなどの対応を求めている。また、当該リスク低減措置については、当該措置を講じた後の残存リスクを評価し、自らのリスク許容度や自らへのレピュテーションに応じて、取扱いの有無を含めたリスク低減措置の改善の必要性を検討する態勢の構築も求められている。同ガイドラインを踏まえて全銀協が公表した預金規定参考例は、預金がマネロン・テロ資金供与等に利用されまたはそのおそれがあることを強制解約事由に挙げるとともに、取引時確認に必要な情報提供が受けられない場合や、マネロン・テロ資金供与への関与またはそのおそれがある場合に、取引の一部を制限する旨の規定を設けている（全銀協「金融庁『マネー・ローンダリング及びテロ資金供与対策に関するガイドライン』を踏まえた預金規定・参考例」（2019年3月29日）参照）。

また、振り込め詐欺救済法は、金融機関に対し、捜査機関等から預金口座等の不正な利用に関する情報の提供があることなどの事情を勘案して犯罪利用預金口座等である疑いがあると認めるときは取引停止等の措置を適切に講ずるよう求めている（同法3条）。全銀協はこれを踏まえ、①捜査機関等から通報があった場合、②被害者から被害の申出があり、振込が行われたことが確認でき、他の取引や口座名義人との連絡状況から、直ちに口座凍結を行う必要がある場合、③口座が振り込め詐欺等の犯罪に利用されているとの疑いがある、またはその可能性があるとの情報提供があり、かつ、イ．名義人本人から口座を貸与・売却した、紛失した、口座開設の覚えがないとの電話連絡がとれた場合、ロ．複数回・異なる時間帯に名義人に電話連絡したが連絡が取れない場合、ハ．一定期間内に通常の生活口座取引と異なる入出金または過去の履歴と比較すると異常な入出金が発生している場合、④本人確認書類の偽造・変造が発覚した場合、には速やかに口座凍結を実施するとし対策している（全銀協「振り込め詐欺救済法における口座凍結手続きについて」）。

なお、銀行には、当該取引時確認をした事項に係る情報を最新の内容に保つための措置や、取引時確認等の措置の実施に関する規程の作成、業務を統括管理する者の選任等の措置が求められる（犯収法11条）ことにも注意を要する。

対策

●届出と取引時確認・顧客管理の徹底を

銀行は、取引時確認の徹底や疑わしい取引の届出義務の履行はもとより、さらに進んで各種預金規定を整備するとともに、事案によっては取引の謝絶、取引の制限・停止や、強制解約の措置を視野に入れつつ、厳正な対処を行う必要がある。

（篠原孝典・渡辺真菜）

72 外国人との取引時のマネー・ローンダリング等防止

在留外国人については、マネー・ローンダリング等のリスクが高い顧客類型として管理し、厳格な顧客管理措置を講じるべきであるが、その際には、取引を合理的理由なく謝絶・制限することのないよう、バランスの取れた対策が求められる。

解説

●帰国を前提とした在留外国人のリスク

AML／CFT対応として行う顧客管理（カスタマー・デュー・ディリジェンス：CDD）においては、「商品・サービス、取引形態、国・地域、顧客属性等に対する自らのマネロン・テロ資金供与リスクの評価の結果を総合し、利用する商品・サービスや顧客属性等が共通する顧客類型ごとにリスク評価を行うことなどにより、全ての顧客についてリスク評価を行うとともに、講ずべき低減措置を顧客のリスク評価に応じて判断すること」が求められる（マネロンガイドラインⅡ-2(3)ⅱ【対応が求められる事項】⑥）。このうち顧客属性に着目したリスク評価として、本国への帰国を前提とした在留外国人（留学生、技能実習生、短期就労者等）を高リスクに格付けする銀行が多い。実際、かかる外国人については、帰国時に解約手続等の措置を執らずに不正に口座が売買され、詐欺等の犯罪による収益の受け皿として悪用される事例が後を絶たない。また、かかる外国人が本国への送金（仕送り等）を仮装してマネー・ローンダリング等を行う例も報告されており、銀行としてはリスク認識を高めて対策を講じる必要性が高い。

対策

●バランスの取れたマネー・ローンダリング等防止対策を

このようなリスクを踏まえ、銀行においては、リスク低減措置として、例えば次のような対策を講じることが適切である（マネロンガイドラインFAQⅡ-2(3)ⅱ【対応が求められる事項】⑥Q7参照）。

(1)口座開設及び預金取引に関する取組み

・外国人については、口座開設の際に、口座売買が犯罪であることを周知し、帰国時の口座解約を働き掛ける。
・外国人名義の普通預金口座で給与振込等の動きがなくなったものなどを利用した取引を高リスク取引として、具体的に特定する。

(2) 顧客管理に関する取組み

・顧客属性によって取引金額の上限を設定(例えば、「永住者」、「技能実習生」、「留学生」等の在留資格に応じて、取引金額の上限を変更)し、それを上回る場合は厳格な取引時確認を実施する。
・外国人の留学生や就労者等の顧客について、本人確認書類として在留カードの提示を受け、その在留期間を確認した上で、システムによって管理し、顧客の在留期間満了前において、当該顧客が在留期間を更新しない場合は在留期間満了前に口座を解約する。
・顧客が在留期間を更新する場合は更新後の在留期間を届け出ることを改めて要請する。
・在留期間の更新が確認できないなどリスクが高まると判断した場合には、取引制限を実施する。

なお、在留制度上、在留外国人が在留期間更新許可申請または在留資格変更許可申請を行った場合、在留期間が満了しても、当該申請に係る処分がされる時または在留期間の満了の日から2カ月が経過する日が終了する時のいずれか早い時までの間、引き続き在留が可能である。このため、顧客が当該申請等を行ったものの、在留期間満了前に当該申請に係る処分がなされない場合には、在留カード裏面の「在留期間更新等許可申請欄」に申請中であることの記載(オンライン申請の場合には申請に係るエビデンス)を確認した上で、口座の利用継続を認める、といった対応も検討しておくことが望ましい。

銀行においては、これらの例も参考にしながら対策の高度化を図っていく必要があるが、その際には、外国人がわが国で生活していくにあたっては、家賃や公共料金の支払、賃金の受領等の様々な場面において口座を利用することが必要となることも念頭に、外国人との取引を合理的理由なく謝絶・制限することは避けるべきである（マネロンガイドラインⅡ-2(3)ⅱ【対応が求められる事項】⑪）。外国人が円滑に口座を開設できるよう、多言語対応の充実や、在留カードによる本人確認等の手続の明確化等、銀行取引における外国人の利便性向上に向けた取組みをあわせて導入するなどの、バランスの取れたマネー・ローンダリング等防止対策が求められる。

（小田大輔）

73 預金取引からの反社会的勢力の排除

普通預金をはじめとする預金取引についても、反社会的勢力との関係遮断・解消を図る必要があり、そのための重要なツールが、事前審査・スクリーニングの実施と暴力団排除条項の適用による解約等である。

解説

●普通預金取引も反社会的勢力との取引遮断・解消の例外ではない

銀行における反社会的勢力との関係遮断・解消の対象には、普通預金取引も含まれる。したがって、口座開設時の事前審査を適宜実施することが適切であり、かつ、取引開始後もスクリーニング（定期的または必要に応じた顧客の反社該当性の事後チェック）を実施し、預金者が反社会的勢力と判明した場合には、暴力団排除条項の適用によって解約を検討する必要がある。

なお、暴力団排除条項については、全銀協から、2009年9月24日以降三次にわたり参考例が公表されており、2011年6月2日に公表された改正参考例（銀行取引約定書及び当座勘定規定）においては、元暴力団員（暴力団員でなくなった時から5年を経過しない者）と共生者が反社会的勢力の属性要件に追加されるなどしているところ、当該参考例は、各行の普通預金規定においても導入されている。

対策

●暴力団排除条項の適用とともに、事前審査による水際対策が重要

反社会的勢力の排除の気運はますます高まっているところであり、銀行においては、そのような社会情勢から乖離することのないよう、普通預金取引に関しても、厳格な対応を行う必要がある。反社会的勢力の排除は、取引開始後の暴力団排除条項の適用による解約も重要であるが、解約をする場合には、当該預金者が間違いなく反社会的勢力に該当することの確認、解約通知の送付、預金残高（ある場合）の返還などの手続を慎重に進める必要があるため、取引開始前に謝絶する水際対策のほうが容易である。顧客にとって、普通預金口座の開設は、基本的に即時に行うことができるとの意識が浸透している取引であり、顧客の利便性向上のためにもなるべく迅速に事務を処理すべきではあるが、即時性は絶対的な要請ではないことに加え、とりわけ近時重要性が高まっているマネー・ローンダリング等対策の観点からも、原則として事前審査を実施し、反社会的勢力に該当する顧客からの口座開設申込は謝絶するという運用を確立すべきである。また、取引開始後も、スクリーニングを通じ、既存顧客の中に反社会的勢力が含まれていないかを洗い出すとともに、含まれていることが判明した場合には取引解消等を検討する運用も確立すべきであろう。そして、かかる運用は、反社会的勢力データベースの拡充等によってさらに実効性が高まることになる。

普通預金のみならず、貯蓄預金、総合口座取引、通知預金、積立定期預金、定期積金、自動継続定期積金、納税準備預金、定期預金及び財形預金等についても、事前審査やスクリーニングの実施、暴力団排除条項の導入・適用等により、反社会的勢力の排除を進める必要がある。

（小田大輔・城戸賢仁）

74 反社会的勢力関係者との預金取引の発見・排除

反社会的勢力との関係遮断は、銀行の社会的責任（CSR）を果たすためのコンプライアンス上の重要課題と捉え、契約締結前の謝絶という未然防止に注力するとともに、これをすり抜けて契約締結に至ってしまった場合でも、速やかにその解消に向けての措置を取るべきである。

解説

●事後検証の重要性

反社会的勢力との関係遮断・解消は、銀行を含めた企業の社会的責任の観点から必要かつ重要な事項である。そこで銀行には、①組織としての対応、②一元的な管理態勢の構築に加え、入口・中間管理・出口の三段階の態勢整備、すなわち③反社会的勢力との取引を未然に防止するための適切な事前審査の実施、④既存債権や契約の適切な事後検証の実施、⑤反社会的勢力であることが判明した場合の関係遮断・取引解消に向けた取組みの実施、さらに⑥反社会的勢力の不当要求への適切な対処及び⑦株主情報の管理が求められている（中小監督指針Ⅱ－3－1－4－2）。

預金取引についても、預金契約締結時の事前審査の実施により反社会的勢力との取引を未然に防止することが求められることはもとより、これに加え、取引開始後も定期的または必要に応じた顧客の反社会的勢力該当性の事後的チェックを実施するとともに、顧客が反社会的勢力関係者であることが判明した場合には、暴力団排除条項の適用によって速やかにその解消に向けての措置を検討することが必要である。

全銀協は、普通預金規定の暴力団排除条項の参考例を公表しており、当該例においては、反社会的勢力との取引は拒絶する旨の基本方針を規定するとともに、反社会的勢力であることが判明した場合には取引を解約できる旨を規定している。また、新規の預金取引申込者から申込み時に「反社会的勢力には該当しない」旨を申込書等において表明・確約してもらうこととし、当該表明・確約が虚偽であった場合には虚偽申告を理由に解約できる旨を規定している。

暴力団排除条項の適用による預金口座の解約を行う場合には、当該顧客が確実に反社会的勢力であることの確認が必要となる。かかる事後的検証に際しては、反社会的勢力データベースの拡充が有効であり、前記中小監督指針においても、反社会的勢力に関する情報を一元的に管理したデータベースを構築し、適切に更新するとともに、かかる情報の収集・分析等に際して業界団体等から提供された情報を活用する態勢とすることの重要性が指摘されている。

対策

●社会的要請は日増しに強まる

反社会的勢力関係者との取引の発見・排除は、コンプライアンスを標榜する銀行にとっての重要課題であるとともに、社会的要請も日増しに強まっている。そのため、事前スクリーニングの実施はもとより、取引開始後の適切な事後検証が肝要である。

（篠原孝典・吉田瑞穂）

75 口座開設後の継続した取引時確認事項の確認と継続的顧客管理

取引時確認事項の確認は口座開設時のみ行えば足りるものではなく、確認済みの顧客であっても、過去に取得した取引時確認事項に係る情報について虚偽であるとの疑いが生じた場合や、顧客等になりすましの疑いがある場合等には再度の確認が必要となるほか、顧客情報の最新化等を図るための継続的な顧客管理が必要である。

解説

●口座開設後も継続的な顧客管理が必要

銀行は、取引時確認済みの顧客については、原則として改めて取引時確認を行う必要はない(犯収法4条3項)。しかし、確認済みの顧客との取引であっても、高リスク取引(67参照)に該当する場合には、厳格な方法で改めて確認をしなければならない(同法4条2項)。したがって、銀行には、過去に取得した取引時確認事項に係る情報について虚偽であるとの疑いが生じた場合、あるいは、顧客になりすましの疑いがある場合等には、顧客の本人特定事項を、通常と同様の方法に加え、追加で本人確認書類または補完書類の提示を受けるなど、通常の取引よりも厳格な方法で改めて確認する必要があり、口座開設後も継続して適切な顧客管理に取り組むことが求められている(中小監督指針Ⅱ-3-1-3-1-2(2))。

その他、継続的顧客管理の取組みとしては、次のような対応が求められる(マネロンガイドラインⅡ-2(3)ⅱ【対応が求められる事項】⑩)。

イ．取引類型や顧客類型等に着目し、これらに係る自らのリスク評価や取引モニタリングの結果も踏まえながら、調査の対象及び頻度を含む継続的な顧客管理の方針を決定し、実施すること

ロ．各顧客に実施されている調査の範囲・手法等が、当該顧客の取引実態や取引モニタリングの結果等に照らして適切か、継続的に検討すること

ハ．調査の過程での照会や調査結果を適切に管理し、関係する役職員と共有すること
ニ．各顧客のリスクが高まったと想定される具体的な事象が発生した場合等の機動的な顧客情報の確認に加え、定期的な確認に関しても、確認の頻度を顧客のリスクに応じて異にすること
ホ．継続的な顧客管理により確認した顧客情報等を踏まえ、顧客リスク評価を見直し、リスクに応じたリスク低減措置を講ずること。特に、取引モニタリングにおいては、継続的な顧客管理を踏まえて見直した顧客リスク評価を適切に反映すること

口座開設後の継続的な顧客管理は、反社会的勢力との取引遮断・解消の観点からも重要である。顧客の属性は取引開始後も変化し得るし（法人の場合、実質的支配者（支配株主や代表者等）が変わることもある）、反社会的勢力情報データベースも逐次更新され、取引開始時には反社と認識していなかった顧客が事後的に反社会的勢力と判明することもある。

なお、法人の実質的支配者に変更がないかを確認する際には、信頼に足る情報源として、商業登記所（法務局）に登録される実質的支配者リストの利用も検討すべきである。また、顧客が継続的顧客管理における調査に応じない場合には、そうした事実も踏まえて、顧客リスク評価の見直し等を検討する必要がある。

対策

●再度の確認も遺漏なく行い、マネー・ローンダリングの防止等に役立てる

銀行実務上、取引時確認を適正に行うことについては浸透しているといえるが、その後の継続的な顧客管理については未だ課題が見られることも多い。取引時確認の目的はマネー・ローンダリングの防止等という重要な点にあることを踏まえ、法令の趣旨に則り、再度の確認を含めた継続的顧客管理も遺漏なく実施する必要がある。

また、継続的顧客管理により更新された顧客情報を、顧客リスク格付けの見直しや取引モニタリングや取引フィルタリングといったリスク低減措置の頻度や深度に反映させるとともに、疑わしい取引の届出にも連

動させて、それらを一連・一体のものとして実施できる態勢を整備することが重要である。

この点を強調するため、2021年2月19日のマネロンガイドライン改正では、上記ホに「リスクに応じたリスク低減措置を講ずること」という文言が追加されており、銀行においては、継続的顧客管理の取組みを着実に実行していく必要がある。

(小田大輔・城戸賢仁)

76 預金契約・預金規定に関する銀行の責任

民法は定型約款に関する規定を設けている（民法548条の2～548条の4）。預金規定は定型約款に該当するため、預金取引を行うことの合意、預金規定を契約の内容とする合意等があれば、預金規定の各条項への顧客の合意は求められない。ただし、顧客の利益を害する内容の規定は合意をしなかったものとみなされる。また、顧客が合意することなく規定の内容を変更することもできるが、合意なく変更できるのは顧客の利益に適合する場合等に限られる。

解説

●預金規定は定型約款に該当

民法は、「定型約款」を、「定型取引において、契約の内容とすることを目的としてその特定の者により準備された条項の総体」と定義している。「定型取引」とは、「ある特定の者が不特定多数の者を相手方として行う取引であって、その内容または一部が画一的であることがその双方にとって合理的なもの」をいう（民法548条の2）。

銀行業務に関して例を挙げれば、預金取引は一般的に、相手方の個性に着目しないで行われる取引であるから、預金規定は定型約款に該当する。他方で、顧客との交渉によって内容の修正がありうる銀行取引約定書などは、基本的に定型約款には該当しないだろう。

定型約款の内容は、定型取引を行うことの合意に加え、①「定型約款を契約の内容とする合意」か、②「定型約款準備者が、あらかじめその定型約款の内容を契約の内容とする旨を相手方に表示すること」により契約内容となり（同法548条の3）、定型約款の各条項への合意は求められない。

もっとも、定型約款の内容は無制限ではなく、①相手方の権利を制限し、または義務を加重する条項であって、かつ②信義則に反して相手方の利益を一方的に害するものは、合意をしなかったものとみなされる（同法548条の2第2項)。このため、相手方が合理的に予測できない内容の条項が含まれている場合、その効力が否定される可能性がある。

また、定型約款の内容変更に関する条項も整備され、①相手方の一般の利益に適合するとき、または、②定型約款の変更が、契約した目的に反せず、かつ変更の必要性・内容の相当性、定型約款の変更に関する規定の有無・内容、その他の約款変更に係る事情に照らして合理的なものであるときには、契約の相手方の合意なく変更が可能とされている(同法548条の4)。

対策

●口座開設申込書を用いて合意を得る

預金者に預金規定を適用させるためには、預金口座開設の申込書に、預金規定を契約の内容とする旨の文言を加えるなどの対応をすることが考えられる。約款に服する旨の合意は黙示でもよいと考えられているとはいえ、適切に要件を充足しているかどうかに留意する必要がある。

(白根　央・溝端悠太)

77 預金保険に関する説明義務

かつて金融機関の経営破たんが相次いで表面化し、顧客の金融システムに対する不安が増加したことにより、預金保険制度の存在とその内容がクローズアップされた。また、預金金利の自由化などに伴い預金商品も多様化したことから、個別の金融商品が預金保険の対象となるのか否かについても、顧客に対する情報提供が義務付けられている（銀行法施行規則13条の5）。必要な説明を怠ると、銀行側は説明義務違反等に問われるおそれがあり、顧客から損害賠償請求等を求められ得る。

解説

●ペイオフの全面解禁

預金保険は1971年に制定された預金保険法に基づく制度で、日本国内に本店のある銀行、信用金庫、信用組合、労働金庫、信金中央金庫、全国信用協同組合連合会、商工中金等が加入している。加入金融機関が破たんした場合、2005年3月末日までは普通預金・当座預金・別段預金は全額が保護されていたが、現在は決済性の当座預金等の特例措置の講じられたものを除いて各金融機関ごとに元本一千万円とその利息を限度として保護されている（預金保険法54条1項・2項）。

主に次の金融商品が預金保険の対象となる。

①普通預金・当座預金・別段預金
②定期預金・通知預金・納税準備預金・貯蓄預金・定期積金
③元本補填契約のある金銭信託
④金融債（保護預り専用商品に限る）

なお、外貨預金や無記名預金、架空名義の預金、導入預金についても、預金保険の対象とならず、その旨を顧客に対して説明しておくことが必要となる。

預金保険の対象該当性や破綻時の保険金額等の説明を怠った場合、預金者が錯誤による取消（民法95条）を主張することや説明義務違反を理由に損害賠償責任が発生することも考えられる。

対策

●預金保険の対象商品の明示

金融機関は預金保険の対象となる金融商品について、「共通ポスター」を店頭掲示することで、預金者に対する周知を行っているが、このポスターの掲示のみでなく、実際に預金保険の対象とならない金融商品の預入の際には、当該金融商品が預金保険の対象とはならない旨を、顧客の実質的理解に足る方法・程度で説明するとともに、確認書を取得するなどして説明したことを記録化しておくことが必要である。特に、外貨預金は預金保険の対象とならないため注意が必要である。

（池田俊明）

78 預金金利・手数料の明示

銀行は、預金者等に対する情報提供の一環として、主要な預金等の金利を明示するとともに、取扱う預金等に係る手数料を明示しなければならない（銀行法12条の2、同法施行規則13条の3第1項1号・2号）。

解説

●預金者等に対する情報提供の一環

1998年12月1日に施行された金融システム改革法において、預金者等の保護を図るための説明義務等を定める銀行法12条の2が規定され、その施行規則に細目が定められた。また他の預金取扱金融機関についても、同様の規定が盛り込まれている（例えば、信用金庫法89条による銀行法12条の2の準用）。

法令が定める説明義務等の具体的内容は、次のとおりである。

銀行は、預金または定期積金等（預金等）の受入れに関し、預金者等の保護に資するため、内閣府令で定めるところにより、預金等に係る契約の内容その他預金者等に参考となるべき情報の提供を行わなければならず（同法12条の2第1項）、それ以外の業務に関しても、原則としてその業務に係る重要な事項の顧客への説明その他健全かつ適切な運営を確保するための措置を講じなければならない（同2項）。そして、前記第1項に定める情報提供の方法として、①主要な預金等の金利の明示、②取扱う預金等に係る手数料の明示、③預金保険の対象の明示、④商品情報、⑤変動金利預金の金利設定の基準・方法、金利に関する情報の適切な提供等が規定されている（同法施行規則13条の3）。なお、預金商品であっても、外貨預金や仕組み預金等、金利・通貨の価格等の変動により元本に損失が発生する可能性があるものに関しては、金商法と同様の行為規制が課せられ（同法13条の4が準用する金商法各条）、法令上も金融商品取引と同様の姿勢による勧誘・説明が求められている。

対策

●利用者の保護を図る意味で意義大きい

銀行が利用者に対して適切な情報提供を行うことは、「自己判断（決定）による自己責任の原則」を実質化し、それに基づく利用者の判断をより合理的にするものである。逆に銀行の側からみれば、銀行側から十分な情報提供を行っていなければ、顧客に自己責任の原則を主張することはできず、商品・サービス提供に伴う法的リスクや社会的評価の低下を回避できないことにもつながる。銀行法12条の2は、銀行に情報提供・説明義務を課すことで、結果的に利用者の保護を図ることを目的としたもので、その意義は大きく、近年は重要度が一層増している顧客保護等管理の根拠ともいえるものである。

（和田好史）

79 外貨預金の説明不足と為替差損の発生

特定預金等である外貨預金の勧誘をする銀行には、その仕組み、市場金利や為替相場の変動による危険性などの所定の事項を情報提供し、また、これらを顧客に対し説明する義務（銀行法12条の2、同法施行規則13条の3、同法13条の4が準用する金商法各条等）があり、これらの義務に違反すれば、損害賠償責任が問われるおそれがある。

解説

●顧客に不測の損失が生じる可能性があることを十分に説明する義務がある

外貨預金は、通常の場合、預入時に円貨を外貨に両替し、引出時に外貨（元利とも）を円貨に再度両替する仕組みのため、為替相場の変動によっては受取円貨額（元利合計しても）が元本割れとなってしまうおそれがある。また、預入時及び引出時の両替の際に為替手数料を徴求する場合（両替時の為替レートに為替手数料が上乗せされている場合を含む）、為替相場の変動がなかったとしても、為替手数料を差引くことで、元本割れが生じるおそれがある。このような外貨預金の商品の仕組みを顧客の理解・判断力に応じて実質的に説明しておかないと、顧客が不利益を被るおそれがあり、説明義務違反等を理由に損害賠償責任を問われるおそれがある。

このため、銀行には契約締結前に情報を提供する義務がある（銀行法13条の4が準用する金商法37条の3第1項）。この情報提供には、預金契約の概要、手数料、様々なリスク等の事項が含まれる。また、この情報提供を行う際は、顧客の知識、経験、財産の状況及び契約締結の目的に照らして適切な方法及び程度で説明すべきとされている（金商法37条の3第2項）。なおこれらの情報提供義務及び説明義務については、170 179を参照。

外貨預金は元本部分の為替差損益と金利によって、円貨ベースでの実質利回りが決定されるが、預入期間中の為替相場の変動や、円金利と預入通貨金利の乖離により、為替差損の生じるリスクがあることを説明し、外貨預金は「(円貨ベースでの)元本保証」ではないことを自覚してもらうことが必要である。また同じ外貨預金でも、為替予約を付けた場合には、円貨ベースでの実質利回りを確定することができるため、為替リスクを回避することができる。ただし、預入時に為替予約を付けた場合、利回りはおよそ円貨で預金するのと同程度の水準となるため、外貨預金のセールスポイントである高金利や、為替の変動による差益を活かせないことになるので、顧客に対しては円貨ベースでの実質利回りについてよく説明し、理解してもらうことが大切である。

対策

●為替相場の情勢や変動の見通しについては顧客の判断に委ねる

外貨預金の預入に際しては、その仕組みから、顧客において損益分岐レート等を踏まえた今後の為替相場の見通しのあることが必要とされる。そのため、そのような相場観を持てる顧客に対して商品を選定するという基本姿勢が重要で、外貨「預金」ということで安心感を抱きがちな高齢者に勧める場合には、適合性にも配慮しなければならない。また、顧客ニーズに対して適切なアドバイスを行うことは重要であるが、相場の情勢や変動の見通し、あるいは為替予約を付けるか否かの判断は、最終的に顧客に委ねるべきである。

(和田好史)

80 デリバティブ組込預金の説明不足と銀行の責任

銀行が、「特定預金等」であるデリバティブ取引を組み込んだ元本割れの可能性のある預金商品を取り扱う際、所定の情報提供や元本保証がないこと等の詳細な説明を怠り顧客に損害が生じた場合、顧客の損害を賠償しなければならない（金サ法4条、6条、銀行法13条の4が準用する金商法各条等）。

解説

●説明を怠ると損害賠償の責任を負う

情報提供の具体的な方法は、①当該商品が預金保険の対象かどうかの明示（銀行法施行規則13条の3第3号）の他、預金者等の求めに応じ、②名称や預入期間（自動継続の有無）、利息、手数料、中途解約時の取扱い等、所定の商品内容情報を記載した書類による商品説明や書類の交付をすること（同4号）が規定されている。さらに、デリバティブ取引等を組み込んだ元本割れの可能性のある預金商品を取り扱うときには、元本保証がないことに加え、その商品に対する詳細な説明が必要である（同5号、金サ法4条）。これは、専門家である銀行に説明義務を課すことによって、知識や情報の少ない顧客の判断を補完し、顧客・利用者保護を図るという趣旨である。そのため、銀行がこの説明義務を怠れば、顧客は不十分な知識・情報しか与えられなかったことになるから、それに基づく判断の結果を顧客に帰する根拠を欠く（錯誤による取消-民法95条）か、顧客の想定していた結果との差（債務不履行や不法行為による損害賠償）もしくは元本欠損額（金サ法6条）を、銀行が賠償しなければならないことになる。またデリバティブ取引を組み込んだ元本割れの可能性のある預金商品には、銀行法13条の4と同条が準用する金商法各条が適用され、契約締結前の情報提供や商品の仕組みとリスクについて顧客に対し適正かつ十分に説明することを要する。なお、契約締結前の情報提供には、リスクに対する注意喚起、指定ADR機関等の連絡先、合理的根拠適合性・勧誘開始基準、元本割れのおそれとその指標・理由、預金期間延長権の行使と顧客に不利となるおそれ、組合わされたデリバティブ取引の詳細等が求められる（銀行法施行規則14条の11の27、中小監督指針Ⅱ−3−2−5−2(3)③）。

対策

●顧客の取引経験度に応じた対応を

説明義務は顧客の判断の前提となるもので、顧客の知識や取引経験、財産状況、投資目的に応じた適切な説明を心がける必要がある（金商法40条1号、金サ法3条2項）。顧客が高齢者であったり取引経験がなければ、補助者の同席や懇切丁寧な説明が必要であろうし（場合によっては、顧客保護の観点から、リスク性商品を勧めること自体が問題とされる−（狭義の）適合性の原則）、取引経験が豊富ならば、説明書類の交付に加えた簡潔な説明だけで足りることもあり得る。このような個別の事情を踏まえ、合理的根拠、適合性を十分考慮し、さらに説明に遺漏がないようにすべきである（最低限、元本毀損のおそれ、リスクは何に連動するのか、商品の重要な仕組み、損益分岐点、他の商品との比較対照等は欠かせない）。

（和田好史）

81 預金契約の仮装（架空預金）

預金契約を仮装しても、虚偽表示として無効であるが、それを善意の第三者に対抗することはできず（民法94条2項）、銀行はこのような善意の第三者から使用者責任（同法715条）を問われる他、預金払戻しの義務等を負う場合がある。

解説

●虚偽表示として無効であるが、善意の第三者に対抗できない

当事者間に真実預金をする旨の合意がなく、その存在を仮装するにすぎない架空預金は、虚偽表示として無効である（民法94条1項）。しかし、取引の安全を図る趣旨から、その無効は、善意の第三者に対抗できない（同条2項）。ここでいう「第三者」とは、虚偽表示を前提とし、これについて新たに法律上利害関係を有するに至った者をいう（判例・通説）。架空預金債権を譲り受けた者、あるいはこれに対して質権の設定を受けた者がその例である。架空預金が無効となると、債権もしくは質権本来の内容の実現が妨げられるからである。

ところで、架空預金の設定は、通常は預金契約についての最終的決裁権限を有しない銀行員によってなされることから、これが銀行の行為と認められるか否かが問題となる。

権限のない行員の行為を銀行の行為でないとするのは、その旨信頼した相手方の地位を不安定にし、取引の安全を害するから、表見代理の規定（同法109条1項、110条）を類推して、相手方が善意・無過失である場合には、この虚偽表示は、銀行の行為として取扱われるとされている。

なお、このような預金契約の仮装、預金証書の偽造に関する参考判例として、最判昭42・6・8判時487号37頁がある。事案は、信用金庫の得意先係が、得意先と共謀して同信用金庫支店長の作成名義の定期預金証書を偽造し、これを担保に融資を受けようと企て、定期預金係を通じて定期預金証書用紙を入手してその偽造を遂げ、これを担保に融資を受けたというものである。これについて、最高裁は、それが職務執行行為そのものには属さないとしながら、外形理論（行為の外形を客観的に観察して、被用者の職務行為の範囲内に属すると認められれば足りるとするもの）に従って、同信用金庫の使用者責任を認めた。

対策

●協力預金の自粛と他行預金担保融資の厳正化を図る

このように預金契約を仮装した場合、その構成はともかく、使用者たる銀行は、法的責任を免れないところである。そのため、事件の発生を未然に防止し、あるいは損害の拡大を防ぐことが重要となる（1992年に消滅した旧東洋信用金庫事件参照）。また、過度な協力預金については、優越的な地位の濫用等の法令違反行為にあたるおそれもあることから、銀行として適切な予防策を講じる必要がある（主要行等監督指針Ⅲ−3−1−6−2）。

なお、全銀協の「業務運営体制のあり方等に関する改善措置について（その一）」（全銀協平成3年9月17日企画305号）においては、①ノンバンク等を利用した協力預金の自粛、②他行預金担保融資の厳正化、③事務管理体制の見直し、等の事項について取りまとめがなされている。

（和田好史）

82 導入預金

銀行は、預金などをし、またはその媒介をする者で特別の金銭上の利益を得させる目的を有する者を相手方として、その預金などを担保に取ることなく、同人の指定する第三者に貸付をし、または債務保証をすることを約束してはならない（預金不当契約取締法3条）。これに違反した場合は3年以下の懲役もしくは30万円以下の罰金またはこれらを併科される（同法5条）。

解説

●与信上のリスクと預金者の認定に問題

導入預金とは、預金者等が特別の金銭上の利益を得る目的で、特定の第三者に対して融資や債務保証を行うことを条件に作成される預金であって、当該預金が融資や債務保証の担保とされない預金である。

導入預金の単純な例は、AがB銀行に預金し、B銀行がAの指定するCに貸付け、その預金を担保にとらないケースである。Aが直接登場しないで、この取引の仲介をするXが表面に出ることが多い。このXは、導入屋と呼ばれている。B銀行がCに貸付をしないで、Dからの借入れにつき債務保証を行う場合も同様である。B銀行は、Aの預金に目がくらんで貸付や債務保証をしているのであるから、通常、Cから十分な担保をとらない。ここに導入預金の危険性がある。

導入預金の危険性は、B銀行の与信上のリスクだけではない。Aが、自分の預金とする意思で自ら預金した場合は、Aの預金であることが明白であるが、導入屋のXが預金したような場合は、真の預金者が明らかでない場合が多い。B銀行がCに対する与信と、この導入預金を、Cの預金と認定した上で、相殺した場合には、真の預金者からクレームを申立てられるという問題もある。導入預金に応じると、善意・無過失でない限り、銀行の役職員も刑事罰を科されたり、回収不能額について善管注意義務違反等による損害賠償責任を問われることもある。

対策

●預金を担保とするか、貸付または保証を被担保債権とする担保を取得する

銀行の役職員は、導入預金の申入れは拒否すべきであるが、預金を条件とする融資の際には少なくとも次のような対策を講じる必要がある。

①その預金を担保に取る。こうすれば銀行としての債権保全も図れるし、本法違反にもならない。なお預金者の保証を得ることでも実質的に目的を達することができるが、この場合には預金を拘束する必要がある。

②貸付または保証の担保を取る。なおこの場合、与信判断を厳格に行い、また裏利などの支払のないことを確認する。このような対策を講じることで、導入預金の構成要件に該当することを回避することが可能となる。

（峯崎二郎）

83 マル優預金の濫用

少額貯蓄非課税制度（マル優）とは、最高限度額一人350万円の範囲内で身体障がい者など法律の定める者に対して預金利子を非課税扱いとする優遇措置である。無資格者・資格喪失者・限度額超過などの取扱いは無効となる（所得税法10条）。

解説

●障がい者等の少額預金の利子所得等の非課税

少額貯蓄非課税制度（マル優）は、身体障がい者など所得能力の少ない者に対する社会保障的な目的で、1963年以降実施されていたマル優制度（1人300万円の最高限度額）を88年3月末日限り廃止し、同年4月1日から対象者を限定して創設された利子所得に対する非課税制度である（2003年より制度改正）。この制度によって非課税扱いの恩典を受けられる範囲をマル優限度額というが、これは現在、1人元本350万円である。この他、少額公債非課税制度（マル特）の非課税枠350万円についても非課税の適用を受けることができる。この制度の適用を受けられる者は、国内に住所を有する個人で国民年金法に規定する遺族基礎年金を受けることができる妻である者、同法に規定する寡婦年金を受けることができる同法に規定する妻である者、身体障害者福祉法の規定により身体障害者手帳の交付を受けている者、その他これらの者に準ずる者などに限定される。これらの資格は、銀行等で手続するときに公的な資料により申込人の本人確認とともに確認する。貯蓄の範囲として、この制度の対象となる貯蓄は、預貯金、合同運用信託（金銭信託・貸付信託）、特定公募公社債等運用投資信託及び一定の有価証券の4種類である。このうち預貯金には勤務先預け金が含まれる。有価証券には国債・地方債・金融債（割引債を含まず）、一般事業債、公社債投資信託、株式投資信託（一定の要件を満たすものに限定）などである。なお、本邦通貨以外の通貨によるもの、金融類似商品は対象外である。

対策

●公的書類でマル優預金対象者の確認を

マル優制度を濫用すると利子課税を不当に免れることとなる。後日、税務調査があった場合、追徴を受けることになるから、顧客が不正を行うことを防止し、また銀行が不正の舞台となることを避けるためにもマル優の事務取扱手続に違反しないよう正確に取扱うことが必要である。マル優制度の適用を受けようとする者は、まず銀行等の店舗を経由して所轄税務署へ非課税貯蓄申告書を、非課税扱いの預貯金等の預入れをする日までに提出する。この申告書には預金者の氏名・生年月日・住所・個人番号、障がい者等の事実・貯蓄の種類・当該店舗で非課税扱いの適用を受ける最高限度額、他の店舗に既に申告書を提出しているときは、その内容を正確に記入してもらうことを要する。銀行は、申告書が提出されたときは、年金証書や身体障害者手帳などの公的書類により記載内容を点検し、制度の濫用を防止する必要がある。

(加藤浩康)

84 当座開設屋

銀行が当座開設屋であることを知り、または知らないことに重大な過失があって当座勘定を開設した場合、これに関連して不渡手形・小切手による損害を被った第三者に対して、損害賠償責任を負うこともある（民法709条）。

解説

●不良先に当座預金勘定を開設

いわゆる当座開設屋とは、銀行に当座勘定口座を開設し、手形・小切手用紙の交付を受け、支払う意思のない手形・小切手の振出を乱発したり、手形・小切手用紙を他人に譲渡してしまう者などを指すものである。

銀行は当座勘定取引を開始するに際しては、商業登記の登記事項証明書（会社の場合）・印鑑証明書（個人の場合）などの提出を受け、また実地訪問などによりその身元、資産状態、営業状況などを調査する。しかし、中にはこの調査が不十分なため、不良先に当座預金勘定を開設して手形・小切手用紙を交付し、第三者が不渡手形・小切手をつかまされ損害を被ることもある。こうした場合、銀行はその第三者に対して不法行為による損害賠償責任を負うことがある。

この点について、判例には、「金融機関が当座勘定取引口座を開設するにあたって、開設依頼人の調査をするのは、金融機関自らの信用を確保するために内部の業務取扱いの必要によるものであり、開設依頼人の調査不十分のため、不良会社に対し口座を開設し、結果的にその相手方が手形を乱発して倒産したとしても、一般的にはその手形を取得した第三者に対し金融機関が直接法律上の責任を負うものではない。しかし、銀行が開設依頼人が当座開設屋であることを知り、または重過失によりこれを知らずに、当座を開設し、統一手形用紙を交付し、その結果善意の第三者が不渡手形を取得して損害を被った場合には、銀行はその損害発生を予見し得たものとして、責任を負うべきものである」旨判示したものがある(東京地判昭49・8・8金法749号36頁)。

現状、当座勘定口座開設にからんで銀行が責任を課せられた例はないようであるが、当座開設屋と知りつつ、または知らないことに重大な過失があって口座開設を認めれば、それによって生じた損害について、銀行が責任を問われることもあり得るので、注意を要する。

対策

●当座開設時の調査は十分に

当座勘定開設依頼人に対する調査は第一義的には銀行自らの信用を確保するためのものである。他面、商業登記の登記事項証明書、印鑑証明書の提出・確認、面談、実地調査、取引停止処分者の照会など基本に忠実な事務を行っていれば、重過失の認定を受けるおそれは小さく、銀行が第三者に対して不測の損害賠償責任を負わされることも少ないということができよう。

(野村重信)

85 預金証書の偽造

預金証書を偽造すれば、私文書偽造罪が成立し、これを真正なものとして提示し、融資等を受けると、偽造私文書行使罪と詐欺罪が成立する。銀行の行員が預金証書の偽造を行った場合、民事上、当該行員は不法行為責任、使用者たる銀行は使用者責任を負う。

解説

●偽造した証書を使用すると懲役10年以下の詐欺罪に相当

預金証書は「権利・義務に関する他人の文書」に該当するから、これを偽造すれば有印私文書偽造罪（刑法159条1項）が成立する。この文書を真正なものとして、例えばノンバンク等に示し、真実預金がある旨誤信させて「預金者」である取引先に対する融資を得させた場合には、偽造私文書行使罪（同法161条1項）と詐欺罪（同法246条1項）が成立し、重い詐欺罪の刑で処断される（同法54条1項）。関与者が複数なら、共同正犯（同法60条）となり得る。なお、組織的犯罪処罰法はテロ等準備罪を設けているが、同罪は、「組織的犯罪集団」の構成員が2名以上で、重大犯罪を具体的・現実的に「計画し」、計画実行のための「準備行為」を処罰対象とする（組織的犯罪処罰法6条の2）。ここでいう重大犯罪には、組織的詐欺等の犯罪も含まれており、組織的犯罪集団が資金を獲得する目的で、預金証書の偽造を行う場合、同罪の処罰対象となることも考えられる。

銀行の行員が預金証書の偽造に関与した場合、民事上、これら関与者は不法行為責任（民法709条）を負い、銀行は当該行員の使用者責任（同法715条）に基づく損害賠償責任を負う可能性がある。

この点、使用者責任の成立には、損害が被用者が「その事業の執行について」加えた損害であることを要するが、判例は、「事業」とは、本来の事業に限らず、これと密接な関連を有する行為にも及ぶとし（大判昭8・2・21民録25巻321頁等）、「職務」についても、被用者の職務執行行為そのものには属さないが、その外形から観察してあたかも被用者の職務の範囲内に属するものと見られる場合も包含する、と判示しており（最判昭32・7・16民集11巻7号1254頁等）、偽造に関与した行員が預金証書の作成権限のない者であるとしても、事業執行関連性は肯定されよう。なお、この外形理論は、取引的不法行為における相手方の信頼を保護するものであるから、関与行員の職務外の行為であることを相手方が知り、または重大な過失によりこれを知らないで当該取引をした場合には、使用者は責任を負わないと考えられる（最判昭42・11・2民集21巻9号2278頁等）。

対策

●内部の管理・監査態勢の充実で予防・早期発見を

銀行の使用者責任が肯定された場合にも、例えば偽造の預金証書にかかる預金債権を担保取得したノンバンク等に不注意もしくは落度がある場合は、過失相殺（同法722条2項）により、損害の公平な分担が図られる。しかし、銀行の信用は大きく失墜する。このことからも内部の管理・監査態勢の充実により、偽造の防止を図るとともに、万一発生した場合の早期発見により損害の拡大防止を図ることが肝要である。

（白根　央・溝端悠太）

86 銀行員が預金として預かった現金を流用・着服

銀行の店舗外で得意先係等が預金として現金を受領したが、その金員を銀行員が不正に流用・着服したとすれば、銀行は預金契約上の債務不履行責任（民法415条1項）の責任等を負うことになる。また、銀行員が取引先を騙して預金にすると称して現金を預かったり（詐欺）、預かった現金を流用・着服したりすれば（業務上横領）、銀行は使用者責任（同法715条）を免れない。

解説

●店舗外での現金の授受と預金契約の成立

銀行員が外訪活動で取引先から現金を預金として預かるケースは多々ある。この折には、内部規程により取次票とか受取書を発行するのが通常である。間違いなく取引先の預金口座に入金されればよいが、帰途において紛失、盗取や、銀行員が自己の用途に流用・着服したような場合に預金契約が成立するのか、成立しないとすれば取引先は銀行に対してどのような請求権があるのかが問題となる。預金契約の成否に関しては、次のように見解が分かれている。

①店舗外で銀行員が現金を授受した段階では預金契約は成立せず、預かった現金を銀行に持ち帰り、所定の手続により入金・記帳が終了したときに預金契約が成立するという考え方がある（通説）。判例にも同様の趣旨のものがある（大阪高判昭37・12・18下民集13巻12号2488頁）。

②銀行員が取引先で受領すれば、その受領時点で預金契約が成立するという考え方がある。判例としては「信用金庫の支店長代理が集金した場合、信用金庫の内部手続がどのようであれ、預金の受入れをする職務権限を与えられている職員が預金として現金を預かった以上、その時点で預金契約が成立する」という趣旨のものがある（東京地判昭45・5・30下民集21巻5号743頁）。

対策

●基本原則の再確認

前記②の見解にたてば、銀行員の流用・着服は銀行内部の問題（銀行に対する業務上横領等）であり、銀行は預金契約に基づき、取引先に対してその払戻義務を負うことになる。これに対し、前記①の見解にたって処理しても、銀行員には取引先から預かった現金を保管する責任が生ずる。

いずれにせよ、取引先が銀行員に現金を交付し預金の依頼をした場合で、銀行員がこれを流用・着服すれば、銀行は取引先からの払戻請求に対して使用者責任（民法715条）を負うことになる。

（加藤浩康）

87 紹介預金に伴う法的リスクと銀行の責任範囲

金融庁は監督指針によって、社会的批判を受けかねないと懸念される過剰サービスである「他金融機関への過度な預金紹介等の行為」について、自粛の徹底を要請している（中小監督指針Ⅱ－3－1－6－2等）。

解説

●紹介預金には法的リスクが内在

紹介預金とは、金融機関が自己の取引先に対して、預金金利の高い別の金融機関を紹介し、預金させることである。この紹介には、紹介預金を受入れる金融機関が要請する場合と、金融機関自身が取引先に持ち掛けて別の金融機関に預金をしてもらう場合の2つのケースがある。紹介預金自体は法律上の用語ではないが、バブル経済期に財テクの手法として用いられ、金融機関破綻の一因ともいわれるようになったため、一般にも知られるようになった。

紹介預金自体には法的な問題は生じないが、紹介先が信用組合の場合には「員外比率」に関係して法令違反の可能性がある他、金融機関の職員が他の金融機関への紹介預金を行った際に、その見返りとしてリベートをもらった場合には、社内規程に照らしての処分が考えられる。さらに、紹介によって預金を受入れた金融機関が経営破綻した場合や、正規の預金として受入れず預金者に損害が生じた場合等では、紹介を行った金融機関の説明義務が問題となり、損害賠償請求の問題も生じるおそれがある。そのような問題意識から、他金融機関への過度な預金紹介、銀行の業務範囲に含まれない商品等の紹介斡旋等の正常な取引慣行に反する不適切な取引の発生を防止するための措置を講じることが求められている（中小監督指針Ⅱ－3－1－6－2）。

実際に問題となった紹介預金の手法の一例は、コマーシャルペーパー（ＣＰ）の発行適格基準を満たす優良企業が低金利でＣＰを発行し、その発行によって調達できた資金を、調達金利より高い預金金利で運用するというものである。ＣＰ発行会社にとっては利ざやが稼げ、預金受入金融機関は預金量を増やすことができ、紹介金融機関にとってはCP発行の引受手数料を得ることができるという、一石三鳥の取引となったわけである。この紹介預金を受入れた金融機関が、その資金を主に不動産貸出に充て、結果的に不良債権を増加させることになったため批判の的となり、当時の大蔵省通達で「行き過ぎた預金獲得行為」、「他金融機関への過度な紹介預金」の自粛を促すことになり、現在は前記監督指針に規定されるに至っている。

対策

●十分に認識したい紹介預金の危険性

かつて破綻金融機関の経営問題に関して、紹介預金のあり方が問題視されたため、紹介した金融機関の道義的責任が問われることとなった。マイナス金利下の現状においては、紹介預金が過度に行われるようなことはないものと思われるが、法令等に直ちに違反しないものであっても、金融庁監督指針の趣旨を遵守することはもちろん、紹介預金取引のように正常な取引慣行に反する不適切な取引についてはその適否を慎重に検討すべきである。

（池田俊明）

88 差押え逃れ等のための預金口座開設

強制執行等から免れることを目的とした財産隠匿であることを知りながら銀行が預金を受け入れた場合、強制執行妨害目的財産損壊等罪の共犯として処罰の対象となるおそれがある。また、預金口座の開設に際しては取引時確認が義務付けられているところであって、銀行は取引時確認の的確な実施により、架空名義での口座開設を防止する必要がある。

解説

●従前取引のない銀行に他人名義で預けるのも「隠匿」

強制執行を免れる目的で、他人名義預金等を利用して財産を隠匿した者には、強制執行妨害目的財産損壊等罪（刑法96条の2）が成立する（3年以下の懲役もしくは250万円以下の罰金またはこれらの併科）。犯罪の主体は隠匿をした預金者であるが、加担した者も共犯となりうる。

「強制執行」とは、民事執行法による強制執行や担保権の実行としての競売（最決平21・7・4刑集63巻6号613頁）のみならず、民事保全法による保全執行をも含む。この強制執行は、執行吏の抽象的職務権限に属し、その具体的行為が一応適法な職務の執行行為と認められるものであればよい（高松高判昭31・1・19裁特3巻3号51頁）。そして、原則として強制執行の基本となる権利が存在することを要するものの、現実に強制執行の全部または一部が行われたことを要しない。財産には、動産・不動産の他債権を含むから、預金債権もこれに該当する（通説・判例）。隠匿とは、対象となる強制執行を実施する者に対し、その財産の発見を不能もしくは困難にさせる行為（所有関係を不明にする行為を含む）をいう。銀行から預金を引き出し、従前取引のない銀行に他人名義で預けるのも隠匿に該当する（東京高判昭33・12・22高検速報776号）。

本罪は目的犯であり、具体的な行為時に、強制執行が行われた場合に、その効果をあげさせまいとする目的が必要である。その際、「単に犯人の主観的認識もしくは意図だけでは足らず、客観的に、その目的実現の可能性の存することが必要」である(最判昭35・6・24刑集14巻8号1103頁)。

対策

●不正な名義の預金は取扱わないのが原則

以上のように、銀行側の認識の程度いかんによっては、犯罪の共犯となるおそれも否定できない。不正な名義の預金であることが明らかな場合には、銀行はその受入れを拒絶すべきである。

架空名義預金は脱法行為等に利用されるおそれが多いことから、銀行は架空名義の預金を取扱うべきではない。銀行は犯収法上、取引時確認を行う義務を負っているが(同法4条)、本人特定事項の確認を適切に実施することは、架空名義の預金を防止する上でも有用であるし、架空名義での口座開設が疑われる場合には疑わしい取引の届出(同法8条)を行う必要がある。

(白根央・溝端悠太)

89 休眠預金の取扱いと払戻し

銀行は、休眠預金があるときは、法定の公告及び預金者に対する通知を行う必要があり、当該公告日から2月を経過した休眠預金があるときは、納期限までに、休眠預金等移管金を預金保険機構に納付しなければならない。したがって、銀行は厳密に預金の最終異動日を常時管理し、休眠預金について所定の対応をとる態勢を整えなければならない。また、休眠預金の預金者であった者からの休眠預金等代替金の支払い請求への適切な対応も求められる。なお、休眠預金口座を含む長期不稼働口座に関しては、稼働を始めた際にこれを適切に検知しリスク管理を行う態勢の構築も必要である。

解説

●休眠預金等活用法に基づく管理

「民間公益活動を促進するための休眠預金等に係る資金の活用に関する法律」（以下「休眠預金等活用法」）が「休眠預金等」を規定しており、09年1月1日以降10年以上入出金等の異動がない預金等を指す（なお、銀行は行政庁の認可を受けることで「異動」に通帳の記帳・発行、残高照会、顧客条件の変更等を含めることも可能である（同法2条4項2号））。

銀行は、最終異動日等から9年を経過した預金があるときは、最終異動日等から10年6月を経過する日までに法定の事項を公告するとともに、その公告に先立ち、預金者に対して、当該預金を特定する事項に関する通知を発しなければならない（同法3条1項2項）。その上で、公告をした日から2月を経過した休眠預金があるときは、当該公告をした日から1年を経過する日（以下「納期限」）までに、当該預金等の債権額に相当する額（以下「移管額」）の金銭（以下「休眠預金等移管金」）を預金保険機構に納付しなければならないこととされている（同法4条）。

銀行がこの公告を怠った場合、銀行は、移管額に10年6月経過日の翌日から公告の日までの日数に応じて、年14.5%の割合の過怠金を納付しなければならないとされている（同法5条2項）。また、銀行が納期限までに休眠預金等移管金を預金保険機構に納付しない場合には、納期限の翌日から納付の日までの日数に応じて、年14.5%の割合の延滞金を納付しなければならないとされている（同法5条1項）。銀行は、厳密に預金の最終異動日を常時管理し、最終異動日から9年を経過した預金についてはもれなく把握した上で、通知・公告の準備や、預金保険機構への納付処理等の手続を行う必要がある。

なお、銀行が移管金を全額納付した場合、納付日において、預金者が銀行に対して有する当該預金の債権は消滅するが（同法7条1項）、預金者であった者は、預金保険機構に対して、休眠預金等代替金（当該預金の元本額に相当する金額に利子に相当する金額を加えた金銭）の支払いを請求することができる（同法7条2項）。ただし、実際には、預金保険機構から休眠預金等移管金を納付した銀行に対して、当該休眠預金等代替金の支払事務が委託されて（同法10条1項・2項）、当該銀行が預金者であった者への支払いを行うことになる。なお、この場合において、当該支払事務を行う銀行は、預金者であった者からの申出に応じて、休眠預金等代替金そのものの支払いに代えて、預金債権の消滅（同法7条1項）がなかったとしたならば、休眠預金等代替金の支払日において当該休眠預金等に関する預金契約に基づき当該預金者が銀行に有していた預金（債権）を取得させる（預金を復活させる）ことも可能である（同法7条4項、同法施行規則13条2項）。

対策

●休眠預金等活用法に基づく事務や、マネロン対策に向けた態勢整備に留意が必要

休眠預金等活用法に基づき、休眠預金等として管理が必要となる預金の種類、異動の内容、及び休眠預金となるまでの異動のない期間などについて、適切な対応が必要である。また、銀行においては、同法の内容を十分に理解し、漏れなくこれらの休眠預金等に係る事務を行えるよう態勢整備を行う必要がある。さらに、長期不稼働口座は暴力団や特殊詐欺組織に売り渡される例があるとの指摘もある。銀行は、適切な顧客管理のため、全ての顧客についてマネロン・テロ資金供与リスクの評価を行う必要があるところ、休眠預金その他の長期不稼働口座については、これらの口座残高に変動がない場合は低リスクと評価することもできるが、急に取引が開始された場合や新たに小口の資金移動が発生した場合には、その金額の多寡を問わず、システム等によって速やかに検知し、その理由を確認する必要がある。また、このような不稼働口座が急に稼働した場合には、口座の譲渡・貸与等が行われた可能性を考慮し、顧客リスク評価を実施するとともに、直ちに厳格な顧客管理を行う必要があるか否かを検討するといった態勢を構築することが必要と考えられる（2022年8月5日「マネロン・テロ資金供与ガイドラインに関するよくあるご質問」Ⅱ-2(3)(ⅱ)【Q3】）。

（篠原孝典・吉田瑞穂）

90 相続人との預金取引

判例は、相続預金は遺産分割の対象となると判示しており、そのため各共同相続人は単独で相続預金に関する権利を行使することができない。その不都合を解消すべく相続預金の仮払い制度が設けられている。銀行としては、この仮払い制度に基づく払戻しでない限り、遺産分割前の相続預金の払戻しに応じない対応をとることとなる。なお、遺言執行者からの払戻し請求に応じることに問題はない。

解説

●相続預金は遺産分割の対象となる

かつての判例は、相続預金は可分債権として相続開始の時から法律上当然に分割され、各共同相続人が法定相続分に応じて権利を取得するとしていた。そのため、各共同相続人は、法定相続分の限度で、預金の払戻しを請求できると考えられていた。

もっとも、現在の判例は、その判示を変更し、「共同相続された普通預金債権、通常貯金債権及び定期預金債権は、いずれも、相続開始と同時に当然に相続分に応じて分割されることはなく、遺産分割の対象となるものと解するのが相当である」としている（最大決平28・12・19民集70巻8号2121頁）。すなわち、遺産分割がなされるまでは、各共同相続人は自己の法定相続分の限度であっても、単独で払戻しを請求することはできないことになる。

しかし、これでは、相続人に資金需要が生じた際に相続預金を使うことができず、不便も生じる。そのため、相続法は相続預金の仮払い制度を設けている（民法909条の2）。この制度は、次の計算式で求められる額を上限に、各共同相続人に単独での払戻しを認めるものである。

【計算式】

単独で払戻しを請求できる額（※金融機関ごとに150万円まで）

＝相続開始時点の預金債権の額×3分の1×当該払戻しを受ける共同相続人の法定相続分

●遺言執行者からの払戻し・解約の申入れがあった場合

なお、預金を共同相続人の1人または複数人に承継させる旨の遺言がある場合、遺言執行者は、預金の払戻請求または当該預金の解約申入れをすることができるため（民法1014条3項）、遺言執行者からの払戻しの請求があれば当該払戻しに応じることとなる。

対策

●各種確認事項の徹底は必要

各共同相続人が単独で相続預金の払戻しを請求してきた場合、それが仮払い制度に基づく請求でない限りは、銀行はこれに応じるべきではない。

仮払いに応じるとしても、支払額は相続開始時の預金額と法定相続分を基に計算されるため、いつ相続が開始したのか、相続人の範囲はどれほどかを確認する必要がある。相続人の範囲や相続分を把握する手法としては、相続人全員が分かる戸籍謄本一式の提出を相続人に求めるほか、2017年から開始された「法定相続情報証明制度」に基づいて交付された認証文付きの法定相続情報一覧図の写しの提出を受け、相続人の範囲等を確認することが考えられる。

遺言執行者からの払戻請求があった場合には、遺言や戸籍等の必要書類の提出を受けて払戻しに応じることとなる。

（篠原孝典・吉田瑞穂）

91 盗難・偽造カードによる引出しと銀行の補償

預金者保護法は、偽造・盗難キャッシュカードによる預金の不正引出しの被害を受けた預金者に故意または重過失がなければ、銀行が一定の補償をすべきとしており、また、全銀協申合せは、預金者保護法の対象外の不正引出しの場合にも銀行が一定の補償をすべきこととしている。

解説

●偽造カードと盗難カードによる不正引出しの被害者たる預金者を保護

銀行は、個人の預金について、偽造または盗難カード・通帳によるＡＴＭでの不正な払戻しがあった場合、銀行及び預金者の過失の有無・程度等に応じて、当該払戻しを補償しなければならない。すなわち、

①偽造キャッシュカードによるＡＴＭでの引出しの場合、預金者に故意があるか、銀行が善意無過失でかつ預金者に重過失がある場合に限りその引出しは有効となる。すなわち銀行に過失がある場合や、善意無過失でも預金者に重過失がなければ、銀行は全額を補償しなければならない（預金者保護法4条1項）。

②盗難キャッシュカードによるＡＴＭでの引出しの場合では、銀行が善意無過失でかつ預金者に軽過失があれば補償を要するのは引出し額の4分の3となる（同法5条2項但書）。また銀行が善意無過失でかつ預金者に重過失があれば銀行は補償を要しない（同項本文）。さらに、銀行に過失がある場合や、善意無過失でも預金者が無過失であれば、銀行は全額を補償しなければならない。

他方、窓口及びネット・バンキングによる不正な払戻し等は、預金者保護法の対象外である。しかし、全銀協は、これら対象外の不正な払戻し等について申合せを公表しており、銀行は、当該申合せに沿って、銀行及び預金者の過失の有無・程度等に応じて、当該払戻しによる損害を補償しなければならない。具体的には以下のとおりである。

①盗難通帳による窓口での引出しの場合では、銀行が善意無過失でかつ預金者に軽過失があれば銀行が定めた一定の割合での補償を行う。また銀行が善意無過失でかつ預金者に重過失があれば銀行は補償を要しない。さらに、銀行に過失がある場合や、善意無過失でも預金者が無過失であれば、銀行は全額を補償しなければならない。

②ネットバンキングでの引出しの場合では、銀行に過失がある場合や、善意無過失でも預金者が無過失であれば、銀行は全額を補償しなければならないが、それ以外の場合は被害態様等を加味して各銀行が個別的に対応することになる。

また、全銀協の申合せにおいては、預金者の過失の有無・程度について、「重大な過失または過失となりうる場合」の具体例が公表されており参考となる。具体的な過失の判断については、「94盗難・偽造カードによる引出しにおける『過失』の判断」を参照されたい。

なお、預金者の過失の有無・程度についての立証責任は銀行にある（同法5条3項）。

対策

●預金者が偽造・盗難キャッシュカードによる被害にあわないための対策が重要

銀行は、不正な払戻しにより損害を受けた預金者に対して、預金者保護法や全銀協申合せに沿って補償を行うとともに、偽造・盗難キャッシュカードによる被害防止対策として、ICカードや生体認証等の認証技術の開発・導入、ATMコーナーでの覗き見防止策の導入、異常な取引状況の早期把握のための情報システムの整備、預金者へのカード管理に関する適切な助言等を実施することが重要である。こうした被害による補償の求めに対し、速やかに事実関係の調査や補償を行う態勢を整えることも重要である。

（篠原孝典・吉田瑞穂）

92 盗難通帳保有者に対する支払

提出通帳が盗難通帳であると疑われる事情がある場合には、その払戻請求に対しては、届出印鑑との照合を遵守しただけでは払戻業務における注意義務を尽くしたことにはならない。「受領権者としての外観を有する者」であることを疑わせるに足る特段の事由が存しないかに注意する必要がある。必要に応じて「疑わしい取引」の届出も求められる。

解説

●盗難通帳による払戻請求

盗難通帳による窓口での払戻しについては、預金者保護法の適用はないが、全銀協の申合せにより、銀行に過失がない場合であっても、預金者が無過失である場合には銀行は補償を行うものとされている。当該申合せにおいては、過失の有無・程度について、「重大な過失または過失となりうる場合」の具体例が公表されており、例えば、「預金者が他人に通帳を渡した場合」などは預金者の重大な過失となりうるとされ、また、「通帳を他人の目につきやすい場所に放置するなど、第三者に容易に奪われる状態に置いた場合」「届出印の印影が押印された払戻請求書、諸届を通帳とともに保管していた場合」「印章を通帳とともに保管していた場合」などは預金者の過失となりうるとされている。

銀行が預金者に過失があるものとして全部ないし一部の補償を行わないケースにおいては、盗難通帳による払戻しを行った場合に民法上銀行が免責されるか否かが、特に問題となる。民法は、「受領権者としての外観を有する者に対してした弁済は、その弁済をした者が善意であり、かつ、過失がなかったときに限り、その効力を有する」と定めており、弁済の相手方が弁済の受領権限者でなかった場合において一定の要件の下でその者に対する弁済が有効となる旨を規定している。

判例は、例えば預金約款の免責条項に基づく印鑑照合を遵守しただけでは払戻業務において銀行に要求される注意義務を尽くしたことにはならないとしており、さらに受領権者としての外観を有する者であることを疑わせるに足る特段の事由が存しないことが、銀行が免責される要件とされている（旧法下での判例として最判昭50・6・24金商464号2頁等）。

この特段の事情（疑わしい事情）には、①払戻請求者の身なり（サングラス、マスク、帽子等）や挙動不審（落ちつきがない、監視カメラを避ける等）、②性別・国籍の不一致、③氏名、住所、電話番号、筆跡等の不一致・書き損じや記入の拒絶、④（解約に近い）高額の払戻し、⑤他店による払戻し、⑥開閉店間際の払戻し、⑦本人確認手続を厳格に行うなどの銀行の内部規程違反、などがあり、これら払戻し当時の具体的状況を総合的に考慮して、過失の有無が判断されることとなる。

対策

●厳正な内部規程の設定と遵守を

銀行は、全銀協申合せに従い、盗難通帳による窓口の払戻しについて銀行に過失がある場合及び預金者に過失がない場合等に補償を実施するとともに、窓口へ提出された通帳が盗難通帳であると疑われる事情がある場合には、その払戻業務における注意義務を尽くす必要がある。預金者保護のための整備を徹底することはもちろん、他人になりすましている疑いのある取引や契約時の確認事項に偽りがあると疑われる場合（高リスク取引）に求められる厳格な取引時確認（犯収法4条2項）を確実に履践すべきである。なお、取引時確認の結果、当該顧客が収受した財産が詐欺・恐喝、出資法違反、貸金業法違反等の犯罪による収益である疑いがあると認められる場合等には、疑わしい取引として、速やかに届出を行う必要がある。

（篠原孝典・吉田瑞穂）

93 ネット・バンキングによる預金等不正払戻し

ネット・バンキングによる預金等の不正払戻しがあった場合には、銀行は、預金者保護法における偽造・盗難キャッシュカード被害補償の対応に準じて、顧客に補償することになる。加えて、銀行には、そもそも不正払戻しを防止するための取組みを推進することが求められ、次々と登場する新たな手口への対策も適時に行うことが必要である。

解説

●ネット・バンキングに伴う被害の補償と未然防止

ネット・バンキングは、預金等の不正払戻しなどの金融犯罪に利用されるリスクが相対的に高い。預金者がそうした金融犯罪の被害にあった場合、銀行は、全銀協申合せ「預金等の不正払戻しへの対応について」や「法人向けインターネット・バンキングにおける預金等の不正な払戻しに関する補償の考え方」(法人顧客の場合)に則し、事後的な補償等の対応をすることになる。

また、近時、預金等の不正な払戻しの犯罪手口がますます高度化・巧妙化し、その変化も非常に早いことを踏まえ、不正払戻しの未然防止を図る観点から、全銀協申合せ「インターネット・バンキングに係る預金等の不正な払戻しへの対応について」では、ネット・バンキングの安全性確保のためのセキュリティ強化が銀行の責務とされており、中小監督指針等においても、当該全銀協申合せに記載されたセキュリティ対策事例(認証方式や不正防止策)が紹介されている。加えて、中小監督指針においては、AML/CFTの観点から、インターネット・バンキングが非対面取引であることを踏まえた取引時確認等の顧客管理態勢の整備が図られているかという着眼点も示されている。

対策

●ネット・バンキングによる不正払戻しへの対応

預金者保護法では、預金者に過失ありの場合は銀行が75%を補償し、預金者に重過失ありの場合は銀行は補償しない（なお、前記「預金等の不正払戻しへの対応について」では、①他人に通帳を渡した場合、②他人に記入・押印済みの払戻請求書、諸届を渡した場合は「重過失」に該当するとされているが、病気の顧客が介護ヘルパーなどに対しこれを渡した場合など、やむを得ない事由がある場合にはこの限りでないとされている）旨規定されているのに対して、前記「預金等の不正払戻しへの対応について」では、預金者に過失または重過失がある場合について、被害にあった顧客の態様やその状況等を加味して補償の有無・割合を判断することとされている。そのため、ネット・バンキングによる不正払戻しの場合、銀行は、事案ごとに個別に対応する必要がある。その他、偽造・盗難キャッシュカード被害においては捜査当局への盗取の届出が補償要件となっているのに対して、捜査当局への被害事実等の事情説明（真摯な協力）となっている点が異なる。また、不正払戻しの未然防止策として、銀行には、①セキュリティ対策の強化、②顧客への注意喚起、③（金融ＩＳＡＣなどを通じた）業界内でのタイムリーな情報共有、などの対応が求められる。特に③においては、次々と登場する新たな手口に関する情報収集にも努め、気がつけば自行のみが対策に遅れを来していたということにならぬよう、適時に対策を講じる必要がある。

（小田大輔・城戸賢仁）

94 盗難・偽造カードによる引出しにおける「過失」の判断

預金者保護法において、偽造・盗難キャッシュカードによる預金の不正引出しの被害を受けた預金者に故意または重過失がなければ、銀行が一定の補償をすべきこととされている。

解説

●預金者の「過失」の内容

銀行は、預金者保護法により、偽造または盗難カード・通帳によるＡＴＭでの不正な払戻しがあった場合、当該預金者が個人である場合には、銀行及び預金者の過失の有無・程度等に応じて、当該払戻しを補償しなければならないとされている。そのため、かかる過失に関する判断が重要となる。

全銀協の申合せにおいては、預金者の過失の有無・程度について、「重大な過失または過失となりうる場合」の具体例が公表されている。例えば、「本人が他人に暗証を知らせた場合」「本人が暗証をキャッシュカード上に書き記していた場合」「本人が他人にキャッシュカードを渡した場合」などは預金者の重大な過失となりうるとされ、また、「金融機関から生年月日等の類推されやすい暗証番号から別の番号に変更するよう個別的、具体的、複数回にわたる働きかけが行われたにもかかわらず、生年月日、自宅の住所・地番・電話番号、勤務先の電話番号、自動車などのナンバーを暗証にしていた場合であり、かつ、キャッシュカードをそれらの暗証を推測させる書類等とともに携行・保管していた場合」「暗証を容易に第三者が認知できるような形でメモなどに書き記し、かつ、キャッシュカードとともに携行・保管していた場合」などは預金者の過失となりうるとされている。

また、下級審の裁判例ではあるが、「重大な過失」について、「預貯金者において、真正カード等の管理、暗証番号の管理等に関し、通常に要求される程度の相当な注意をしないでも、わずかな注意さえすれば、自らの預貯金等契約に係る預金口座から機械式預貯金払戻しが行われる結果をたやすく予見することができた場合であるのに、漫然これを見過ごしたような、故意と同視し得る著しい注意欠如の状態をいう」との解釈を示したものがある（東京地裁令和3年2月19日判決（金融・商事判例1618号37頁））。この裁判例の事案では、80歳代の預金者が、①警察官を騙る者からの電話において、偽造された預金者のキャッシュカードで預金が引き出されたとして、当該事象につき調べるために金融機関名・口座番号・暗証番号を知らせるよう告げられ、銀行に当該事象の有無を確認するなどの措置を採ることなく、暗証番号等を電話で伝えるとともに、②同日、警察官を騙る者が自宅の玄関先に来訪し、預金者に封筒を交付した上で当該封筒にキャッシュカードを入れ捺印して保管するよう求めたのに対し、預金者がキャッシュカードを入れた封筒を玄関先に置いたまま自宅の居室に印鑑を取りに行ったところ、その間に封筒をすり替えられキャッシュカードを盗取されたという事案につき、キャッシュカードまたは暗証番号のいずれか1つでも第三者に入手された場合には不正な払戻しがされる蓋然性があることは広く一般に知られていたとの事情、金融機関もキャッシュカードを安易に他人に渡すべきでないことや暗証番号を他人に知らせるべきではないこと等の旨注意喚起を行っていたとの事情、金融機関がウェブサイトや店舗内のポスター掲示やポケットティッシュの配布等の様々な手段を用いて、警察官を騙るなどの詐欺的手段を用いた犯行に関する注意喚起を行っていたとの事情等に照らして、預金者の重過失が認定されている。

対策

●顧客に暗証番号漏えい防止を喚起

預金者保護法により、偽造・盗難カード等を用いたATMでの払戻しについて、銀行が補てんの義務を負うことが明確にされたことを踏まえ、銀行は、被害の未然防止のため顧客へ暗証番号漏えい等についての注意喚起を継続するとともに、ATM・カード取引の安全度向上への取組みを進め、取引状況等の記録・保存にも意を用いることが肝要である。

（篠原孝典・吉田瑞穂）

95 預金残高証明書の偽造・虚偽記入

権限のない者が行使の目的で預金残高証明書を作成すれば、私文書偽造罪が成立し、これを行使すれば偽造私文書行使罪となる。権限ある者が虚偽記入をした場合には、偽造には該当せず不可罰であるが、不法行為による損害賠償責任（民法709条・715条）を問われ得る。

解説

●偽造は有罪・単なる虚偽記入は不可罰だが民事責任を負う可能性あり

「偽造」とは、権限なく他人名義の文書を作成することをいう。預金残高証明書は銀行名義の文書であるから、銀行外部の第三者または銀行内部の無権限者が作成すれば、「事実証明に関する文書」を「偽造」したものとして有印私文書偽造罪（刑法159条1項）が成立し、偽造された預金残高証明書を、偽造であることを知りつつ、真正なものとして他者に示せば、偽造私文書行使罪（同法161条1項）が成立する（いずれも3カ月以上5年以下の懲役（2025年6月に拘禁刑への改正が予定されている））。他方で、正当な作成権限を有する者が、故意にまたは誤って真実と異なる記入をした場合（虚偽記入）、「偽造」には該当しないため刑法上は不可罰である。なお、これらの罪はいずれもテロ等準備罪の対象となる「重大犯罪」に該当するため、組織的犯罪集団がこれを具体的・現実的に「計画し」、その「準備行為」をした場合には、実際に偽造や行使をせずとも処罰の対象となる。

ところで、このような偽造もしくは虚偽記入にかかる預金残高証明書が行使される相手方としては、当該銀行の他、その預金者と取引行為等を行おうとする第三者が想定される。

預金者が銀行に対して偽造・虚偽記入のある預金残高証明書を呈示して預金の払戻しを請求した場合、偽造の有無や内容の真実性にかかわらず、銀行は、預金残高証明書に記載されたとおりの支払義務を負うものではない。預金残高証明書は、ある時点における預金残高を証明するために発行するものにすぎず、もとより有価証券ではないし、株式払込金の保管証明書に関する会社法64条（銀行等が、保管証明にかかる払込が現実になかったこと、または既に払戻したことなどを会社に対抗できない旨の定め）のような特別の規定もないからである。

これに対して、預金者が偽造・虚偽記入のある預金残高証明書を第三者に呈示し、残高を実際よりも高く（または低く）申告した場合には、銀行の当該第三者に対する不法行為責任が問題となり得る。実際の裁判例でも、手形貸付取引だけの残高であることの明示がない残高証明書を発行した銀行が、全取引高がそれだけであると信じて融資した金融業者に対して損害賠償義務を負うとされた事例が存在する（大阪高判平12・6・8判タ1040号271頁）。

対策

●正確かつ明確に記載し、虚偽等が判明した場合、謝罪するとともに訂正を行う

預金残高証明書の発行にあたっては、内容の真実性・正確性はもちろん、体裁についても誤解を生じない明確なものを心掛ける。万が一、銀行内部者が偽造や虚偽記入（過失による誤記入を含む）を行った場合には、速やかに謝罪・訂正する。

（篠原孝典・渡辺真菜）

96 預金データの改ざん

入出金データの入力権限のない行員はもちろん、同権限のある行員であってもその権限を濫用して、銀行の事務処理を誤らせる目的で、虚偽の入金データを端末機から入力し、預金元帳ファイルを改ざんして自己または他人に利益を得させれば、電磁的記録不正作出罪（刑法161条の2第1項）、同共用罪（同条3項）及び電子計算機使用詐欺罪（刑法246条の2）が成立する。

解説

●電磁的記録も文書同様保護

刑法161条の2は、各種情報処理システムにおいて用いられる電磁的記録について、文書同様の保護を与えるための規定であり、規定の実態はほぼ文書偽造罪に対応している。本項冒頭記載の事案でいえば、改ざんした預金元帳ファイルのデータを銀行が用いることにより、銀行の「事務処理を誤らせる」という目的をもって、預金元帳ファイルを権限なく、または権限を濫用して（すなわち、設置運営主体たる銀行の意思に反して）作成したことになるから、電磁的記録不正作出罪が成立する。さらに、ファイルを改ざんすることにより、当該ファイルを銀行が用いる状態にしたことになるから、同共用罪も同時に成立することになる。また、これにより自己または他人に「財産上不法の利益」を得させた場合には、電子計算機使用詐欺罪（刑法246条の2）も成立する。なお、この場合、1つの行為が上記3つの罪に該当することになるから、罪数は観念的競合（複数の犯罪が成立するが行為は1つである状態）となり、そのうち最も重い犯罪に対応する刑（上記3つでいえば、詐欺罪の刑）が適用される（刑法54条1項）。なお、これらの罪はいずれもテロ等準備罪の対象となる「重大犯罪」に該当するため、組織的犯罪集団がこれを具体的・現実的に「計画し」、その「準備行為」をした場合には、実際に改ざん等を実行せずとも処罰の対象となる。

対策

●事態の防止や早期発見のための仕組み作りが重要

預金元帳ファイルの改ざんは刑法上処罰の対象となる犯罪ということを認識し、銀行としては、このような事態が起こらないような仕組みを構築する必要がある。行員への教育の徹底は勿論であるが、それ以上に、権限を持たない者は容易にシステムにアクセスできないような環境を作るとともに、業務の分離（手続の分散）やダブルチェックの励行により、権限のある者が改ざんを思い立っても実行できないような仕組みを構築することが重要であろう。

また、早期発見に向けた内部チェック態勢の構築も不可欠である。東京地裁八王子支部判平2・4・23判時1351号158頁は、行員が、振替入金の事実がないにも関わらず当該処理を行った事案であるが、3年間に亘り都合73回の犯行が行われ、被害総額は9億7千万円に達した。こうした事態に陥らないよう、早期に発見して被害の拡大を防止する仕組みを構築すべきである。銀行の内部監査等によるチェック機構の充実を図ることも重要である。

（河上佳世子・篠原孝典）

97 管理者による不正データの作出

管理者による行為であっても、端末機から虚偽の入金データを入力したり、不正に他人の口座からの振替操作を行って銀行の元帳ファイルに不実の記録をし、預金残高を増額させて、自己または他人に利益を得させた場合には、電子計算機使用詐欺罪（刑法246条の2）が成立する。

解説

●不法な利得行為には電子計算機使用詐欺罪が成立

電子計算機使用詐欺罪は、債権・債務の管理、決済、資金の移動等の事務が行われるコンピュータ・システムを悪用する犯罪に対処するために設けられた。「人の事務処理に使用する電子計算機に虚偽の情報もしくは不正な指令を与え」「財産権の得喪もしくは変更に係る不実の電磁的記録を作り」、またはこれを供用することによって、自己または他人に「財産上不法の利益」を得させる行為が処罰される。なお、本罪はテロ等準備罪の対象となる「重大犯罪」に該当するため、組織的犯罪集団がこれを具体的・現実的に「計画し」、その「準備行為」をした場合、実際に実行行為をせずとも処罰の対象となる。

虚偽の入金データ等の入力処理が、金融機関の保有する資金やオンラインシステムの運用に従事する職員を管理、監督する立場にある役職員によって行われた場合（事情を知らない部下の従業員等に命じて入力処理させた場合を含む）には、電子計算機使用詐欺罪は成立するのか。

このような管理者には入金・送金の権限があるものの、当該入金データ等の原因となる経済的実態が伴わない場合は、管理者といえども勝手にその処理を行う権限はないことは明らかであって、そのようなデータの入力は、管理者としての業務行為というより、その地位を悪用した個人的行為と認められる。つまり、前記行為は、当該コンピュータ・システムにおいて予定されている事務処理の目的に照らして真実に反する情報、すなわち「虚偽の情報」を与えるものと考えるべきであり、電子計算機使用詐欺罪が成立する（東京高

判平5・6・29判時1491号141頁）。

なお、例えば、金融機関の名義で不良貸付のため、コンピュータを操作してその貸付先の口座に入金する行為に出た場合は、当該貸付行為は民事法上有効とされる結果、「虚偽の情報」を与えたことにはならず、同罪は成立しない。ただし、別途、背任罪（刑法247条）の成否が問題となる。

対策

●実効性のある管理態勢が重要

権限者であっても、ダブルチェックの励行等により、当該権限者以外の者が実態を確認するような仕組みを構築することが求められる。

前記裁判例は、支店長が不正送金を行ったというものであるが、支店長が送金をしようとしたのに対して、支店長代理が現金の受入れがないのに送金を行うことに気付き、支店長に意向を確認したものの、結局送金は実施されてしまったという事情があった。管理者が送金を行う場合であっても、厳格にルールを運用することが重要である。

（河上佳世子・篠原孝典）

98 被相続人の預金取引経過等の開示請求

預金者の共同相続人の1人は、他の共同相続人の同意がなくとも、共同相続人全員に帰属する預金契約上の地位に基づき、被相続人名義の預金口座についてその取引経過の開示を求めることができる。

解説

●他の共同相続人の同意がない場合でも、取引経過を開示する必要がある

預金者が死亡すると、金融機関は、その相続人から、被相続人の取引経過や出金伝票の開示を請求されることがある。前掲最一小判平21・1・22は、おおよそ次のように述べて、他の共同相続人の同意がなくとも、金融機関は開示義務を負うとの判断を示している。

すなわち、預金契約に基づき金融機関の処理すべき事務には、消費寄託の性質に基づく預金の保管・返還事務だけでなく、各種料金の自動支払、利息の入金、定期預金の自動継続処理等、委任事務ないし準委任事務の性質を有するものが多く含まれている。委任契約や準委任契約においては、委任者が委任事務等の処理状況を正確に把握し、受任者の事務処理の適切さにつき判断するために、受任者から委任事務等の処理状況の報告を受けることが必要不可欠であることから、受任者は委任者の求めに応じて委任事務等の処理の状況を報告すべき義務（報告義務）を負うところ（民法645条、656条）、預金者にとって、預金の増減等を正確に把握し、金融機関の事務処理の適切さを判断するためには、取引経過の開示を受けることが必要不可欠である。したがって、金融機関は、預金者に対し、預金契約に基づき、その求めに応じて取引経過を開示する義務を負う。そして、預金者が死亡して相続が発生すると、その共同相続人の1人は、共同相続人全員に帰属する預金契約上の預金者の地位を承継し、当該地位に基づき、他の相続人の同意がなくとも、被相続人名義の預金口座の取引経過の開示を求める権利を単独で行使できる（保存行為に当たるため。同法264条、252条但書）。また、取引経過の開示の相手方が共同相続人にとどまる限り、被相続人のプライバシー侵害の問題は発生せず、金融機関の守秘義務の問題も生じない。以上が、前記判例の示した判断である。ただし、開示請求の態様・対象・範囲等によっては、開示請求が権利濫用にあたり許されない場合があるとも判示されている。

この事例においては、取引経過の開示のみが請求されており、入出金伝票や振込依頼書の開示義務については特段問題となっていない。本判決が、取引経過は、預金者が金融機関の事務処理状況を確認し、その適切さを判断するために必要不可欠である、という理由付けを示していることからすれば、入出金伝票や振込依頼書の開示を受けることは、入出金・送金等の事務が依頼人の指示どおりに処理されていることを確認する手段として重要であるから、金融機関はこれらについても開示義務を負うと考えるのが適切であろう。特に、遺産分割前の預貯金払戻し（いわゆる仮払い）制度による払戻し分を当該相続人が遺産の一部分割により取得したものとして扱うこと（民法909条の2）や、相続開始後における預貯金払戻し分（いわゆる勝手払い等）を相続人の合意によって遺産分割の対象（みなし遺産）とし得ること（同法906条の2）との関係では、相続人にとって、取引経過だけでなく「誰が当該特定の入出金・送金を実施したか」を知ることが重要となってくる。このような場合には、払戻人が分かる伝票等の書類を開示する必要性が一層顕著であろう。なお、このような書類についても、相続人に開示する限りでは、守秘義務違反となるおそれは小さい。

対策

●預金規定に定めがなくとも適切に開示を

前記判例の事例では、預金規定等の約款中に、預金者が取引経過の開示を請求できる旨の定めは置かれていなかったにもかかわらず、前述のとおり開示義務が肯定されている。金融機関は、相続人との関係においては、預金規定の定めの有無を問わず、必要に応じて入出金伝票等も含めて、適切に被相続人の情報を開示する必要がある。

（篠原孝典・渡辺真菜）

第五章　為替取引

99 為替取引におけるマネロン・テロ資金供与対策の徹底

金融機関が為替取引を遂行するにあたっては、顧客からの大量の依頼を迅速に処理していく中で、マネロン・テロ資金供与対策を適切に講じていくためにも、リスクベース・アプローチでの対応やシステム等による疑わしい取引等の検知が不可欠となる。

解説

●リスクベース・アプローチによる態勢整備の重要性

為替取引は、現金の移動を伴わない安全かつ迅速な決済を可能とする特性を有し、かつ、架空・他人名義口座を利用すれば匿名性の確保も可能であることから、マネー・ローンダリング等に利用されるおそれがある。このため、銀行が為替取引を遂行するにあたっては、犯収法や外為法等の関係法令に基づき、顧客から依頼を受けた取引について、マネー・ローンダリングや制裁対象取引の疑いがないか適切に確認をしていくことが求められる。顧客からの大量の為替取引の依頼を迅速に処理していく中で、このような確認を適切に実施するには、顧客ごとにリスク評価を実施した上で、そのリスクに見合った低減措置を講ずること（いわゆるリスクベース・アプローチ）やシステム等による疑わしい取引等の検知が不可欠である。

対策

●為替取引におけるリスクベース・アプローチによる管理態勢の構築

「マネー・ローンダリング及びテロ資金供与対策に関するガイドライン」（以下「マネロンガイドライン」）によれば、マネロン・テロ資金供与対策に係る態勢整備に当たっては、自己の提供するサービスに係るマネロン・テロ資金供与に係るリスクを特定・評価した上で、リスクを低減するための措置を講じることが求められる。銀行が為替取引を遂行するにあたっては、あらかじめ、預金口座の開設時に行った取引時確認（犯収法4条）等によって得た顧客の情報や当該顧客が行う取引の内容等を調査し、顧客ごとにリスク評価を行っておく必要がある（いわゆるカスタマー・デューディリジェンス）。その上で、為替取引の遂行に際しては、顧客のリスク評価に応じて、異常取引や制裁対象取引を適切に検知できるよう、取引のモニタリングやフィルタリングを実施していくことが求められる（マネロンガイドラインⅡ-2(1)〜(3)）。

また、外国為替の場合には、銀行は、犯収法上、コルレス契約の締結に際してコルレス先のマネロン・テロ資金供与対策の状況を確認した上でコルレス契約の締結が必要になるほか（同法9条）、外国為替の取扱いコルレス先へ顧客の本人特定事項等を通知する義務を負う（同法10条）。外為法上も、顧客から受取人の情報や送金の目的を確認した上で、制裁リストとの照合を行うなどして、制裁対象取引等ではないことを確認しなければならず（同法17条）、これらの義務を的確に履行するための態勢の整備が求められる。また、外国為替の業務は、取引相手に対して自らの監視が及びにくいなど、国内に影響範囲がとどまる業務とは異なるリスクに直面していることから、内国為替とのリスクの相違や、外国当局の動向や国際的な議論にも配慮したリスク評価・低減を行う必要があると指摘されている。例えば、コルレス契約締結後も、コルレス先におけるマネロン・テロ資金供与リスク管理態勢を確認するための態勢を整備して定期的に監視することや、コルレス先や委託先金融機関に対するリスク評価の実施などが求められる（マネロンガイドラインⅡ-2(4)）。

（白根　央・荻野　績）

100 振り込め詐欺救済法と被害防止の留意点

「振り込め詐欺」等の特殊詐欺による被害に対しては、被害者の財産的被害の迅速な回復を図るため、振り込め詐欺救済法の手続を遵守することに加え、被害発生や拡大防止のために銀行として振込受付時の積極的な声かけ等の被害防止のための措置の徹底が求められる。

解説

●振り込め詐欺等の被害の増大と防止策

銀行の決済システムを悪用した、「振り込め詐欺」等（手口の多様化などを踏まえ近年では「特殊詐欺」と呼ばれる）による被害が依然、後を絶たない。この被害を未然に防止するには、まずもって決済システムが悪用されることを防止すること、すなわち銀行の取引時確認や継続的な顧客管理の徹底に加え、被害者が振込む前に再考する機会を確保することなどが不可欠である。

不幸にして特殊詐欺被害が発生したときには、犯人逮捕はもちろん、被害の回復が重要な課題となるため、預金等に係る債権の消滅手続と被害回復分配金の支払手続等を定める「犯罪利用預金口座等に係る資金による被害回復分配金の支払等に関する法律」（平成19年法133号。いわゆる「振り込め詐欺救済法」）が制定されている。同法では、銀行が、詐欺等の犯罪行為の振込先となった預金口座やその資金の移転先の口座である疑いがあると認める預金口座等について、取引の停止等の口座凍結の手続を適切に行うことや（同法3条1項）、その資金を移転する目的で他の銀行の預金口座が利用された疑いがある場合は、当該銀行に対して情報提供を行うことなどが求められる（同条2項）。こうした銀行による口座の凍結が、被害の回復や拡大防止への第一歩となるので、迅速に手続をとることを心がけなければならない。その上で、凍結された預金口座残高の被害者への分配のために、口座名義人等の財産権をはく奪する失権手続と被害回復分配金の支払手続を進め、被害回復に努めるべきである。

対策

●被害防止のための措置の徹底が必要

振り込め詐欺救済法による被害回復手続は、凍結された預金口座残高を被害額に応じて分配金として按分するにとどまり（振り込め詐欺救済法16条2項）、口座凍結時には被害金の大部分が出金済みとなっている場合も多いため、被害者救済としては不十分で、被害発生を未然に防止することが重要である。そのため、銀行には、振込みや多額の現金の引出しを受付ける際の積極的な声かけ、振込目的や現金用途の聴取、ＡＴＭコーナーでの携帯電話（犯人側の指示に利用される）の使用禁止、行員の立会い等の措置の徹底が求められよう。

また、こうした対策の周知や、特殊詐欺に用いられる口座の特徴を把握し、取引モニタリングを実施の上、疑わしい取引の届出（犯収法8条）などの措置を講じていくことも重要である。

（白根　央・荻野　績）

101 ＡＴＭを利用した特殊詐欺への対応上の注意点

ＡＴＭを利用して預金口座から自己の管理する預金口座に振り込ませるなどの特殊詐欺被害が後を絶たない。金融業界では、ＡＴＭコーナーにおける携帯電話での通話自粛などの特殊詐欺防止のための申合せを行っており、銀行ではこれらの申合せに対応することが求められる。

解説

●新たな手口が登場していることに留意

特殊詐欺とは、被害者に対面することなく、現金を自己の管理する預金口座に振り込ませるなどして騙し取るといった、匿名性が高い犯罪である。従前は「振り込め詐欺」などと呼ばれていたが、手口の多様化なども踏まえ近年では特殊詐欺と呼ばれており、２０２０年以降は、①オレオレ詐欺、②預貯金詐欺、③架空料金請求詐欺、④還付金詐欺、⑤融資保証金詐欺、⑥金融商品詐欺、⑦ギャンブル詐欺、⑧交際あっせん詐欺、⑨その他の特殊詐欺、⑩キャッシュカード詐欺盗、の10類型に分類されるようになった。

特殊詐欺に関連する法律としては、①犯収法、②振り込め詐欺救済法がある。①は、振り込め詐欺事件などに他人名義の預金口座等が悪用されていることから、その不正な利用を防止するための規定が定められており、口座を譲り渡す行為、口座を譲り受ける行為、またはこれを勧誘するなどの行為を犯罪として規定し、1年以下の懲役（２０２５年6月に拘禁刑への改正が予定されている）もしくは100万円以下の罰金またはこれらの併科に処すとしている（犯収法28条1項、2項、4項）。また、業として口座を譲り渡したり譲り受けたりした場合には、3年以下の懲役（２０２５年6月に拘禁刑への改正が予定されている）もしくは500万円以下の罰金またはこれらの併科に処するとしている（同条3項）。②は、振り込め詐欺等の被害者の迅速な被害回復を図るためのもので、口座の凍結手続や凍結口座の預金残高の被害者への分配のための手続などが定められている。

対策

●申合せの内容を踏まえた対応をすべき

全国銀行協会では、被害の未然防止に向けて、ATMコーナーにおける携帯電話での通話について、以下の3点について申合せを行っている。それは、①ATMコーナー(ATM機器より概ね2メートル以内の範囲)における携帯電話の通話は、原則としてご遠慮いただく、②本件について広く顧客の理解が得られるよう、ポスターの掲示など、積極的に周知活動を行う、③携帯電話で通話しながらATMを操作している顧客に対しては、犯罪被害防止の観点から、従来にも増して積極的に声をかけるように努める、の3点である。また、一定年数以上ATMでの振込みのない高齢者口座にかかる振込限度額を少額とし、窓口に誘導して声掛け等を行うようにするなどの対策も考えられるところであり、引き続き積極的な取組みが望まれる。

(白根　央・荻野　績)

102 送金、振込資金の流用

委任事務を処理するについて費用を要するときは、委任者は、受任者の請求により、その前払いをしなければならない（民法649条）。受任者は善管注意義務をもって委任事務を処理する義務を負う（同法644条）。

解説

●受任者の義務に反し損害賠償も

送金、振込の依頼人と仕向銀行の間の送金、振込契約の法律的性質は委任契約であるとするのが通説・判例であり、仕向銀行はこの委任契約の受任者として委任の本旨に従い、善良なる管理者の注意をもって、送金、振込事務を処理する義務を負う。

委任契約は諾成契約たる法的性質を有しており、申込と承諾により成立する契約である。そこで、送金契約や振込契約は依頼人の申込を銀行が承諾すれば成立し、この契約成立の効果として、仕向銀行は依頼人に送金資金や振込資金の請求をすることになる。このことから送金資金や振込資金は、受任者たる仕向銀行が委任事務を処理するために必要な費用としての法律的性質を有し、この費用の前払いとして依頼人が仕向銀行に支払うものであるということができる。なお、一般的な振込規定では、振込契約について取引実態及び実務感覚を考慮して、振込資金等を受領したときに成立するものとしているが、これにより委任契約という法律性質を変更したわけではない。

前記の送金契約、振込契約及び送金資金、振込資金の法律的性質から、仕向銀行は送金資金や振込資金を、例えば貸金と相殺するなど他の目的のために流用することはできないということになる。仮に仕向銀行が送金や振込の資金を他に流用した場合には、委任契約の受任者としての義務に反したことになる。一方、被仕向銀行は、仕向銀行に対しては委任契約における受任者として振込通知等に記載された受取人名義の預金口座に振込金を入金すべき義務を負っており、受取人に対しては預金契約において振込があったときは、振込金を受取人の預金口座に入金する義務を負っている。

対策

●振込指定の活用

被仕向銀行の送金受取人に対する債権担保の手段等として振込指定といわれる取引がある。この振込指定では通常、被仕向銀行(甲)・受取人(乙)と依頼人(丙=乙の債務者)の間で「振込指定依頼書」が作成される。ところが、前記の要件が不備の依頼書による振込指定の場合、あるいは要件を備えているものの、これに反して銀行が送金や振込資金を他に流用し、訴訟になることがあり、振込指定の契約をする際には次の判例に留意する必要がある。

東京高判昭50・10・8金法773号32頁
福岡高判昭59・6・11金法1074号34頁

なお、標題の送金、振込資金の流用は厳にこれを慎むべきである。

(松本貞夫)

103 当座勘定の他店券過振り・小切手過振り

他店券過振りを認める場合の手続などについては各銀行にそれぞれの定めがあり、その定めに違反して、取引先の利益を図って権限なく他店券過振りを認めれば、背任罪（5年以下の懲役（2025年6月に拘禁刑への改正が予定されている）または50万円以下の罰金）の成立もあり得る（刑法247条）。

解説

●他店券過振りの危険性

他店券過振りとは通常、当座預金残高（貸越契約がある場合はその極度額）を超えて、未決済の入金手形・小切手を引当にしてその当座取引先が振出した手形・小切手を支払うこととされる。また「当座過振り」「小切手過振り」とも呼ばれている。

一般的な当座勘定規定では、銀行は当座勘定の支払資金の範囲内で手形・小切手支払委託を受けており、他店券が入金された場合には、その他店券について銀行は取立委任を受けて、取立を完了し、不渡返還時限の経過後その決済を確認した上で、支払資金とすることとされている（当座勘定規定ひな型9条、2条）。したがって、銀行は他店券過振りをしてまで手形・小切手を支払う義務を負わず、その支払は銀行の判断に任されている（同ひな型11条）。

ところで、他店券過振りは銀行の裁量に任されてはいるものの、次のようなリスクを伴うものである。すなわち、過振りの対象となった他店券が不渡となれば、銀行は当座取引先に対して委任事務処理費用の償還請求をすることになるが、その取引先が不良先で支払能力に欠ければ、その債権の回収はおぼつかなくなる。そこで、各銀行では他店券過振りについては、支店長の決裁事項にするなど厳重な手続を定めている。そして、当座勘定の担当者が銀行所定の手続を無視して不法に、自己もしくは取引先などの利益を図り、または銀行に損害を加える目的をもって他店券過振りを認めれば、その任務に背いたものとして、刑法上の背任罪に問われることもある。

対策

●決済の確実性を確認の上で行う

他店券過振りについては、信用ある取引先か定期預金等の見返り担保とし得るものを有する取引先に限り、その他店券の決済の確実性等を確認した上で、しかも自行所定の手続に従って行わなくてはならないことは当然のことである。

なお、全銀協では、一連の不祥事に鑑み、各銀行における事務管理体制の整備として、次のような事務手続面における相互チェック機能の強化を申し合わせているが（平成3年9月17日平3企画第305号）、現在でも他店券過振りもこれと同等に取扱うべきであろう。

①支店における職務権限の明確化と過度の権限委譲を行わない。役席者権限の限定。
②異例取引等についての担当者、役席者間等でのダブルチェックの徹底。
③支店内部事務部門と渉外部門間の相互チェック体制の強化。

（野村重信）

104 支払人からの手形ジャンプの要請

支払人からの手形ジャンプの要請を種々検討の結果、これに応じるには、手形外で支払人と手形ジャンプの「契約」を締結するとともに、分割弁済の手段あるいは担保としての「手形」を徴求する。なお、契約書には、割引依頼人や連帯保証人などの関係人の同意を取っておくことも欠かせない。

解説

●手形ジャンプに応じざるを得ない場合

割引手形等の支払人から、手形ジャンプ、つまり、支払猶予ないし分割払いの申出があっても、割引依頼人に買戻能力があれば、割引依頼人に買戻しさせた上、あとは割引依頼人と振出人との間で解決すればよい問題である。しかし、次のケースでは、金融機関は、手形ジャンプを検討せざるを得ない。それは、①割引依頼人が倒産し、または買戻能力がなく、その手形が決済されないと金融機関に実損が出る場合、②不動産等が見合いとなっていて、実損は免れるもののその処分に時間と労力がかかる場合、③割引依頼人や担保商手提供者が破産等の法的整理手続に入る可能性があり、買戻しをすると否認される懸念がある場合、の3つである。このような場合には、手形ジャンプに応じてでも、手形支払人から回収を図らなければならない。

手形ジャンプの方法には、①手形期日そのものを変更する、②満期を変更した新しい手形を徴求する、及び、③手形外で延期契約を締結する、の3つの方法が考えられる。これらのうち、①は、手形関係人全員の同意を要する点に問題がある。同意をしなかった者との間では手形の変造になり、その者に対しては変更の効力が生じないからである（手形法69条、77条1項7号）。一般に採られているのが、②と③とを併せた方法である。つまり、「債務承認及び分割弁済契約書」の徴求と分割弁済の手段あるいは担保としての「手形」とを徴求することである。

分説すると、まず第一に、手形ジャンプの支払人・割引依頼人・保証人等から「債務承認及び分割弁済契約書」を徴求する。そこには、①手形債務の承認、②手形の依頼返却、③分割弁済に関する事項、④期限の利益喪失に関する事項などを記載する。手形ジャンプの契約を、割引依頼人・保証人の同意を得ないでした場合には、割引金融機関は割引依頼人や保証人に直ちに手形の買戻請求をすることができなくなる。それは、手形の買戻請求を認めると、買戻しに応じた割引依頼人や保証人は直ちに支払人に手形金の支払請求をすることになり、この結果、支払人等からすれば手形ジャンプをした実益がなくなってしまうからである。また手形支払人から金融機関に対して契約違反の責任を追及してくる可能性もあろう。第二に、分割弁済手形、いわゆる「子手形」を徴求する。第三に、ジャンプに応じる手形（割引手形など）は持帰銀行と協議して「依頼返却」を行い、そのうえ、裏書人等への遡求通知を発信し、かつ、依頼返却により返却された手形は金融機関に留め置く。支払人から手形ジャンプの申出があるのは、不渡処分を免れるためである。

一方、割引金融機関は遡求権を保全するために手形の呈示が必要である（同法38条、77条1項3号）。そこで、割引金融機関は手形を交換呈示した上で依頼返却を行う。交換呈示した上で依頼返却を行うことにより遡求権が保全されることは、判例も認めるところだからである（最一小判昭32・7・19民集11巻7号1297頁、2022年11月から開始された電子交換所における呈示についても同様に解することができる）。分割弁済の「子手形」を徴求しても、割り引いた「親手形」を返却してはならない。子手形が決済されるまでの間、両手形を併存させ、支払の担保として親手形を保持しなければならない。親手形を返却すると新旧手形の同一性が失われると主張される余地があり、後日、破産など法定整理手続に入るなどして新手形による相殺が禁止されたり（破産法72条）、根抵当権が確定している（民法398条の20第1項）として、新手形が担保されない懸念があるからである。そして、最後に、支払人から担保を徴求するなどの債権保全を検討する。

手形ジャンプは手形法に規定はなく、各当事者の利害関係を調整するものである。分割手形や担保の徴求ができない場合もあるが、割引金融機関の置かれた立場で、最善の策を講じる。

対策

●手形ジャンプに応じる際の留意点

手形ジャンプに応じる際の留意点は次の6点になる。①手形支払人に分割弁済ができる体力があるかどうかを判断する、②分割弁済の期間を短期にし、かつ分割弁済の初回の弁済額が多額になるようにする、③手形支払人から担保・保証を徴求するように努める、④分割手形を、弁済の手段としてあるいは担保として徴求する、⑤利息を徴求する、⑥割引依頼人・保証人の同意をとる。

（旗田　庸）

105 支払金融機関における不渡事由の申出内容の調査義務

裁判例上、支払銀行は、支払人が申出た手形支払拒絶の申出の事由の真偽の調査をする義務を有するものではないとされている。しかし、申出の事由がまったく虚偽のもので、ただ手形の支払を免れるためにするものであることを熟知しながらあえて当該申出を受けて手形を不渡にしたときは、支払人と共同不法行為（民法719条）上の損害賠償責任を負担することになる。

解説

●支払人の手形支払拒絶の申出に対する金融機関の対応

手形交換所の交換に持ち出された手形・小切手が決済されない「不渡事由」には、支払義務者の信用に関する度合いに応じて、0号不渡、1号不渡、及び2号不渡の3つがある。0号不渡事由は、不適法呈示等であることを事由とする不渡事由であり、①「形式不備」「裏書不備」「呈示期間経過」などの手形法・小切手法による事由、②破産法等に基づく財産保全処分中であることや破産手続等の法的整理手続の開始決定などの破産法等による事由、③「案内未着」「依頼返却」「振出人等死亡」「再交換禁止」などの事由がある。0号不渡については、不渡情報登録は不要である。次に、1号不渡事由は、支払義務者の信用に関するもので、「資金不足」と「取引なし」があり、銀行取引停止処分の対象となる。2号不渡事由は、支払義務者の信用に関するか否か直ちに判断できない「契約不履行」「詐取」「紛失」「盗難」「印鑑相違」「偽造」などが該当する。1号不渡及び2号不渡については、不渡情報登録の提出が必要となる。

2号不渡は、振出人や引受人が支払銀行に対して不渡手形金相当額を預託して、支払銀行が異議の申立を行うことができる。この異議申立に関連して、裁判例によると、支払銀行は、支払人からの手形支払拒絶の申出に係る事由の真偽を調査する義務を負わないが（大阪高判昭55・6・25判タ427号177頁）、支払拒絶の申出の事由がまったく虚偽のもので、ただ手形の支払を免れるためにするものであることを知りながらあえてその申出を受けて手形を不渡にし、その結果手形所持人などに損害を加えたときは、支払銀行は支払人と共同不法行為上の責任を負担することとなる（大阪地判昭37・9・14金法335号6頁）。

対策

●支払人との共謀は責任を問われる

2号不渡は、取引停止処分等を猶予されるためには、支払銀行に対して不渡手形金相当額を預託して、支払銀行が異議の申立をしなければならないが、0号不渡にはその必要がない。裁判例に照らすと、そういった事情を十分知りながらあえて支払人申出を受けて（共謀）、本来2号不渡にすべき手形を0号事由で不渡にした支払銀行は、その結果手形所持人などに損害を加えたときは、支払人と共同不法行為上の損害賠償責任を負担することとなる。

第六章　融資取引

106 融資契約の意思確認と書面交付

顧客と契約をするには、契約の内容を説明し、契約意思があることを確認した上で、代表取締役等の権限者から自署・押印を受ける。2部作成する契約書は1部を顧客に交付し、銀行に差入れる形式の契約書は写しを顧客に交付する（中小監督指針Ⅱ－3－2－1－2⑵③④）。

解説

●契約の意思確認

契約の際の意思確認については、契約の内容を説明し、借入意思があることを確認した上で、行員の面前で、代表取締役等の権限者から契約書に自署・押印を受けるのが原則である。例外的な取扱いをする場合には行内ルールに従う必要がある。

代表取締役であることは登記事項証明書や印鑑証明書で確認が可能であるが、取締役会設置会社の場合に「多額の借財」を行うには取締役会決議が必要であるため（会社法362条4項2号）、借入れの金額によっては取締役会決議が必要になる場合もある。また、いわゆる「オーナー経営」の中小企業等との重要な契約にあたっては、形式的な権限者の確認を得るだけでは不十分な場合があることに留意する（中小監督指針Ⅱ－3－2－1－2⑵③イ（注））。

契約の必要事項を記載しないで自署・押印を求め、その後、行員等が必要事項を記載し書類を完成することは不適切である。顧客から差入れられた書面のうち「銀行記入欄」以外に記載したり修正したりする場合は、顧客に説明した上で押印をもらう必要がある。

●書面の交付

貸付契約等を締結したときは、原則として契約者本人に契約書等の契約内容を記載した書面（写し）を交付することが求められている。具体的には、①銀行取引約定書は、双方署名方式を採用するか、またはその写しを交付すること、②貸付契約書については、その写しを交付することなどにより、顧客がいつでも契約内容を確認できるようになっていることが求められており、③取引の形態から貸付契約の都度の契約書面の作成が馴染まない手形割引・手形貸付については、契約条件の書面化等、契約面の整備を適切に行い、顧客が契約内容をいつでも確認できることが要求されている（同Ⅱ－3－2－1－2(2)④）。

なお、書面によって合意することにより金銭を交付せずとも融資契約が成立する（民法587条の2）。このため、契約者に対して不用意な内容の書面を交付すれば銀行に貸す義務が生じる場合があるため、注意が必要である。

対策

●意思確認の徹底を

契約の締結に際しては、契約の内容を説明し、借入意思があることを確認した上で、権限者から自署・押印をもらう。また、契約書を2部作成して1部を顧客に渡すか、写しの交付を行い、顧客が契約内容を確認できるようにする。

（湯川昌紀・寺岡咲紀）

107 融資の予約確約と融資義務

銀行が融資証明書を発行した場合、銀行は融資証明書に記載された条件に従って融資を行う義務を負う。融資証明書を発行していない場合でも、事前に融資実行の約束と捉えられかねない言動があったにもかかわらず融資を行わないことによって銀行が責任を負う場合もあるため、融資実行の約束と捉えられかねない言動をしてはならない。

解説

●融資拒絶により損害賠償責任を負うことがある

民法587条の2では、書面や電磁的記録において貸主が金銭等を貸すことを約し、借主が返還を約した場合には、諾成的な消費貸借契約が成立することとされている。諾成的な消費貸借契約が成立した場合には、銀行に融資義務が発生し、銀行が融資を行わないことによって顧客に損害が生じれば、銀行はその損害を賠償する必要がある。

もっとも、諾成的な消費貸借契約に至っていない場合であっても銀行の責任が認められる場合がある。

東京高裁平6・2・1金法1390号32頁では、銀行が取引先から過大な設備投資資金の借入れの申込みを受け、当該申込みの一部である土地購入資金3億7千万円のみを融資するとの稟議承認を得て当該額について融資証明書を発行し、それ以外について融資申出を拒絶した。その後、融資が一部にとどまることに不満を持った取引先が他行に既存の借入れも含めて全額肩代わりさせる意向を示したこともあり、銀行は融資証明書を発行した分も含めて全額の融資を拒絶することを決定した。しかし、銀行はその旨を取引先に伝えたものの、融資証明書の回収は行わず、回収の交渉も行わなかった。当該事案について、裁判所は、銀行が企業の新規事業計画の具体的内容を了知して融資証明書を発行し融資の約束をした場合、もし約束を廃棄すれば相手方に損害が生じるところの事情を知り、あるいは知ることができたにもかかわらず一方的に融資の約束を破棄したときは、破棄を是認するに足る合理的な事情がない限り、銀行は不法行為責任を負うとして、損害賠償請求を認めた。

対策

●融資実行の約束はしない

融資実行の約束と捉えられかねない言動によって融資を行わないことについて不法行為責任を負うことがあり得るため、融資実行の約束と捉えられかねない言動を行ってはならない。また、融資証明書を出した後に撤回する場合には、口頭で伝えるだけでは不十分であり、融資証明書を回収するまたは回収する交渉を行う必要がある。なお、中小監督指針Ⅱ-3-2-1-2(2)③ニにおいて貸付決定前に顧客に対し「融資は確実」と誤認させる不適切な説明を行わないこととされている。

特に、融資を拒絶する場合には、速やかに明確に理由等も含めて顧客に説明するべきである（中小監督指針Ⅱ-3-2-1-2(5)②）。

（湯川昌紀・寺岡咲紀）

108 融資拒絶と銀行の責任

書面や電磁的記録に銀行の貸す意思と顧客の借りる意思が表示されると、融資契約が成立し、銀行が融資義務を負うことになる。

解説

●諾成的な消費貸借契約の成立による融資義務

民法587条の2では、書面や電磁的記録で金銭等を貸すことと借りたものを返すことを約した場合には、諾成的な消費貸借契約が成立するものとされている。審査が終わっていない段階で顧客と書面や電磁的記録をやりとりすることによって融資義務が発生した後、審査が通らないなどにより融資を行わないことによって顧客に損害が生じた場合には、その損害を賠償しなければならない可能性がある。審査が終わっていない段階で融資が確実であるとの誤解を与えないように留意するのは当然であるが、書面や電磁的記録を作成する場合には、それが貸す意思を確定的に示す内容とならないように留意する。

対策

●融資を確約するものではないことを明記する

融資謝絶の例で、銀行の融資謝絶自体は不当ではないものの、融資謝絶の決定時期（とその伝達）の遅延（過失）による損害賠償責任（没収された不動産競売の買受申出保証金。過失相殺により55％減額）を認めた裁判例も存する（東京地判平10・8・31金法1547号49頁）。

顧客の要望を謝絶し、融資契約に至らない場合の対応の1つとして、その資金調達の機会等を奪うことなく、信義則の観点から顧客の理解と納得が得られるよう、原則として時間的余裕をもって説明することが必要である（中小監督指針Ⅱ－3－2－1－2(5)②参照）。

（湯川昌紀・寺岡咲紀）

109 融資謝絶時の説明義務

顧客の要望を謝絶し、貸付契約に至らない場合には、これまでの取引関係や顧客の知識、経験、財産の状況及び取引を行う目的に応じ可能な範囲で、謝絶の理由等についても説明する態勢の整備が求められる。

解説

●融資謝絶の理由等の説明態勢整備が必要

銀行が融資を行うにあたっては、そのリスクや採算性等を、顧客の収益力や担保・保証の質、さらには経営者の個人的資質や技術力の評価等をもとに行内の審査基準に照らして総合的に判断の上、諾否や条件設定が決定されるものであり、顧客の申込みに対して融資の応諾義務を負うものではない。

他方、顧客の側に立てば、融資が謝絶された場合の対応（他金融機関への申込等）も顧慮しなければならず、その際に謝絶の理由が明確になれば、対応策を講じることもできよう。

すなわち顧客の要望を謝絶し、貸付契約に至らない場合には、これまでの取引関係や顧客の知識、経験、財産の状況及び取引の目的に応じ可能な範囲で、その理由等を説明すべきである。その例として、長期的な取引関係を継続してきた顧客に係わる手形貸付についてさらなる更改を謝絶する場合、信義則の観点から顧客の理解と納得が得られるよう、原則として時間的余裕をもって説明する態勢が整備されていることなどが求められている（中小監督指針Ⅱ-3-2-1-2⑸②）。

もちろん、銀行が貸付の判断をする前に、顧客に対し「融資は確実」と誤認させる不適切な説明を行わない態勢が整備されていることも同様である（同Ⅱ-3-2-1-2⑵③ニ）。

対策

●速やかな判断と確実な伝達を

融資謝絶の例で、銀行の融資謝絶自体は不当ではないものの、融資謝絶の決定時期（とその伝達）の遅延（過失）による損害賠償責任（没収された不動産競売の買受申出保証金。過失相殺により55％減額）

を認めた裁判例も存する（東京地判平10・8・31金法1547号49頁）。

顧客の要望を謝絶し、融資契約に至らない場合の対応の1つとして、その資金調達の機会等を奪うことなく、信義則の観点から顧客の理解と納得が得られるよう、原則として時間的余裕をもって説明することが必要である（中小監督指針Ⅱ－3－2－1－2(5)②参照）。

（和田好史）

110 住宅ローンの金利変動リスクの説明義務

変動金利型及び一定期間固定金利型の住宅ローンについては、金利変動等による返済負担の増加や手数料負担等について、顧客の正しい理解が得られるよう十分な説明を行うものとし、一定の事項については書面で説明する。

解説

●住宅ローンの多様化と金利変動リスク等

銀行の住宅ローン商品の多様化に伴い、顧客に対する適切な情報提供が重要となっており、中小監督指針Ⅱ－3－2－1－2(2)①ロでも態勢整備が求められている。変動金利型や一定期間固定金利型の住宅ローンでは、金融政策の変更等により金利上昇に転じれば、金利変動リスクが顕在化し、返済負担の増加等に繋がる。全銀協申合せでは、少なくとも以下の項目等に関しては、住宅ローン契約時までに、原則として書面により説明を行うこととされている（全銀協「住宅ローン利用者に対する金利変動リスク等に関する説明について」（平成16年12月21日））。

①変動金利型住宅ローンの場合

・金利変更の基準となる金利（基準金利）とその変更に伴う適用金利の変更幅
・基準金利の見直し時期と見直しに伴う新適用金利の適用時期
・返済額の変更ルールに関する事項、各変更に伴う顧客宛通知方法
・適用金利が最後まで絶対水準であるとの誤認防止措置（過去の適用金利の推移の提示等）
・金利上昇した場合の返済額の試算結果、手数料等、照会窓口

等

②一定期間固定金利型住宅ローンの場合

・商品性（一定期間固定の特性や同期間中の他の金利タイプへの変更不可等）、選択手続等
・適用する固定金利の金利確定時期、固定金利期間終了後の金利・返済額の変更ルール
・固定金利期間終了時の手続方法、手数料等、照会窓口　等

なお、適用金利が将来上昇した場合の返済額の目安を提示する場合には、その時点の経済情勢において合理的と考えられる前提に基づく試算を示す（中小監督指針Ⅱ-3-2-1-2(2)①ロ）。

他方、金利が低下して借換えが増える場合には、特に繰上返済手数料や違約金をめぐってトラブルとなる可能性があり、繰上返済手数料等についても分かりやすく説明を行う必要がある。契約時に十分な説明を行うことの他、借換えに関する相談を受けた場合にも繰上返済手数料等がどの程度発生するか適切な説明を行う必要がある。

対策

●分かりやすい情報提供とリスクの説明

顧客が金利変動によってどのようなリスクを負い、また、デメリットを受ける可能性があるかにつき十分な理解が得られるよう、銀行は情報提供とリスク説明を行う必要がある。

（湯川昌紀・寺岡咲紀）

111 インパクトローンにおける損失リスクの説明義務

インパクトローン（使途制限のない外貨貸付）の利用を勧誘する銀行には、その仕組み、市場金利や為替相場の変動による危険性、その対処策として為替予約を併用する方法があることを説明し、理解を得るべき信義則上の義務が生じる場合がある。

解説

●顧客に不測の損失が生じる可能性があることを十分に説明する義務

インパクトローンは、資金調達の手段の多様化や、外貨建資産を有する企業にとっては為替リスクのヘッジのために利用することができる。

インパクトローンは、円貨建貸出と異なり、別途先物予約をしない場合は為替変動リスクを顧客が直接に負担する他、適用金利も当該外貨の金利が適用されるため、円金利の変動リスクとは異なる金利変動リスクも負担することになる。

インパクトローンにより生じた為替差損等について、取引銀行に説明義務違反があるとして債務不履行責任を認めた裁判例として、大阪地判昭62・1・29判時1238号105頁がある。当該裁判例においては、例えば顧客が外貨建債権を有しその為替相場の変動によるリスクを回避する目的（リスクヘッジ）でなすとか、顧客がこの種の取引に精通している場合を除き、インパクトローンの利用を勧誘する銀行は、その仕組み、市場金利、相場性、為替相場の変動による危険性、その対処策として先物予約を併用する方法のあることなどを十分に説明してその理解を得るべき信義則上の義務を負担するものとされている。

対策

●損失リスクは顧客の責任において負う説明を理解した旨の念書を徴求

銀行は、リスクの内容及びリスクヘッジの手段として先物予約の方法をとり得ることを十分に説明しなくてはならない。インパクトローンがリスクヘッジ目的である場合には、ヘッジ対象の存在を、聞き取りや関係書類によって確認すべきである。また、顧客がインパクトローンの取引に精通していることを理由に説明を省略する場合には、そのように判断した理由を記録に残しておく必要があるだろう。

（湯川昌紀・寺岡咲紀）

112 デリバティブ取引に関する顧客への説明義務

デリバティブ取引については、顧客の知識、経験、財産の状況及び取引を行う目的を踏まえ、取引の基本的な仕組みやリスクの内容等について、監督指針や判例を踏まえた説明を行う必要がある。

解説

●監督指針に基づく説明

銀行は、利用者保護の観点から、顧客との間でデリバティブ取引を行うときには、顧客の知識、経験、財産の状況及び取引を行う目的を踏まえ、商品内容やそのリスクに応じて以下の事項等に留意する必要がある（中小監督指針Ⅱ-3-2-1-2(2)①イ）。

①当該デリバティブ取引の商品内容やリスクについて、例示等も入れ、具体的に分かりやすい形で解説した書面を交付して、顧客が理解できるように適切かつ十分な説明をする。その際、最悪のシナリオを想定した最大損失額を示すとともに、前提と異なる状況になればさらに損失が拡大する可能性があること、金融指標等の状況がどのようになれば顧客の経営や財務状況に重大な影響が生じるか、実際のデリバティブ取引と異なる例示等を使用する場合は実際の取引と異なることも説明し、顧客の許容できる損失額を確認する。

②当該デリバティブ取引の中途解約及び解約清算金について、具体的に分かりやすい形で解説した書面を交付して、適切かつ十分な説明をする。中途解約不可であることを説明することに加え、最悪のシナリオを想定した解約清算金の試算、試算額を超える可能性がある旨、期限の利益喪失事由時に解約清算金の支払義務が生じることがある旨を説明し、顧客の許容できる損失額を確認する。

③提供するデリバティブ取引がヘッジ目的の場合、顧客の事業の状況や市場における競争関係を踏まえても、継続的な業務運営を行う上で有効なヘッジ手段として機能するか等の事項を確認するとともに、その確認

結果について、具体的に分かりやすい形で、適切かつ十分な説明をする。
④①～③を踏まえた説明を受けた旨を顧客から確認し、その記録を書面（確認書等）として残す。
⑤不確実な事項について、断定的な判断と誤認させる表示や説明を防ぐ態勢を整える。
⑥不招請勧誘の禁止の例外と考えられる先に対するデリバティブ取引の勧誘について、法令を踏まえた上、それまでの顧客の取引履歴などによりヘッジニーズを確認し、そのニーズの範囲内での契約を勧誘する。
⑦勧誘されたデリバティブ取引に係る契約締結の有無が融資取引に影響を及ぼすものではないことを説明し、その説明を受けた旨確認書をもらう。
⑧デリバティブ契約締結後、定期的かつ必要に応じて適時、当該顧客の業況及び財務内容を踏まえ、実需の存続状況等に応じたヘッジの有効性とその持続可能性の確認を行い、顧客からの問合せに対して分かりやすく的確に対応する。また、顧客の要請があれば、定期的かつ必要に応じて随時、顧客のポジションの時価情報や当該時点の解約清算金の額等を提供または通知する。

●判例を踏まえた説明

デリバティブ取引における顧客に対する説明義務に関する最高裁判例として、最判平25・3・7集民243号51頁及び最判平25・3・26集民243号159頁があるが、取引の基本的な仕組み等を説明するとともに、変動金利が一定の利率を上回らなければ、融資における金利の支払よりも多額の金利を支払うリスクがある旨を説明したことから銀行が説明義務を果たしたと認めた。

したがって、銀行は、取引の基本的な仕組み等の説明、リスクの内容を説明する必要がある。また、顧客の知識、経験等によっては追加的な説明が必要になるであろうし、デリバティブ取引の内容が複雑な場合には追加的な説明が必要になるであろう。

対策

●監督指針に沿った説明を行った上で、判例の動向にも留意する

まず、監督指針に沿った説明を行うことが必要になる。また、判例を踏まえて取引の基本的な仕組みやリスクの内容等の説明を十分に行う必要がある他、顧客の属性や商品性に応じて追加的に説明すべき事項がないか留意する必要がある。

(湯川昌紀・寺岡咲紀)

113 デリバティブ取引に関する顧客のヘッジニーズの確認

顧客がヘッジ目的でデリバティブ取引を行う場合、顧客のヘッジニーズを仕入れの契約書、送金依頼書等の客観的資料に基づいて確認するべきである。また、オーバーヘッジになっていないかなどを確認するため、他の金融機関との間で締結しているデリバティブ取引の内容も確認する必要がある。国内の商社を通じて輸入を行っている場合、商社との取引価格が為替相場によって影響を受けることについて、取引内容を踏まえて確認する必要がある。

解説

●ヘッジニーズは客観的資料により確認

中小監督指針Ⅱ－3－2－1－2(2)①イfでは、デリバティブ取引の勧誘に関して顧客の取引履歴などによりヘッジニーズを確認することとされている。ヘッジニーズの確認方法として顧客からのヒアリング結果を利用することも妨げられないとされているが（2010年4月16日付「提出されたコメントの概要およびそれに対する金融庁の考え方〈「主要行等向けの総合的な監督指針」及び「中小・地域金融機関向けの総合的な監督指針」〉」No.65参照）、金融ＡＤＲのあっせん事例では、ヘッジニーズの確認が不十分であることを理由として銀行が一定の負担をするあっせん案が示されることがあり、仕入れの契約書、送金依頼書等の客観的資料により外貨建ての取引を行っていることを確認し、記録として残しておくことが望ましい。

また、他の金融機関との間でデリバティブ取引を締結している場合もあることから、他の金融機関との間でどの程度のヘッジを行っているかを聞き取り等により確認し、オーバーヘッジになっていないかなどを確認する必要がある。中小監督指針Ⅱ－3－2－1－2(2)①イcでは、顧客の事業の状況や市場における競争関係を踏まえても、継続的な業務運営を行う上で有効なヘッジ手段として機能すること、ヘッジ手段として有効に機能する場面が契約終期まで継続すると見込まれること、顧客にとって、今後の経営を見通すことがかえって困難にならないことを確認することとされている。例えば、ドル建てで輸入を行う会社が、円高になる場合にはヘッジをしていない競合他社が価格を下げることができ、ヘッジをしていることでかえって競争力を失う可能性もあり、そうした可能性があることも含めてヘッジ水準に関する顧客の意向を確認する必要がある。

●国内の商社を通じた取引については価格の決まり方を確認

中小監督指針Ⅱ-3-2-1-2(2)①イfでは、「外国貿易その他の外国為替取引に関する業務を行う法人」には、国内の商社を通じて実態として輸出入を行う場合は含まれるが、例えば単に国内の業者から輸入物の材木を仕入れる場合は含まれないとしている。国内の商社を通じた取引について、その価格がドル建てで行われ、為替リスクを顧客が負っている場合には、ヘッジニーズが認められやすい一方、円建てで決まっており為替相場との直接の連動性がない場合にはヘッジニーズが認められ難い。商社との取引内容を踏まえて、ヘッジニーズの有無を確認する必要がある。

対策

●客観的資料による確認

ヘッジニーズの有無は客観的資料により確認することが望ましく、記録として残しておくべきである。また、他の金融機関とのデリバティブ取引によるヘッジ水準についても考慮する必要がある。ヘッジ水準については、行内ルールを遵守することは当然のこと、顧客の意向を十分に確認する必要がある。

国内の商社を通じた取引を行っている場合には、それによって為替リスクを顧客が負っているのかを十分に確認する必要がある。

114 カードローンの過剰融資抑制による利用者保護

銀行カードローンは貸金業法の適用を受けないが、宣伝・広告や融資実態のあり方が問題視された経緯を踏まえ、貸金業法の趣旨を踏まえた対応を行う必要があるものとされている。

●過剰与信にならないように留意

銀行は、消費者向け貸付について、貸金業法の趣旨を踏まえることとされている（中小監督指針Ⅱ－7－2）。

解説

その観点から、全銀協は17年3月16日に「銀行による消費者向け貸付けに係る申し合わせ」を公表した。

1．配慮に欠けた広告・宣伝の抑制

銀行は、消費者向け貸付に関する広告・宣伝を実施する場合、貸金業法の趣旨を踏まえて適切な表示等を行うよう努める。

2．健全な消費者金融市場の形成に向けた審査態勢等の整備

①年収証明書や自ら保有する顧客の情報等によって、顧客の収入状況や返済能力をより正確に把握することに努める。

②貸付審査にあたり、信用情報機関の情報等を活用するなどして、自行・他行カードローン、貸金業者の貸付を勘案して返済能力等を確認するよう努める。

③信用保証会社による代位弁済率や応諾率の推移、年収に対する借入の状況と代位弁済率との相関関係等を定期的に分析・把握し、審査の適切性について信用保証会社と深度あるコミュニケーションに努める。

④貸付実施後においても、顧客の状況等に応じて、定期的に信用状況の変動の把握に努める。

金融庁は、18年8月22日に実態調査結果を、19年9月18日にフォローアップ調査結果を公表し、他行借入

を含めた融資上限枠(年収債務比率)を設定すること、顧客の借入状況の把握、保証会社とのコミュニケーション、保証審査への関与の充実、年収証明書の再取得等の途上管理、インターネット等広告の適切な運用等を行うよう促していくこととしている。

●若年者を対象としたカードローン

2022年4月から成年年齢が18歳に引下げられたことを受けて、全銀協は、2022年2月17日に、「成年年齢引下げを踏まえた銀行による消費者向け貸付けに係る申し合わせ」を公表している。会員銀行では、ことさら若年者(18歳または19歳の者)を対象とした広告・宣伝を行わないように努めることとされている。また、若年者は一般的に収入が少ない、あるいは不安定である場合も多いと考えられることから、貸金業法の総量規制をより意識した審査態勢等を構築し、厳格に運用するよう努めることとされている。さらに、資金使途を確認し、名義の貸借やマルチ商法等にかかわっていないか等の注意喚起を行い、不自然な点が見受けられる場合には、若年者本人へのヒアリングを実施するなど、慎重な対応を行うよう努めることとされている。

対策

●貸金業法の趣旨を踏まえる

貸金業法の趣旨を踏まえ、過剰な融資を行うことのないよう、債務者の返済能力をより正確に見極める必要があり、保証会社とのコミュニケーションや途上管理についても留意する必要がある。

(湯川昌紀)

115 融資証明書の偽造

融資証明書もしくは融資承諾証明書とは、一般に、銀行が融資申込人に対して融資する旨の約束文言を記載したものだが、融資を実行しない場合の留保条件を明記していたり、その後に申込人において特別な信用不安などが発生しない限り、銀行としては融資義務を免れないことがある。この融資承諾証明書が偽造された場合、これによって損害を受けた者に対して銀行が損害賠償責任を負うことがある（民法709条、715条）。

解説

●銀行員による偽造は、使用者責任を問われる

融資証明書もしくは融資承諾証明書の記載内容によっては、銀行が融資申込人の融資の申込に対して承諾を与えたもので、法律的には金銭消費貸借の予約または諾成的金銭消費貸借契約が成立し、融資の予約があると捉えられることもある。取引先がこのような融資証明書の発行を銀行に依頼する目的は、この融資証明書によって取引先の相手方に対し、自己の信用を証明して、相手との取引の円滑化、確実化を図ることにある。取引先の相手方も、銀行の発行した融資証明書によって、その取引が確実に履行されることを信じてその後の行動をとることもあろう。

ところで、融資証明書が偽造されたものである限り、その融資証明書による融資の予約はそもそも存在せず、発行者とされる銀行が融資義務を負うことはない。しかし、この融資証明書が真正なものと信じて取引を進めた取引先の相手方は、これによって発生した損害があれば、この融資証明書の偽造に関与した者に対して、損害賠償の請求をすることができる。仮に、銀行の従業員が取引先の要請を受けて、正式の決裁を受けずに支店長名義の融資証明書を発行して偽造した場合はどうなるであろうか。偽造に加担した取引先及び銀行内部の実行行為者が不法行為者として損害賠償責任を負うことになる。問題は、その銀行自体が責任を

負うことになるかどうかである。この点については、判例は、被用者のした取引行為が、その行為の外形からみて、使用者の事業の範囲内に属すると認められるときは、民法715条にいう「被用者がその事業の執行について第三者に加えた損害」とされることになり、この銀行が使用者責任を問われることになる。

対策

●発行は慎重にすべき

ある金融機関の不正融資事件において定期預金証書の偽造が多発し、その金融機関自身の責任が問われたが、融資証明書の偽造についても同じような問題が生ずることになる。融資証明書の発行によって、その記載内容次第では銀行の融資義務が発生することは否定できないので、これを信じて取引に入った第三者がおり、この第三者に損害が発生した場合、この損害賠償責任を負うことになる。そして、その偽造が銀行側の従業員によってなされた場合は、銀行には使用者責任が発生することになる。

(二瓶　修)

116 優越的地位の濫用と誤解されない融資の説明方法

独占禁止法上問題となる優越的地位の濫用と誤解されかねない説明を防止する態勢の整備が求められる（中小監督指針Ⅱ－3－2－1－2(7)①）。

解説

●不公正取引との誤認防止

2000年7月4日、06年6月21日に、公正取引委員会から「金融機関と企業との取引慣行に関する調査報告書」が公表された（その後のフォローアップ報告書は11年6月15日付）。その中で例示された問題となる行為は、

①融資先企業に対し、その責めに帰すべき正当な事由がないのに、要請に応じなければ今後の融資等に関し不利な取扱いをする旨を示唆することなどによって、契約に定めた変動幅を超えて金利の引上げを受入れさせ、または契約に定めた返済期限が到来する前に返済させること

②債権保全に必要な限度を超えて、過剰な追加担保を差し入れさせること

③融資先企業に対し、要請に応じなければ融資等に関し不利な扱いをする旨を示唆して、自己の提供するファームバンキング、デリバティブ商品、社債受託管理等の金融商品・サービスの購入を要請すること

などである。

そこで、これらを踏まえ、実務に即した具体的な説明態勢の整備を行うこと、すなわち、優越的地位の濫用と誤認されかねない説明の防止態勢の整備が求められるに至った（中小監督指針Ⅱ－3－2－1－2(7)①）。その検証にあたって留意される事項は、

①前記のような問題となる行為が行われないように法令等遵守態勢が確立されているか

②金利の見直し等の客観的合理的理由について、顧客の理解と納得を得ることを目的とした説明態勢が整備

されているか

③いわゆる「総合採算取引」推進の観点からの説明態勢をどのように整備することとしているかということである。

●銀行本体の業務に関する優越的地位濫用の防止

銀行本体で行うことができるようになった「当該銀行の利用者について定期的にまたは随時通報を受けて巡回訪問を行う業務」(銀行法施行規則13条の2の5第5号、中小監督指針Ⅲ-4-2-1(2)及び人材紹介業務(同指針Ⅲ-4-2-2(1))についても、取引上の優越的地位を不当に利用することがないように留意することとされている。

●銀行子会社の業務に関する優越的地位濫用の防止

銀行子会社のリース業務(中小監督指針Ⅲ-4-7-1(2)②)、投資専門子会社のコンサルティング業務(同指針Ⅲ-4-7-1(2)⑥)についても優越的地位濫用の防止に係る管理態勢が必要とされている。

さらに、銀行グループの証券会社との間でのファイアーウォール規制の緩和に伴い、銀行グループの証券会社との取引を求める等の優越的地位濫用を防止する必要がある(同指針Ⅲ-4-7-6(3))。グループ証券会社を利用しなければ融資取引に影響がある旨に言及する等してグループ証券会社との取引を要請するような行為は行ってはならない。さらに、銀行が顧客に対して、グループ証券会社の提供する商品またはサービス等に関する情報提供等を行う場合には、事前に、グループ証券会社との取引に応じなくとも、今後の銀行との取引に影響を与えるものではない旨を明確に説明し、応接録を作成することとされている。なお、金融庁は、銀証ファイアーウォール規制に係る「優越的地位の濫用防止に係る情報収集窓口」を設けている。

対策

●サービスの拡大に応じた適切な管理態勢

法令上銀行本体において行うことができる業務が拡大し、銀行グループで総合的な金融サービスを提供する体制も拡大しており、多様なサービスを提供することは社会からの要請に応えるものでもあるとともに、顧客にとっても有益であると考えられる。他方で、銀行本体の業務の拡大や銀行グループの業務の拡大に際しては優越的地位濫用に対する懸念が示されてきたことも事実であり、銀行が取引上の地位を不当に利用して業務を拡大しているとの誤解を生じさせない管理態勢が必要である。他のサービスを案内するに際しては、融資取引には影響ない旨を説明して確認書を取得するといった対応が考えられる。

（湯川昌紀）

117 決算書偽造による融資詐欺

決算書偽造による融資詐欺とは、融資申込に際し、偽造した決算書類を提出するなどして銀行から融資金を騙し取ることをいう。銀行員がかかる融資詐欺に加担しないことはもちろんのこと、銀行が被害にあわないように書類の真正性や正確性に細心の注意を払う義務を負っていると考えるべきである。

解説

●銀行員による決算書偽造への加担

仮に銀行員が融資先と共謀して決算書を偽造したような場合、当該銀行員の行為は、私文書偽造罪（刑法159条）や詐欺罪（刑法246条）に該当する。銀行員が決算書の偽造行為全体に関与する場合のみならず、融資先に偽造のポイントを示唆したような場合であっても、これらの罪またはその幇助罪が成立し得る。また、こうした決算書に基づき実行された融資債権の回収が不能になった場合、銀行に対する不法行為が成立し損害賠償責任を負うこととなる。役員である場合には、これに加えて会社法上の損害賠償責任をも負う可能性がある（会社法350条、423条、429条）。

●書類の真正性や正確性に細心の注意を払う

銀行員は、偽造した書類を使った融資詐欺が起こり得ることを認識した上で、書類の真正性や正確性に細心の注意を払う義務を銀行に対して負っていると考えられる。このため、偽造に関与したとか幇助をしたということがなかったとしても、注意を払う義務を怠り、それによって債権の回収が不能になった場合には、銀行に対して損害賠償責任を負う可能性がある。

銀行員としては、企業が金融機関に融資の申込みをする際には、有利な融資判断を目的として決算書の粉飾を行う動機を有していることを意識し、当該決算書が真正なものか慎重に判断する必要がある。

対策

●決算書以外の資料に注意を払う

決算書だけを見て不審点がないかを見るだけでは十分とは言えず、①定款、②商品（製品）カタログ、③商品（製品）別販売（売上）高推移、④販売先調（主要販売先別販売高）、⑤仕入先調、等々その他の資料の提出を受け、それらの資料との整合性の確認を行う必要もある。さらに、現地調査や業界全体の動向から不自然な点がないかの検証も必要であろう。

（湯川昌紀・寺岡咲紀）

118 融資実行時における反社会的勢力の排除

融資実行時には、反社データベースに基づき反社会的勢力への該当性の事前チェックを徹底すること、暴力団排除条項を契約に盛り込むことが必要である。

解説

●融資実行時の反社データベースに基づく事前チェック

融資実行時には、顧客やその代表者、取締役等について、反社データベースによる事前チェックを行うことが必要である。登記事項証明書には代表者以外の役員の氏名も記載されていることから、代表者以外の役員についても反社データベースによりチェックを行うことが望ましい。さらに、犯収法では、顧客の実質的支配者(当該法人の議決権を直接または間接に25%超保有する個人等一定の大株主等をいう(犯収法4条1項4号、同法施行規則11条2項))の申告を受けることも求められており、反社会的勢力の排除の観点からは、申告を受けた実質的支配者はもちろん、商業登記所(法務局)に登録される実質的支配者リストについても反社データベースにより事前チェックを行うことが望ましい。なお、2018年1月4日から警察庁の暴力団情報データベースへの接続が可能となった。全銀協のウェブサイトによれば、当該接続は預金保険機構を介して実施するものとされ、対象取引は新規の個人向け融資等、対象者は個人の融資申込者等とされている。

事前チェックにより融資を謝絶する場合には、契約自由の原則により、反社会的勢力に該当することについて必ずしも高度の立証を求められるものではなく、取引に入る前に適切に謝絶することは反社会的勢力との関係排除の上で重要と言える。

●最新の参考例による暴力団排除条項であるか確認

08年11月25日、全銀協は、銀行取引約定書に盛り込む場合の「暴力団排除条項参考例」を発表し、さらに

11年6月2日に改訂している。参考例では、借入人や保証人が暴力団員等、共生者等に該当しないことの表明確約、自らまたは第三者を利用して暴力的な要求等を行わないこと、これらに違反した場合には期限の利益を喪失することなどが定められており、各銀行では、参考例に従った条項を銀行取引約定書等に設けている。

融資実行時には、古い銀行取引約定書が使われていて、暴力団排除条項が設けられていなかったり、改訂前の参考例の内容による暴力団排除条項が設けられていないかを確認し、必要に応じて追加の確約書を求める必要がある。改訂前の参考例の内容では、暴力団員でなくなってから5年を経過しない者、暴力団員等が経営を支配している場合、暴力団員等を利用している場合、暴力団員等に資金を提供している場合等が明示的には規定されておらず、規定として不十分な場合もあり得る。

●継続的顧客管理

金融庁の「マネー・ローンダリング及びテロ資金供与対策に関するガイドライン」Ⅱ-2(3)(ⅱ)では、マネーローンダリング防止の観点から、顧客のリスク属性ごとに頻度を設定して定期的に顧客情報の確認を行うこととされている。反社会的勢力への該当性はマネーローンダリングのリスクの評価に影響のある事項であるため、継続的顧客管理の中で取得した情報（顧客の役員や実質的支配者の情報）について反社会的勢力該当性を確認することが必要であると考えられる。

対策

●融資実行時の事前チェックの徹底

融資実行時には、最新の参考例に基づく暴力団排除条項の入った銀行取引約定書を前提として融資を行うことは当然のこと、事前チェックは顧客や代表者だけではなく、代表者以外の役員や一定の大株主についても実施することが望ましい。

（湯川昌紀）

119 無権限融資(分散融資、稟議違反、無稟議など)

分散融資、稟議違反または無稟議の融資は、いずれも銀行の役職員の任務違反となり得る行為であり、かつ、そのような不適切な手続を経て実行された融資は回収不能になる可能性も高い。その結果、銀行に損害を与えたときは、当該役職員はその損害を賠償する責任がある(民法709条)。のみならず、背任罪として5年以下の懲役(拘禁刑への改正が予定されている)または50万円以下の罰金に処されることもあり(刑法247条)、また、当該融資を行った者が取締役や支配人等であれば、特別背任罪として10年以下の懲役(拘禁刑への改正が予定されている)もしくは1千万円以下の罰金またはこれらの併科に処されることもある(会社法960条1項)。

解説

●無権限融資は背任罪に該当し得る

分散融資(実質的には同一人に融資するにもかかわらず、法令や内部規程の制限を免れるため、借入人の名義を分散し、複数の人に融資する形式)、稟議違反・無稟議による融資は、いずれも銀行の役職員の任務違反となるのみならず、融資の回収も不確実となることが多く、融資を審査・実行した者の責任問題に発展する。

民事上このような不良貸付を行うことによって、銀行に損害を与えた場合には、銀行は役職員に対して損害賠償の請求をすることができる(民法709条)。また、銀行の役職員は、不良貸付について、背任罪(刑法247条)、特別背任罪(会社法960条1項)などの刑事上の責任を負う。

不良貸付に関与した者が、取締役、支配人、部分的な包括代理権を有する支店長や役席者等であれば、特別背任罪として、刑が加重されることになる。

刑事上の責任については、次のような判例もある。

東京地判昭40・4・10判時411号35頁によれば、「…甲相互銀行がAに融資することを条件とする導入預金を受入れるなどした上、法令通達による融資額の制限を免れるため貸付名義を分散し、Aに四五回にわたり多額の融資を実行し甲銀行に同額の財産上の損害を加えた行為…」について甲銀行の役職員に実質的な面から任務違背性を肯定した。

信用組合の専務理事である被告人が、貸付金の回収が危ぶまれる状態にあることと知りながら、無担保あるいは不十分な担保で貸付を実行した行為は、決裁権を有する理事長の決定・指示によるものであり、被告人が、理事長に対し反対意見を具申したという事情があったとしても、背任罪の任務違背の行為にあたるとした（最判昭60・4・3刑集39巻3号131頁）。

対策

●牽制が働く仕組みが重要

同一人やその家族、経営する（中小・零細）企業等に対する貸付が近接した時期に数次にわたって行われるときなどは、分散融資を疑うべきであろう。そのようなことが発覚した場合には、融資実行前であれば、融資審査の過程で資金使途や借入人の実態などをしっかりと確認し、間違っても分散融資が実行されないようにしなければならない。

（小田大輔）

120 融資に関する銀行の役員等の責任

銀行の役員等の融資に関する責任としては、民事上の責任と刑事上の責任があり得る。

民事上の責任としては、銀行に対する善管注意義務に違反して銀行に損害を与えたことについて、損害賠償責任を負う可能性がある。刑事上の責任としては、自己または第三者の利益を図り、または銀行を害する目的で、その任務に背いて銀行に財産上の損害を与えるような融資を実行したときは、特別背任罪（会社法960条1項）が成立する可能性がある。

解説

●民事上の責任

取締役は、会社との間の委任契約に基づいて、善良な管理者の注意をもって、委任事務を処理する義務を負う（会社法230条、民法644条）。このため、融資の決裁に関与した取締役（決裁に関与した取締役の業務の内容に疑念を差し挟むべき特段の事情がある場合には、他の取締役も含む）に任務懈怠がある場合、その取締役は、任務懈怠によって銀行に生じた損害について、銀行に対する損害賠償責任を負う可能性がある（会社法423条）。そして、銀行の株主は株主代表訴訟（同法847条）により、また、銀行持株会社の株主は多重代表訴訟（同法847条の3）により、銀行に代わって取締役の責任を追及する訴訟を提起することができる。

判例においては、取締役の経営判断については、取締役に広い裁量が認められるべきであり、その判断の過程、内容に著しく不合理な点がない限り、善管注意義務に違反しないとされているが（経営判断原則）、融資業務に際して要求される銀行の取締役の注意義務の程度は一般の株式会社取締役の場合に比べ高い水準のものであると解され、経営判断原則が適用される余地はそれだけ限定的なものにとどまるとされている。

以上を踏まえ、取締役が損害賠償責任を負うことを避ける観点からも、融資の決裁に関する判断は合理的なものである必要があるといえる。

●刑事上の責任

会社法上の特別背任罪は、株式会社の役職員が、会社との信任関係に違反して会社に財産上の損害を与える行為について、その社会に与える害悪の広汎さと深刻さに鑑み、背任罪（刑法247条）よりも重く処罰する趣旨で設けられた犯罪である。その本質は、任務違背による財産侵害とみるのが判例・通説であり、犯罪の主体となるのも会社法960条に列挙された者に限られる（それ以外の事務処理者には背任罪の成否が問題となる）が、未遂も処罰される。

この任務違背の判断は、一般的には、具体的な事情の下、その行為が通常の業務執行の範囲内の行為であるかどうかによって判断される。法令や定款、社内規定などに違反しているかどうかは重要な判断要素となるが、それだけで直ちに任務違背となるわけではなく、処理すべき事務の性質や内容などを考慮し、実質的にみて会社に不利益となるか否かという観点から判断される。また、銀行の信用維持や貸金回収を図る目的などが存しても、融資の主たる目的が自己または第三者の利益を図ることにあれば特別背任罪が成立し得るし、決裁権を有する上司の決定・指示に従ったとしても免責されるものではない（最決昭60・4・3刑集39巻3号131頁）ことに注意しなければならない。倒産状態にある企業への無担保融資が違法とされないためには、客観的な再建整理計画と、それを実行する銀行の強い経営体質があるなど、融資判断に合理性が必要である。

（和田好史）

121 公序良俗に反する融資

公の秩序または善良な風俗に反する法律行為は無効とされ（民法90条）、同法に違反する融資も無効とされる。

解説

●公序良俗に反する融資は無効

公序良俗に反する融資は無効である。例えば、顧客が賭博に敗れたために負担した債務の弁済資金に充当することを知って行った融資は、公序良俗に反し無効である。

この無効は、絶対的無効と解されており、追認しても有効とはならない。

その他、公序良俗に反する融資には、次のような例があげられる。例えば銀行が借主の窮迫に乗じて、短期間の弁済期を定め、借主が期日に弁済しないときは、融資額の数倍の価値をもつ不動産を代物弁済とする旨の契約をしたときは、その契約は、公序良俗に反し無効と解された（最判昭27・11・20民集6巻10号1015頁）。他人の窮迫に乗じて不当の利を博する行為として、この代物弁済契約が無効と解されたものである。なお、仮登記担保契約に関する法律は、担保に関して、このような契約がなされることが多いことを踏まえ、債権者の清算義務や債務者の受戻権を規定し、当事者の利害を調整するものである。

このことは、譲渡担保についても、損害金支払契約についても同じことがいえる。

一方、即時両建預金の金額が妥当な範囲を超えていないことを理由として、公序良俗に違反しないと認めた判例がある（最判昭51・9・28金法833号31頁）。

このケースは、信用金庫が、48万5千円の手形割引にあたり、10万円の定期預金及び100万円の定期積金契約を締結し、この10万円と定期積金の払込金2万6千円を払い込ませた他、1万円の出資をさせたというものである。原審は、預金の貸出金に対する割合が約26％であること、拘束性預金は大蔵省通達（当時）に違反しないこと、割引いた手形は信用度の低いものであったこと、物的担保もなく、保証人は資産を有しない者であったことをあげ、公序良俗に違反しないものと判示した。しかし、これらの要件が具備されておらず合理性が認められない場合には、歩積・両建預金を条件とした融資が公序良俗に違反することもあり得ることを銘記すべきである。なお、即時両建預金を徴収したため、実質金利が利息制限法に違反し、利率及び損害金の約定が一部無効とされたものがある（最判昭52・6・20金商523号7頁）。

対策

●実質金利の法律違反に注意

ごく少額の融資に手数料を徴収した場合とか、インパクトローンや、銀行の付随業務などで、実質金利が法律に違反していることが生ずることもあるので、細心の注意を払って実務を処理することが望まれる。

（大平　正）

122 不法な使途目的に対する融資

銀行は、事情を知って、売春を行う場所を提供する業に要する資金を貸し付けてはならない（売春防止法13条1項）。銀行は、事情を知って、人を自己の占有し、もしくは管理する場所または自己の指定する場所に居住させ、これに売春をさせる業に要する資金を貸し付けてはならない（同条2項）。そのほかにも、刑法上問題となる行為に関連する融資の場合は共犯となる可能性がある（刑法62条、60条）。

解説

●刑法上問題になる行為者に対する融資は共謀共同正犯

不当な使途目的に対する融資を明文の規定でもって犯罪としている例が売春防止法13条である。実際にある信用金庫支店長の行った融資行為が本条違反に問われたことがある。借入申込者が同法違反に問われたことがあるような場合は、十分に注意すべきである。詳細な借入申込書を出してもらって、融資資金の使途を究明すべきである。売春場所提供業用の資金提供と管理売春業用の資金提供は、厳に慎まなければならない。この信用金庫の支店長も、借入申込人の収支状況について十分調べ、その結果、売春による収入があることも知ったようである。そうであれば、融資すべきでなかったということになる。しかし、問題になるのは、同法だけではない。刑法上問題になる行為をしている者に対して融資を実行して、同人の違法行為を助長することは、刑法上の共犯（従犯）にあたる（刑法62条、60条）。

例えば、地上げ業者が建物の所有者に対して強引に明渡しの同意を求めている場合に、銀行が地上げ業者に明渡料の支払資金を貸し付けたとする。地上げ業者が強要罪（同法223条）で逮捕されたとする。この場合、銀行は、地上げ業者を資金的に援助したことになる。銀行の役職員に故意があると従犯（刑法62条）になる可能性がある。このように、通常行われている融資も犯罪を構成することがあることに十分注意しなければならない。

対策

●資金使途を厳格に注意

不当な使途目的に対する融資については、①売春防止法13条のような特別規定によって犯罪が成立するケースと、②一般的に犯罪者を資金的に援助することによって従犯になるケースがあるが、犯罪が成立しなくても、社会の健全な発展に寄与しない融資が許されないことは当然のことである。融資担当者としては、借入申込事情をデータに基づいてよく聞いてみるべきである。その上で貸し付けることが適正であるか検討する必要がある。

民事面からみても、民法1条、90条、708条、709条等が問題になる。特に、708条は不法原因給付と呼ばれているが、銀行の融資が、不法な原因のための給付であると見なされると、銀行は、その貸付金の返還を請求できないことになる。銀行としては、融資の基本に立ちかえって、借入申込書の資金使途を厳格に調査すべきである。

（峯崎二郎）

123 大口信用供与等規制

銀行及び銀行グループは、大口信用供与等規制を遵守し、信用供与等が特定の企業・グループに集中することに伴う危険（リスク）を分散して健全性を確保しなければならない（銀行法13条）。

解説

●金融機関の健全性確保が目的

銀行法は銀行や銀行グループに対して、①銀行資産の危険分散、②銀行の信用の広く適切な配分といった観点から、特定の企業・グループに対する貸出等の信用供与等が銀行等の自己資本の一定割合を超えることを禁止している。これを大口信用供与等規制という。

規制の対象となる信用供与等は、貸出金、債務保証、出資、社債、CPの他、預け金勘定などの勘定科目に計上される取引である。また、オフバランス取引でも、デリバティブ取引の信用リスク相当額やコミットメントラインの融資未実行部分などは信用供与等に含まれる。

信用供与等の限度額は、銀行単体による与信の場合は特定の企業及び特定の企業グループに対する与信について自己資本の額の25%であり、銀行グループによる与信の場合は連結ベースでの自己資本の合計額の25%である。

ここでいう銀行グループ（による与信）には、銀行、その子法人等が含まれる。また、受信者側も企業グループで合算され、受信者（借入人企業）自身と議決権50%超の保有関係にある子会社、親会社、親会社の子会社（兄弟会社）等の集合が、合算される同一の受信者グループとなる。さらに、受信者が上場会社等の場合は、連結決算制度上、受信者の親会社・子会社・兄弟会社等（すなわち、いわゆる実質支配力基準で結ばれる企業）に加え、関連会社（影響力基準による）も原則として合算される同一の受信者グループに含まれることになる。

また、規制の実効性確保を目的として、名義分割や迂回融資等による規制の潜脱を防止するための規定（銀行法13条5項）も設けられている。

対策

●適切な信用リスク管理により大口信用供与等規制を遵守

大口信用供与等規制は、銀行等の健全性確保、預金者保護に資するものである。迂回融資などにより、実質的に信用供与等限度額を逸脱するような行為をしてはならないのは当然である（銀行法13条5項）。

実務上は次の点等に留意する（中小監督指針Ⅱ-2-4-2参照）。

①合理的な基準に基づき経営に対して大きな影響を及ぼす可能性のある大口与信先を抽出し、その信用状況や財務状況について、継続的なモニタリングを行う。

②大口与信先の取組みについて、厳格な自己査定の実施や事業再生に当たっての十分な検討を行い、特に、大口与信先の再建計画は十分に慎重な検証を行う。

（小田大輔）

124 迂回融資

迂回融資によって、実質的に信用供与等限度額を超える融資を行うことは、大口信用供与等規制の潜脱として許されない(銀行法13条5項)。

解説

●規制の対象となっていない関係会社を経由する融資も禁止の対象

大口信用供与等規制は、銀行単体だけでなく、銀行グループによる信用供与等を合算して規制の対象とする。この銀行グループには、銀行及びその子法人等が含まれる(与信側グループの合算)。

他方、受信者側もグループで合算され、特定の企業だけでなく、企業グループに対する信用供与等が規制の対象となる。具体的には、受信者(借入人企業)自身と議決権50%超の保有関係にある子会社、親会社、親会社の子会社(兄弟会社)等の集合が、合算される同一の受信者グループとなる。さらに、受信者が上場会社等の場合は、連結決算制度上、受信者の親会社・子会社・兄弟会社等(すなわち、いわゆる実質支配力基準で結ばれる企業)に加え、関連会社(影響力基準による)も原則として合算される同一の受信者グループに含まれることになる。これら1つのグループとして信用供与等の額を合算し、当該合計額が自己資本の額の一定割合を超えてはならないとするものである。

のみならず、前記のグループに該当しない貸出先の関係会社あるいは銀行自身の関係会社を経由(迂回)させて、信用供与等限度額を超えてその貸出先に信用供与等する行為であっても禁止の対象となり得る。この場合の関係会社は単なるダミー的存在であり、最終的に融資金は当該銀行グループから当該大口信用供与等先へ流れることになり、実質的に大口信用供与等規制を潜脱する行為(脱法行為)となるからである。したがって、銀行としてはこのような関係会社を経由(迂回)して大口信用供与等先へ融資するような行為もしてはならない。このような行為は銀行法13条5項に抵触し、違法となる。

対策

●投融資勘定の明細をチェック

迂回融資は大口信用供与等規制を実質的に逸脱する脱法行為であるから、絶対に行ってはならない（銀行法13条5項）。したがって、稟議書審査を通じて迂回融資となる借入申込がないかチェックするとともに、可能な限度で関係会社の投融資勘定の明細をチェックして資金の流れを把握しておかなければならない。なお、迂回融資自体の私法上の効力は原則として妨げられず（東京高判平19・3・15金商1301号51頁）、当該融資金等の返還請求をすることはできる。

（小田大輔）

125 貸出金利に係る価格協定行為(カルテル)

他行と話し合って、貸出金利及びその引上げ、引下げ、維持あるいは金利の決定方法を統一することは、独占禁止法が禁止している「不当な取引制限」にあたる(同法3条)。

解説

●貸出金利の決定は各行独自の判断で

独占禁止法が規制している内容のうち、①私的独占の禁止(同法3条前段、2条5項)、②不当な取引制限の禁止(同法3条後段、2条6項)、③不公正な取引方法の禁止(同法19条、2条9項)は、独占禁止法が定めている禁止行為の3本柱といわれている。

貸出金利は本来、銀行の公正自由な競争を通じて形成されるべきものであり、業界団体が関与したり、銀行間で話し合って決定することはその競争を阻害し、独占禁止法に違反する。すなわち、貸出金利は市場金利の変動や調達コストを基として各銀行が独自の判断により決定することが公正であり、かつ透明性を高めることとなる。

従来は、例えば短期プライムレートの改定に際しては、ややもすればその改定幅や時期が横並びとなっていたが、これに対する独占禁止法上の問題も指摘されるようになり、今日では是正が図られるようになってきており、各行の独自性が表れている。

なお、貸出金利の決定にあたっては、特定地域の他行と話し合って相対取引における貸出金利やプライスリーダーを決め、そのプライスリーダーの金利に追随することも独占禁止法上問題となるので注意を要する。

対策

●業界会合のあり方について注意する

同法で禁止されている行為を目的とする業界会合は、事業者団体か同業者かを問わず、また、会合の性格のいかんを問わず開催や参加をしてはならない。また、会合の内容が貸出金利について相互に制限する話題となっていないか、あるいは金利の改定の意向、時期、幅など将来の金利について他行と情報交換をしていないかをチェックする。「不当な取引制限」は、「共同して」行うことが要件の1つとなるが、明示の決定や合意がなくても情報交換を通じ、共通の意思が形成され、それにより同一の行動がとられていれば「共同して」行ったと認められるので、十分に注意する必要がある。半面、自主的な判断により、単に他金融機関に追随した結果、行為の外形（金利水準等）が一致したとしても、共同性があるとはいえない。

（籠宮紀元）

126 利息制限法による金利規制利息制限法

所定の制限を超過した利息の定めや賠償額の予定は、超過部分につき無効であり、債務者がこれを任意に支払った場合も、利息ではなく残存する元本に充当され、元本完済の場合には、不当利得としてその返還を請求し得る（利息制限法1条、4条）。特に、上限金利が貸出金利だけでなく保証料と合算して計算されることや、「みなし利息」の取扱いには十分注意する必要がある。

解説

●限度を超える約定は無効

利息制限法は、利息の限度を定め、これを超える利息（超過金利）の約定を無効とする（同法1条、4条）。上限金利は、具体的には、次のとおり定められている（同法1条）。

・元本の額が10万円未満の場合　年2割
・元本の額が10万円以上100万円未満の場合　年1割8分
・元本の額が100万円以上の場合　年1割5分

同法の対象は、消費者向け融資であると事業性融資であるとを問わず、銀行等の金融機関の金銭消費貸借にも同法が適用されるが、罰則規定はなく、また、金銭消費貸借全体を無効とするものでもない。もっとも、超過金利の定めは、上限金利を超過する部分については無効であり、債務者がこれを任意に支払った場合も、利息ではなく残存する元本に充当され、元本完済の場合には、不当利得としてその返還を請求し得ることから、銀行として超過金利部分を受領することは法的にできない。そのような貸出を行った銀行は、法令等遵守態勢の他、商品審査や融資審査に係る態勢、顧客保護等管理態勢に問題があるといえることから、行政処分の対象にもなり得る。

なお、保証会社の保証付融資を行う場合は、利息と保証料とを合算して上限金利規制の対象とされる点にも留意が必要である（同法8条、9条）。

●みなし利息に注意

銀行の通常の融資実務において約定金利が利息制限法の上限金利を超えることはほぼあり得ないと思われるが、特に注意が必要なのは、みなし利息（同法3条、6条）である。金銭消費貸借に関し銀行（債権者）の受ける元本以外の金銭は、礼金、割引金、手数料、調査料その他名義のいかんにかかわらず、利息とみなされる。

この「みなし利息」からは、公租公課の支払に充てられるべきもの、強制執行の費用等公の機関が行う手続に関してその機関に支払うべきもの、債務者が金銭の受領または弁済のために利用するATMの利用料の一定額、ローンカード等再発行手数料、債務者が弁済期に弁済できなかった場合に行う再度の口座振替手続の費用などが除かれるという例外がある。しかし、いかなる手数料が「みなし利息」に該当しまたは該当しないかは、必ずしも明確でなく、解釈に委ねられている部分も多い。

対策

●超過金利にならないように留意

利息制限法は強行法規であり、たとえ過失であっても、銀行がそれに違反することがあってはならない。違反は、民事上、超過部分が無効になるという効果にとどまらず、行政処分の対象ともなり、銀行の信用にも関わりかねない。特に、金利が貸出金利だけでなく保証料と合算して計算されること、また、「みなし利息」の範囲については解釈上不確かなところがあることには、商品設計上、及び貸出実務上、十分注意する必要がある。

（小田大輔）

127 資金需要のない先に対する過剰融資

銀行は、事業性評価に基づく融資や本業支援等の組織的・継続的な取組みの下で適切なリスクテイクを行いつつ、金融仲介機能を十分に発揮していくことが求められるが、融資実績の計上ありきではなく、あくまで取引先のニーズに応じて対応していく姿勢が必要である。

解説

●融資は資金需要に応じて行うのが大原則

資金の貸付は、資金需要者のニーズに応じて行われるべきものであり、資金需要のない先に対して融資を行うことは、借入人の意向に沿わない行為として、優越的地位の濫用にもなりかねない。また、顧客の実際の資金需要に基づかない決算期を跨った短期間の与信取引の依頼など正常な取引慣行に反する不適切な取引の発生の防止も求められている（中小監督指針Ⅱ-3-1-6-2）。

加えて、近時においては、①社会規範に悖る行為、②商慣習や市場慣行に反する行為、③利用者の視点の欠如した行為等の結果として企業価値が大きく毀損される場合を念頭に置いたコンダクト・リスクの観点から、法令に違反するか否かという観点よりもさらに顧客側に寄り添った顧客本位の考え方に基づいて、取引先のニーズに応じて対応することが重要となっている。提案型の営業によって、取引先のニーズを発掘すること自体は妨げられないが、それも、取引先に既に存在しているはずの潜在的なニーズを探り当てる性質のものであって、そもそもニーズが存在しないにもかかわらず、必要性のないニーズを無理に作り出すような営業活動は慎むべきである。

●金融仲介機能の発揮も取引先のニーズが前提

近時の、特に中小・地域金融機関の課題として、地域における取引先の企業価値向上、ひいては地域の振興や経済活性化のために、事業性評価に基づく融資や本業支援等の組織的・継続的な取組みの下で適切なリスクテイクを行いつつ、金融仲介機能を十分に発揮していくことがあげられる。その取組状況は、「金融仲介機能のベンチマーク」やＫＰＩ（指標）によって「見える化」され、それらの中には、融資件数や融資額の達成度を測るものも存在する（例えば、共通ベンチマークとして、「銀行がメインバンク（融資残高1位）として取引を行っている企業のうち、経営指標（売上・営業利益率・労働生産性等）の改善や就業者数の増加が見られた先数（先数はグループベース。以下同）及び同先に対する融資額の推移」、「ライフステージ別の与信先数及び融資額（先数単体ベース）」、「銀行が事業性評価に基づく融資を行っている与信先数及び融資額が全与信先数及び融資額に占める割合（先数単体ベース）」）。

銀行全体として、これらの指標の達成に向けて取組みを推進することはもちろん必要であるが、それも取引先のニーズが前提である。指標の達成を優先せんがために、取引先の資金ニーズに立脚せずに、融資実績の計上ありきで取引先に接するのは誤った営業姿勢である。

対策

●本部と営業店の連携が不可欠

指標の達成に向けた取組みを推進しつつも、取引先の資金ニーズに応じた融資という大原則を忘れないためには、営業現場において認識・周知を徹底するとともに、本部から営業店に対する指導のあり方や業績評価の仕組みについても、営業現場に過度なプレッシャーを与えるようなものであってはならない。本部と営業店とが連携しつつ、車の両輪となって、バランスのとれた営業姿勢を確保していくことが不可欠である。

（小田大輔）

128 過当な歩積・両建

銀行が自己の優越的地位を濫用して、歩積・両建預金契約をしたときは、銀行法及び独占禁止法違反となるとともに、実質金利につき利息制限法所定の上限金利規制違反の問題が生ずる（銀行法13条の3第4号、銀行法施行規則14条の11の3第3号、独占禁止法19条・2条9項5号、利息制限法1条1項）。さらに顧客保護や顧客本位の観点からも問題となり、行政処分の対象にもなる。

解説

●独占禁止法、利息制限法に違反するとともに、顧客保護・顧客本位の観点からも問題

銀行側から見た両建預金の目的は、一般に、実質金利の引上げ、債権保全、預金のカサ上げ、の3点があげられる。

取引先がまったくの自由意思で預金しているのなら法律的には問題ないといってよいが、銀行が、融資側（特にメイン行である場合は顕著である）という優越的地位にある場合には、取引先は融資をしてもらいたいという気持ちから、銀行からの提案や申入れを聞き入れざるを得ない状況に陥ることも多く、特に取引先が融資申込みを検討中や銀行における融資審査中の期間においては、本当に「まったくの自由意思」が認められるといえるのかは慎重に検証しなければならない。もし、銀行が優越的地位を濫用して、両建預金を取引上の条件として実質上の金利の引上げを図れば違法となる。この点について、最判昭52・6・20民集31巻4号449頁は、次のように判断している。

「銀行が貸付金に対する実質金利を高めるなどの目的の下に、自己の優越的地位を利用して、いわゆる拘束された即時両建預金をさせたときには、それらの契約が複合することにより顧客に対し正常な商慣習上是認し難い不当な不利益を与えている限り、この即時両建預金契約及び超過融資についての契約は、独占禁止法及び利息制限法上一体不可分のものとして評価すべきである。取引条件のゆえに実質金利が利息制限法1

条1項所定の利率を超過する部分は無効とすべきである」。

のみならず、このような過当な歩積・両建預金の受入れは、銀行法が規定する禁止行為（銀行法13条の3第4号、同法施行規則14条の11の3第3号）にも違反するし、顧客保護や顧客本位の観点からも問題となる。例えば、実質的に両建となる担保定期預金を顧客から徴求しているなど顧客に不必要な負担を強いた事例では、銀行が業務改善命令を受けている。

対策

●自粛申合せの内容を再確認

過当な歩積・両建は、正常な取引慣行に反する不適切な取引とされており、金融機関には、そのような取引の発生を防止することが求められている（中小監督指針Ⅱ-3-1-6-2）。特に近時では、法令に違反するか否かという観点よりもさらに顧客側に寄り添った顧客本位の観点から、歩積・両建の適切性について検証することが求められており、数字ありきの営業姿勢ではなく、地に足の付いた顧客とのコミュニケーションを通じた顧客意思の確認が必要となってきている。

（小田大輔）

129 浮貸し

銀行の役職員は、その地位を利用し、自己または当該銀行以外の第三者の利益を図るため、金銭の貸付、金銭の貸借の媒介または債務の保証をしてはならない（出資法3条）。

解説

●浮貸しが禁止される意味

「浮貸し」とは、銀行の役職員が、当該銀行の資金、または役職員自身のもしくは顧客から個人的に預かった資金を、正規の勘定を通さずに第三者に貸し付けることである。つまり、個人的な貸借であるから、浮貸しは、銀行の帳簿に記載されず、銀行は債権を取得しない。借入人に心理的圧迫を加える目的で、銀行宛の借用書などを取ることもあるが、あくまで役職員と借入人との間の個人的な貸借である。このような浮貸しが禁止されるのは、銀行の役職員等が、その地位を利用し、サイド・ビジネス的な行為を行うことによって銀行の信用を失墜させ、あるいは預金者に不測の損害を与えることを防止し、もって銀行の公正な運営を図るためである。

●銀行資金を流用して原資とすることは業務上横領となる

浮貸しの原資が銀行の資金である場合は、回収の見込みが確かであろうとなかろうと、当該役職員は業務上横領（刑法253条）を犯したことになる。法的には、いったん自分が着服した上で他に貸し付けるものと評価されるからである。銀行の手持資金を利用するだけでなく、預金係や得意先係が顧客から銀行に入れるように託された現金を、入金手続なしに浮貸しに流用した場合も理屈は同じで、やはり業務上横領になる。これらの場合、融資先に対して銀行が弁済を求めることはできないが、預金者（金主）に対しては使用者責任（民法715条）等の規定により銀行が責任を負う。

●媒介型・当事者型のいずれも浮貸しに該当

近時は特に銀行預金の利息が低いため、もっと有利な条件で運用したいと考える金主が一方におり、他方に、担保不足や取引停止中で銀行から正式に融資を受けられず、多少高利でも何とか借りたいと考える者がいることもある。仮にそのような貸主・借主双方のニーズを把握した場合、銀行の支店長や得意先係などは、その仲立になりがちであるが、そういったときこそ注意が必要である。その場合、銀行員が関与する形態としては、貸主と借主とを引き合わせて、直接取引させるもの（媒介型）と、銀行員自身が契約当事者となって、一方から借り、他方に貸して利ザヤを稼ぐもの（当事者型）とがあるが、いずれも出資法3条の禁じる浮貸しに該当する。これに違反した者は、3年以下の懲役（拘禁刑への改正が予定されている）または300万円以下の罰金またはこれらの併科に処せられる（同法8条3項1号）。なお、刑法に触れる場合には、刑法の方が優先的に適用される。

対策

●規律の徹底が重要

信用情報の収集の目的からも、業務の深耕という意味からも、顧客とのリレーション構築のために、得意先と親密になることは銀行員として必要な心掛けである。しかし、それが度を越して浮貸しに走るのは、刑罰の適用もあり得る違法行為であって言語道断である。防止のためには、役職員に対する規律の徹底が重要な第一歩となる。

また、媒介型については、「媒介」の定義自体が幅のある概念であり、線引き（外延）も必ずしも明確でないため、銀行員としては保守的に振る舞うべきである。例えば、個人的に、貸主と借主の間に立って、連絡先を伝えたり、面談を設定するようないわゆる紹介行為も、関与の度合いによっては「媒介」になり、そこに銀行の役職員としての地位の利用や利益を図る目的がある場合には浮貸しに該当し得ることから、慎むべきである。

（小田大輔）

第七章　担保・保証

130 保証内容（責任・主債務者の信用状況等）の説明義務

保証債務の履行請求に伴う紛争を未然に防止するため、保証契約の締結時には、保証契約の内容とそれに伴う責任、さらには契約締結の客観的合理的理由を説明することが求められる。

解説

●保証契約の内容効果の説明

保証人は、主債務者の債務不履行の場合にこれに代わって履行する責任を負う（民法446条）が、銀行取引では連帯保証人が通常なので、まずは主債務者に催告を求める（催告の抗弁権…同法452条）とか、主債務者の財産に強制執行を求める（検索の抗弁権…同法453条）権利を有さず、また、分別の利益（複数人の保証人が存在する場合、各保証人は債務額を全保証人に均分した部分（負担部分）についてのみ保証すれば足りるという性質）もなく、主債務者の不履行の場合には期限の利益を喪失し、債務残額の全額について直ちに弁済をすることを拒めないということを、相手方の知識・経験等に応じて説明しておく必要がある（中小監督指針Ⅱ−3−2−1−2⑵①ホ）。

この事後の紛争防止という観点から、顧客から説明を求められたときは、保証人の立場及び財産状況、主債務者や他の保証人との関係等を踏まえ、契約締結の客観的合理的理由について適切に説明すべきである（同Ⅱ−3−2−1−2⑵②ハ）。具体的には、①根保証契約では、設定する極度額及び元本確定期日について、主債務者との取引状況や今後の取引見通し、保証人の財産の状況を踏まえた契約締結の客観的合理的理由、②経営に実質的に関与していない第三者と保証契約を締結する場合、経営者以外の第三者保証を求めないことを原則とする融資慣行を確立するとの観点に照らし、当該第三者と保証契約を締結する客観的合理的理由、③経営者等に保証を求める場合、経営者保証に関するガイドラインに基づき、当該経営者と保証契約を締結する客観的合理的理由である。

また、事業のために負担する債務の保証人になることを個人に委託する場合、主債務者の義務として、その財産及び収支の状況、主債務以外に負担している債務の有無並びにその額及び履行状況、その他の担保がある場合はその内容等の事項に関する情報を提供することが求められる（民法465条の10第1項）。この義務については、直接的には主債務者の義務であるとはいえ、その不履行につき債権者である銀行が悪意・有過失の場合は保証契約の取消事由となるため（同条2項）、銀行としても主債務者による前記義務の履行を確認、サポート等する必要があろう。

期中においても、委託を受けた保証人（法人を含む）の請求があったときは、債権者は、主債務の元本や利息等についての不履行の有無・各債務残額・そのうちの弁済期到来分の額に関する情報を遅滞なく提供しなければならない（民法458条の2）。また、主債務者の期限の利益喪失時には、債権者は、保証人（個人に限る）に対して、そのことを知った時から2カ月以内に、その旨を通知しなければならず、その通知をしなかったときは、当該保証人に対し、期限の利益喪失時から通知を現にするまでに生じた遅延損害金を請求することができない（民法458条の3）。

対策

●継続的に法律関係の客観的説明を

契約締結時に契約締結の客観的合理的理由に関する説明を尽くす。期中においても、主債務の状況に関する情報提供の請求に応じられる態勢、主債務の期限の利益喪失の際に適時に保証人に通知できる態勢を整備する必要がある。

（吉田和央・冨永喜太郎）

131 保証意思（保証債務履行意思）の確認義務

（連帯）保証人は、主債務者が履行しなかった場合に、これに代わって履行する責任を負う（民法446条）が、その求償権は実効性が乏しいことから、その保証意思の確認は、債務の負担意思に止まらず、履行意思まで確認することが求められる（中小監督指針Ⅱ－3－2－1－2⑵①ハ）。また、事業のために負担した貸金等債務を主債務とする個人保証の場合、保証意思を公証する公正証書の作成が義務付けられる。

解説

●意思確認の重要性

保証契約は債権者と保証人との契約で、その責任内容は、主債務者の債務不履行の場合にこれに代わって履行する責任を負う（民法446条）というものである。しかし、法人保証を除き、通常債務者との人的関係に基づき、かつ無償でなされる場合が多いことから、履行の段階に至ると、主債務者への求償権（同法459条以下）の実効性が乏しいこともあって、保証契約の有効性を争う事態（保証否認）が生じやすい。

そこで、このような事態を回避するため、保証契約の締結にあたっては、保証人の意思形成に寄与する十分な情報が提供されることが求められる。個人保証契約の場合、保証債務負担の意思形成だけでなく、それが実行されることによって自らが責任を負担するとの判断に必要な説明を行うということで、具体的には、①実際に保証債務を履行せざるを得ない事態を想定した説明を行うこととしているか、②必要に応じ保証人から説明を受けた旨の確認を行うこととしているか、が問題となる（中小監督指針Ⅱ－3－2－1－2⑵①ハ）。

保証契約の意思確認に際しては、その真意の確保のため、同意の記録を求めることが原則となる（同Ⅱ－3－2－1－2⑵③）。すなわち、契約の内容を説明し、保証意思があることを確認した上で、保証人本人から契約内容への同意の記録を求め、契約書等を交付する。例外的に書面等で対応する場合には、顧客保護・法令等遵守の観点から十分な検討を行い、社内規則等で明確に取扱方法を定め、遵守のため実効性の高い内部牽制機能が確立されていることが求められる。

事業のために負担した貸金等債務を主債務とする個人保証の場合、当該個人が主債務者である法人の経営者やオーナー、主債務者である個人の配偶者（主債務者が行う事業に現に従事している者に限る）や共同経営者でない限り（民法465条の9）、保証契約の締結前1カ月以内に作成された公正証書（保証意思宣明公正証書という）で保証人になろうとする者が保証債務を履行する意思を表示していなければ、無効とされる（同法465条の6）。

他方、経営者等との間で保証契約を締結する場合には、そのような公正証書は必須でないとしても、「経営者保証に関するガイドライン」に基づき、①保証契約の必要性、②原則として、保証履行時の履行請求は、一律に保証金額全額に対して行うものではなく、保証履行時の保証人の資産状況等を勘案した上で、履行の範囲が定められること、③経営者保証の必要性が解消された場合には、保証契約の変更・解除等の見直しの可能性があることについて、主債務者と保証人に対して丁寧かつ具体的に説明を行うことが求められる（中小監督指針Ⅱ－3－2－1－2(2)①ニ）。

対策

●確認手順の徹底・遵守を

経営者等以外の個人を保証人とする場合、新たに保証意思宣明公正証書の作成が必要になることから、当事者とスケジュール確認の上、準備を行う必要がある。

（吉田和央・冨永喜太郎・福島邦真）

132 既存の保証契約における経営者保証に関するガイドラインの遵守

経営者保証に関するガイドライン（以下「ガイドライン」）では、既存の保証契約の適切な見直し、保証債務の整理に際しての手続、対応、経営者責任のあり方、残存資産の範囲、保証債務の弁済計画、一部履行後の残債務免除等について、法的拘束力はないものの、銀行が遵守すべき準則が定められている。中小監督指針もガイドラインに即した対応を求めている。

解説

●既存の保証契約の見直し要請時・債務整理時に留意

「経営者保証に関するガイドラインQ&A」（以下「Q&A」）では、ガイドラインの適用開始日である2014年2月1日以前に締結した保証契約についても、適用開始日以降に既存の保証契約の見直しや保証債務の整理を図る際、ガイドラインの適用を受けるとされている（Q&A．8-2）。他方で、ガイドラインの遡及適用はないため、適用日以前に弁済されたものは、保証人には返還できない（ガイドライン8項⑶）。

既存の保証契約の見直し（解除、変更）について、ガイドラインは以下のように定めている。まず、見直し申入れに際して、債務者側は、ガイドライン4項⑴に掲げる経営状況を維持するよう努め、また債権者は、同4項⑵または5項に即し、保証の必要性、適切な保証額等について真摯に検討を行い、結果について具体的説明を行う（同6項⑴）。

次に、保証債務の整理については以下のように定めている。

整理の対象者としては、①ガイドラインの適用対象となり得る保証契約であること（ガイドライン3項の全要件充足）、②法的整理、公正な私的整理の申立て、③破産配当以上の回収がある経済的合理性、④免責不許可事由なし、を前提とする（同7項⑴）。

債権者は、合理的な不同意事由がない限り整理手続の成立に向けて誠実に対応する(同項(3)柱書)。一時停止等の要請に対しては、主債務者、保証人、支援専門家の連名書面により、全対象債権者に行われ、従前誠実な対応がなされ、良好な取引関係が構築されてきたと判断される場合には、誠実に対応することになる(同項(3)①)。

経営者責任については、法人が私的整理に至ったことのみにより経営者交代を求めるのではなく、窮境原因、これに対する経営者の帰責性、経営者・後継者の経営資質や信頼性、経営者交代の事業計画に与える影響、金融支援の内容、などを勘案し、一定の経済合理性がある場合には、引き続き経営に携わることを許容する。

保証債務の履行基準(残存資産)については、誠実な資力に関する情報開示と表明保証を前提として、保証履行能力や主債務不履行に関する保証人の帰責性、経営資質その他の要素を総合勘案する(同項(3)③)。保証債務の弁済計画案については、主債務者、保証人の一体整理が困難な理由、ガイドラインで整理する理由、財産状況(ガイドライン申請時として評定する)、5年以内での弁済計画、資産処分の方針、保証債務減免、期限猶予等、権利変更の内容を記載する。

なお、処分・換価代金は、担保権者等への優先弁済の後、原則20万円以上の対象債権者間の債権残高による按分弁済となる(同項(3)④)。また、弁済計画が履行できない場合、その変更等について、誠実な協議と、適切な措置が必要となる(同8項(4))。さらに一部履行後の残存する保証債務について、誠実な情報開示、表明保証、資力に関する証明資料、表明保証違反の場合の追加弁済(免除部分の債務、延滞利息)を前提に、対象債権者としては、誠実に対応する必要がある(同7項(3)⑤)。

●廃業時における「経営者保証に関するガイドライン」の基本的考え方

2022年3月には、中小企業の倒産時において個人保証をしている経営者が個人破産となるケースが多いことが事業再生の早期決断の大きな阻害要因になっているとの指摘を踏まえ、倒産時の個人破産を回避するため、経営者保証に関するガイドラインの内容を明確化し、活用を促す観点から、「廃業時における「経営者保証に関するガイドライン」の基本的考え方」（以下「廃業時ガイドライン」）が策定されている。

廃業時ガイドラインは、ガイドライン7項に基づく保証債務の整理について手続きを明確化する内容となっている。具体的には、まず、ガイドラインの対象債権者となり得る者として、中小企業の設備投資等に関連したリース債権者と、保証人の住宅ローン債権者等の固有債権者を挙げ、ガイドラインに基づく保証債務の整理への誠実な対応を求めたり（廃業時ガイドライン3項、4項⑴）、保証債務の履行請求額の算定にあたって早期に廃業手続に着手したことによる保有資産等の減少・劣化防止に伴う回収見込額の増加額を含めることや、保証人の保証履行能力の状況によってはゼロ円弁済の計画もガイドライン上許容され得ることを示したり（同4項⑵）して、事業再生の早期決断や個人破産の回避を後押ししている。

また、主たる債務者及び保証人の側にも、法人と経営者との関係の明確な区分や、財産状況等の適時適切な開示等を求めている（同5項）。なお、廃業時におけるガイドラインの活用事例については、『経営者保証に関するガイドライン』における廃業時の保証債務整理に関する参考事例」（金融庁2022年6月）において公表されている。

対策

●経営者・債権者それぞれに求められる事項を意識

銀行としては、債権者として前記のとおり一貫して誠実な対応が求められていることを意識するとともに、各段階において経営者側の対応の適切性を確認することが重要となる。例えば、保証債務の見直しのため経営者は経営状況の維持に努めるとされているが、具体的には、法人の事業用資産の経営者個人所有の解消や法人から経営者への貸付等による資金の流出の防止等、法人の資産・経理と経営者の資産・家計を適切に分離することを求めていくことになる（Q&A．6－1）。

また、保証債務の整理において経営者交代を求めない場合でも、保証履行、報酬削減、株主権放棄、代表者退任などによる経営者責任の明確化は必要になる（ガイドライン7項(3)②）。こうした取組みの組織的な手当てとして、中小監督指針上も、経営陣による経営者保証への取組方針等の策定、ガイドラインの実施に係る社内規程やマニュアルの策定、経営者保証に関する相談に対して適切に対応する態勢の整備等が求められている（中小監督指針Ⅱ-10）。

（吉田和央・富永喜太郎）

133 事業承継における経営者保証徴求の判断

２０１３年12月に公表された「経営者保証に関するガイドライン」（以下「ガイドライン」という）に関して、円滑な事業承継・廃業の促進のために、事業承継時・廃業時の経営者保証の取扱いに焦点を当てたガイドラインの特則等が公表されており、銀行にはこれに則した対応が求められる。

解説

●事業承継時の経営者保証に関するガイドラインの特則

２０１９年12月に公表された『経営者保証に関するガイドライン』の特則」は、ガイドラインを補完するものとして、事業承継時に焦点を当てた「事業承継時の経営者保証の取扱いについての具体的な着眼点や対応手法などについて定めている。

具体的には、事業承継時の経営者保証の取扱いについては、保証契約が事業承継の阻害要因とならないよう、原則として前経営者・後継者の双方に経営者保証を二重徴求することを禁止し、例外的に二重徴求が許容される場合として、やむを得ない限定的な事由を挙げている。また、後継者との保証契約にあたっては、経営者保証が事業承継の阻害要因となり得る点を十分に考慮し保証の必要性を慎重かつ柔軟に判断すること、後継者に保証を求めることがやむを得ないとされる場合であっても、適切な保証の上限額の設定や代替的な融資手法の活用等を検討することが求められている。

他方、前経営者との保証契約については、前経営者がいわゆる第三者となる可能性があることを踏まえて保証解除に向けて適切に見直しを行うこと（同特則２）などの着眼点が掲げられている。

これらの金融機関に求められる対応に加えて、主債務者及び保証人においても、経営者保証を提供せずに事業承継を希望する場合には、①法人と経営者との関係の明確な区分・分離、②財務基盤の強化、③財務状況の正確な把握、適時適切な情報開示等による経営の透明性確保が求められるとしている。

対策

●ガイドラインの趣旨に沿った対応を

事業承継における経営者保証徴求の判断は、中小企業の生産性を高め、地域経済にも貢献する観点から、経営者保証が事業承継の阻害要因とならないよう、ガイドラインにおいて原則として前経営者、後継者の双方からの二重徴求を行わないことなどが盛り込まれたという趣旨を踏まえた対応が求められる。

事業承継時におけるガイドラインの活用事例については、「『経営者保証に関するガイドライン』の活用に係る参考事例集」(2019年8月改訂版公表)において公表されている。

134 経営者保証に関する説明・記録義務

「経営者保証改革プログラム」は、経営者保証を徴求する際の手続きを厳格化することで、安易な個人保証に依存した融資を抑制するとともに、事業者・保証人の納得感を向上させるとする方針を示し、これに基づき改正された中小監督指針は、経営者保証取得時の説明やその内容記録を要請している。

解説

●経営者保証の取得時には所定事項の説明と記録が必要に

2013年12月に公表された「経営者保証に関するガイドライン」（以下「ガイドライン」という）では、主債務者が経営者保証を提供することなく資金調達することを希望する場合には、①法人と経営者との関係の明確な区分・分離、②財務基盤の強化、③財務状況の正確な把握、適時適切な情報開示等による経営の透明性確保という3つの取組み（3要件）が求められるとしている。また、金融機関の対応として、経営者保証を取得する場合には、保証契約の必要性について丁寧かつ具体的に説明した上で、適切な保証金額を設定することとされている。しかし、中小企業庁の調査（2020年度）では、経営者保証を提供している事業者の66・9％がガイドラインについて「説明を受けていない」と回答するなど、ガイドラインの下でも、保証人となる経営者の理解や納得感が必ずしも十分に得られていないことが指摘されていた。

そこで、政府は、22年12月23日に「経営者保証改革プログラム」を策定し、経営者保証を徴求する際の手続きを厳格化すべく、各種監督指針の改正方針を示した。これに基づき改正された中小監督指針では、経営者等との間で保証契約を締結する場合には、①どの部分が十分ではないために保証契約が必要となるのかの個別具体的な内容、②どのような改善を図れば保証契約の変更・解除の可能性が高まるかの個別具体的な内容、③原則として、保証履行時の履行請求は、一律に保証金額全額に対して行うものではなく、保証履行時の保証人の資産状況等を勘案した上で履行の範囲が定められることについて、ガイドラインに基づき、主債務者と保証人に対して丁寧かつ具体的に説明を行うことが明記された（中小監督指針Ⅱ-3-2-1-2(2)①ニ）。その上で、保証人に対し、これらの事項を踏まえた説明をした旨を確認し、その結果等を書面または電子的方法で記録することとされた。

なお、上記①及び②については、ガイドライン4項(2)に掲げられている要素を参照の上、債務者の状況に応じた内容を説明し、その際、可能な限り、資産・収益力については定量的、その他の要素については客観的・具体的な目線を示すことが望ましいとされている。こうした説明は、既存の保証契約の見直し等の契約締結後の変更の場合も同様であり、顧客の理解と納得を得ることを目的とした説明態勢の整備が求められている（中小監督指針Ⅱ-3-2-1-2(5)①）。

さらに、金融機関においては、経営者保証への取組方針等を明確に定めるとともに、その取組方針等を公表することが望ましいとされている（中小監督指針Ⅱ-10-1）。

対策

●コストに見合わない経営者保証の見直しを

今後、経営者保証を求める場合には、所定事項の説明・記録を徹底する必要があるが、これは銀行にとっては新たなコストとなる。したがって、銀行としては、経営者保証による債権保全（信用補完）や経営への規律付けの効果（メリット）が、そのようなコスト負担と見合っているかを慎重に検証し、見合わないと判断される場合には思い切って経営者保証を廃止することも検討に値するであろう。上述の「経営者保証改革プログラム」は、まさにこのような、経営者保証に依存しない新たな融資慣行の確立に向けた意識改革を推進するものである。

135 経営者以外の第三者保証人への説明義務

事業融資に係る個人保証については、保証債務を履行する意思を公正証書（保証意思宣明公正証書）で表示させなければならない（民法465条の6）。また、中小監督指針Ⅱ－11に従い、第三者保証人を求めないことを原則とする融資慣行確立、自発的意思の確認、保証債務の履行を迫られる可能性の説明など、慎重な対応を行うことが必要とされる。

解説

●公正証書の作成や保証履行時の責任につき説明が必要

事業のために負担した貸金等債務を主債務とする個人保証の場合、当該個人が主債務者である法人の経営者やオーナー、主債務者である個人の配偶者（主債務者が行う事業に現に従事している者に限る）や共同経営者でない限り（民法465条の9）、保証契約の締結前1カ月以内に作成された公正証書（保証意思宣明公正証書という）で保証人になろうとする者が保証債務を履行する意思を表示していなければ、無効とされる（同法465条の6）。保証意思宣明公正証書は、公証人が保証人となろうとする者本人の口授等を直接受けて作成しなければならない（同条2項）。保証人となろうとする者は、公証人に対し、保証意思を宣明するため、主債務の内容など法定された事項を口頭で述べ、公証人は保証人になろうとする者が口頭で述べた内容を筆記し、これを保証人になろうとする者に読み聞かせ、または閲覧させる。

そもそも、多くの中小企業においては、家計と経営が未分離であることや、財務諸表の信頼性が必ずしも十分でないことから、こうした中小企業に対する融資は、経営者に対する個人保証を求める場合がある。他方、経営者以外の第三者の個人保証については、副次的な信用補完や経営者のモラル確保のための機能がある一方、直接的な経営責任がない第三者に債務者と同等の保証債務を負わせることが適当かという指摘がある。また、保証履行時における保証人に対する対応いかんによっては、経営者としての再起を図るチャンスを失わせ、社会生活を営む基盤すら失わせるという問題を生じさせているとの指摘があることに鑑み、銀行には、保証履行時において、保証人の資産・収入を踏まえたきめ細かな対応が求められる。こうした状況に鑑み、銀行においては、経営者以外の第三者の個人連帯保証を求めないことを原則とする融資慣行を確立し、また、保証履行時における保証人の資産・収入を踏まえた対応を促進することとされている（中小監督指針Ⅱ-11-1）。

具体的には、経営者以外の第三者との間で個人連帯保証契約を締結する場合、契約者本人の経営への関与の度合いに留意し、原則として、経営に実質的に関与していない場合であっても保証債務を履行せざるを得ない事態に至る可能性があることについての特段の説明を行い、併せて、保証人から説明を受けた旨の確認を行う必要がある。さらに、契約者本人が経営に実質的に関与していないにもかかわらず、自発的に連帯保証契約の申出を行った場合、銀行から特段の説明を受けた上で契約者本人が自発的な意思に基づき申出を行った旨を証した書面の提出を受けるなどにより、当該契約について銀行から要求されたものではないことの確認が必要である（同Ⅱ-3-2-1-2(2)①ヘ）。なお、銀行は、委託を受けた保証人の請求があったときは、主債務の元本や利息等の従たる債務についての不履行の有無・各債務残額・そのうちの弁済期到来分の額に関する情報を提供することが必要となる（民法458条の2）。中小監督指針上も、経営者以外の第三者と根保証契約を締結する場合、原則として、契約締結後、保証人の要請があれば、定期的または必要に応じて随時、被保証債務の残高・返済状況について情報提供が必要とされている（同Ⅱ-3-2-1-2(2)①ト）。

また、経営者以外の第三者との間で個人連帯保証契約を締結する場合（ただし、当該経営者本人とともに当該事業に従事する経営者本人の配偶者が連帯保証人となる場合など、一部の場合を除く。同Ⅱ-11-2(1)）には、「経営者以外の第三者の個人連帯保証を求めないことを原則とする融資慣行を確立」するとの観点に照らし、必要に応じ、「信用保証協会における第三者保証人徴求の原則禁止について」における考え方にも留意しつつ（同

Ⅱ－11－2⑴、当該第三者と保証契約を締結する客観的合理的理由の説明が必要となる（同Ⅱ－3－2－1－2⑵②ハb）。

さらに、保証人（個人事業主たる主債務者を含む）に保証債務（当該主債務者の債務を含む）の履行を求める場合には、保証債務弁済の履行状況及び保証債務を負うに至った経緯など、その責任の度合いに留意し、保証人の生活実態を十分に踏まえて判断される各保証人の履行能力に応じた合理的な負担方法とするなど、きめ細かな対応を行う態勢の構築が求められる（同Ⅱ－11－2⑵）。

対策

●取組態勢に問題があれば業務改善命令の対象

事業融資に係る個人保証については、保証意思宣明公正証書の作成等の対応が求められる。また、そもそも、個人保証の徴求については、「経営者以外の第三者の個人連帯保証を求めないことを原則とする融資慣行を確立し、また、保証履行時における保証人の資産・収入を踏まえた対応を促進する」という政策趣旨に鑑み、適切に行う必要がある。また、これらの取組みにあたって、適切な説明責任を果たすことも必要である。こうした取組態勢・取組状況を踏まえ、内部管理態勢の実効性等に疑義が生じ、業務運営の適切性、健全性に問題があると認められれば、銀行法24条に基づき報告対象となり、また、重大な問題があると認められる場合には、同法26条に基づく業務改善命令の対象となるので、留意を要する（中小監督指針Ⅱ－11－3）。

なお、「経営者保証に関するガイドライン」は、第三者保証人との保証契約にも適用され得る（3項脚注5）ので、同ガイドラインの趣旨や内容を十分に踏まえた適切な対応を行うことが求められている点にも留意しなければならない。

（吉田和央・冨永喜太郎・福島邦真）

136 銀行の保証人に対する情報提供義務

銀行には、保証人に対して、債務の履行状況に関する情報提供や、主たる債務者が期限の利益を喪失した場合における情報提供が求められている。

解説

●保証契約の内容効果の説明

銀行は、保証人が主たる債務者の委託を受けて保証をした場合において、保証人からの請求があったときは、保証人に対し、遅滞なく、主たる債務の元本及び主たる債務に関する利息、違約金、損害賠償その他その債務に従たる全てのものについての不履行の有無並びにこれらの残額及びそのうち弁済期が到来しているものの額に関する情報を提供しなければならない（民法458条の2）。

また、主たる債務者が期限の利益を有する場合において、その利益を喪失したときは、保証人（法人を除く）に対し、その利益の喪失を知った時から2カ月以内に、その旨を通知しなければならない（同法458条の3第1項）。この期間内に同項の通知をしなかったときは、債権者は、保証人に対し、主たる債務者が期限の利益を喪失した時から同項の通知を現にするまでに生じた遅延損害金に係る保証債務の履行を請求することができなくなる（同条2項）。

なお、事業のために負担する債務の保証人になることを個人に委託する場合、主債務者の義務として、その財産及び収支の状況、主債務以外に負担している債務の有無並びにその額及び履行状況、その他の担保がある場合はその内容等の事項に関する情報を提供しなければならない（同法465条の10第1項）。直接的には主債務者の義務であるとはいえ、その不履行につき債権者である銀行が悪意・有過失の場合は保証契約の取消事由となるため（同条2項）、銀行としても主債務者による前記義務の履行を確認、サポート等する必要があろう。

対策

●保証人に適切に情報提供するための態勢整備を

銀行には前記のとおり保証人に対する各種情報提供が求められ、これを怠った場合には遅延利息を請求できないなどの不利益が生じる可能性もある。銀行としては、こうした情報提供が適時適切になされるように、そのための行内フローやマニュアル、帳票等を準備して対応する必要があろう。

（吉田和央）

137 保証書の偽造

代理人がその権限外の行為をした場合、権限があると信ずべき正当な理由があるような第三者（取引の相手方を含む）に対しては、本人が責任を負う（民法110条）。行使の目的をもって権利・義務または事実証明に関する私文書を偽造した者は3カ月以上5年以下の懲役（2025年6月に拘禁刑への改正が予定されている）に処せられる（刑法159条1項）。

解説

●本人から契約内容への同意の記録を求めるのが原則

契約の意思確認においては、契約の内容を説明し、保証意思があることを確認した上で、契約者本人から契約内容への同意の記録を求めることが原則とされている（中小監督指針Ⅱ-3-2-1-2(2)③イ）。保証契約は債権者と保証人との間の書面による契約（民法446条2項）であるから、債権者である銀行としては、保証人本人に対して契約内容の説明等を行い、同意の記録を求めるべきであり、主債務者に保証書を預け、保証人の押印をとってきてもらうといった方法は避けるべきである。

この点、中小監督指針においては、顧客保護及び法令等遵守の観点から十分な検討を行った上で、社内規則等において明確に取扱い方法を定め、遵守のための実効性の高い内部牽制機能が確立されていれば、例外的な書面等による対応も許容されることが示唆されている（同ロ）。しかし、その場合でも銀行は契約内容の説明や保証意思の確認等のため保証人本人と直接やりとりをすることが前提であろうから、例外的な書面等による対応といっても、主債務者に保証契約書を預け、保証人の押印をとってきてもらうといった方法ではなく、あくまで保証人本人から銀行宛てに郵送をしてもらうといった方法が想定されているものと考えられる。

主債務者に保証契約書を預け、保証人の押印をとってきてもらうといった方法では、主債務者による保証書の偽造という事態が生じる余地を生むことになる。特に、夫婦・親子など特定の親族関係においては、別の用件を託した際に印鑑を預けることがあるかもしれないし、本人でなくても印鑑を使用できるような管理の仕方がなされていることもあり得る。

①主債務者が別の用件で本人の意思に基づいて預けられた印鑑を正当な目的外に使用して保証人欄に押印した場合、債権者においてこれを本人自ら作成したものであると信ずべき正当な理由があれば、本人に対して当該保証書に基づき保証債務の履行を請求することができる（民法110条の類推適用）。

②主債務者が本人の意思に基づいて預けられたわけではないにもかかわらず（何らの代理権も付与されていなかったにもかかわらず）本人の印鑑を無断で使用した場合、民法110条は適用されない。

ただし、①、②いずれの場合でも、民事訴訟において当該保証書が偽造されたものであるか争われた場合、本人の印鑑により押印されていることで当該保証書が真正に成立したものとの推定は受け、本人の側でかかる推認を覆すための立証を行うことになる。

なお、保証書の偽造を行った主債務者は有印私文書偽造の罪（刑法159条1項）に問われる。私文書偽造の罪が成立したときには、私印偽造・不正使用の罪（同法167条）はこれに吸収される。また、偽造した保証書を使用した主債務者は偽造私文書行使の罪（同法161条1項）に問われ、有印私文書偽造の罪と牽連犯となる。

対策

●保証書を偽造される余地のない徴求方法を

保証書が偽造された場合でも前記のとおり本人に責任追及ができることはあるが、保証書が真正に成立したものとの推定が覆されることもあるし、その場合に仮に本人が別の用件で主債務者に印鑑を預けていたとしても債権者側に正当な事由が認められなければならず、そもそも本人との間に紛争が生じること自体が大きな不利益である。そのため、行員の面前で保証人に自署・押印してもらうなど、の保証書を偽造される余地のない徴求方法を取ることが肝要である。

（吉田和央・冨永喜太郎・福島邦真）

138 担保の適正評価と説明義務

担保の適正評価は融資担当者の基本的責務であり、顧客との関係でも、その適正評価が追加担保の要請や返済計画立案等の基礎になるので、評価等に関する銀行の判断について、顧客との共通理解に向けた説明態勢の整備が求められている（中小監督指針Ⅱ-3-2-1-2(4)①）。

解説

●担保の適正評価義務

銀行は債権者として担保を適正に評価し、回収ロスのないように心がける必要がある。他方で、一義的には担保評価は債権者が自らのために行うものであり、顧客（借入人、担保権設定者）のために行われるものではないから、対顧客との関係で銀行が担保の適正評価を行う法的義務まで負う（それを怠った場合に銀行が損害賠償義務を負担し、貸金返還請求権との相殺により、実質的に借入金額が縮減される）と考えるのは一般的ではないといえる。

もっとも、不動産バブルの教訓に鑑みると、担保対象物件に応じて、収益還元法、原価法、取引事例比較法等の適切な担保評価の手法を選択し、適切に運用することは銀行の社会的責任である（全国銀行協会連合会「不動産融資のあり方について」（1991年10月22日）参照）。さらに、銀行には、借入人が経営改善計画、借入金返済計画の策定を含む経営改善を進めるにあたり、担保提供を受けた資産の評価等に関する判断の内容について借入人に対して適切な説明を行うことが求められるといえる。これを踏まえ、中小監督指針では、地域密着型金融の機能強化のためには、貸し手と借り手の相互の共通理解を築き、その基盤の下でリスクを共同管理しながら必要に応じて経営改善支援・早期事業再生等に取り組んでいくことが重要であるとし、次のような説明態勢の整備を求めている。すなわち、銀行において、与信後における債務者の業況把握、貸出条件の履行状況、資金使途の確認、事業計画の遂行状況の確認といった債務者の実情にあった適切な管理を十分行うこととされているが、この過程における借り手企業の業況や財務内容、担保提供を受けた資産の評価等に関する銀行の判断について、借り手企業との相互の共通理解を得ることを目的とした説明態勢の整備である（中小監督指針Ⅱ-3-2-1-2(4)①）。

銀行の担当者が適切な担保評価を怠り、担保を過大評価し適正額を超える融資を実行した結果、当該融資が回収不能という事態に至れば、（特別）背任罪（会社法960条、刑法247条。意図的-故意の場合）の成立や善管注意義務違反による損害賠償責任（民法644条、415条。故意または不注意-過失の場合）の発生が問題になり得る。

対策

●適正評価と顧客への説明バランスを

銀行は顧客に対する法的義務として担保の適正評価義務を負うものではないが、担保提供を受けた資産の評価等に関する判断の内容について適切な説明を行うことが求められる。ただし、顧客の納得感を得ようとするあまり、過度に借り手に寄り添って担保評価を歪め、銀行の健全性が害されることのないようにする必要がある。

（吉田和央・冨永喜太郎・福島邦真）

139 担保提供行為と損失の発生

保証や抵当権設定などの担保提供者が担保の解消ができず主債務者の信用悪化などで損失を被った場合、担保設定当時の主債務者の状況等に関する銀行の説明内容が、銀行と担保提供者の双方が十分了解し、表示された契約内容となっていたような場合や、銀行が虚偽の説明をした場合、担保設定契約が取り消されたり、銀行が損害賠償義務を負うことがある。

解説

●担保提供に際しては十分な説明が必要

担保提供に際しての銀行の説明が不十分であるとして、担保提供者から、保証や担保提供契約の錯誤取消の主張や、詐欺による損害賠償の請求がなされることがある。

①表意者が法律行為の基礎とした事情についてのその認識が真実に反する錯誤であって、②その事情が法律行為の基礎とされていることが表示されている場合には、動機の錯誤が成立し、表意者は契約を取り消すことができる（民法95条1項2号、2項）。ただし、その錯誤は法律行為の目的及び取引上の社会通念に照らして重要なものでなければならない（同条1項柱書）。

例えば、建設会社XはAの診療所などの建築工事を請け負ったが、Aに工事残代金の支払いを保留されていたところ、Aが運転資金の追加融資を懇請していたY銀行から、「AがXに工事残代金を支払い、うち500万円をXがAのために担保提供すれば、Aが3カ月程度のうちに1千万円の追加融資を受けられ担保を解消できる」旨の説明を受け、これに従って前記500万円を定期預金としてYに預託し、質権を設定してYに担保に供するとともに、同預金の元利金額の限度でAの借受債務について連帯保証人となったという事案では、この担保提供行為は、YがAに対し、「追加融資をし、その融資の一部をもってAの500万円の貸金債務を決済し、XのAに対する工事請負代金のうち500万円が完全に決済されるものと誤信したことにあり、しかもこれらの事項は契約締結に当たり、XとY間において十分了承済みで、表示された契約内容となっていた」として、要素の錯誤により担保提供契約が無効とされた（仙台高判平1・9・28判時1345号81頁）。また、保証否認の例で、商業ビルを購入するための貸金債務について連帯保証をした保証人に、当該ビルの担保価値について錯誤があるとして、保証契約が無効とされた事案もある（東京高判平24・5・24金法1962号94頁）。

いずれも民法改正（2020年4月1日施行）前の裁判例であり、同改正後は錯誤の効果が無効から取消しに修正されている点等に留意する必要はある（施行日前になされた意思表示についてはなお無効である）が、現在の民法95条の解釈においても参考にすることができる。

対策

●主債務者の保証人への説明義務履行を確認すべき

保証・担保設定契約をするかどうかは債務者と保証人間の内部的な事情により、通常内心の動機に止まるから、それによって直ちに保証・担保設定契約の効果が左右されるものでもない。ただし、保証契約については主債務者に対してその信用状況等の保証人への情報提供義務が課される点に留意が必要である（民法465条の10）。これは直接的には主債務者の義務であるとはいえ、その不履行につき債権者である銀行が悪意・有過失の場合は保証契約の取消事由となってしまうため、銀行としても主債務者による前記義務の履行を確認、サポート等する必要があろう。

（吉田和央・冨永喜太郎・福島邦真）

140 ABL（動産・債権担保融資）の実行と事後管理

ABLは、いわゆる事業性融資やコンサルティング機能の発揮としてさらなる活用が期待されているが、その裏返しとして、銀行において検討すべき項目や融資先の協力を要する場面が多くなる。

●実行時には担保適格性を確認、事後管理では担保対象に係る変動を適切に把握

ABLの実行時には、①法令、契約等による処分制限がないか、②法的に担保権の効力が及ぶか、③譲渡担保権に優先する権利がないかといった観点から、事案に応じた担保適格性の確認が必須となる。以下ではABLのうち債権担保融資を中心に解説する。

解説

①については、債権に関して、譲渡制限特約がある場合等に問題となる。法令による処分制限については、事案ごとに確認が必要である。契約上の特約における処分制限については、債権の場合、譲渡制限特約によっても債権譲渡の効力は妨げられないが（民法466条2項）、当該特約につき悪意・重過失の第三者に対しては履行を拒絶できることとされている（同3項）。②については、債権の場合、ファクタリングの対象として既に譲渡済みである場合等が不適格な場合としてあげられる。③については、債権の場合、まず、相殺可能な反対債権がある場合がこれに当たる。この点、（債権譲渡担保に係る）対抗要件具備時より前に取得された反対債権のみならず、対抗要件具備後に取得された反対債権であっても、（i）対抗要件具備時より前の原因に基づいて生じた債権または、（ii）譲受人の取得した債権の発生原因である契約に基づいて生じた債権に該当すれば、相殺が可能とされている（同法469条）。また、抗弁権切断のためには抗弁について放棄する旨の意思表示を取得しなければならない。

ABLの事後管理とは、担保資産である在庫動産や売掛債権等の状況をモニタリングすることであるが、その内容や程度は、融資先の個別の信用リスクや担保対象の性質等によって様々である。担保資産残高に応じて貸出の基準額を定めるボロイングベース型融資の場合には厳格な事後管理が求められる。他方で、信用保証協会のＡＢＬ保証制度を利用している場合、そこで行われるモニタリングは簡易なものにとどまることが多いのが実情である。

対策

●担保対象に応じた設定、対抗要件の取得

ＡＢＬの実行の際、担保適格性に疑義が生じたものは基本的に担保対象から除くことになるが、譲渡制限特約については解除を依頼する事案もある。担保設定後の対抗要件については、債権の場合、設定時には債権譲渡登記のみ行い、事後管理に基づき実行の必要性が高まった時点で第三債務者への債権譲渡登記に係る登記事項証明書を送付して通知を行うのが一般的である。

（吉田和央・冨永喜太郎）

141 偽造預金証書を担保とした融資

預金証書は小切手などの有価証券とは異なり、預金債権の存在を示す証拠証書にすぎない。したがって預金担保を設定する場合にも本人確認するとともに、預金債権の存在を確認する必要がある。

解説

●偽造預金証書に預金の裏付けはない

銀行預金は民法上、消費寄託契約であり(民法666条)、預金者は銀行に対して預金債権を有している。預金証書が偽造された場合には、預金債権はなんら存在せず、預金証書は単なる紙である。このような偽造された預金証書が、担保として提供されて融資の申込みがされ、それに応じて銀行が融資を実行した場合、どのような法的結果になるであろうか。銀行は無効の預金証書が有効であり預金債権が存在しているものと信じ、融資実行したことに他ならない。預金証書は、預金という名の債権の証拠証書にすぎず、銀行振出小切手(預手)のような代表的有価証券に比較すると、法的効力の劣る証書といわざるを得ない。

仮に預金証書が偽造されたものではなく真実のものであったとしても、それを担保取得するには、質権設定契約を締結し、発行銀行(第三債務者)に対し質権設定承諾を請求し、かつ承諾を得るという手続を踏まなければならない。

対策

●発行銀行への照会

預金証書を担保として取得する場合、当然のことながら、当初は偽造かどうか必ずしも明確ではない。しかし、預金証書から発行銀行や当該支店の規模は判断可能である。そして、その程度のスケールの支店で巨額の預金が存在するかどうかも、判断可能と考えられる。このような判断をクリアした預金証書が、はじめて担保取得の対象となり得る。言い換えると、預金証書から判断して偽造が疑われる預金証書を担保取得しようとするのは論外である。では、具体的に預金証書を担保取得しようとする場合に、銀行はどうしたらよいか。金額の大きい預金証書を担当取得する場合には、発行銀行への電話照会に止まらず、発行銀行を訪問して、関係する複数の役席者に面談の上、預金の存否を確認し、かつ質権設定の承諾を得て、預金証書が真実のものであることを確認する必要がある。

（中島　皓）（吉田和央・福島邦真）

142 虚偽の質権設定承諾書

定期預金は債権であるところ、債権への質権設定の第三者対抗要件は第三債務者への確定日付のある証書による通知または承諾である（民法364条、467条）。しかし、虚偽の承諾書によった場合には承諾そのものが有効とはならない。

解説

●虚偽の質権設定承諾は無効

虚偽の質権設定承諾書が作成される事例は2つが考えられる。第一は、正当に存在する預金についての質権設定承諾であり、第二は偽造された預金証書についての承諾である。まず、第一のケースの場合、預金そのものは存在するが、質権者（債権者）は第三者に優先する対抗要件の具備はできないことになる。第三債務者（預金証書発行銀行）の真意に基づく正当な質権設定承諾が行われない限り、単なる承諾書という書面だけが存在しても、質権設定承諾は無効である。

第二のケースは、第一のケースに比べると二重の問題点がある。一点目は、第一のケースと同様、質権設定承諾が虚偽である以上、承諾が無効であるという問題である。二点目は、預金が存在せず単に預金証書が存在するにすぎない状態において、虚偽の質権設定承諾をしたとしても、存在しない預金が有効になることはない（預金がないにもかかわらず預金について真正な質権設定承諾が行われるケースは、実際には考えられない）という問題である。ルーティンワークが大量に処理されている状況においては、書面や印影の存在が過大評価され、それらが存在するだけで、預金が実在するのか、質権設定承諾書は真正なのか、を確認する意識が欠落する場合が少なくない。質権の対象となる目的物（預金など）が真に存在するのか、真に第三債務者が質権設定に承諾するのかを見据えた事務運営をしなければならない。

なお、第三債務者の行った質権設定承諾が、第三債務者以外に対して対抗力をもつためには、確定日付（民法施行法5条、民法467条2項）のある証書によることが必要で、通常、公証役場で承諾書に確定日付印の押捺を受ける。

対策

●質権設定承諾書発行銀行を訪問

大きい金額の預金証書についての質権設定承諾書が作成されている場合、融資を実行しようとする者は、前記第一、第二のケースを問わず、承諾書の発行銀行を訪問して、複数の役席者に確認をとる必要がある（事前には第一のケースか第二のケースかも分からない）。単なる電話照会では最善を尽くしたとはいいがたい。そして、発行銀行（銀行全体と当該支店）の資金量などの外部的要因と預金証書に表示のある預金額との比較や預金証書、質権設定承諾書の体裁などに、不審な点を感じたなら、発行銀行の役席者に遠慮なく質問をするべきである。発行銀行としては、自店の大口預金者の資金調達に協力しようとの姿勢があるはずなので、真の預金、真の承諾があるかぎり快く質問に応じると考えられる。

（中島　皓）（吉田和央・福島邦真）

第八章　管理・回収

143 取引関係見直し時の説明責任

借り手企業との取引関係の見直し等を行う場合の説明については、銀行の営業上の判断に即した本来の説明を的確に行う必要があり、金融検査等を口実とするなどの不適切な説明を行わないよう留意する（中小監督指針Ⅱ－3－2－1－2(5)）。

解説

●取引関係の見直し等の場合の説明

借り手企業との取引関係の見直し等を行う場合の説明については、銀行の営業上の判断に即した本来の説明を的確に行う態勢が整備されることが必要である。

金利の見直しについて、一般的な銀行取引約定書には「金融情勢の変化その他相当の事由がある場合には、一般に行われる程度のものに変更される…」旨の規定（旧ひな型3条1項）があり、銀行が一方的に変更できるとする解釈もあるが、金融情勢の変化等があって金利の引上げが必要な場合であっても、実務的には顧客に十分な説明を行った上で、同意を得て変更する必要がある。その際、優越的地位濫用に当たらないように、金利引上げの要請に応じなければ今後の融資等に影響があり得るとの誤解を与えないように留意し、理由の説明と交渉を十分に行い、一方的に金利引上げを求めることがないようにする必要がある。

返済条件の変更、担保追加設定・解除等の場合も、これまでの取引関係や、顧客の知識、経験、財産の状況を踏まえ、顧客の理解と納得を得ることを目的とした適切な説明を行う必要がある。

顧客の要望を謝絶し貸付契約に至らない場合には、これまでの取引関係や、顧客の知識、経験、財産の状況及び取引を行う目的に応じ、謝絶の理由等についても説明する。なお、長期的な取引関係を継続してきた顧客に係る手形貸付について更なる更改を謝絶する場合等には、時間的余裕をもって説明するべきである。

また、延滞債権の回収（担保処分及び個人保証の履行請求によるものを含む）、債権譲渡、事業再生手続（法的整理・私的整理)及び保証人の個人再生手続等の場合には、顧客に対して客観的合理的説明をする他、保証人に対しても正確な情報を提供する。

なお、主たる債務者において経営の改善が図られたことなどにより、顧客や保証人から保証契約の解除等の申入れがあった場合は、経営者保証の必要性や適切な保証金額等について真摯かつ柔軟に検討を行った上で、その検討結果について顧客と保証人に対して丁寧かつ具体的に説明する必要がある(経営者保証ガイドライン6(1)②)。

対策

●**優越的地位濫用にならないように十分な説明を行う**

顧客との取引条件の見直しに際しては、その内容が合理的なものであり、利息制限法等の法令に抵触しないことも前提となるが、特に金利引上げや担保の追加を求めるなどの場合には優越的地位濫用とされないよう十分に留意する。顧客との取引の謝絶の場合には、理由を丁寧に説明するとともに、顧客の立場に立って時間的余裕にも留意する。

(湯川昌紀・寺岡咲紀)

144 貸出条件変更申出等への適切な対応

融資先から、貸出条件変更の申出等があった場合、銀行は、経営再建計画等を踏まえ顧客の事業の将来性を適切に評価した上でこれに応じるか否か検討すべきである。また、謝絶する場合、銀行はその理由を説明する必要がある。

解説

●貸出条件変更申出等に対する対応

貸出条件変更の申出を受けた場合、迅速な対応が必要である。なぜなら、貸出条件の変更を謝絶することとなった場合、顧客には他の選択肢を検討する必要が生じるからである。

貸出条件変更の申出に伴う経営再建計画は銀行が融資先に提出を求めるものであるが、自力での策定が難しい顧客に対しては銀行自らサポートを行うことが望まれる。具体的には、銀行が把握している問題点、求める改善水準等を共有した上で議論し、最終的には融資先自身が当事者意識をもって策定することとなる。

２０１７年3月17日に公表された金融モニタリング有識者会議報告書では、金融庁の検査・監督において、担保・保証の有無や借り手の直近のバランスシートに着目した個別の資産査定に重点を置くのではなく、銀行が顧客の事業の将来性を評価して融資を行っているかに着目するための手法を更に整備していくべきとされている。貸出条件変更の申出に対しても、財務諸表等の表面的な数値等にとどまらない顧客との緊密なコミュニケーションを通じた詳細な実態把握の上、担保や保証人の有無ではなく、顧客の技術力や成長性、事業そのものの採算性等を重視して判断するべきである。

●貸出条件変更申出を謝絶する場合の銀行の説明責任

貸出条件変更申出の謝絶に対して、中小監督指針は「これまでの取引関係や、顧客の知識、経験、財産の状況及び取引を行う目的に応じ、可能な範囲で、謝絶の理由等についても説明する態勢」の整備を求めており(Ⅱ-3-2-1-2(5)②)、単なる形式的説明にとどまらず、顧客の実態を把握の上、その実態に沿った説得力のある説明をするべきである。

対策

●判断内容と説明内容の保存が必要

貸出条件の変更に応じる場合でも応じない場合でも、その判断の適切性が確認できるように記録に残す必要がある。また、特に謝絶する場合にはその説明を適切に行ったことが確認できるように記録に残す必要がある。

(湯川昌紀・寺岡咲紀)

145 担保の解除、差替え

保証人等が債務者に代わり債務を弁済した場合、当該保証人等は銀行の担保権について銀行に代位することができる。そのため、銀行が保証人等の承諾を得ないまま担保の全部または一部を解除したり、担保を差替えたりした場合には、保証人等が損害を被るおそれがあるので、担保の解除や差替えにあたっては原則として保証人等の承諾を得る。

解説

●担保保存義務免除特約がある場合でも保証人等の承諾を得るべき

債務者のために弁済した者は、債権者に代位して債権者が有していた一切の権利を行使することができる（民法499条、501条）。

もっとも、債務者の代わりに債務を弁済する者として典型的に想定されるのは、請求を受ける保証人や担保提供した資産を失う可能性のある物上保証人であり、こうした弁済をするについて正当な利益を有する者は、銀行に対して債務を弁済した後に主債務者に対する求償権を回収するために、銀行が持っている担保権を銀行に代位して行使することを期待する立場にある。

他方、銀行が担保権を保証人等に無断で解除したり、差し替えたりした場合、保証人等は求償権を当該担保権から回収できなくなるおそれがあるため、民法504条は、保証人等の弁済をするについて正当な利益を有する者は、債権者が故意または過失により担保を喪失または減少させた場合は、その範囲で保証債務等を免れることとしている。

実務上は、保証約定書や抵当権設定契約において、銀行が保証人や物上保証人の承諾なく他の担保を解除したり変更したりしても免責を主張しない旨の特約（担保保存義務免除特約）をしている場合が多い。この特約は、原則として有効であるとされているが、信義則に反しまたは権利の濫用にあたる場合は特約の効力が認められない場合があり得る。このため、担保の解除や変更にあたっては原則として保証人等から承諾を得るのが望ましい。

また、民法504条2項では、担保の喪失や減少が取引上の社会通念に照らして合理的な理由がある場合には担保保存義務の違反にならないとされており、経営者の交替に伴って保証人が旧経営者から新経営者に交替する場合や、抵当権を設定している不動産を適正価格で売却し、その代金を債務の弁済に充てることを前提に、その抵当権を抹消するような場合が該当する。

対策

●担保の解除や変更時には保証人等からの承諾を得る

民法は担保保存義務を負わない場合を規定しているが、担保の解除や変更時には保証人等からの承諾を得るべきである。

（湯川昌紀・寺岡咲紀）

146 虚偽、捏造した自己査定

支店長や融資課長などが、自店の業績をよく見せるため、あるいは情実融資の発覚を恐れて、自店の融資について実態を反映しない虚偽の報告を行うことは、銀行に損害を与える可能性があり、善管注意義務違反として賠償する責任を負う。

解説

●善管注意義務

支店長や融資課長などが、自店の業績をよく見せるため、あるいは情実融資の発覚を恐れて、自店の融資について実態を反映しない虚偽の報告を行うことにより、銀行として新規の融資や債権の保全に係る判断を誤る可能性があり、これによって銀行が損害を被る可能性がある。この場合、虚偽や捏造を行った者は、銀行に対する善管注意義務に違反したものとして当該損害を賠償する責任を負う。

●適切なディスクロージャー

また、銀行法施行規則19条の2第1項5号、信用金庫法施行規則132条1項5号及び金融再生法6条では、自己査定に基づいて不良債権の金額を開示することとされている。自己査定において虚偽や捏造があれば、ディスクロージャーに誤りが生じることにもなる。銀行内部の問題にとどまらず、外部の投資家や預金者を欺くことに留意が必要である。

対策

●画一的な運用がなくなった後も、正しい自己査定が必要

２０１９年に金融検査マニュアルが廃止され、自己査定において画一的な運用はなくなっているが、信用リスクの管理や開示の必要性は変わっておらず、その前提として正しい自己査定が必要である。

（湯川昌紀）

147 増担保請求の限度を超えた担保請求

銀行が、顧客と取り交わした銀行取引約定書所定の増担保請求条項の限度を超えて、顧客に増担保の請求をしても、顧客はこれに応じる法的義務はなく、銀行も担保差入れに応じないからといって、期限の利益を喪失させることはできない。

解説

●増担保請求条項の合理性とその限界

一般的な銀行取引約定書では、銀行の(増)担保差入請求権が規定されている(旧ひな型4条1項)。それは、取引先に対して有する銀行の債権の実質的価値を確保するために、取引先の担保差入義務が生じる場合を銀行優位に拡大したものである。

そこでの要件は、「債権保全を必要とする相当の事由が生じたとき」という包括的・抽象的なものであるが、それは銀行の恣意を許すというものでは決してなく、客観的に自己の債権保全の確実性が減少した場合に限られる。そのため、銀行をとり巻く金融事情の逼迫などを理由に、増担保の差入れを請求することなどは許されないし、当初から債権保全の確実性が乏しかった場合にも、後に当該条項によって担保差入れを求めることもできない。

また、債権保全の相当の事由が生じたか否かは、主として取引先や保証人の資力、担保目的物の価額、当該担保の法的確実性や換価可能性の大小等によって判断される。

そして、この要件を満たす場合には、銀行が担保差入請求をすると、取引先は直ちに銀行の承認する担保を差し入れる義務を負うが、要件を満たさない場合には、担保差入義務は発生しない。

なお、増担保請求の条項を置く場合には、できるだけ要件を明確にすることが望ましいが、要件を具体化した場合(例えば、①取引先の経済事情が悪化した場合、②担保のき損・減少や担保価値が減少した場合、③前記事由の生じるおそれが差し迫っている場合等）に、それに該当しないのに担保差入請求をしても、取引先はこれに応じる義務はない。

対策

●過大な担保徴求は慎むべき

銀行の正当な増担保請求に応じない場合には、担保の差入れを強制するよりも、期限の利益を喪失させて貸金を回収するのが現実的である。そのため、担保差入れの拒絶は、期限の利益喪失事由となる。

しかし、それも増担保請求権が適法に成立していることが前提であり、その要件を欠く場合にまで、取引先が担保差入れ・期限の利益喪失という負担を強いられる理由はない。

取引先の経済活動を不当に拘束することなく、契約当事者の対等な関係を実現するためにも、過大な担保の徴求は慎まなければならない。

（和田好史）

148 信用不安先からの接待饗応による情実融資

支店長等が、債務者から再三接待を受け、信用状況の悪い取引先に融資を行い、これが不良債権となったときには、善管注意義務違反として、銀行に対し損害賠償義務を負うだけでなく、特別背任罪（10年以下の懲役（2025年6月に拘禁刑への改正が予定されている）もしくは1千万円以下の罰金またはこれらの併科）にも問われる。

解説

●損害賠償義務のみならず特別背任罪の成立もあり得る

銀行の支店長や融資課長は、その職務において部分的な包括代理権を有しており、受任者として、銀行に対して善管注意義務（民法644条）を負っている。信用状況が悪くて回収の見込みの少ない取引先に貸し付けこれが不良債権となった場合、この義務に違反したものとして損害賠償義務を免れない。

さらに、支店長や融資課長は、特別背任罪（会社法960条1項7号）に定められている「事業に関するある種類または特定の事項の委任を受けた使用人」の身分を有し、確実な債権の回収を旨とすべきであるが、再三接待を受け、信用状況が悪く回収の見込みの少ない取引先に貸し付けるのは、任務に反し、これが不良債権となった場合には、第三者である取引先の利益を図る目的も肯定できるから、特別背任罪が成立する。

対策

●絶対に断るべき

過去において親密なつきあいがあり、後ろめたい部分が仮にあっても、信用不安のある取引先からの接待は絶対断るべきである。

（和田好史）

149 不十分な事業性評価に基づく融資

過去の決算数値や担保・保証に過度に依存せず、事業性評価に基づき融資を行うことは、銀行が金融仲介機能を発揮する上で重要であるが、善管注意義務を果たすことが必要である。

解説

●善管注意義務を果たす必要がある

過去の決算数値や担保・保証に過度に依存することなく、事業性評価に基づき融資を行うことは、銀行の金融仲介機能の発揮という面で重視されている。

他方、過去の決算数値からは回収可能性が高いとは判断されず、また担保・保証を受け入れなかったことによって回収不能が生じた場合には、一般的には善管注意義務違反とされる可能性があることに留意すべきである。したがって、事業性評価に基づき融資を行う場合には、形式的ではなく、その根拠となる資料の正確性、事業の内容や将来の見通しに係る客観性及び合理性を十分に検証し、善管注意義務を果したと言えるような事業性評価を行うことが必要である。

対策

●正確な資料に基づき、客観的・合理的に判断する

後に回収不能が生じ善管注意義務違反とされないよう、事業性評価は正確な資料に基づき、客観的・合理的に行い、それを記録に残すべきである。

（湯川昌紀・寺岡咲紀）

150 信用悪化先への追加融資

信用悪化先への追加融資にあたっては、客観性を持った再建・整理計画が策定され、当該計画は銀行内部での正式な承認がされているものである必要がある。

解説

●追加融資が許される場合

銀行の取締役は、銀行に対して善管注意義務を負っており、最高裁決定平成21年11月9日は、融資業務に際して要求される銀行の取締役の注意義務の程度は一般の株式会社取締役の場合に比べ高い水準のものであるとしている。具体的には、融資業務の実施に当たっては、元利金の回収不能という事態が生じないよう、債権保全のため、融資先の経営状況、資産状態等を調査し、その安全性を確認して貸付を決定し、原則として確実な担保を徴求するなど、相当の措置をとるべき義務を有するとされている。このため、信用悪化先への追加融資をするに際しては、原則として十分な担保を徴求して融資を行うべきであり、支援策として無担保または不十分な担保で追加融資を行うためには、客観性を持った再建・整理計画が策定され、当該計画は銀行内部での正式な承認がされているものである必要があるとされている。

●虚偽または不合理な情報に基づく判断は許されない

また、最高裁判決平成20年1月28日は、不動産鑑定士による担保の評価額の前提が実態とかけ離れていた場合の追加融資について善管注意義務に違反すると判断しており、虚偽または不合理な情報に基づいて追加融資を行うことは許されないと考えられる。

最高裁平成21年11月27日は、県議会が取引先への融資に充てることを意図して中小企業対策費の計上を行っていたが、県が求めていた融資の条件が満たされることが期待できない状況においては、県からの融資までのつなぎ融資を銀行が行うことは善管注意義務に違反すると判断しており、追加融資を行うに際しては返済の可能性が合理的に見込まれている必要があると考えられる。

対策

●信用悪化先への追加融資には慎重な対応が必要

銀行が信用悪化先への支援のために追加融資を行うことはあり得るが、融資判断においては高度の注意義務が課されていることから、客観性を持った再建・整理計画が策定され、当該計画は銀行内部での正式な承認がされているものである必要がある。また、その前提となっている情報に不合理な点や誤っている点がないかの検証も必須である。

（湯川昌紀）

151 経営改善計画と経営介入

銀行が、経営不振に陥った貸付先に対し、融資等を通じた影響力を背景として、銀行の指導・策定した経営改善計画を押し付けるなど、不当に貸付先の事業活動に関与する場合には、貸付先の自由かつ自主的な判断による事業活動を阻害し、競争上不利な地位に置くことになり、独占禁止法上問題となる。

解説

●貸付先の事業活動への関与と独占禁止法

企業が事業活動を展開する上で、銀行借入が果たす役割は依然として大きく、殊に経営不振に陥った貸付先にとっては、追加融資を期待するのはもちろん、回収行為の回避等の面において、銀行の影響力は絶大である。そのため、銀行から各種の要請を受けた企業は、その意思に反していても、今後の融資等への影響を懸念してこれに応じざるを得ないという状況が起こり得るが、これは銀行の優越的地位の濫用として独占禁止法上の問題を生じやすい。

他方、債権者である銀行にとっては、広く公衆から預金を受け入れていることなどもあり、その債権保全に意を用いるのが基本的責務であり、その保全に必要な合理的範囲内では、融資先の事業活動に関心を払うことも正当化され得る。

要は、融資先の事業活動の自由（自主的経営判断）と、債権保全の必要性との調和の問題であり、銀行が、金融や財務等に関する専門的知見を駆使して、経営改善計画に助言を与えることがあっても、その策定・採否等の最終判断は、あくまでも事業主体である融資先に留保されていることがポイントである。それを超えて、例えば資金の調達・運用、資産の管理・運用、人事政策等に干渉するなどして、融資先の意思決定を拘束し、これに不利益を与えるような行為は、優越的地位の濫用として独占禁止法上の問題となるので、回避しなければならない（公正取引委員会「金融機関と企業との取引慣行に関する調査報告書」（２０１１年6月15日））。

対策

●融資先の経営改善に関する基本的姿勢

経営不振からの脱却を目指すには、その取組みが早いほうが効果も高いことはいうまでもない。い。そのため、常日頃から融資先の業況に目を配り、早めに的確な助言を与えられるよう配慮することが必要である。貸出金の管理というのは、何も静的（法的）な回収に向けた行為に止まるものではなく、むしろ動的（経済的）な視点が必要であることに留意すべきである。

もっとも、早期であればあるほど、債権保全の必要性は顕在化しておらず、助言といっても取引先の任意の要請によるのが基本である。双方の協働作業として、経営改善と返済の実行が表裏の関係にあることを認識してもらうのが肝要で、回収に偏して、銀行の利益のみを追求して押付けを図るようでは、経営への不当拘束を理由にした損害賠償請求（貸金との相殺）の問題も生じかねない。

（和田好史）

152 事業再生会社への全額出資と融資取引

原則として基準議決権数（総議決権の5%）を超えて事業会社への出資を禁止するいわゆる「5%ルール」の例外として、銀行・銀行グループは事業再生会社への最大100%の出資を行うことができるが、銀行による支援を含めた事業計画の策定が必要とされるなど、その内容の実現可能性の検証を適切に行う必要がある。

解説

●事業再生会社への出資

2021年11月施行の改正銀行法により、民事再生手続中の会社以外にも、銀行による人的、財政上等の支援を含めた事業計画が、官公署、商工会議所、弁護士、公認会計士、税理士、コンサルティング会社等の関与の下で策定されている場合には、事業再生会社として、最大10年間、基準議決権数（総議決権の5%）を超えて事業会社（非上場企業に限る）への最大100%の出資を行うことが可能とされた（銀行法施行規則17条の2第6項第9号、7項、12項）。

●事業計画の策定と検証

この例外により、事業再生会社に対して出資を行う場合、事業計画には、銀行による人的、財政上等の支援が含まれる必要があり、デットエクイティスワップ等の他、人的な支援への取組みも期待される。他方で、優越的地位濫用や経営への不当な介入が生じないように留意する必要がある。

また、銀行が出資を行う際には、事業計画の実現可能性の検証が必要であり、特に銀行の出資が認められている期間が最大10年間であることも踏まえた実現可能な計画とされているかを検証する必要がある。法令上の要件として、計画策定には官公署、商工会議所、弁護士、公認会計士、税理士、コンサルティング会社等の関与が必要とされているが、かかる関与によって銀行の出資の合理性が担保されるものではなく、銀行自らも実現可能性の検証を行う必要がある。

●利益相反管理

銀行がエクイティ出資と融資の両方を行う場合、銀行が出資者の立場と債権者の立場を有することになり、その間で利害が一致しない可能性がある。また、株式の取得や譲渡の相手方に銀行が融資やアドバイザリー業務を提供する場合も、利益相反が問題となり得る。このような場合には、顧客からの同意、情報の隔離等の利益相反管理が必要になる場合があることに留意が必要である。

対策

●事業再生局面における金融機関の役割

特に地域金融機関においては、融資のみならず、出資を通しても地域経済を下支えすることが求められている。もっとも、出資を行うには事業計画の検証について適切に行うことが前提となる。

（湯川昌紀・寺岡咲紀）

153 中小企業事業再生等ガイドラインに基づく私的整理

「中小企業の事業再生等に関するガイドライン」が定める中小企業版私的整理手続は、中小企業者、金融機関等に対して準則型私的整理手続の新たな選択肢を提供するものであり、中小企業者の特性に応じた内容とされている。

解説

●中小企業版私的整理手続の概要

２０２１年6月に公表された「成長戦略実行計画」を受け、中小企業基本法2条1項に定める中小企業者の事業再生等に係る総合的な考え方を取りまとめた「中小企業の事業再生等に関するガイドライン」（２０２２年4月15日から適用）は、中小企業の事業再生等に関する基本的な考え方（第2部）や、中小企業の事業再生等のための私的整理手続（第3部）について定めたものである。このうち、ガイドライン第3部が定める中小企業版私的整理手続は、中小企業者、金融機関等に対して準則型私的整理手続の新たな選択肢を提供するものであり、再生型私的整理手続と廃業型私的整理手続からなる。

中小企業版私的整理手続と、「私的整理に関するガイドライン」との主要な相違点として、①中小企業者を対象とする、②第三者である支援専門家が中小企業者の作成する計画の検証等を行う、③実質的な債務超過解消年数等の数値基準を中小企業者の実態に合わせたものとする、④経営者の退任や株主の権利の全部または一部の消滅を必ずしも必須としていないといった点があるとされる（「中小企業の事業再生等に関するガイドライン」Q&A）。

中小企業版私的整理手続は、公正衡平性の尊重及び透明性の確保を旨とし、法的拘束力はないものの、主要債権者は、中小企業者から本手続の利用を検討している旨の申出があったときは、誠実かつ迅速にこれを検討し、相互に協力するものとされる。再生型私的整理手続においては、所定の要件を充足する中小企業者が、主要債権者全員の同意を得て、第三者支援専門家を選任し、自助努力が十分に反映されたものであるなどの事業再生計画案を立案し、計画案の実行可能性や金融支援の必要性等についての第三者支援専門家の調査報告を経て、全ての対象債権者が計画案に同意し、第三者支援専門家がその旨を文書等で確認した時点で事業再生計画が成立する（158債権放棄の限界」も参照）。成立後、主要債権者は、中小企業者の事業再生計画達成状況等について、定期的にモニタリングを行うものとされる。

対策

●事業再生計画案は、地域経済への影響に鑑みた内容とすることも可能

事業再生計画案は、必要に応じて、地域経済の発展や地域創生への貢献、取引先の連鎖倒産回避等による地域経済への影響に鑑みた内容とするものとされており、このような観点から中小企業版私的整理手続を活用することも検討に値する。

他方、再生型私的整理手続を検討する過程において、事業の継続可能性が見込まれないと判断し、かつ、中小企業者からも廃業の申出があった場合は、廃業型私的整理手続の適用も含めて、可能な対応を行うことになる。

154 住宅ローンの条件変更等のきめ細かな対応

住宅ローンの返済に支障を生じた借入人から返済条件軽減の申込みがあった場合には、借入人の実態を十分に踏まえた上で迅速かつ適切に対応するように努めるとともに、独立行政法人住宅金融支援機構等の他の金融機関が存在するときは、他金融機関との緊密な連携を図るよう努める。

解説

●ローンの返済が困難となった際の相談に真摯に対応すべき

ローンの返済が困難となった住宅資金借入者から返済計画についての相談を受けた銀行は、真摯に対応するべきである。その際銀行は、返済計画見直しの理由、返済の強い意思、家計改善のプラン等の説明を受けるとともに、一定期間は月々のローン返済額が少なくなり、かつ、住宅を手放さなくてよいというメリットと、あわせて、利息の支払総額が増額し、かつ、一定期間を経過すると月々のローン返済額が増額するというデメリットも説明して対応すべきである。このような返済軽減措置が困難な場合は、任意整理や特定調停の活用、または、個人再生手続と住宅資金貸付債権に関する特則の活用を検討することになろう（民事再生法196条）。

対策

●引き続き真摯な対応を

住宅ローン借入人から条件変更の相談申込みを受けた際、銀行は、真摯な対応を取るべきである。

（旗田　庸）

155 詐害行為となる債権回収の禁止

債務者の危機時期に行った銀行の債権回収行為については、他の債権者から詐害行為取消権を行使され、効力を否定される可能性があるため、慎重な対応が必要である。

解説

●債権回収といえども詐害行為となって効力が否定される場合がある

銀行が貸付債権の回収を行うことは、基本的には正当な権利行使として許容されることになるが、債務者の危機時期に行った銀行の債権回収行為については、他の債権者から詐害行為取消権を行使される可能性があり、留意を要する。

具体的には、民法上、債務者がした既存の債務についての担保の供与または弁済などの債務の消滅に関する行為が、①債務者が支払不能の時に行われたものであり、かつ、②債務者と受益者（上記の例では銀行）とが通謀して他の債権者を害する意図をもって行われたものであれば、詐害行為取消権の対象となるものとされている（民法424条の3第1項）。また、当該行為が弁済期よりも前の弁済など債務者の非義務行為である場合は、①の「支払不能の時」との要件が、「債務者が支払不能になる前30日以内」と拡張される（同条2項）。破産法上も、偏頗行為は否認権の対象とされているが（破産法162条）、民法上の詐害行為取消権の行使に当たっては、判例（最判昭33・9・26民集12巻13号3022頁）を踏まえ、債務者と受益者の通謀的害意が要件とされている。

また、代物弁済についても、受益者の受けた給付の価額が消滅した債務の額より過大であるものについて、詐害行為取消権の要件を満たせば、当該過大な部分が詐害行為取消権の対象となるものとされている（民法424条の4）。

銀行に対する弁済が詐害行為であるとして他の債権者が詐害行為取消権を行使した場合、銀行は、当該債権者の求めに応じ、債務者または当該債権者に対して金銭を返還する必要があり、過大な代物弁済の場合は、超過額相当の金銭を返還する必要がある（民法424条の6第1項及び424条の9）。

対策

●詐害行為となる債権回収は慎むべきである

債務者の危機時期に行った銀行の債権回収行為が詐害行為取消権に該当するためには、債務者との通謀的害意が要件とされるため、このような債権回収が直ちに取り消されるものではないものの、回収行為の態様如何によっては、債務者との通謀的害意が認定される可能性も否定できない。また、当該債務者につき、破産手続開始決定がなされれば、否認権の対象となりうるものである。

債務者が危機時期にあると認められる場合、銀行としては、債務者に対する債権回収行為が詐害行為取消権の対象に当たるか、その要件該当性を見極めた上で、詐害行為取消権を行使される可能性が高いものについては、弁済の受領を控えるなど、慎重な対応が必要である。

156 反社会的勢力との取引解消と回収に向けての対応

貸出先が、事後的に反社会的勢力であると客観的証拠により判断された場合には、暴排条項に基づき、期限の利益を喪失させ、回収に向け検討する。また、特に貸出額の全額は回収できず、残債務について免除するような場合、「利益供与」とならないかの確認が必要である。

解説

●解決の放置は組織のレピュテーションに関わる問題となる

融資実行後に反社会的勢力との疑いがあると判明した場合や、オーナーチェンジや乗っ取りによって事後的に反社会的勢力であることが疑われる場合、まずは、取引関係に関する具体的な事実関係の確認と反社会的勢力であるとの客観的証拠の収集が重要である。

事実関係の確認と客観的証拠の収集を進め、反社会的勢力であるとの疑いの濃淡などにより、引き続き情報収集を継続し、モニタリングを行うのか、あるいは、期限の利益の喪失に踏み切るのかを検討する。この間、新規申込みや条件変更については謝絶する。事後的に貸出先からは、期限の利益喪失の効力を争われ、損害賠償請求を受ける可能性もあるから、事実関係や判断過程については、十分に記録化しておく。いずれにしても、疑わしい事例が存在した場合に、検討を行わず、解決を放置することは、組織のレピュテーションに関わるので真摯に対応すべきである。

その上で、十分な判断根拠が整った場合、貸出先と取り交わした銀行取引約定書等に暴排条項が導入済みであれば、暴排条項に、そうでなければ、「債権保全を必要とする相当の事由」（銀行取引約定書旧ひな型5条2項5号）に該当するとして、期限の利益喪失通知を発することになる。配達証明付内容証明郵便で発送し貸出先に到達した証拠を残す必要があるが、いわゆるみなし送達規定によらなければならない場合、十分かつ慎重な対処が必要となる（銀行取引約定書等のみなし送達規定のほか、民法97条2項は、相手方が正当な理由なく意思表示の通知が到達することを妨げたときは、通常到達すべきであったときに到達したとみなされるとされており、これらに該当するか検討が必要となる)。

期限の利益喪失後は、所定の手続により、訴訟提起等に移行することになるが、貸出先から、債務額全額の支払ではなく、分割払い、あるいは一部払いの上で残部の免除依頼のような申出がなされることがあり得るが、新たな期限の付与や減免を内容とする解決は、反社会的勢力の活動を助長するいわゆる「利益供与」(東京都暴力団排除条例24条3項等)となる可能性があるとの指摘もある。特に判決取得により強制執行に至っても全額回収が困難である場合には、反社会的勢力としての色合いの強さ、貸出金の使途、回収見込額等を検討し、合理的かつ的確な回収活動に向けて、関係諸機関とも協議の上、慎重な判断が必要となる。

対策

●積極的な対応を行わないことは善管注意義務違反に問われ得る

事実関係を詳細に確認した上で、判断過程(データベース照合等)を具体的に記録し、貸出先が反社会的勢力であることの客観的証拠を固めた上で、さらには実際の債権回収の可能性、法的手続を選択するか否かを、慎重に検討する。仮に反社会的勢力との取引を把握したにもかかわらず、積極的な対応を行わない場合には、経営陣に善管注意義務違反等の法的責任が生じることがあり得る。一方、十分な検討を行った上で、期限の利益を喪失させ、結果的に回収不能となった場合は、そのような責任が生じる可能性は低いと思われる。

反社会的勢力との取引解消の着眼点は次のとおり(中小監督指針Ⅱ-3-1-4-2(5))。

①反社会的勢力との取引が判明した旨の情報が関連部署を経由して迅速かつ適切に取締役等の経営陣に報告され、経営陣の適切な指示・関与の下で対応を行うこととしているか。

②平素から警察・暴力追放運動推進センター・弁護士等の外部専門機関と緊密に連携しつつ、預金保険機構による特定回収困難債権の買取制度の積極的な活用を検討するとともに、当該制度の対象とならないグル

ープ内の会社等においては株式会社整理回収機構のサービサー機能を活用するなどして、反社会的勢力との取引の解消を推進しているか。

③事後検証の実施等により、取引開始後に取引の相手方が反社会的勢力であると判明した場合には、可能な限り回収を図るなど、反社会的勢力への利益供与にならないよう配意しているか。

④いかなる理由であれ、反社会的勢力であることが判明した場合には、資金提供や不適切・異例な取引を行わない態勢を整備しているか。

（丸山幸朗）

157 回収原資の存在を看過し損失拡大

支店長や融資課長が、回収原資の存在を知りながら回収を怠り、銀行の損失を大きくしたときには、銀行に対して損害賠償責任を免れず、不作為による背任罪や特別背任罪も成立し得る。

解説

●特別背任罪も成立し得る

銀行の支店長や融資課長が、回収原資の存在を知りながら漫然とこれを放置し、銀行の損失を大きくしたときには、善管注意義務違反を理由に、銀行に対して損害賠償責任を免れない。それだけでなく、背任罪（刑法247条）、特別背任罪（会社法960条）の成立も問題となる。なぜなら、同罪にいう任務違背行為は、積極的な作為だけでなく、不作為の場合も含むからである。

したがって、債権回収に係る特段の事情がない限り、回収行為をしなかったことは任務違背となり、損害発生の認識と貸付先の利益を図る目的という要件を満たせば、同罪が成立し得る。

対策

●債権回収に及ぼすリスクを分析

回収原資が存在するのにこれを看過することは基本的に許されない。仮に再建のためにその原資を利用することがどうしても必要だとの申出があっても、その再建の可能性とこれに応じることによる債権回収に及ぼすリスクとを慎重に比較検討し、合理的に判断して諾否を決しなければならない。

（和田好史）

158 債権放棄の限界

銀行が、過剰債務を抱えて経営困難に陥った融資先に対し、債権放棄の手法でその再建に協力するときには、債権放棄による場合と法的整理による場合との利害得失を合理的に判断し、前者が後者に優越する等の合理的な理由がなければならず、それを欠いて漫然と債権放棄に応じ、その結果再建も適わずに銀行に損害を与えたときには、担当役職員はその損害賠償責任を免れない。

解説

●債権放棄の手法の選択基準

銀行が、経営困難に陥った融資先に対し、再建手法として私的整理手続（債権放棄）か法的整理手続のどちらを選択するかの判断を迫られる場合がある。

その際、他債権者の協力の見込等、手続遂行の難易の問題をクリアできるのであれば、両手法の経済的利害得失の判断が中核的要素となる。すなわち、前者による利益（回収多か損失少）が後者のそれに優越する場合には、債権放棄という手法を選択するのが担当役職員としての当該時点での合理的判断となり、仮に結果が悪くても善管注意義務違反による損害賠償責任は問題とならない。

しかし、問題は、その判断過程で手続的・形式的要件がきちんと履践されているかどうかである。

まずは、権限のある機関（地域経済活性化支援機構など）で、所定の手続に従って判断がなされることが必要である。特別な組織を改めて設ける場合には、特にその人選等に公正を欠くことのないよう注意すべきである。次に、判断の基礎となる資料の客観性（信用度）、相当性（範囲）が必要である。すなわち、債権放棄による再建計画といっても、経済情勢や当該業種の業況、当該取引先の置かれた状況等の客観的分析を踏まえた、妥当かつ実現可能なものでなければならない。

この点、中小企業の中小企業の事業再生等に関するガイドラインは、事業再生等のための私的整理手続のうち再生型私的整理手続において、債務減免等を要請する事業再生計画案の内容として、原則として、①自助努力が十分に反映されたものであること、②5年以内を目途に実質的な債務超過を解消する内容であること、③概ね3年以内を目途に黒字に転換する内容であること、④事業再生計画の終了年度における有利子負債の対キャッシュフロー比率が概ね10倍以下となる内容であること、⑤経営責任・株主責任の明確化を図る内容であること、⑥権利関係の調整は、債権者間で平等であること、⑦対象債権者にとって経済合理性があること、などを含むよう求めている。

対策

●再建等に関する冷徹な判断を

整理・再建の判断の岐路にあっては、従前の取引経緯や人的な関係、取引関係者への影響等を視野に入れながらも、それらに流されることなく、冷静かつ合理的な判断を下さなければならない。そこで重視されるべきは、事業の再建可能性と、手段選択の適否やその内容等による銀行の経済的利益の極大化である。預金者や株主等の信任・付託を受けて職務を遂行している以上、銀行への被害・影響を最小限にすべく、信頼できる資料を基に、専門的知見を利用・駆使して判断すべきである。

(和田好史)

159 債権回収のための自力救済

近代的法治国家は、自力救済を禁じ、任意回収の方法ができないときは、強制的回収の方法すなわち法的回収の方法によることになる。したがって、自力救済は自救行為として例外的に許されるのみであり、仮に自己に所有権がある動産であっても占有者の承諾を得ず、これを引き揚げることは刑法の窃盗罪に該当することになる（同法235条）。

解説

●自己に所有権がある動産といえども占有者の承諾が必要

近代国家は法治国家であり、自力救済を認めておらず、たとえ所有権留保物件である動産であっても、債権者がこれを債務者に無断で、あるいはその意思に反して債務者の側から占有を奪うことは許されない。このようなことをすれば、窃盗罪（刑法235条）や強盗罪（同法236条）が成立し得る。したがって、債権者が自己に所有権がある動産を持ち出す場合や債務者所有動産を代物弁済として持ち出す場合でも、債権者は債務者会社の従業員などの承諾をとってなすことが必要である。

それでは、債務者の承諾を得て持ち出した場合は、それらの搬出は全て適法で問題がないと見なされるであろうか。その場合であっても、債権者のそのような行動は、いわば抜り駆けであって、他の債権者を害する行為として詐害行為に該当し（民法424条以下）、また、債務者が破産・会社更生手続に入ったときには、否認権の対象となり、取り消されたり、効力が否認される可能性がある。

さらに代金支払時に所有権が移転すると契約し、未だ代金が支払われていない動産を債務者の承認を得て持ち出した場合も、詐害行為や否認の対象となるであろうか。この場合、債権者には、動産売買についてその動産の代価につき先取特権が認められている（民法321条）。先取特権は、本来、その物件が処分されたとき、その代金について優先弁済権が認められるにすぎず、代金が未払いの場合物件を引き揚げてもよい、という権利ではない。しかし、先取特権者が引き揚げたものを債務者が取り戻して換価しても、先取特権者に対する債務の弁済に充当せざるを得ないことになり、結果的には、先取特権者の商品引揚げは、他の債権者を害する行為にはならないと認められる可能性があり、実務上もその返還を要求されないことが多い。

対策

●詐害行為になるおそれもあり要注意

自力救済は私法上も禁止され、刑法上の犯罪に該当することがある点に注意すべきである。この点は、自社で納入した商品の代金が未払いとなっている場合の引揚げの場合も同様であるから注意を要する。

なお、持ち出しについて債務者の承諾があったとしても、詐害行為として取り消されたり、否認されてその効力が覆滅することもあるので、そのリスクと回収によって得られる利益を比較して慎重に行動することが必要である。

（二瓶　修）

第九章　外国為替・付随業務

160

外為法令等遵守の義務付け

財務省は、外為法及び犯収法に関する検査の項目を定めた外国為替検査ガイドラインを再整理した「外国為替取引等取扱業者のための外為法令等の遵守に関するガイドライン」（以下「外為法令遵守ガイドライン」）を制定し、２０２４年４月より適用することとした。以後、同ガイドラインを踏まえて、外為検査では、外為法令等に基づく義務等を遵守しているか否か、当該遵守のための態勢がとられているか否かが確認されることとなる。

解説

●外為法令等の遵守

財務省が定める外為法令遵守ガイドラインでは、遵守することが求められる外為法令等に基づく義務等として、①経済制裁措置に関する外為法令、②両替業務における取引時確認等及び疑わしい取引の届出に関する犯収法令並びに特定為替取引等における本人確認義務等に関する外為法令、③外国為替取引に係る通知義務に関する犯収法令、④特別国際金融取引勘定の経理等に関する外為法令、⑤外為法第6章の2の規定に基づく報告義務、⑥これらの事項に関連する外為法令等、が挙げられている。これらの義務等に関して、外為検査では、外為法令等に基づく義務等を遵守しているか否か、当該遵守のための態勢がとられているか否かが確認されることとなる。

その他、外為法令遵守ガイドラインの「内部管理態勢の整備等」の項目では、コンプライアンス・マニュアルにおいて、経済制裁措置に関する外為法令の規定を遵守すべき法令として位置付けることが求められている（外為法令遵守ガイドライン第Ⅱ章１－④）。

対策

●外為法令等の遵守態勢の適切な構築と改善への取組み

外為法令遵守ガイドラインでは、経営陣の主導的関与、統括責任者の任命等、３つの防衛線等といった観点から、内部管理態勢の整備等を求めている。

依然として外国送金取引がマネー・ローンダリング等に悪用される事案が少なからず見受けられるところであり、銀行におけるリスク管理の重要性はより一層高まっている。銀行においては、外国送金業務を行うにあたり外為法令等を特に遵守すべき法令として内部管理態勢を整備し、その適切な運用と整備状況の確認を行うことが求められる。

(小田大輔・飯島隆博)

161 銀行等の本人確認義務（外為法）

銀行は、顧客と日本から外国へ向けた支払や非居住者との間でする支払等に係る10万円相当額超の為替取引（特定為替取引）または資本取引に係る契約の締結その他の行為を行う際、顧客の氏名・住所・生年月日等を、運転免許証やマイナンバーカード等の本人確認書類の提示等の方法により確認し、その本人確認記録を7年間保存しなければならない。本人確認方法の厳格化・精緻化の動きに今後も注意が必要である。

解説

●本人確認義務に関する規定

外為法においては、支払等及び資本取引に係る許可制度の効果的な実施を図るため、銀行等に対して顧客の本人確認等が義務づけられている。

すなわち、銀行等が、顧客との間で、日本から外国へ向けた支払や非居住者との間でする支払等に係る10万円相当額超の為替取引（特定為替取引）や、資本取引に係る契約締結等を行う際、また1件当たり200万円相当額を超える両替取引等を行う際に、顧客の氏名・住所（居所）・生年月日（顧客が法人の場合は、名称・本店等の所在地）を、運転免許証や法人登記の登記事項証明書等の公的書類などで確認するとともに、直ちに本人確認記録を作成し、特定為替取引終了日等から7年間保存しなければならない（外為法18条1項、18条の3、22条の2第1項、22条の3）。

銀行等は、顧客や代表者等が特定為替取引等を行う際に本人確認に応じないときは、これらの者が応じるまでの間、その取引に係る義務の履行を拒むことができる（同法18条の2、22条の2）。

犯収法改正にあわせて外為法の本人確認方法が改正され（顔写真のない本人確認書類による本人確認方法の厳格化や、マイナンバーカードの本人確認書類への追加等）、財務省が定める外国為替取引等取扱業者のための外為法令等の遵守に関するガイドライン（以下「外為法令遵守ガイドライン」）によりリスクベース・アプローチに基づく追加的確認が求められるなど、本人確認方法の厳格化・精緻化が進んでいることから、今後の流れに引き続き注視が必要である。

対策

●本人確認義務の遵守

本人確認義務の違反等があれば、当局は銀行等に対し、違反を是正するために必要な措置をとるべきことを命じることができ（同法18条の4、22条の2第2項）、銀行等がこの是正命令に違反した場合には、罰則も設けられている（行為者につき2年以下の懲役（2025年6月に拘禁刑への改正が予定されている）もしくは300万円以下の罰金またはこれらの併科（同法70条の2）、法人に3億円以下の罰金（同法72条1項4号））。このような罰則もさることながら、外国送金を通じてテロリスト等やその活動する国・地域に資金が流れることは、わが国はもとより国際的な危機や脅威につながりかねず、銀行等においては、外為法令遵守ガイドラインも踏まえ、本人確認義務の履行及び内部管理態勢の整備・運用を適切に行う必要がある。

（小田大輔・飯島隆博）

162 外為法上の適法性の確認義務

銀行等は、その顧客の支払等が、資産凍結等経済制裁のために設けられた、許可・承認を受ける義務または届出をする義務が課された支払等のいずれにも該当しないこと、または該当すると認められる場合には、当該許可・承認を受けているか、当該届出後の所要の手続を完了していることを確認した後でなければ、当該顧客と当該支払等に係る為替取引を行ってはならない（いわゆる適性法の確認義務（外為法17条））。

解説

●適法性の確認義務

外為法では、資産凍結等経済制裁の観点から、いわゆる適法性の確認義務が課せられている。すなわち、銀行等が外国為替取引を行おうとするとき、国連安保理決議等に従って経済制裁を行っている場合等の許可を受ける義務が課された支払等でないか、許可・承認を受ける義務または届出をする義務が課された取引・行為のうち外為令7条で定めるもの（特定資本取引・役務取引等、対内直接投資等、貨物の輸入）に係る支払等でないかを確認しなければならない。もし、これらに該当する場合には、許可・承認を受けていること、または届出の手続を完了していることを確認した後でなければ、為替取引を行ってはならない（外為法17条）。なお、この確認義務は、外為法18条に基づく本人確認義務（161参照）とは異なり、支払等に係る為替取引の金額に関係なく実施する必要がある。

対策

●ガイドラインや最新の規制環境を注視する

適法性の確認を行うに際しては、財務省が定める外国為替取引等取扱業者のための外為法令等の遵守に関するガイドライン（以下「外為法令遵守ガイドライン」）に基づく事務手続に従うことになる。

例えば、資産凍結等経済制裁対象者に係る支払規制に基づく確認との関係で、指定されている制裁対象者は多数に及ぶ。そのため、財務省が定める外為法令遵守ガイドラインでは、原則として、自動照合システムによる照合を用いる必要があるとされている（同ガイドライン第Ⅱ章4(2)②）。自動照合システムを用いる場合、当該システムの機能及び特性を考慮し、資産凍結等経済制裁対象者への送金ではないことの適切な確認が行えるよう、当該システムの設定を調整する等の管理を行う必要があるとされている。なお、実務上は、当該照合の際に、米国のＯＦＡＣ（Office Of Foreign Assets Control）規制等、外国の経済制裁関連法令であっても日本の銀行において問題となり得る取引対象者についての照合を併せて行う例もある。

その他、新たに国連の経済制裁決議がされた場合などには、政令または告示により支払等の規制が発表されるなど、適法性の確認義務を含め、マネー・ローンダリング等への対応は厳格化される方向にある。銀行等は外為法令遵守ガイドラインの改正も含め、随時最新の規制を確認し、厳格化の流れに沿った適切な対応をする必要がある。

（小田大輔・飯島隆博）

163 支払等、外国為替業務に関する報告等

支払または支払の受領に関する報告、資本取引の報告など、本邦の居住者は、一定の取引を行った場合に外為法で規定する報告をする必要がある。顧客は銀行等に報告書を提出し、銀行等は顧客から当該報告書の提出を受けたときは、日本銀行を経由して財務大臣に提出しなければならない。また、財務大臣は、外為法の適用を受ける取引・行為・支払等の内容その他関連する事項についての報告を求めることもでき、銀行等はこれに応じる必要がある（外為法55条～55条の8）。

解説

●支払または支払の受領に関する報告書は、原則、支払等をした日から10日以内に提出

外為法上求められている報告は、①支払または支払受領の報告、②資本取引の報告、③対内直接投資等の報告、④技術導入契約の締結等の報告、⑤外国為替業務に関する事項の報告、⑥その他の報告に分けられる（同法55条～55条の8）。このうち、銀行等が関係する報告は、①支払または支払受領の報告、⑤外国為替業務に関する事項の報告、⑥その他の報告である。

まず、①支払または支払受領の報告について、居住者が、イ．居住者が本邦から外国へ向けた支払、ロ．居住者が外国から本邦へ向けた支払の受領、ハ．本邦もしくは外国において居住者が非居住者との間での支払等（輸出入の取引に伴う支払等を除く）を行い、その額が3千万円相当額を超えるときは、「支払又は支払の受領に関する報告書」を提出しなければならない。

このとき、報告者の報告負担を軽減するため、銀行等の為替取引によってされた支払等の場合には、顧客は支払等をした日から10日以内に為替取引を行った銀行等に報告書を提出すれば足りる。報告書の提出を受けた銀行等は、当該報告書を10営業日以内に日本銀行を経由して財務大臣に提出する（報告省令3条）。

また、⑤外国為替業務に関する事項の報告として、外貨による預金の受け入れや金銭の貸し付けを行った

場合などに、一定の時期までに日本銀行を経由して財務大臣に報告書を提出する必要がある（外国為替令18条の7）。⑥その他の報告のうち銀行等に関係するものは、外国通貨または旅行小切手の売買の状況に関する報告がある（報告省令18条）。

対策

●報告書作成上の様式や換算レート等に留意

銀行等が作成し、財務大臣に提出する必要がある報告書については、定められた期限までに提出するように、報告期限を管理する必要がある。

また、報告の際における報告書式、提出要領や換算レートは、日本銀行のホームページ等を確認しながら、誤りがないよう注意する必要がある。たとえば、支払または支払の受領に関する報告書の作成要否（3千万円を超えるか否か）の判断や取りまとめ報告に用いる換算については、支払（受領）日または支払（受領）日の属する月の末日における実勢外国為替相場を用いることに留意する必要がある（報告省令35条1号、36条）。

（小田大輔・飯島隆博）

164 国外送金等調書法上の義務

銀行が日本から海外へ向けた支払や、国外からの送金の受領に関わる為替取引を取扱う場合には、国外送金等調書法を遵守する必要がある。

解説

●告知書の受領と国外送金等調書の税務署への提出が必要

国外送金等調書法は、国税当局が国際的な取引や海外での資産形成等を把握する契機とするため、国外送金等に関する調書を税務署に提出することなどを定めた法律である。銀行には、国外送金等について顧客の氏名等を記載した国外送金等調書を税務署に提出することが求められている。ただし、送金額が100万円以下であれば、国外送金等調書を提出することは不要である。

国外送金等を行う個人・法人は、本人の氏名または名称、住所及びマイナンバーまたは法人番号を記載した告知書を銀行に提出する必要がある。ただし、本人の氏名または名称、住所及びマイナンバーまたは法人番号の確認が済んだ本人口座を通じて国外送金等を行う場合は、告知書の提出は不要とされている。銀行は、これらの取引の内容や、本人確認が済んでいるか否かの区分に基づき、告知書を交付することになる。

対策

●マイナンバー等の厳格な管理が必要

銀行等は、国外送金等に係る告知書受領時、及び本人口座開設時には、顧客からマイナンバーを提出してもらう必要がある。

従前は、国外送金等の告知書に毎回マイナンバーを記載する必要があったが、税制改正により、すでにマイナンバーを告知した顧客は、告知書にマイナンバーを記載する必要はなくなっている。このように、負担は軽減されているものの、告知された事項については帳簿を整備することが必要とされており、引き続きマイナンバーを含む顧客情報の厳格な管理を行うことが求められている。

（小田大輔・飯島隆博）

165 その他付随業務と銀行の経営資源を活用した新たな業務

銀行は、預金等の固有業務（銀行法10条1項）や、銀行法上例示された付随業務（銀行法10条2項各号）の他、「その他の銀行業に付随する業務」（その他付随業務）を行うことが認められている（同項柱書）。2021年銀行法改正により、例示された付随業務に、銀行業の経営資源を活用して営むデジタル化や地方創生など持続可能な社会の構築に資する業務が追加される（同項21号）など、銀行の収益源が多様化する中で、その他付随業務を含めた付随業務の重要性が増しているが、健全性確保やリスク管理に留意して取り組む必要がある。

解説

●その他付随業務と地域活性化業務

銀行がその業務範囲として行うことができる「その他の銀行業に付随する業務」（その他付随業務）として、取引先企業に対して行う人材紹介業務、オペレーティングリース（不動産を対象とするものを除く）の媒介業務、M＆Aに関する業務、事務受託業務については、取引先企業に対する経営相談・支援機能の強化の観点から、固有業務と切り離してこれらの業務を行う場合も「その他の付随業務」に該当するとし、電子マネーの発行や、資金の貸付け等と同様の経済的効果を有する取引についても一定のリスクに留意した上で行うことができるとしている（中小監督指針Ⅲ－4－2－2）。

上記以外のその他付随業務については、以下の4要件に基づき、その他付随業務に該当するか判断される。

①当該業務が銀行法10条1項各号及び2項各号に掲げる業務に準ずるか。
②当該業務の規模が、その業務が付随する固有業務の規模に比して過大なものでないか。
③当該業務について、銀行業務との機能的な親近性やリスクの同質性が認められるか。
④銀行が固有業務を遂行する中で正当に生じた余剰能力の活用に資するか。

なお、2021年銀行法改正により、デジタル化や地方創生など持続可能な社会の構築に資するため、従来から「その他付随業務」として認められてきたコンサルティング業務やビジネスマッチング業務に加え、アプリやITシステムの販売、データ分析・マーケティング・広告、登録型人材派遣といった業務（地域活性化等業務）が、付随業務として新たに列挙され（銀行法10条2項21号、同法施行規則13条の2の5）、銀行にとって、その他付随業務を含めた付随業務の重要性が増している。

対策

●銀行経営の健全性確保という観点に注意

監督指針では、その他付随業務に関する4要件について言及する際に、「銀行法第12条において他業が禁止されていることに十分留意」することを銀行に対して求めている。他業禁止の趣旨は、銀行経営の健全性確保や、銀行が固有業務から異質なリスクを負うことを防止することにあることから、監督指針で認められている業務を営む際や、4要件を充足するかの判断に際しては、他事例におけるノーアクションレターへの回答なども参照しつつ、このような趣旨に照らして検討する必要がある。

また、地域活性化等業務も、新たに経営資源を取得する場合、銀行の業務の健全かつ適切な遂行に支障を及ぼすおそれがないものに限り認められる点に注意が必要である（銀行法施行規則13条の2の5柱書括弧書）。ただし、監督指針では、銀行の業務範囲追加の趣旨に鑑みれば、当該要件について過度に厳格な扱いをすべきではない旨が指摘されている（中小監督指針Ⅲ−4−2−1(2)）。

（小田大輔・飯島隆博）

166 預合い・見せ金

発起人、取締役等が銀行と通謀して払込みを仮装する預合いや、銀行との通謀はないが借入金を払込みに充てて会社設立後に返済する見せ金は、刑事罰や民事上の責任につながるため、注意が必要である。

解説

●払込の仮装行為

発起人、取締役等が払込みを仮装するために預合いをしたときは預合いの罪に問われる(会社法965条)。預合いとは、発起人または取締役等が払込取扱機関の役職員と通謀して払込みを仮装する一切の行為を指すと解されている(最判昭36・3・28刑集15巻3号590頁等)。この場合、発起人等と払込取扱機関との間で、借入金を返済するまで払込金を引き出さない旨の合意があったとしても、保管証明書を発行した払込取扱機関はそのような合意を会社に対抗することができない(会社法64条2項)。預合いに応じた、払込取扱機関の決定権を有する役職員は応預合罪に問われる。

これに対し、見せ金は条文の規定がないが、発起人等が、払込取扱機関と通謀することなく、第三者からの借入金を払込みに充て、会社設立後に引き出して返済に充てる場合を指す。見せ金による払込みについては、有効説と無効説とが対立しているが、最判昭38・12・6民集17巻12号1633頁は、旧法下ではあるが、一時的に借入金をもって単に払込みの外形を整え、会社成立後、払込金を払い戻して借入先に返還した場合の払込みを無効としている。

対策

●厳正な事務処理の必要

預合いについては、前記のとおり、銀行の役職員も応預合罪に問われることが会社法上明示的に定められている。見せ金については、見せ金を行った発起人等に対し、払込みの仮装によって商業登記簿の原本に増資の記載をさせた行為について公正証書原本不実記載罪(刑法157条)が成立する可能性があり(最判平3・2・28刑集45巻2号77頁）、場合により背任罪（刑法247条）や特別背任罪（会社法960条）も成立し得る。銀行も、見せ金について通謀があれば応預合罪に問われうるし、そうでなくとも漫然と見せ金を見過ごすような不十分な態勢整備であれば善管注意義務違反を問われかねない。払込みの委託を受ける場合には、仮装の払込みにならないか、脱法行為を疑わせる端緒がないかを十分に検証し、疑いがあるときは払込みの取扱いを拒絶し、払込みの仮装に加担したとの疑惑を受けることのないよう注意しなければならない。

（小田大輔・飯島隆博）

167 貸金庫の開扉

貸金庫の開閉は、借主または借主があらかじめ届け出た代理人が正鍵を使用して行い、銀行所定の貸金庫利用票に届出の印章により記名押印して開扉することが原則である（全銀協貸金庫規定ひな形5条）。秘匿性の高い貸金庫取引においては、開閉の権限確認が特に重要となる。

解説

●貸金庫取引には厳格な権限確認が求められる

貸金庫取引の法的性質は法律や裁判例で明らかにされていないが、一般に貸金庫（格納場所）自体の賃貸借契約と解されている。

貴重品が保管される等秘匿性の高い貸金庫取引においては、開閉の権限確認が特に重要となる。貸金庫は、借主があらかじめ届け出た代理人によっても利用することができ、その場合、代理人が正鍵を利用して行うことが求められる（貸金庫規定ひな形5条⑴）。また貸金庫取引は、銀行所定の開庫依頼書に届け出た印章により記名押印して開扉する（同規定5条⑵）。

銀行は、使用された印影を届出た印鑑と相当の注意をもって照合し、相違ないと認めて開扉に応じる限り免責される（同規定8条）。

借主について相続の開始があった時、銀行はいつでも解約をすることができ、その場合、相続人は正鍵及び届出印章を持参して貸金庫を直ちに明け渡さなければならないとされている（同規定10条⑵②）。

対策

●正規の取扱い以外は拒絶をする必要

借主またはあらかじめ届け出た代理人以外の貸金庫の開扉の申出に対しては拒絶する必要がある。例えば、顧客（借主）の代理人ではなく、正鍵を持参していない顧客の夫が、顧客に無断で貸金庫の開扉を求めていることを知りながら銀行担当者が貸金庫を開扉した場合、銀行は貸金庫契約上の債務不履行責任を免れることができないとした裁判例が存在するし（東京高判昭47・8・31）、慰謝料請求を認めた裁判例も存在する（東京地判昭46・2・12）。また、届出印鑑と異なる印影が使用された開庫依頼書による開扉の申出も拒絶するなど、厳格な対応をする必要がある。

ただし、例えば有事には、震災により正鍵を紛失した被災者から開扉を求められるなど、状況に応じある程度柔軟な対応が必要な場合もある。そのような場合には、担当者が本人と顔見知りであるなど本人による申出である旨が明白な場合や、本人しか知り得ない情報（氏名や住所などでは足りないと思われる）の告知を受けた場合などに限って、開扉を行うことも考えられる。もっとも、その場合でも貸金庫の秘匿性に照らして、預金の払戻しよりもさらに厳格な対応が求められると考えられる。

また、借主について相続の開始があった時、貸金庫の保管物が相続財産であれば遺産分割完了まで共同相続人の共有に属するし、他方で保管物が相続財産とも限らない（遺贈の対象など）ため、特に慎重な対応が求められ、相続人の一部のみに開扉や引渡しを認めることには慎重になる必要がある。ただし、相続人の一部や遺言執行者から、貸金庫の保管物を確認のために開扉を求められた場合には、相続手続のための便宜を図るという実務上の観点から、開扉に応じるという判断もあり得るところであり、また、権限を有することが明らかな遺言執行者・受遺者・相続人から引渡しを求められた場合には、これに応じることは否定されない。

（小田大輔・飯島隆博）

第十章　金融商品販売・証券業務

168 顧客本位の業務運営に関する取組方針に即した投資勧誘・販売

金融庁「顧客本位の業務運営に関する原則」（以下「本原則」）を実施するための取組方針（以下「取組方針」）は、銀行による投資信託等の金融商品の販売にも当然及ぶ。本原則には、金融商品の販売に関連する内容が注記されており、これらに則した検討・対応が求められる。なお、令和5年金商法及び金サ法改正により、顧客本位の業務運営の確保に関して、最善利益義務、情報提供義務及び顧客属性に応じた説明義務が法定された。最善利益義務については、174を、情報提供義務及び顧客属性に応じた説明義務については、170を参照されたい。

解説

●利益相反や顧客への説明内容・方法等に一層の注意が求められる

本原則の内容は、①顧客本位の業務運営に関する方針の策定・公表等、②顧客の最善の利益の追求、③利益相反の適切な管理、④手数料等の明確化、⑤重要な情報の分かりやすい提供、⑥顧客にふさわしいサービスの提供、⑦従業員に対する適切な動機づけの枠組み等の7項目に分かれる。金融商品の販売との関係で特に問題となるのは、③、④、⑤、⑥である。

③に関しては、イ.「銀行が、金融商品の顧客への販売・推奨等に伴って、当該商品の提供会社から、委託手数料等の支払を受ける場合」や、ロ.「銀行が、同一グループに属する別の会社から提供を受けた商品を販売・推奨等する場合」に、これらの事情が取引または業務に及ぼす影響を考慮すべきことになる。イ.については、販売手数料を収受するのは通常であるものの、例えば、類似の商品が複数存在する場合に手数料が高い商品ばかり販売されるようなケースが問題となる。ロ.については、例えば、系列運用会社の投資信託の販売に対して、業績評価上の優遇策を設定し、グループ内の収益確保を優先しているようなケースが問題となる。実態を確認した上で、利益相反の可能性がある場合には、客観的な評価による商品選定を確保

するなどの対応が考えられる。

④に関しては、投資信託の交付目論見書等に個別の手数料の対価となる役務の内容が記載されていることが参考になる。もっとも、これは法令上最低限の記載であるから、より分かりやすい情報提供を検討していく必要がある。なお、2023年6月30日付金融庁「リスク性金融商品の販売会社における顧客本位の業務運営のモニタリング結果」では、本項目に関連する課題として、仕組債等のリスク性金融商品の販売に当たり、投資判断に必要となるコスト開示が不十分な事例があったとの指摘がなされている。

⑤に関しては、顧客に提供すべき重要な情報には以下の内容が含まれるべきとされる。

イ．金融商品・サービスの基本的な利益（リターン）、損失その他のリスク、取引条件

ロ．金融商品の組成に携わる金融事業者が想定する顧客属性

ハ．金融商品の選定理由（顧客のニーズ・意向を踏まえたものと判断する理由を含む）

ニ．顧客との利益相反の可能性がある場合には、その内容（第三者から受け取る手数料等を含む）等

投資信託に関していえば、イ．の内容は商品内容に関わるものとして交付目論見書等に記載されるが、本原則は、顧客本位の業務運営のベスト・プラクティスを目指すものであるから、顧客の取引経験や金融知識、商品の複雑さやリスクに応じた説明を検討することになる。ロ．については商品の選定理由になるとともに、顧客が購入しようとしている商品が自身に適合しているかを判断する材料になることが期待されており、そのような趣旨に適う情報が提供されることが期待されている。ハ．については各顧客のニーズ・意向等に応じて選定理由を検討する必要があり、ニ．については販売会社の取引関係等に応じて検討する必要がある。

また、複雑またはリスクの高い商品の販売・推奨等を行う場合には、顧客において同種の商品の内容と比較することが容易となるように配意した資料を用いつつ、リスクとリターンの関係など基本的な構造を含め、より分かりやすく丁寧な情報提供がなされるよう工夫することが求められる。

また、上記モニタリング結果において、本項目に関連する課題として、仕組債等の販売に当たり、高クーポンといった表面的なニーズのみに対応し、元本毀損リスク等を十分に説明していないといった点が指摘されている。

⑥に関しては、顧客にふさわしいサービスを提供することを求めるものであり、より実質的な顧客目線での商品提供を検討することが求められる。具体的には、以下の点に留意すべきとされている。

イ．顧客のライフプラン等を踏まえ、目標資産額や適切なポートフォリオを検討し、それに基づき、具体的な金融商品・サービスの提案を行うこと

ロ．具体的な金融商品・サービスの提案は、各業法の枠を超えて横断的に、類似商品・サービスや代替商品・サービスの内容（手数料を含む）と比較しながら行うこと

ハ．金融商品・サービスの販売後においても、顧客の意向に基づき、長期的な視点にも配慮した適切なフォローアップを行うこと

上記モニタリング結果においては、本項目に関連する課題として、

・自社の取扱商品数が多いため、営業現場で商品性の理解が十分に進まないため、最適な商品説明・提案ができていない

・ライフプランシミュレーション等のツールを導入するも十分に活用していない

といった点が指摘されている。

対策

●取組方針を策定する場合は全社的に浸透させることが重要

本原則は、法令ではなく、顧客本位の業務運営におけるベスト・プラクティスを目指す上で有用と考えられる原則をまとめたものである。したがって、取組方針を策定するか否かという段階から銀行の判断に委ねられる。しかしながら、いったん本原則を採択し、取組方針を策定したからには、これが全社

的に浸透するよう具体的な措置を講じていくことが必要となる。銀行が自らの状況等に照らして実施することが適切でないと考える原則があれば、一部の原則を実施しないことも想定されているが、その場合は「実施しない理由」等を十分に説明することが求められる。

（白川剛士・池田創人）

169　自己責任原則の周知

自己責任原則とは、投資は投資者自身の判断と責任において行うべきであるとの考え方である。登録金融機関は、投資勧誘にあたって、顧客にこの考え方を理解してもらうことが求められる。

解説

●登録金融機関は顧客に自己責任原則を理解してもらう

登録金融機関は、投資勧誘にあたっては、顧客に対し、投資は投資者自身の判断と責任において行うべきものであることを理解させることが求められ（投資勧誘規則4条）、顧客に自己責任原則を理解させた上で金融商品を販売しなければならない。

しかし、自己責任原則は、無条件には成立しない。登録金融機関と一般投資家との間には、知識、経験、情報収集力等において格差があるから、自己責任原則の考え方が成立する前提として、登録金融機関が提供する勧誘文言・情報及びそれらを反映した市場で形成される相場への信頼性を確保しなくてはならない。販売の場面では、①顧客の投資経験、投資目的、資力等を十分に把握し、顧客の意向と実情に適合した投資勧誘が求められ（投資勧誘規則3条2項）、かつ、②重要な事項について、顧客に十分な説明を行うとともに、理解を得ることが求められる（同条4項）。

①は狭義の適合性原則に由来するものである。これは顧客の属性に照らし、一定の投資についてはそもそも当該顧客に対して勧誘を行ってはならないという原則である。この原則に反した場合、いかに説明を尽くしたとしても、勧誘自体が違法となる（金商法40条1号）。②は説明義務に由来するものであり、登録金融機関と一般投資家との間には情報の非対称性があることから、信義則上、顧客の属性に照らして顧客に理解されるために必要な方法及び程度による説明が登録金融機関に義務付けられ、これに反した場合には説明義務違反となる（金サ法4条）。なお、投資勧誘規則上の「重要な事項」の考え方は日本証券業協会のガイドライ

ンに示されているが、当該ガイドラインに従ったことをもって民事法上・業法上の説明義務の履行を確保したことには必ずしもならない点には留意が必要である。

このように、投資は投資者自身の判断と責任で行われるべきものであるが、それは登録金融機関の責任回避の口実とはならない。登録金融機関としては、投資者に対し自己責任原則を理解させることが求められるのであり、その前提として、販売しようとする金融商品について適合性の確認及び十分な説明を行い理解を得させることが求められるのである。

対策

●適合性の確認及び説明義務の履行が自己責任原則の前提である

自己責任原則は、その文言から顧客側の問題との誤解を受けやすい。登録金融機関には自己責任原則を顧客に理解させることが求められるのであり、それを顧客が理解していないとすれば、登録金融機関の責任である。営業担当者にもしこの点に誤解があるならば、まずその誤解を解くべきである。その上で、自己責任原則の前提となる適合性の確認及び説明義務の履行を確保すべく、態勢を整備する必要がある。

(白川剛士・千原　剛)

170 説明義務の法定化・実質化と金融商品取引への影響

登録金融機関が、預金や投資信託等の金融商品を取り扱う際には、販売時までにそれら商品の有するリスク等についての情報を提供し、顧客属性に照らして、当該顧客に理解されるために必要な方法及び程度により、その内容を説明しなければならない。また、金融商品販売業者等には、一定の重要事項について金サ法上の説明義務が課される。金商法上の説明義務に違反した場合は、業務停止命令等の行政処分の対象となる。金サ法上の説明義務に違反した場合は、民事上の責任を負う。

解説

●説明義務の法定化・実質化

リスクを伴う金融商品については、顧客がその商品特性やリスクの度合いを理解して契約することが必要である。他方、その商品を取り扱う登録金融機関などの販売業者と顧客との間には情報格差があるため、顧客の側では販売業者から提供された情報を信頼し、これに相当依存せざるを得ない状況にある。かかる情報格差に対応し、顧客が自己の判断と責任で投資を行えるようにするため、販売業者には説明義務が課される。

まず、金商法上、登録金融機関は、所定の重要事項につき、契約締結前に、顧客に対し情報提供する義務を負う（情報提供義務。金商法37条の3第1項）。また、当該情報提供に関し、顧客の知識、経験、財産の状況及び金融商品取引契約を締結しようとする目的に照らして当該顧客に理解されるために必要な方法及び程度により、説明をしなければならない（実質的説明義務。同法37条の3第2項）。

なお、情報提供義務及び実質的説明義務は、デジタル化の進展を目的に2023年11月20日に成立した令和5年改正金商法に基づくもので、改正法施行までは重要事項の説明を記載した「契約締結前交付書面」の交付義務を負う。また、実質的説明義務については改正前金商法38条9号、改正前金商業府令117条1項1号に基づく法令（内閣府令）上の義務として位置付けられる。

かかる義務は業法上の義務であり、その違反に対しては当局から業務停止命令等の行政処分が課される。また、登録金融機関等の販売業者は、私法上、信義則上の説明義務を負っており、顧客の知識、経験、財産の状況、目的等に照らして、当該顧客の理解に足りる方法・程度による説明を行っていない場合に説明義務違反として不法行為責任が生じ得ることは、多数の裁判例が認めている。金サ法4条は、かかる説明義務の対象のうち、リスクに関わる一定の重要事項について法律上の説明義務を定めたものである。同条違反は、無過失責任が認められる（同法6条）など、顧客にとって有利な内容となっている。同条違反に基づく請求と信義則上の説明義務違反に基づく請求は別個のものであるため、金融商品取引訴訟では両者を併合して請求するケースもまま見られる。

対策

●適切な説明の徹底を図る

契約締結前の情報提供の内容には、金サ法上の説明義務の対象が含まれるため、まず、法令により求められる事項を漏れなくカバーすることが重要である。その上で、その内容について、顧客の知識、経験、財産の状況及び取引目的に照らして当該顧客に理解されるために必要な方法・程度による説明が確実に行われる態勢を構築することが重要である。加えて、監督指針上、登録金融機関は、投資勧誘の前提として、提供する金融商品の内容を適切に把握するための態勢を確立するなどの対応が求められる。これには、商品の組成者等とも連携しつつ、研修の実施、顧客への説明書類の整備などを通じ、投資勧誘に携わる役職員が当該情報を正確に理解し、適切に顧客に説明できる態勢の整備が含まれる（金商監督指針Ⅲ−2−3−1）。

これらはミニマム・スタンダードであり、銀行としては、金融庁「顧客本位の業務運営に関する原則」に照らし、自らが主体的に創意工夫を発揮し、ベスト・プラクティスを目指して顧客本位の良質な金融商品・サービスの提供を行うことが望ましい。

（白川剛士・池田創人）

171 説明義務の対象と内容

銀行は、金融商品販売業者等として、金サ法に定める重要事項について説明義務を負う。重要事項には、当該金融商品にリスクがある旨、その内容、リスクの要因（市場リスク・信用リスク等）、取引の仕組みのうちの重要な部分が含まれる（金サ法4条1項）。その説明は、顧客の知識、経験、財産の状況及び顧客が契約を締結する目的に照らして顧客が理解するために必要な方法と程度によらなければならない（同条2項）。この説明義務に違反した場合、銀行は顧客に対して直接無過失責任を負い（同法6条）、元本欠損額が損害額と推定される（同法7条1項）。

解説

●説明の対象と内容

金サ法4条1項は、顧客が金融商品の販売に係る契約を締結するか否かの判断に影響を及ぼす「重要事項」として、次の事項に説明義務を課している。

①市場リスクに関して元本欠損や当初元本を上回る損失発生のおそれがある旨、その変動原因となる指標（金利、通貨の価格、相場等）、取引の仕組みのうちの重要な部分（同項1・2号）

②信用リスクに関して元本欠損や当初元本を上回る損失発生のおそれがある旨、その原因となる主体、取引の仕組みのうちの重要な部分（同項3・4号）

③政令で定める事由に関して元本欠損や当初元本を上回る損失発生のおそれがある旨、その要因、取引の仕組みのうちの重要な部分（同項5・6号）

④権利行使期間や契約解除期間について制限があるときはその旨（同項7号）

形式的に重要事項に該当する事項を顧客に告げても説明義務を尽くしたということにはならず、広義の適合性の原則の考え方から、顧客に対する説明は、顧客の知識、経験、財産の状況及び当該金融商品販売契約を締結する目的に照らして、当該顧客に理解されるために必要な方法及び程度によるものでなければならない（金サ法4条2項）。この際、金融庁「顧客本位の業務運営に関する原則」の原則5（重要な情報の分かりやすい提供）では、顧客説明において重要な情報として含まれるべき事項が例示されていること、そして、複雑またはリスクの高い商品の販売・推奨等を行う場合には、顧客において同種の商品の内容と比較することが容易となるように配意した資料を用いつつ、リスクとリターンの関係など基本的な構造を含め、より分かりやすく丁寧な情報提供がなされるよう工夫するよう求めていることが参考になる。説明にあたっては、「重要情報シート」の活用も検討すべきである（172参照）。

対策

●説明の記録を作成・管理すること

金サ法上の説明義務を履行したことの記録を残すことが肝要である。その際、①パンフレットや商品説明書等の資料の交付を行うだけでなく、②金サ法上の重要事項について説明を受けた旨の確認書を顧客から取得し、③当該書類に関して、説明の日時、場所、同席者の有無、説明時間に加え、具体的な説明・応答の表現も記録しておく。

（白川剛士・千原　剛）

172 重要情報シートを活用した適切な情報提供

金融庁「顧客本位の業務運営に関する原則」（以下「本原則」）の原則5（重要な情報の分かりやすい提供）の注記4において、複雑またはリスクの高い商品の販売・推奨等を行う場合には、顧客において同種の商品の内容と比較することが容易となるように配意した資料を用いつつ、リスクとリターンの関係など基本的な構造を含め、より分かりやすく丁寧な情報提供がなされるよう工夫することが求められている。その対応として、「重要情報シート」の活用が期待されている。

解説

●「重要情報シート」による情報提供が求められている

顧客に対して簡潔な重要情報提供等を行い、かつ、契約締結前の情報提供義務で提供すべき情報を顧客属性に応じて説明した場合には、目論見書の電子提供が可能となるとともに、契約締結前の情報提供義務（なお、令和5年改正金商法の施行前は契約締結前交付書面の交付義務（170 189参照））が免除される（ただし、契約締結前の情報提供義務で提供すべき事項を電子的に顧客の閲覧に供する必要がある）（改正前金商業府令80条1項7号及び特定有価証券の内容等の開示に関する内閣府令32条の2第1項2号等）。

この、簡潔な重要情報提供で用いられる「重要情報シート」について、金融庁は「『重要情報シート』を作成・活用する際の手引き」を公表している。「重要情報シート」には顧客に対する簡潔な情報提供の他、各業態の枠を超えた多様な商品の比較を容易にする効果も期待されているため、重要情報シートの作成主体は基本的には金融商品の販売業者等であるが、項目に応じて、商品組成に携わる事業者と連携しつつ作成することが想定されている。

「重要情報シート」は、金融事業者編と個別商品編の2種類が存在する。具体的な内容は、それぞれ以下のとおりであり、上記手引きに記載された留意事項に従って作成する必要がある。

金融事業者編…販売業者の「当社の基本情報」、「取扱商品」、「商品ラインナップの考え方」、「苦情・相談窓口」

個別商品編…「商品等の内容」、「リスクと運用実績」、「費用」、「換金・解約の条件」、「当社の利益とお客様の利益が反する可能性」、「租税の概要」、「その他参考情報」

このうち、「取扱商品」、「商品ラインナップの考え方」については、本原則の原則6の注記1において、金融商品の提案は、各業法の枠を超えて横断的に、類似商品や代替商品等と比較しながら行うべきとされていることからすれば、そのような趣旨を踏まえて各業法の枠を超えた記載をすることが考えられる。

また、「商品等の内容」として「商品組成に携わる事業者が想定する購入層」の記載が求められていることや、「当社の利益とお客様の利益が反する可能性」として、組成会社からの手数料や営業職員の業績評価の関係等の記載が求められていることは留意する必要がある。

「重要情報シート」の提供方法については、販売員との対話を伴う取引（画面などを通じたリモートでの対話を伴う取引を含む）の場合はもちろんのこと、対話を伴わないインターネット取引の場合にも用いられることが適当とされている。なお、販売員との対話を伴う取引の場合でも、書面の交付に限らず、電子的な提供によることも考えられる。

対策

●重要情報シートの趣旨を踏まえた活用が求められる

重要情報シートについては、金融庁「『重要情報シート』を作成・活用する際の手引き」と併せてひな形が公表されており、記載項目・質問例及び全体の分量についてはこれを基本とするものとされている。追記を行う場合は、新たな特記項目を最後に設けてまとめて記載するか、他の資料を添付するなど、可能な限りひな形を維持し、他の商品との比較を容易にするという趣旨に配慮することが望ましいものとされる。各社においては、様式は維持しつつ、顧客本位の観点から内容の分かりやすさや提供方法について改善を図ることが求められる。

（白川剛士・千原　剛）

173 非預金商品の預金等との誤認防止

銀行は、有価証券などの非預金商品を取り扱う場合には、預金等との誤認を防止するために、書面の交付等により、顧客に対して預金等ではないことや元本保証がないこと等の説明を行うとともに、これらの事項を営業所内に掲示しなければならない（銀行法施行規則13条の5）。

解説

●非預金商品について預金等との誤認を防止するための態勢を整備

銀行は、預金に加えてコマーシャルペーパーや住宅抵当証書などの金銭債権、投資信託を始めとする一定の有価証券、保険などを取り扱うことができるところ、このような商品は預金とは異なるリスクがあることから、それらの商品を取り扱う場合には、業務の方法に応じ、顧客の知識、経験、財産の状況及び取引を行う目的を踏まえ、顧客に対し、書面の交付その他の適切な方法により、預金等との誤認を防止するための説明を行わなければならない（銀行法施行規則13条の5第1項）。説明を行う事項としては、①預金等ではないこと、②預金保険制度の対象ではないこと、③元本の返済が保証されていないこと、④契約の主体、⑤その他預金等との誤認防止に関し参考となると認められる事項が挙げられる（同条2項）。なお、国内発行の譲渡性預金の預金証書や国債証券などを取り扱う場合にはこのような預金等との誤認の防止に関する説明義務は負わない（同条1項1号括弧書、2号括弧書）。

また、銀行は、非預金商品を取り扱う場合には、上記の①から③の事項をその営業所内において顧客の目につきやすい場所に適切に掲示しなければならないとされている（同条第3項）。

なお、非預金商品の提供に関しては、預金等との誤認の防止に関する説明に加えて、個々の商品に関する説明も並行して行う場合がある点にも留意が必要である（例えば、金融商品に関して金サ法上の説明義務（171参照）の履行が必要）。

対策

●誤認防止のための態勢を整備

銀行は投資信託や保険のような非預金商品を提供する場合には、顧客が預金と誤認することがないよう適切な説明を行うことが求められる。特に、預金と有価証券とのセット販売の勧誘においては、顧客が誤認することのないよう必要な手当てを講じること、また、投資信託を販売するにあたっては、預金とは異なり、価格変動等のリスクがあることを顧客に十分説明することが求められる。

この説明は、顧客の知識、経験、財産の状況及び取引を行う目的を踏まえて行う必要がある。銀行の顧客は預金者が中心で投資経験が浅い可能性があることを前提に、担当者において形式的な説明にとどまらず顧客の商品に対する理解度を踏まえた分かりやすい説明を行うべきである。また、その説明内容・方法について事後的な検証を行う観点から適切に記録を残す態勢整備を行うべきである。

（白川剛士・尾登亮介）

174 適合性の原則と最善利益義務の遵守

登録金融機関は、顧客の知識、経験、財産の状況及び取引目的に照らして不適当と認められる勧誘を行って、投資者の保護に欠けることがないようにしなければならない（金商法40条1号・適合性の原則）。また、登録金融機関は、顧客等の最善の利益を勘案しつつ、顧客に対して誠実かつ公正に、その業務を遂行しなければならない（改正金サ法2条1項、2項・最善利益義務（改正前金商法36条1項・誠実公正義務））。金商監督指針は、上記の法令上の義務である適合性原則や最善利益義務を遵守する上で、登録金融機関において必要となる勧誘・説明態勢整備を検証する上での着眼点を示している（金商監督指針Ⅲ−2−3−1(1)）。

解説

●**最善利益義務**

金融商品取引業者等並びにその役員及び使用人に対しては、顧客に対して誠実かつ公正に、その業務を遂行しなければならないとの誠実公正義務が課されてきた（改正前金商法36条1項・誠実公正義務）が、令和5年金商法改正により、同項が削除され、これに代わるものとして、改正金サ法第2章に「顧客等に対する誠実義務」の章が新設されることとなった。

同法2条1項においては、従前の誠実公正義務に加え、「顧客等の最善の利益を勘案しつつ」という文言が加えられており、最善利益義務を遵守するためには、誠実公正義務を遵守するために考慮・対応していた事項に加えて、追加的な考慮・対応が必要になるのかが、今後の議論の対象となると考えられる。

●**商品を知り、顧客を知り、合理的な理由を持って勧誘を行う必要がある**

金商監督指針は、適合性の原則の内容を明確化する観点から、①金融商品の内容の適切な把握、②顧客の属性等及び取引実態の的確な把握並びに顧客情報の管理の徹底、③投資勧誘に際しての合理的な理由についての検討・評価を要請している。

まず、①について、登録金融機関が提供する個別の金融商品について、そのリスク、リターン、コスト等といった顧客が金融商品への投資を行う上で必要な情報を十分に分析・特定すること、また、当該金融商品の特性等に応じ、商品の組成者等とも連携しつつ、投資勧誘に携わる役職員が当該情報を正確に理解し、適切に顧客に説明できる態勢を整備することが求められる（商品を知る義務）。

また、②について、登録金融機関には顧客カードの整備が義務付けられているところ（投資勧誘規則5条）、顧客カード等については、顧客の投資目的を十分確認して作成し、顧客カード等に登録された顧客の投資目的を金融商品取引業者と顧客の双方で共有すること、また、顧客の申出等により、顧客の資産・収入の状況または投資目的が変化したことを把握した場合には、それ以降の投資勧誘に際して顧客カード等の登録内容の変更を行うか否かを顧客に確認した上で変更を行い、変更後の登録内容を双方で共有するなど、適切な顧客情報の管理を行うこと、顧客の取引実態を適切に把握することなどを求めている（顧客を知る義務）。

そして、③として、顧客に対する金融商品の勧誘に先立ち、勧誘対象となる個別の金融商品や当該顧客との一連の取引の頻度・金額が、把握した顧客属性や投資目的に適うものであることの合理的な理由があるかについて検討・評価を行うこと、その前提として、金融商品の特性等に応じ、あらかじめ、商品の組成者等とも連携しつつ、どのような考慮要素や手続をもって行うかの方法を定めることを求めている（合理的根拠を持つ義務）。

登録金融機関としては、上記3つの観点から、適合性の原則に違反しないよう、金融商品の勧誘・説明態勢を整備する必要がある。

金商監督指針は、不適当・不誠実な投資勧誘の具体例として、①顧客属性や投資目的に適合しない高頻度の金融商品の売買を勧誘し、顧客に過度の手数料を負担させる行為、②顧客属性や本来の投資目的に適合しない金融商品を勧誘するため、当該金融商品に適合するような投資目的への変更を、当該顧客にその変更の意味や理由を正確に理解させることなく求める行為、③顧客属性や投資目的を踏まえると複数の金融商品が顧客に適合する可能性のある状況において、合理的な理由がないにもかかわらず、手数料の高い金融商品を勧誘する行為、を挙げている。上記の態勢整備にあたっては、これらにも留意する必要がある。

対策

●金商監督指針に沿った金融商品の勧誘・説明態勢を整備する

金商監督指針において具体的に示されているとおり、担当者は、まず、取扱う商品内容について十分に理解を深める必要がある。そして、顧客カード等に基づき、営業対象となる顧客の属性等や取引実態を把握することが必要である。その上で、商品内容に照らした適合性基準を作成し、これに見合う顧客に合理的な根拠を持って当該商品が販売されるよう社内態勢を構築することが必要である。また、適合性基準を満たした顧客に対し、適切な勧誘活動が行われているかの事後検証が可能となるように記録を整備する必要がある。

金融庁「顧客本位の業務運営に関する原則」の原則6は、金融事業者は、顧客の資産状況、取引経験、知識及び取引目的・ニーズを把握し、当該顧客にふさわしい金融商品の販売・推奨等を行うべきであるとしている。金融商品の販売・推奨等に関して留意すべきとされている注記の内容を顧客管理態勢に取り込んでいくことも考えられる。

また、適合性の原則から著しく逸脱した証券取引の勧誘をした場合は、それ自体が不法行為であるとして民事上の責任を問われることにも留意が必要である（最判平17・7・14民集59巻6号1323頁）。

（白川剛士・池田創人）

175 説明義務違反に対する制裁とその範囲

登録金融機関の役職員が、顧客に金融商品を販売するに際し、金商法上の重要事項の説明を怠った場合には業務停止命令等の行政処分の対象となる（金商法51条の2、52条の2）。また、これにより顧客が損失を被った場合は、民事法上も当該登録金融機関は顧客に対し損害賠償義務を負う（金サ法6条）。

解説

●説明義務違反による損害賠償と過失相殺による調整

金サ法上の重要事項の説明義務の対象事項は、金商法上の契約締結前の情報提供義務の対象事項である（令和5年改正金商法の施行前は契約締結前交付書面の記載事項）。また、かかる重要事項は、金商法上の実質的説明義務の対象にもなる（令和5年改正金商法37条の3第2項（改正前金商法38条9号、改正前金商業府令117条1項1号））。したがって、かかる説明義務を怠った場合には、業務改善命令（同法51条の2）、業務停止命令または登録取消処分（同法52条の2）の対象となりうる。重要事項の説明を行ったかどうかが問題であり、顧客に損失が発生していなくても処分の対象となる。

また、民事法上も、銀行の役職員が金融商品を販売する際に金サ法上の重要事項の説明を怠り、後にリスクが現実化して顧客が損失を被った場合、銀行は当該顧客に対して損害賠償義務を負う（金サ法6条）。この損害賠償義務につき、顧客の立証の負担を軽減するため、損害額が元本欠損額と推定される（同法7条1項）。元本欠損額は顧客の支払金額と取得金額の差額として計算される。

金サ法に規定がない事項については、民法の規定が適用される（同法8条）。これには過失相殺の規定（民法722条2項）も含まれる。そのため、顧客の側にも落ち度（過失）があると評価される場合には、損害の公平な分担という観点から、上記元本欠損額から顧客の落ち度に起因すると評価される割合を減額した額が、銀行が支払うべき損害賠償額として認められることになる。

顧客の銀行に対する損害賠償請求権の消滅時効期間は、民法（不法行為）の原則どおり、損害及び加害者を知ったときから3年、不法行為（説明義務違反）のときから20年である（同法724条）。

なお、金サ法上の説明義務違反がなくても、信義則上の説明義務違反があった場合、顧客は民法上の不法行為責任を追及することもできる。この場合、説明義務違反と相当因果関係のある損害（元本欠損額だけでなく逸失利益も対象となり得る）を請求できるが、金サ法上の説明義務を追及する場合とは異なり、全ての要件につき顧客が立証責任を負う。

対策

●実効ある説明態勢の構築を

説明義務違反に関する行政処分は、顧客の損失の発生の有無にかかわらず行われ得る。訴訟については、最終的には過失相殺により損害額の調整が図られるとはいえ、銀行はそれに過大な期待を抱くべきでない。金サ法上の重要事項の説明義務は、金融商品の販売にあたり基本的な事柄であり、これを怠ったことによる損害につき過失相殺を行うことに慎重な裁判官も少なくないと思われる。説明義務が適切に履行される態勢を構築することが重要である。

（白川剛士・千原　剛）

176 損害額の推定と立証の軽減

顧客が、銀行の金サ法4条に規定する重要事項の説明義務違反を理由にその損害賠償を請求するには、重要事項の説明がなかったことと支払金額と取得金額の差額(元本欠損額)さえ立証すれば、権利侵害(違法性)と損害との間の因果関係及び損害額が推定される(同法7条)。

解説

●損害額の推定と立証の軽減

顧客が、銀行の説明義務違反を理由にその損害賠償を請求するには、民法の不法行為(使用者責任)に基づく場合には、①説明義務の存在とその違反、②担当の役職員の故意・過失、③説明義務違反と損害との因果関係、④損害額、⑤担当の役職員の行為が銀行の業務の執行につき行われたことの全てにつき、顧客が主張・立証しなければならない。争点が多岐にわたる上、関連資料は銀行の手元により多く存するにもかかわらず、顧客にその立証責任が負わされることになり、顧客の権利救済のハードルとなっていた。

そこで、金サ法は、顧客の立証負担を軽減するため、顧客が重要事項の説明義務違反があったことと「金融商品の購入によって支払った額(支払わなければならない額を含む)」(支払金額)と「受領した額(受領することとなる額を含む)」(取得金額)の差額(元本欠損額)を証明すれば、これにより元本欠損額相当の損害を被ったと推定することにしている(同法7条)。銀行側が、実際に顧客に発生した損害は推定額より小さいと立証しない限り、この元本欠損額が説明義務違反による損害であると取り扱われる。説明義務違反と損害との間の因果関係及び損害額の推定規定を設け、これらの事項についての立証責任を顧客側から銀行側に転換することにより、顧客の権利救済のハードルを引き下げたものである。また、民法の不法行為(使用者責任)においては、使用者たる銀行が被用者たる役職員の選任・監督について故意・過失がない場合、銀行は損害賠償責任を負わないが、金サ法上の損害賠償責任は、使用者が被用者の選任・監督について故意・過失がない旨を主張しても、免れることができない（同法6条）。

なお、顧客は、不法行為責任について定める民法709条に従い、金サ法により推定される額を上回る損害額に関する立証を行って銀行に対して損害賠償責任を追及することもできる。

対策

●立証負担は銀行側に

金サ法上の説明義務違反による損害賠償請求について、因果関係と損害額の推定規定が設けられた以上、争点は説明義務違反の有無に事実上絞られることになる。

説明義務違反の立証責任自体は顧客側が負うが、実際の訴訟では、銀行側に説明義務履行の証拠の提出が求められることを覚悟しておく必要がある。重要事項の説明は法律上の義務であり（金サ法4条）、その履行に関する資料は、銀行側により多く存するからである。

（白川剛士・千原　剛）

177 説明不要という顧客に対する銀行の責任

顧客が、いわゆるプロ（特定顧客）である場合や、説明不要との意思を表明した場合には、金サ法上の重要事項の説明義務は免除される（同法4条7項）。もっとも、金融商品販売業者等である銀行としては、顧客が特定顧客である旨申し出たときは、その確認を行う必要があり、また、重要事項について説明不要という顧客の意思の表明が、金融商品のリスクを正しく認識した上で、その自主的な判断に基づくものか確かめる必要がある。

解説

●説明義務の免除

既に自ら金融商品に関する知識や経験を有するプロに対しては、説明を省略しても顧客保護に欠けることはなく、むしろ円滑な金融取引やコスト低減等を実現できると考えられる。そこで、金サ法は、顧客が、特定顧客（金融商品販売業者等及び特定投資家－同法施行令12条）である場合には、説明義務は免除されるとした（金サ法4条7項1号）。なお、金融商品販売業者等には様々な業態が含まれるが、販売される金融商品の種類にかかわらず、特定顧客の類型に該当するのであれば一様にプロとして説明義務の対象外となる。また、金商法上、一般投資家が特定投資家とみなされる場合、取引の種類ごとに特定投資家としての取扱いを受けるが、金サ法上はそのような区別はなく、取引の種類にかかわらず、特定顧客の類型に該当するのであれば一様にプロとして説明義務の対象外となる。

また、重要事項の説明不要との意思を表明した顧客について説明を省略しても、同様に顧客保護に欠けることはなく、むしろ円滑な金融取引やコスト低減等を実現できると考えられる。このため、顧客が説明不要との意思を表明した場合にも、説明義務は免除される（金サ法4条7項2号）。

もっとも、金サ法上の説明義務が金融商品販売業者等と顧客との間の情報格差を前提に顧客保護を図るものであることを踏まえれば、説明不要との意思表明は、顧客が金融商品のリスクを正しく認識した上で、その自主的な判断に基づいてなされる必要がある。その意味で、顧客の意思の表明は、実質的に判断される。

対策

●説明不要との書面を確保しておく

顧客が特定顧客であるとして重要事項の説明を行わない場合には、顧客が特定顧客であることの確認が必要である。銀行自身が保有する情報に加え、顧客から①顧客が特定顧客であること、②そのために重要事項の説明を要しないことを示す文書の提出を受けておくことが望ましい。他方、説明不要との意思の表明を受けた場合には、顧客が金融商品のリスクを正しく認識した上で、その自主的な判断に基づいてなされたものであるかの確認が必要となる。「忙しいから」、「面倒だから」などという理由で説明不要との申出があった場合には、まずは翻意を求める。翻意を求めても、なお説明不要との申出をする顧客に対しては、説明の資料を交付する他、説明不要との意思が金融商品のリスクを正しく認識した上で、その自主的な判断に基づくものである旨の確認書面を取得して、その経緯を記録しておく。

（白川剛士・千原　剛）

178 勧誘方針の公表とそれへの違背

銀行は、金融商品の販売等に係る勧誘をしようとするときは、金融商品販売業者等として、あらかじめ、勧誘方針を策定・公表しなければならない（金サ法10条）。これに違反して勧誘方針を定めず、または公表しなかった金融商品販売業者等は、50万円以下の過料に処せられる（同法97条）。

解説

●勧誘方針の策定・公表

顧客保護のため、金融商品販売業者等は、金融商品の販売等に係る勧誘の適正の確保に努める努力義務を負う（金サ法9条）。その具体的措置として、金融商品販売業者等は、次の事項を包含した勧誘方針を策定・公表しなければならない（同法10条）。

①勧誘の対象となる者の知識、経験、財産の状況及び契約の締結目的に照らし配慮すべき事項（「適合性の原則」に関わるもの―金サ法10条2項1号）、②勧誘の方法及び時間帯に関し勧誘の対象となる者に対し配慮すべき事項（不招請勧誘の自制等を念頭においたもの―同項2号）、③その他勧誘の適正の確保に関する事項（同項3号）。③の内容としては、苦情処理に関わるものや社内教育・研修に関わるものを記載する例が見られる。

勧誘方針の具体的内容について特に金サ法上詳細が定められていないのは、勧誘対象者や消費者団体等による勧誘方針の評価を通じ、金融商品販売業者等のコンプライアンスに関する競争が促され、勧誘対象者の保護に向けた環境が整備されていくことが期待されたことによる。もっとも、実態として形式的・画一的な勧誘方針が策定・公表される事例もまま見られる。金融庁「顧客本位の業務運営に関する原則」の下、コンプライアンスに関する競争が真に実現することが期待される。

策定した勧誘方針は、営業所、事業所その他の場所において金融商品の販売等を行う場合は、当該営業所等ごとに掲示または閲覧に供する必要がある（金サ法施行令14条1号）。他方、インターネット等を利用して金融商品の販売等を行う場合には、ウェブサイト上で公表する必要がある（同条2号）。

対策

●今後は顧客本位の業務運営に関する原則にも配慮する必要

金サ法が規定するのは、勧誘方針に盛り込むべき最低限の内容であり、具体的内容は業者側の自主的判断に委ねられるところ、実際上は多くの事例において勧誘方針の内容は一般的・抽象的なものにとどまってきた。金融庁「顧客本位の業務運営に関する原則」では、顧客本位の業務運営に関する方針の策定・公表が求められる。その中には、重要な情報の分かりやすい提供や顧客にふさわしいサービスの提供など、勧誘方針で求められる内容と重複し得るものが含まれる。顧客本位の業務運営に関する方針と勧誘方針は別個のものであるが、顧客本位の業務運営に関する方針の策定とあわせて勧誘方針を見直すことも考えられる。

（白川剛士・千原　剛）

179 金融商品取引法と利用者保護

銀行は、投資信託の販売など登録金融機関業務を行う場合、金商法の定める利用者保護のための規制に服することになる。また、デリバティブ預金等の投資性の強い預金の取扱いに関しては、銀行法上、金商法の利用者保護のための規制が準用される。銀行は、これらの規制を十分に理解し、顧客保護の充実を図るべきである。

解説

●金商法の定める業規制等

金商法は、金融商品取引業を行う者に関し必要な事項を定め、金融商品等の取引等を公正にし、もって国民経済の健全な発展及び投資者の保護に資することを目的の1つとしており（金商法1条）、金融商品取引業を行う者に対して様々な規制を課している。

金商法上、銀行を含む金融機関が有価証券関連業・投資運用業を行うことは、銀証分離の観点から原則として禁止されているが（同法33条1項）、国債等の販売（同条2項1号）や投資信託等の販売（同項2号）などが一定の範囲で認められている。

銀行がこれらの業務を行う際には、金商法上の登録を受ける必要があり（同法33条の2）、登録を受けた銀行は、登録金融機関として金商法が定める利用者保護のための行為規制を遵守する必要がある。これには、広告等の規制（同法37条1項）、情報提供義務（同法37条の3第1項、37条の4）、実質的説明義務（同法37条の3第2項）、各種禁止行為（同法38条）、適合性の原則（同法40条1号）等の金融商品取引業者にも登録金融機関にも適用される規制の他、登録金融機関特有の規制も存在する（金商業府令150条等）。

また、銀行法上、元本損失が生じる可能性がある特定預金等契約の締結について、情報提供義務などの金商法の規律が準用されているため（銀行法13条の4）、銀行は当該契約の締結にあたっては、準用される行為規制を遵守する必要がある。

ただし、前記で記載した行為規制の一部は、その取引の相手方が特定投資家（いわゆるプロの投資家）である場合には、適用されない（金商法45条）。

なお、上記情報提供義務及び実質的説明義務は2023年11月20日に成立した令和5年改正金商法により、デジタル化の進展を目的とした改正がなされたもので、改正法施行までは重要事項の説明を記載した書面交付義務を負う。また、実質的説明義務については改正前金商法38条9号、改正前金商業府令117条1項1号に基づく法令（内閣府令）上の義務として位置付けられる。

対策

●金商法及び関連ルールを踏まえた万全の対応を

金商法は、利用者保護のための各種規制を整備しており、これらの規制を遵守しない場合には、業務改善命令、業務停止命令、登録取消・免許取消等の行政処分の対象となる（金商法51条～52条の2、銀行法26条～27条）。これらの規制の趣旨に十分配慮し、それに適合するよう銀行の態勢を構築する必要がある。各規制の遵守に関しては、金融庁が「金融商品取引業者等向けの総合的な監督指針」を公表しており、この内容にも留意して態勢を整備する必要がある。また、登録金融機関は、日本証券業協会の特別会員となるため、同協会の自主規制規則の内容にも留意する必要がある。

（白川剛士・尾登亮介）

180 金融商品取引法上の行為規制

銀行は、登録金融機関業務として認められる取引を行う場合や特定預金等契約を締結する場合には、金商法の定める行為規制を遵守する必要がある。

解説

●金商法上の行為規制

金商法・銀行法は、利用者保護の観点から、有価証券の販売に関するルールをはじめとして金融商品取引業者等の行為規制を詳細に定めており（金商法35条以下）、登録金融機関も当該行為規制を遵守する必要がある。また、銀行法上、元本損失の可能性があるデリバティブ預金等の特定預金等契約の締結にあたっては、そのリスクに鑑みて、金商法の行為規制の一部が準用されている（銀行法13条の4）。

金商法の行為規制には、投資勧誘に関する規制として、広告等の規制（同法37条1項）、情報提供義務（同法37条の3第1項、37条の4）、実質的説明義務（同法37条の3第2項）、虚偽告知の禁止・断定的判断の提供の禁止・不招請勧誘の禁止をはじめとする各種禁止行為（同法38条）、損失補てん等の禁止（同法39条1項）、適合性の原則（同法40条1号）等がある。これらの行為規制のうち、適合性の原則や利用者との情報格差の是正を目的とする広告等の規制、情報提供義務などについては取引の相手方が特定投資家である場合には適用されない一方で、市場の公正確保を目的とする損失補てん等の禁止や、金融商品取引業者としての基本的な義務である虚偽告知の禁止・断定的判断の提供の禁止など一部の行為規制については取引の相手方が特定投資家であっても適用除外とならない（同法45条参照）。なお、情報提供義務、実質的説明義務については□170 179参照。

これらの規制に違反した場合、登録金融機関は行政処分（同法51条の2、52条の2）の対象となる他、一部については刑事罰の対象ともなる。なお、銀行が①狭義の適合性の原則（顧客の知識、経験、財産の状況、目的等に照らして、当該金融商品を勧誘することが不適当な場合には勧誘自体が違法となる）、②広義の適合性の原則（顧客の知識、経験、財産の状況、目的等に照らして、当該顧客に理解されるために必要な方法・程度による説明を行っていない場合は説明義務違反となる）に違反して金融商品等の販売を行った場合には、私法上も顧客との関係で不法行為責任が生じる場合がある（最判平17・7・14民集59巻6号1323頁等）。

なお、2023年11月20日に成立した令和5年改正金商法により、金融商品取引業者等の一般的な義務としての誠実義務（改正前金商法36条1項）が削除される一方、金サ法において顧客等に対する誠実義務（最善利益義務）が規定された（改正金サ法2条）。また、ウェブサイトにおける一定の情報提供義務が導入された（改正金商法36条の2第2項）。

対策

●適用ある行為規制の周知徹底を

登録金融機関は、金商法上の行為規制の適用の有無やその内容を十分に理解した上で、投資勧誘を行う必要がある。行為規制の類型は多岐に亘る上、法令の条文も複雑である一方、その違反には刑事罰も含まれるなど違反の場合の制裁は重大である。コンプライアンス・マニュアルを策定して周知徹底する、違反を未然に防止するための内部管理態勢を整備するなど、法令遵守態勢を十分に構築することが重要である。

（白川剛士・尾登亮介）

181 プロ・アマ規制の判断

登録金融機関が、金融商品を特定投資家に販売する際、双方の情報格差の是正を図る規制（広告等の規制、情報提供義務、実質的説明義務）など一部の規制は適用されないが、その他の規制の適用は免れない（金商法45条）。

解説

●プロ・アマ規制の根拠と区分

金商法上、規制の柔構造化を図る観点から、プロの投資家を勧誘または契約の相手方とする場合には一部の行為規制の適用を除外する特定投資家制度が採用されている。広告等の規制（金商法37条1項）や情報提供義務（同法37条の3第1項、37条の4）、実質的説明義務（同法37条の3第2項）等の規制は、投資に関する十分な知識・経験や資産を有する特定投資家を相手方とする場合には適用されない（同法45条）。なお、情報提供義務、実質的説明義務については170 179参照。

他方で、損失補てん等の禁止、虚偽告知の禁止・断定的判断の提供の禁止などの同法45条各号に掲げられていない規制（市場の公正確保を目的とする規制）は、勧誘または契約の相手方が特定投資家の場合にも適用される。かかる区分により、適切な利用者保護とリスク・キャピタルの供給の円滑化を両立させ、また、過剰規制による取引コストを削減するものとされる。

特定投資家は、金商法上、①適格機関投資家、国、日本銀行、②投資者保護基金その他の内閣府令で定める法人と定義されており（同法2条31項）、①の特定投資家は一般投資家に移行できないが、②の特定投資家は一般投資家に移行できる（同法34条の2第1項）。そのため、登録金融機関は、②の特定投資家から金融商品取引契約の申込みを受けた際、初めて金融商品の取引を行う場合には、原則として一般投資家に移行できる旨の告知義務を負う（同法34条）。②の特定投資家としては、上場会社、資本金5億円以上と見込まれる株式会社、金融商品取引業者、特例業務届出者である法人、外国法人などがある（定義府令23条）。特定投資家以外の法人や一定の要件を充足する個人であっても、申出を行うことで特定投資家に移行できる（金商法34条の3、34条の4。なお、2022年7月1日施行の金商業府令改正により、特定投資家に移行できる個人の範囲が拡大された）。

対策

●顧客類型の適切な把握

特定投資家かどうかで各種規制の適用の有無が異なるとともに、一定の特定投資家に対しては一般投資家への移行に係る告知義務を負う。そのため、登録金融機関は、勧誘行為を行う前に顧客類型を確認する必要がある。

個人顧客は原則として一般投資家となる。もっとも、一定の要件を充足する個人は特定投資家に移行できる。なお、適格機関投資家である個人（金商法2条3項1号、定義府令10条1項24号）は、もともと特定投資家であり、また、一般投資家に移行できない。法人顧客については、①一般投資家に移行できない特定投資家、②一般投資家に移行できる特定投資家、③特定投資家に移行できる一般投資家のいずれかを確認し、特に②のケースでは告知義務の履行を怠らないよう注意が必要である。

（白川剛士・尾登亮介）

182 特定投資家(プロ)と一般投資家(アマ)の移行手続

一般投資家に移行可能な特定投資家は、登録金融機関に申し出て、一般投資家に移行できる。法人または一定の要件を充足する個人の一般投資家は、登録金融機関に申し出て、その承諾を得ることで特定投資家に移行することができるが、当該承諾については適合性の原則が適用される。

解説

●プロ・アマ間の移行

金商法は、投資家を、①知識・経験・財産の状況から金融取引に係る適切なリスク管理を行うことができるとして一定の行為規制の適用が除外される特定投資家と、②それ以外の投資家である一般投資家に区分する。

一部の特定投資家については、登録金融機関に申し出ることにより一般投資家への移行が可能である。すなわち、適格機関投資家、国、日本銀行以外の特定投資家は、登録金融機関に対し、契約の種類ごとに、当該契約の種類に属する金融商品取引契約に関して一般投資家として取り扱うよう申し出ることができる(金商法34条の2第1項)。申出を受けた登録金融機関は、所定の事項を記載した書面を当該特定投資家に交付し、最初の当該申出に係る契約の種類に属する金融商品取引契約(対象契約)の締結の勧誘または締結までに申出を承諾する義務を負う(同法2項、3項)。当該承諾及び書面交付により、当該申出者は、承諾日以後の対象契約との関係上、一般投資家とみなされる(同条5項)。なお、一般投資家に移行した特定投資家は、承諾日以降いつでも、登録金融機関に対して、対象契約に関して特定投資家に復帰する旨申し出ることができる(同条10項)。

他方、一部の一般投資家も、特定投資家に移行できる(同法34条の3、34条の4)。すなわち、特定投資家以外の法人については原則として全て、適格機関投資家以外の個人については、①純資産額や投資性金融資産の額が3億円以上になると見込まれること、②申出に係る金融商品取引契約の締結日から起算して1年経過していること、などの要件を満たす場合、また、年収・職業経験・保有資格・取引頻度に関する一定の要件を満たす場合に、特定投資家への移行を申し出ることができる（金商業府令62条。2022年7月1日施行の金商業府令改正により、特定投資家に移行できる個人の範囲が拡大された）。登録金融機関は、申出を承諾する場合、あらかじめ所定の事項を記載した書面により申出者の同意を得る必要がある他（同法34条の3第2項、34条の4第6項）、個人の場合は移行の要件を充足しているかについての確認義務を負う（同法34条の4第2項）。特定投資家への移行の申出に対する承諾には適合性の原則が適用され、特定投資家として適当でない顧客から移行の申出があった場合は、登録金融機関は承諾してはならないとされる。登録金融機関が申出を承諾し、申出者が同意した場合、当該申出者は、承諾日から原則として1年間、対象契約との関係上、特定投資家とみなされる（同法34条の3第4項、34条の4第6項）。申出者は、原則として有効期限の1カ月前から更新の申出ができ（同法34条の3第7項、34条の4第6項、金商業府令60条）、また有効期間内はいつでも一般投資家に復帰する旨申し出ることができる（金商法34条の3第9項、34条の4第4項）。

（白川剛士・尾登亮介）

183 融資の弁済に充てるために発行された有価証券の販売

登録金融機関の融資先企業が有価証券を発行する場合において、登録金融機関は、その融資先企業が有価証券の発行によって得た手取金を自己への借入金に係る債務の弁済に充てることを知りながら、その旨を顧客に説明することなく、当該有価証券の売買の媒介、募集・私募の取扱い等をしてはならない。

解説

●融資先企業が発行する有価証券を取り扱う場合は注意が必要

登録金融機関が融資先企業に有価証券を発行させ、その手取金で貸付債権を回収することは、貸付リスクを投資家に転嫁するものといえる。そこで、登録金融機関は、自己に対して借入金に係る債務を有する者が有価証券を発行する場合であって、手取金が当該債務の弁済に充当されることを知っているときは、その旨を顧客に説明することなく、有価証券の募集・私募の取扱い等を行うことが禁止される（金商法44条の2第2項3号、金商業府令150条4号イ）。この規制は、基本的に発行市場における取引を対象とするものであるが、登録金融機関に金融商品仲介業を委託する金融商品取引業者が引受人となった日から6カ月を経過する日までの間は、当該登録金融機関が行う有価証券の売買の媒介も、募集・私募の取扱いに類似する行為であるとして同様に規制される。

対策

●融資担当部門に確認

かかる規制により、登録金融機関の役職員は、融資先企業による有価証券発行の手取金が貸付債務の弁済に充当されることを知っている場合には、その旨を顧客に説明することが求められる。また、顧客保護の観点からは、告知の要否を確認すべく、融資の有無・手取金の使途について融資担当部門に問い合わせを行う必要がある（この場合の情報の授受については、非公開融資等情報の授受の禁止の規定に抵触しないとされている（金商業府令150条5号ロ））。

（白川剛士・尾登亮介）

184

断定的判断の提供等による勧誘

登録金融機関またはその役職員は、投資信託の売買等に関し、不確実な事項について断定的判断を提供し、または確実であると誤解させるおそれのあることを告げて金融商品取引契約の締結の勧誘をしてはならない（金商法38条2号）。

解説

●提供された判断が正しかったか否かは問わない

投資信託をはじめとして、登録金融機関が扱う有価証券には株式相場の変動や為替相場の変動等の影響を受けて価格が上下するものが多い。この変動する将来の価格を現在において確実に予測することは不可能である。それにもかかわらず、顧客から投資の専門家と見られる業者が「必ず値上がりする」あるいは「必ず儲かる」などと断言して勧誘した場合には、顧客の投資判断を歪める可能性がある。このため、断定的判断の提供等による勧誘が禁止される。顧客の投資判断を歪めることが問題であるから、提供された判断が事後的に正しかったか否かは問題ではない。

「断定的判断」とは、確実でないものが確実であると誤解されるような決めつけ方をいい、「絶対に」とか「必ず」と言わなくても断定的判断には該当し得る。断定的判断の対象は、証券の価格に限られず、「不確実な事項」と広範である点に留意が必要である。また、断定的判断を提供しなくても、顧客の投資判断に著しく影響を与えるような、「（不確実な事項が）確実であると誤解させるおそれのあることを告げる」行為も禁止される。

断定的判断の提供等の禁止に違反した場合には、登録取消や業務停止等の行政処分の対象となる（同法52条の2）。さらに、顧客に対する損害賠償責任を負う場合があるとともに（なお、金サ法には損害額の推定規定が存在（同法7条））、消費者契約法に基づき契約が取り消されることもある（同法4条1項2号）。

対策

●銀行は業務全般において断定的判断の提供が禁止される

銀行は、その業務に関し、不確実な事項について断定的判断を提供し、または確実であると誤認させるおそれのあることを告げる行為が禁止されているため（銀行法13条の3第2号）、登録金融機関の役職員は、有価証券の売買や特定預金等契約の締結の場合のみならず、その業務全般において顧客に対し断定的な判断等を示していないか、注意する必要がある。

（白川剛士・尾登亮介）

185 特別の利益提供による勧誘

登録金融機関は、投資信託の売買等や特定預金等契約の締結等について、顧客に対し、特別の利益の提供を約束して勧誘し、または提供してはならない。

解説

●社会通念上妥当と認められる範囲を超えた利益提供は禁止

金商法は、登録金融機関が金融商品取引契約の締結について、顧客または顧客の指定した者に対して特別の利益の提供を約束したり、顧客または第三者に対して特別の利益を提供することを禁止している（金商法38条9号、金商業府令117条1項3号）。特定預金等契約の締結に関しても同様に禁止される（銀行法13条の4、金商法38条9号、銀行法施行規則14条の11の30の2第4号）。また、これらの行為を第三者に行わせることも禁止される。「特別の利益」の該当性は、個別事例ごとに実態に即して実質的に判断されるが、当局は、例えば、景品の提供、キャッシュバックについて、①取引条件の設定が不当でないこと、②同様の取引条件にある他の顧客に対し同様の取扱いをすることや過大な景品やキャッシュバックでないなど、③社会通念上妥当と認められる範囲内の取扱いに留まる場合には特別の利益の提供には当たらないとしている。顧客に一定の便宜を図る場合には、これらの特別の利益の提供にあたらないケースを確認し、慎重に検討する必要がある。

（白川剛士・尾登亮介）

186 広告等の表示及び景品類の提供に関する規制

金融商品取引に関する広告・広告類似行為の表示及び景品等の提供は、法令及び自主規制規則による詳細な規制がある。社内管理体制を整備し、それに従って業務を行うことが重要である。

解説

●広告表示・景品提供には細かいルールがある

登録金融機関が、その行う金融商品取引業の内容について広告・広告類似行為をするときは、法令に定められた事項を表示しなければならない（金商法37条1項）。また、これらの行為を行うときは、利益の見込み等について、著しく事実に相違する表示・著しく人を誤認させるような表示をしてはならない（同条2項）。これらの違反は、刑事罰の対象となる（6カ月以下の懲役（2025年6月までに拘禁刑への改正が予定されている）もしくは50万円以下の罰金またはこれの併科（同法205条10号及び11号。両罰規定につき同法207条1項6号））。広告等に関する具体的なルールは、金商業府令73条以下及び金商監督指針Ⅲ−2−3−3に詳述される。なお、広告類似行為とは、郵便・電子メールによる、特定多数の者に対して同様の内容の情報提供を行うものであり、広告とは概念上区別されるが、同様に扱われる。

また、日本証券業協会「広告等の表示及び景品類の提供に関する規則」（広告景品規則）においては、一定の資格を有する者を広告審査担当者に任命して広告等の表示または景品類の提供の審査を行わせ（同規則5条）、かつ、審査体制、審査基準及び保管体制に関する社内管理体制を整備することが求められる（同規則6条）。これらの規制を遵守するにあたっては、同協会の「金融商品取引法における広告等規制について」及び「広告等に関する指針」を参照して業務を行うことになる。

この他、不当景品類及び不当表示防止法（景品表示法）によっても、不当な表示と過大な景品類の提供が規制される。同法の下、コンプライアンス体制を確立するため、事業者は、自己の供給する商品または役務の提供について、不当表示等の発生を防止するために必要な体制の整備その他の必要な措置を講じなければならない（同法26条）。また、優良誤認表示及び有利誤認表示は課徴金制度の対象とされ、課徴金の額は対象期間における対象行為に係る商品または役務の売上額の3％として計算される（同法8条）。また、2023年10月1日より、広告であるにもかかわらず広告であることを隠した、いわゆる「ステルスマーケティング」も景品表示法の規制対象となったことに留意が必要である（同法5条3号、令和5年内閣府告示第19号）。

なお、銀行業に関しては、全国銀行業公正取引協議会が、「銀行業における景品類の提供の制限に関する公正競争規約」及び「銀行業における表示に関する公正競争規約」を定めている。

対策

●広告等の表示及び景品類の審査態勢の整備は不可欠

広告・景品等に関する規制の違反は、協会の処分、行政処分及び刑事罰の対象となるだけでなく、課徴金の対象ともなる。これらの制裁を受けることのないよう、広告景品規則が求めてきたとおり、登録金融機関としては広告・景品等の審査等の社内管理態勢を整備し、それに従って広告・景品等を表示・提供することが求められる。

（白川剛士・尾登亮介）

187 顧客調査と顧客カードの整備

適合性の原則の観点から、顧客カードの整備が求められる。顧客カード記載項目は、日本証券業協会規則に規定され、顧客カード等により知り得た秘密を他に漏らすことは禁止される。

解説

●顧客カードの目的は顧客属性等の的確な把握と顧客情報の管理の徹底

登録金融機関は、適合性の原則（金商法40条1号）の観点から、顧客との取引内容や取引条件が顧客の知識、経験、財産の状況、投資目的やリスク管理判断能力等に応じたものとなるようにし、また、かかる顧客属性等に則した適正な投資勧誘を行わなければならない。かかる目的を達成するため、顧客属性等及び取引実態を的確に把握できる顧客管理態勢を確立する必要がある。顧客カードの整備は、かかる顧客管理態勢の確立のための重要な構成要素である。

登録金融機関は、特定投資家以外の顧客について、以下の事項を記録した顧客カードを整備する必要がある（投資勧誘規則5条1項）。①氏名または名称、②住所または所在地及び連絡先、③生年月日、④職業、⑤投資目的、⑥資産の状況、⑦投資経験の有無、⑧取引の種類、⑨その他各登録金融機関において必要と認める事項。

顧客カードに記載された情報は、顧客にとって重要な情報であり、登録金融機関は、これにより知り得た秘密について守秘義務を負う（投資勧誘規則5条2項）。また、登録金融機関の従業員は、顧客カード等により知り得た投資資金の額その他の事項に照らし、過当な数量の有価証券の売買その他の取引等の勧誘を行うことが禁止される（従業員規則7条5項）。

この顧客カード管理に関して、金商監督指針（Ⅲ−2−3−1）は、以下の事項を求めている。

・顧客の投資目的、投資経験等の顧客属性等を適時適切に把握するため、顧客の投資目的を十分確認して顧客カードを作成し、これに登録された顧客の投資目的を顧客との間で共有すること。
・顧客の申出等に基づき、顧客の資産・収入の状況または顧客の投資目的が変化したことを把握した場合には、それ以降の投資勧誘に際して顧客カード等の登録内容の変更を行うか否かを顧客に確認した上で変更を行い、変更後の登録内容を顧客との間で共有するなど、適切な顧客情報の管理を行うこと

このうち顧客の投資目的の共有に関しては、顧客への手交、送付（電子的送付を含む）、ウェブサイトのマイページでの随時閲覧など書面による共有が必要との当局解釈が示されている。

対策

●顧客カード整備の他、投資目的の共有態勢整備も必要

顧客カードに記載される情報は、適合性の原則に従った投資勧誘を行うためには必要不可欠であるから、顧客カード管理が適切に行われていなければ、顧客管理が適正に行われていないものとして、業務改善命令の対象となり得る。また、前記監督指針に基づき、顧客の投資目的を顧客との間で書面で共有するための態勢整備も必要となる。

（白川剛士・尾登亮介）

188 目論見書の交付

登録金融機関等の販売会社は、有価証券を募集または売出しにより取得させ、または売り付ける場合には、目論見書をあらかじめまたは同時に交付しなければならない。目論見書の不交付は刑事罰の対象となる。

解説

●目論見書の交付義務違反は刑事罰の対象

目論見書は、有価証券の募集等のために当該有価証券の発行者の事業その他の事項に関する説明を記載する文書である。登録金融機関等の販売会社は有価証券を販売する際には、目論見書をあらかじめまたは同時に投資者に交付しなければならない（金商法15条2項・3項）。目論見書は、投資信託については、投資者に必ず交付しなければならない交付目論見書と、投資者から請求があった場合に交付しなければならない請求目論見書に分けられる。交付目論見書の不交付及び投資者から請求があったときの請求目論見書の不交付は犯罪であり、違反した役職員には1年以下の懲役（2025年6月に拘禁刑への改正が予定されている）もしくは100万円以下の罰金またはこれらの併科（同法200条3号）、所属販売会社には1億円以下の罰金が科せられる（同法207条1項5号）。また、目論見書の交付義務に違反して有価証券を取得させた販売会社は、取得者に対し当該違反行為によって生じた損害を賠償する民事上の責任を負う（同法16条）。

投資信託等の販売勧誘にあたっては、販売会社が作成した販売用資料が利用されることがあるが、これは発行者の作成する目論見書とは異なる。この販売用資料につき、重要な事項に虚偽表示がある場合、誤解を生ずるような表示がある場合、または誤解を生じさせないために必要な事実の表示が欠けている場合、販売会社は、有価証券の取得者に対し、民事上の責任を負う可能性がある（金商法17条）。また、かかる販売用資料に虚偽表示または誤解を生じさせる表示をした者は、刑事罰の対象となる（6カ月以下の懲役（2025

年6月に拘禁刑への改正が予定されている）もしくは50万円以下の罰金またはこれらの併科（同法13条5項・205条1号。両罰規定につき同法207条6号））。

なお、有価証券に関する説明文書である目論見書とは別に、金融商品取引契約に関する説明文書である契約締結前交付書面も存在する（なお、令和5年改正金商法施行後は「契約締結前交付書面」という名称の書面の交付義務はなくなり、契約締結前の情報提供義務となる）。目論見書と契約締結前交付書面の関係については、189「契約締結前の情報提供」で詳説する。

対策

●目論見書が確実に交付される態勢整備が必要

目論見書の交付義務違反は、役職員及びその所属する販売会社に刑事責任を生ぜしめるものであることから、有価証券を販売する際には、目論見書があらかじめまたは同時に確実に交付されるよう、必要な態勢整備を行う必要がある。また、営業担当者が独自に作成した資料に誤解を生ずるような表示等がある場合にも、所属する販売会社に責任が生じる可能性がある。このような過誤が生じないよう、販売用資料についても適切な態勢整備が必要である。

（白川剛士・尾登亮介）

189 契約締結前の情報提供

登録金融機関は、金融商品取引契約を締結しようとするときは、あらかじめ、顧客に対し、法定事項を情報提供しなければならない。

解説

●契約締結前の情報提供義務違反は刑事罰の対象

金融商品取引契約を締結しようとするときは、あらかじめ顧客に対して法定事項の情報提供をしなければならない（金商法37条の3第1項）。当該情報提供義務に違反すると、行政処分の対象となるのみならず、刑事罰の対象となる（6カ月以下の懲役（2025年6月に拘禁刑への改正が予定されている）または50万円以下の罰金またはこれの併科（同法205条12号）、両罰規定につき同法207条6号）。契約締結前に情報提供すべき内容は取引類型ごとに法定されており、これらの全てを情報提供するよう、確認態勢を確保する必要がある。なお、この情報提供義務は2023年11月20日に成立した令和5年改正金商法により、デジタル化の進展を目的とした改正がなされたもので、その施行までは重要事項の説明事項を記載した「契約締結前交付書面」という名称の書面の交付義務を負う。

また、登録金融機関は、契約締結前の情報提供に関し、顧客の知識、経験、財産の状況及び金融商品取引契約を締結しようとする目的に照らして当該顧客に理解されるために必要な方法及び程度により、説明をしなければならない（金商法37条の3第2項）。したがって、金融商品取引契約の締結の際に登録金融機関が契約締結前の情報提供義務を履践するにあたり、その内容につき適切な説明を行う必要がある。なお、2023年11月20日に成立した令和5年改正金商法の施行前も、かかる実質的説明義務は法令（内閣府令）上の義務として位置付けられる（改正前金商法38条9号、改正前金商業府令117条1項1号）。

契約締結前の情報提供義務を負うのは、金融商品取引契約を締結しようとするときである。したがって、証券口座の開設時、個別の有価証券の取引時、既存の金融商品取引契約の変更時等には、それぞれ取引の内容に応じた情報提供義務を負うのが原則である。ただし、一定の場合、情報提供義務の免除が認められている。例えば、投資信託の販売に関しては、契約締結前に情報提供すべき事項が全て記載された目論見書及び目論見書補完書面を一体として交付することにより、契約締結前の情報提供義務は免除される（改正前金商業府令80条1項3号）。また、簡潔な重要情報提供等（172参照）を行い、かつ、契約締結前に情報提供すべき事項を顧客属性に応じて説明した場合には、目論見書の電子提供が可能となるとともに、契約締結前の情報提供義務が免除される（ただし、契約締結前に情報提供すべき事項を電子的に顧客の閲覧に供する必要がある（改正前同府令80条1項7号及び特定有価証券の内容等の開示に関する内閣府令32条の2第1項2号等））。なお、顧客が特定投資家の場合は、契約締結前の情報提供義務は免除されるが（金商法45条2号）、目論見書の交付義務は免除されない。

対策

●交付漏れ、説明事項の欠落防止のための態勢整備が必要

金融商品取引契約の締結前に、顧客に対して法定事項について漏れがなく、かつ、虚偽のない情報を提供する態勢を整備することが必要である。また、内閣府令の改正により説明する内容のアップデートが必要となることもあることから、法令改正についてフォローする態勢を整えることも重要となる。

（白川剛士・尾登亮介）

190 投資信託の総コスト開示

投資信託に関しては、運用報告書において投資家が負担するコストとともに、その他の費用も含む総コスト率が参考情報として記載される。また、交付目論見書においては、投資家が直接・間接に負担する費用が記載され、2024年4月21日以降はファンドの総経費率に係るデータが参考情報として記載されることになる。

解説

●投資信託の運用報告書・交付目論見書におけるコストの記載

顧客本位の業務運営に関する原則において「金融事業者は、名目を問わず、顧客が負担する手数料その他の費用の詳細を、当該手数料がどのようなサービスの対価に関するものかを含め、顧客が理解できるように情報提供すべきである」（原則4）とあるように、顧客にとっては投資に当たって発生する費用は、顧客にとって商品を選択する上での重大な関心事である。

この点、投資信託において投資家が負担するコストについては、運用報告書において明示することが求められており（投資信託財産の計算に関する規則58条の2第1項4号）、投資信託協会が定める規則（投資信託及び投資法人に係る運用報告書等に関する委員会決議）で提示されている様式においては、信託報酬、募集手数料、売買委託手数料、有価証券取引税、その他費用（監査費用など）の5項目がこれに対応している。また、これに加え、上記の投資信託協会が定める規則においては、上記5項目のいずれにも該当しない費用（ファンド・オブ・ファンズにおける投資先ファンドにおいて発生する費用など）をも含む総経費（総コスト）率を参考情報として記載することを、2019年9月30日より求めている。

これに対し、投資信託の販売時に交付される交付目論見書については、投資者が直接的に負担する費用（購入時手数料、信託財産留保額）、間接的に負担する費用（運用管理費用（信託報酬）、その他の費用・手数料）について、手数料の金額または料率、徴収方法及び徴収時期等を記載することとされているにとどまっており（投資信託協会「交付目論見書の作成に関する規則に関する細則」6条）、例えば、信託報酬の料率が低いことをアピールしつつも、料率を明示していないその他の費用が別途発生する結果、最終的に顧客が負担するコストが目論見書で開示されていた信託報酬の料率よりも大幅に増加してしまうといったことがあり得た。そして、こうした弊害を是正するため、投資信託協会は、「交付目論見書の作成に関する規則に関する細則」を改正し、2024年4月21日からは、交付目論見書作成日時点において、直近に作成された運用報告書に記載されているファンドの総経費率に係るデータを、参考情報として記載することが原則として必要となる（投資信託協会「交付目論見書の作成に関する規則に関する細則」6条②（ウ））。

対策

●投資家が負担する費用に加えて、ファンドの総コスト率に関する開示も必要

ファンドの総経費率の記載に係る表示方法については、総経費率とその内訳（運用管理費用、その他費用）を記載すること（総経費率の計算に含まれない費用が存在することを認識している場合には、その旨などを委託会社にて重要性を判断の上、併せて注記すること）とし、これら以外の開示については、運用報告書を参照することで確認できる旨の注意書きを付記するなどの工夫をし、委託会社の判断によりこれ以上の詳細な情報を開示することを妨げないとされている。なお、交付目論見書における総コストの開示については、運用報告書が作成されていることが前提であるため、運用報告書を作成していない投資信託には適用されない。

（白川剛士・尾登亮介）

191 高齢者に対する勧誘ルール

登録金融機関は、高齢顧客を顧客とする場合、高齢顧客の範囲、販売対象となる金融商品、説明方法、受注方法等に関する社内規則を定め、それに従った適正な投資勧誘に努める必要がある（投資勧誘規則5条の3）。

解説

●高齢者に対する勧誘ルールは日本証券業協会規則に従う

高齢顧客は、過去の投資経験が十分であっても、身体的な衰えや短期間に判断能力が低下することがあるため、これに対する投資勧誘においては、適合性の原則に基づき慎重な勧誘・販売態勢を確保するとともに、問題のある勧誘・販売を早期に発見するためのモニタリング態勢を整備する必要がある（金商監督指針Ⅳ－3－1－2(3)）。具体的な考え方は、日本証券業協会「高齢顧客への勧誘による販売に係るガイドライン」（高齢者ガイドライン）に示されており、その考え方に沿うように社内規則を定める必要がある。なお、同ガイドラインは、プリンシプルベースの視点での見直しの観点からの改正が行われた（2021年8月1日施行）。

まず、高齢顧客の範囲について、基準年齢の目安として75歳以上の顧客を対象としつつ、その中でもより慎重な勧誘を行う必要がある顧客を80歳以上の顧客とするとの考え方が示されている。もっとも、年齢は絶対的な基準ではなく、一定の要件を満たす場合には、手続の対象外とすることも許容される。

高齢顧客に特段の制限なく勧誘可能な商品としては、価格変動が比較的小さい、仕組みが複雑でない、換金性が高い等の観点から、国債、地方債、政府保証債、普通社債、「公社債を中心に投資し、比較的安定的な運用を指向する」投資信託、知名度や流動性を有する通貨建てで上記に相当する債券・投資信託（2021年3月現在、米ドル・ユーロ・豪ドル建ての債券・投資信託）が示されている。また、上場株式等や日経225や

TOPIXに連動する投資信託についても特段の制限は及ばないとされる。

これら以外の勧誘留意商品は、勧誘の都度、役席者の事前承認を要するものとされる。事前承認を行うに際しては、面談等を勧誘の都度または一定のサイクルで実施することが必要とされる。

勧誘場所や方法に応じた勧誘の内容についても、具体的な社内規則策定が求められる。ガイドラインにおいては、勧誘場所・方法に応じた考え方が示されている。例えば、訪問による勧誘の場合、原則としてその日に受注を行わず、翌日以降に電話、外交または店頭により受注することが適当とされる。また、高齢顧客に取引を行ったとの認識があることを確認するため、原則として、担当営業員ではなく役席者が受注を行うことが求められる。取引内容の連絡・確認や、継続的な状況把握（フォローアップ）も求められる。この点については、207「高齢顧客に対する継続的なフォローアップ」を参照されたい。

さらに、①取引が所定の承認・約定プロセスに則って行われているか、また、②適合性や合理性の観点から不適切な取引はないかなどを確認するため、モニタリングを行うことが求められる。

対策

●社内規則に即した勧誘が行われるよう態勢整備を

高齢者ガイドラインに即した社内規則が整備されていないとか、それに従った勧誘が行われていないといった場合には、業務改善命令等の対象となる。社内規則の実際の運用実態を確実にモニタリングしていくことが重要である。

（白川剛士・尾登亮介）

192 複雑な仕組債・投資信託に関する勧誘ルール

店頭デリバティブ取引に類する複雑な仕組債・投資信託については、勧誘開始基準を定め、当該基準に適合する者に対してでなければ、販売を行ってはならない。

解説

●複雑な仕組債・投資信託の販売には特別なルールがある

店頭デリバティブ取引に類する複雑な仕組債・投資信託については、投資者にとってリスク等が分かりにくく、また、説明不足等に起因する苦情やトラブルが多数見られたことから、販売・勧誘につき特別のルールがある。

〈合理的根拠適合性〉

新たな有価証券等の販売を行うにあたっては、その特性やリスクを十分に把握し、当該有価証券に適合する顧客が想定できないものは販売してはならない（投資勧誘規則3条3項）。複雑な仕組債・投資信託については、特に慎重な検討が必要となる。登録金融機関は、リスクの種類と大きさや費用とパフォーマンスの観点から、そのような顧客層が存在するかを検証・確認することになる（合理的根拠適合性に係るガイドライン）。

〈勧誘開始基準〉

販売勧誘の要請をしていない個人顧客に対して複雑な仕組債・投資信託の勧誘を行うにあたっては、勧誘開始基準を定め、その基準に適合する者に対してでなければ、勧誘を行ってはならない（投資勧誘規則5条の2）。これは、いかなる顧客に対して勧誘を行ってよいかの基準を求めるものである。なお、これとは別に取引開始基準（投資勧誘規則6条）があるが、これは取引契約を締結することに関する基準であり、段階を異にする。

具体的な勧誘開始基準として、投資者の年齢・取引経験、投資者の財産の状況（主な収入形態や金融資産の状況）、投資者の投資目的・投資方針、その他必要と考えられる事項（事前面談等）が挙げられる（勧誘開始基準に係るガイドライン）。

〈注意喚起文書〉

複雑な仕組債・投資信託を販売するときは、事前にリスクに関する注意喚起等が記載された注意喚起文書を交付し、その内容を説明しなければならない（投資勧誘規則6条の2。注意喚起文書による販売に係るガイドライン）。

〈確認書の徴求〉

複雑な仕組債・投資信託を販売するときは、最悪のシナリオを想定した想定損失額等について顧客が理解し、その判断と責任において購入することの確認を得るため、確認書を徴求することが求められる（投資勧誘規則8条）。

〈外務員資格〉

複雑な仕組債・投資信託については、一種外務員でなければ取扱いができない。

対策

●規則及びガイドラインに即した態勢整備が必要

日本証券業協会規則及び関連するガイドラインに即した社内規程を策定し、これに基づいて複雑な仕組債・投資信託の販売を行うことが求められる。特に、2023年7月1日施行の投資勧誘規則、関係ガイドライン及び広告指針の改正により、顧客に対する適切な販売勧誘を実現する観点から、複雑な仕組債等の複雑な高リスク商品について経営陣の適切な関与を必要とする等の規制の強化がなされている。また、これらは協会規則上求められるルールであり、これらを遵守したからといって、説明義務違反など民事上の責任が発生しないとは限らない。

複雑な仕組債・投資信託の販売に関しては、2023年6月30日に金融庁から「リスク性金融商品の販売会社における顧客本位の業務運営のモニタリング結果」が公表され、仕組債等の販売・管理態勢の課題（例：

収益確保に焦点を置き、想定顧客層や商品性を十分検証しないまま、リスク許容度の低い資産形成層にまで販売対象を拡大し、真の顧客ニーズを把握せずに仕組債を販売していた）やリスク性金融商品販売・管理態勢の課題（例：自社で取り扱っているリスク性金融商品の数が多く、営業現場で商品性の理解が十分に進まないため、顧客に対しても最適な商品説明・提案ができていなかった）が指摘されていることから、銀行としても顧客の最善の利益の追求に向けた態勢整備を主体的に行うことが求められる。

（白川剛士・尾登亮介）

193 空売り規制

空売りとは、有価証券を有しないでまたは有価証券を借り入れてその売付けをすることをいう。空売りは、売り崩しによる相場操縦に利用される危険性があるなどの理由から規制されており、金商法施行令及び有価証券の取引等の規制に関する内閣府令に従って行う必要がある。

解説

●明示・確認義務、価格規制、残高報告義務等

空売りは、売り崩しによる相場操縦に利用される危険性があり、また、相場の下落傾向を激化させる懸念があることから、金商法及び関連法令に従って行うものとされる（金商法162条1項1号）。

規制の概要は、以下のとおりである。

①明示・確認義務…金融商品取引所の会員等は、自己の計算による有価証券の売付けまたは売付けの受託をした有価証券の売付けなどをする場合には、金融商品取引所に対し、これらが空売りであるか否かを明示する義務を負う（金商法施行令26条の3第1項）。また、有価証券の売付けの受託の場合は、その委託者に対し、当該有価証券の売付けが空売りであるか否かを確認する義務を負う（同条2項）。

②価格規制…空売りの価格は、株価上昇局面では直近公表価格「未満」の価格、株価下落局面では直近公表価格「以下」の価格であってはならない（同令26条の4第1項。価格規制）。ただし、かかる規制は常時発動されるわけではなく、基準となる価格から10％以上下落した場合のみ発動される「トリガー方式」が採用されている（同令26条の4第1項1号、有価証券の取引等の規制に関する内閣府令12条6項など）。

③Naked Short Sellingの禁止…金融商品取引所の会員等は、空売りを受託した場合において、当該空売りに係る有価証券について借入契約の締結その他の当該有価証券の受渡しを確実にする措置（決済措置）が講じられていることを確認できないときは、当該空売りを行ってはならない（同令26条の2の2第1項）。自己の

計算による空売りの場合も同様である（同条4項）。
④残高報告義務…一定水準以上の空売りを行った顧客等は、利用した証券会社等に対して残高情報を提供する義務を負い、その報告を受け付けた金融商品取引所の会員等は、金融商品取引所に対して残高情報を提供する義務を負い、このようにして集められた情報を金融商品取引所が公表することになっている（金商法施行令26条の5、有価証券の取引等の規制に関する内閣府令15条の2以下）。

なお、上記の空売り規制の実効性を確保する観点から、決済措置に係る有価証券の調達先の確認をしない空売り等の禁止など、金融商品取引業者等に対する所定の行為規制が整備されている（金商法38条9号、金商業府令117条1項24号の2～24号の5）。

（白川剛士・尾登亮介）

194 消費者契約法の規律に基づく金融機関の努力義務

銀行は、消費者との契約の内容を明確かつ平易なものとし、消費者が契約の内容を理解するために必要な情報提供を行うようにする努力義務がある（消契法3条1項）。

解説

●契約条項の明確化と情報提供

一般に、事業者と消費者との間においては情報・交渉力の格差が存在し、相対的に情報・交渉力のない消費者が十分に契約内容を理解しないまま事業者との間で契約を締結し、後々の紛争に発展することが少なくない。消契法はこのような背景を踏まえ、事業者に対して、消費者の権利義務その他の消費者契約の内容が明確なもので、消費者にとって平易なものになるよう配慮すること（契約条項の明確化）、及び、消費者契約締結の勧誘に際して、消費者の理解を深めるために、消費者の権利義務その他の消費者契約の内容についての必要な情報を提供すること（情報提供）について、努力義務を課している（消契法3条1項）。

具体的には、事業者は、次に掲げる措置を講ずる努力義務が課されている。①消費者契約の条項を定めるに当たっては、消費者の権利義務その他の消費者契約の内容が、その解釈について疑義が生じない明確なもので、かつ、消費者にとって平易なものになるよう配慮すること、②消費者契約の締結について勧誘をするに際しては、消費者の理解を深めるために、物品、権利、役務その他の消費者契約の目的となるものの性質に応じ、消費者の年齢、心身の状態、知識及び経験を総合的に考慮した上で、契約内容についての必要な情報を提供すること、③民法が規定する定型取引合意に該当する消費者契約の締結について勧誘をするに際しては、定型約款の内容を容易に知り得る状態に置く措置を講じているときを除き、消費者が同法が規定する請求を行うために必要な情報を提供すること、④消費者の求めに応じて、消費者契約により定められた当該消費者が有する解除権の行使に関して必要な情報を提供すること（消契法3条1項1号～4号）。

契約条項の明確化については、例えば、契約書の条項を単に「A、B」と記載する場合、「AかつB」、「AまたはB」のいずれと解釈するのか、消費者にとって明確とは必ずしもいえず、解釈に疑義が生じ得るため、いずれの意義を有するのかを明確に規定するよう努めなければならない。

また、情報提供については、消費者一般に対して画一的に情報提供を行えばよいわけではなく、「消費者契約の目的となるものの性質」や「個々の消費者の年齢、心身の状態、知識及び経験」を踏まえて、個別の状況に応じた情報提供を心がけるべきである。例えば、消費者の「年齢」が高齢であることや、「心身の状態」から判断力が低下していることを知ることができたのであれば、それらの事情を考慮して、一般的・平均的な消費者に対する説明よりも丁寧な説明をするよう努めるべきである。

対策

●努力義務であるとしても責任が問われる可能性

これら消契法3条1項の規定は、あくまでも努力義務であるため、仮に銀行の担当者による違反が生じたとしても、直ちに銀行が損害賠償責任等の私法上の責任を負うわけではない。しかし、信義則上の説明義務違反が不法行為を構成するとして事業者に損害賠償責任を認めた裁判例（名古屋地判平成28年1月21日判例時報2304号83頁）において、事業者に課せられた努力義務の存在が考慮された事案があるように、同項の努力義務違反が銀行の損害賠償責任に繋がることを否定できるわけではないため、銀行の担当者としては同項の違反が生じることがないよう十分に留意するべきである。

（吉田和央・鐺野日真由）

195 銀行取引と契約締結過程の規制

銀行が、消費者との契約を締結するに際し、不適切な勧誘をして消費者を誤認させて、その契約意思を左右したときには、消費者は当該契約を取り消して、その代価の返還を求めることができる（消契法4条）。

解説

●不適切な勧誘と消費者保護

情報の面で消費者と事業者との間に格差が存在する状況にあっては、契約の締結を勧誘するにあたって、事業者から消費者に対し、消費者が契約を締結するという意思決定をする上で必要な情報の提供が適切になされないまま、契約が締結されるケースがある。このように、消費者が事業者の不適切な勧誘行為に影響されて自らの欲求の実現に適合しない契約を締結した場合には、民法の詐欺（96条1項）が成立しない場合でも、契約の成立についての合意の瑕疵によって消費者が当該契約に拘束されることは衡平を欠くことから、消契法4条は消費者に対し契約の効力の否定できる権利を付与している（消費者庁「消費者契約法逐条解説」参照）。消契法は、個人との間の契約に適用されるが、事業としてまたは事業のために契約の当事者となる場合におけるものが除かれている（消契法2条1項）。

具体的には、事業者が「消費者契約の締結について勧誘」をするに際して、不実告知（消契法4条1項1号）、断定的判断の提供（同項2号）、不利益事実の不告知（同条2項）、不退去・退去妨害等（同条3項）、過量契約（同条4項）を行うことにより消費者が誤認し、それによって消費者契約の申込みまたはその承諾の意思表示をしたときは、消費者はこれを取り消すことができる場合がある。「消費者契約の締結について勧誘」とは、消費者の契約締結の意思の形成に影響を与える程度の勧め方を意味する。事業者による働きかけが不特定多数の消費者に向けられたものであったとしても、そのことから直ちにその働きかけ（チラシの配布）が「勧誘」に当たらないということはできないと解されている（最判平29・1・24）。

取消権の行使期間は、追認することができるときから1年、契約締結のときから5年と、民法上の取消権の行使期間（126条）よりも短縮されている（消契法7条1項）。

なお、消契法では、項目194のとおり、消費者契約の条項の規定及び消費者契約の締結にかかる勧誘または消費者の解除権の行使に関する必要な情報の提供について、努力義務が課されていること（同法3条1項）にも留意を要する。

対策

●不適切な勧誘行為が行われないための管理が必要

行員によって不適切な勧誘が行われないように管理を徹底する必要がある。特に、不実告知、断定的判断の提供、不利益事実の不告知等の行為については、社内規程やマニュアル等において禁止行為として明示した上で教育・研修等を図る必要がある。また、不適切な勧誘が行われていないかについては常にモニタリングすることも重要である。例えば、苦情や顧客の声を定期的に確認し、不適切な行為またはそれにつながる可能性のある行為が発見された場合には、適切な是正措置等を図る必要がある。

（吉田和央・鐺野日真由）

196 不実告知と契約の効果

銀行の担当者が、消費者と契約を締結するに際し、消費者の判断を左右し得る重要事項について、事実と異なることを告げて顧客にその旨を誤認させた場合には、消費者は当該契約を取り消して、その代価の返還を求めることができる（消契法4条1項1号）。

解説

●不実告知と取消権

不実告知とは契約の「重要事項」について、事実と異なることを告げて、顧客の判断を誤らせることをいう。この「重要事項」とは、①物品、権利、役務その他の当該消費者契約の目的となるものの質、用途その他の内容であって、消費者の当該消費者契約を締結するか否かについての判断に通常影響を及ぼすべきもの、②物品、権利、役務その他の当該消費者契約の目的となるものの対価その他の取引条件であって、消費者の当該消費者契約を締結するか否かについての判断に通常影響を及ぼすべきもの、③その他、物品、権利、役務その他の当該消費者契約の目的となるものが当該消費者の生命、身体、財産その他の重要な利益についての損害または危険を回避するために通常必要であると判断される事情、を意味する（消契法4条5項）。

告知の手段については、必ずしも口頭によることを必要とせず、書面に記載して消費者に知悉させるなど消費者が実際にそれによって認識し得る態様の方法であれば足りる（消費者庁「消費者契約法逐条解説」）。

対策

●説明の真実性の確保

銀行実務における不実告知の典型例として、外貨預金について、「元本保証である」「預金保険の対象である」などの事実と異なる説明をすることをあげることができる。そもそも、銀行自らが取扱う契約（商品）について、事実と異なることを告げれば、消契法に基づき取り消される可能性がある他、民法上の詐欺取消しや錯誤等を主張される可能性もある（この主張は個人顧客のみならず、法人等においても可能である）。そうならないためには、不実告知を行内の規程やマニュアル等において禁止行為として定めるとともに、不実告知の可能性がある事項については「元本保証はない」「預金保険の対象でない」などと積極的に打消し表示を行うことが重要である（そのような表示が銀行法等により求められる場合もある）。また、万一事実と異なる説明をしてしまったときには、顧客の認識を速やかに是正しておくことが肝要である。

（吉田和央・鑓野目真由）

197 断定的判断の提供による勧誘とその効果

銀行の担当者が、消費者と契約を締結するに際し、契約の目的となるものに関する将来における変動が不確実な事項（価額・利益等）について、断定的な判断を提供して、消費者に対してそれが確実である旨誤認させた場合には、消費者は当該契約を取り消して、その代価の返還を求めることができる（消契法4条1項2号）。

解説

●断定的判断の提供による勧誘と取消権

「断定的判断」の対象は、「将来におけるその価額、将来において当該消費者が受け取るべき金額その他の将来における変動が不確実な事項」である。

①「将来におけるその価額」とは、例えば金融商品取引に関して将来における金融商品の価額を、②「将来において当該消費者が受け取るべき金額」とは、例えば保険契約に関して将来において当該消費者が受け取るべき保険金の額を、③「その他の将来における変動が不確実な事項」とは、①や②の概念には必ずしも含まれない、消費者の財産上の利得に影響するものであって将来を見通すことがそもそも困難であるものとして、例えば証券取引に関して、将来における各種の指数・数値、金利、通貨の価格を意味する。「断定的判断」とは、確実でないものが確実である（例えば、利益を生ずることが確実でないのに確実である）と誤解させるような決めつけ方をいう。「絶対に」「必ず」のようなフレーズを伴う場合が典型例であるが、必ずしもこれに限られるものではない（以上につき、消費者庁「消費者契約法逐条解説」）。

断定的判断の提供は、「金融商品の販売に係る事項について、不確実な事項について断定的判断を提供し、または確実であると誤認させるおそれのあることを告げる行為」として、金サ法5条によっても禁止されており、金融商品販売業者等がこれに違反し、顧客に損害が生じたときには顧客に対して損害賠償責任を負う

(同法6条)。

対策

●判断材料の提供に止める

断定的判断の提供は、銀行業務においては、特に金融商品(投資信託等)を販売する場合に問題となりやすい。銀行から積極的に行わないことはもちろんのこと、顧客から儲かるかどうかの判断を求められても断定的な見通しを伝えないことが重要である。また、仮に何らかの見通しについて意見を求められる場合には、過去の運用実績等の客観的な資料の提供に止めるといった対応が考えられる。

これらの取扱いについては、金融商品を販売する従業員に対する教育や研修が重要になる。行内の規程やマニュアル等において断定的判断の提供を禁止行為として定めるとともに、運用実績等に関するなどの資料の提供を行わざるを得ない場合には、運用成果を保証するものではないことなどを明示するなどの対応も検討すべきである。

(吉田和央)

198 不利益事実の不告知と契約の効果

銀行の担当者が、消費者と契約を締結するに際し、当該契約の重要事項等について、消費者に不利益となる事実を故意または重大な過失により告げず、消費者にその事実が存在しない旨を誤認させた場合には、消費者は当該契約を取り消して、その代価の返還を求めることができる（消契法4条2項）。

解説

●不利益事実の不告知と取消権

不利益事実の不告知とは、①契約の重要事項またはこれに関連する事項について、消費者に不利益となる旨を告げ、②当該重要事項について消費者に不利益となる事実を故意または重大な過失により告げず、③消費者にその事実が存在しない旨を誤認させること、をいう。「消費者の利益となる旨」とは、消費者契約を締結する前の状態と後の状態とを比較して、「当該消費者」に利益（必ずしも財産上の利益に限らない）を生じさせるであろうことを意味する。ここでは「一般的・平均的な消費者の利益」ではなく「当該消費者（＝個別具体的な消費者）の利益」が問題となる。

「顧客に不利益となる事実」とは、消費者契約を締結する前と後の状態とを比較して、「当該消費者」に不利益（必ずしも財産上の不利益に限らない）を生じさせるおそれがある事実を意味する。例えば、有価証券の取引で、当該消費者が取得した有価証券を売却するなどにより得られる金額が、当該消費者が当該有価証券を取得するために支払った金額（取得価額）を下回るおそれがあること、すなわち元本欠損が生じるおそれがあることが「当該消費者の不利益となる事実」に当たる。

「故意に」とは、「当該事実が当該消費者の不利益となるものであることを知っており、かつ、当該消費者が当該事実を認識していないことを知っていながら、あえて」という意味である（以上につき、消費者庁「消費者契約法逐条解説」）。このような「故意」の立証が実務上容易でないことから、「重大な過失」がある場合も取消の対象となっている。

なお、金サ法4条では、元本欠損が生ずるおそれがある旨、相場その他の指標に係る変動を直接の原因として元本欠損が生ずるおそれを生じさせる当該金融商品の販売に係る取引の仕組みのうちの重要な部分等の不利益事実の告知が積極的に求められている。

対策

●不利益事実を積極的に開示し説明する

不利益事実の不告知の典型例として、投資信託につき、その高利の運用利回りのみ強調し、元本割れのリスクがあることを告知しないことがあげられる。不利益事項の不告知といっても、その判断を現場の従業員に任せるのは危険であり、不利益事項として想定されるものは、銀行において積極的に勧誘文書等に盛り込むことが有効である。そのため、各種の商品類型ごとに不利益事項として想定されるものがないかの確認は常に行う必要があろう。

（吉田和央）

199 不退去等による勧誘とその効果

銀行の担当者が、消費者と契約を締結するに際し、消費者の意思に反して自ら退去せず、もしくは消費者を退去させなかった場合には、消費者は当該契約を取り消して、その代価の返還を求めることができる（消契法4条3項）。

解説

●不退去等による取消権

消費者は、事業者が消費者契約の締結について勧誘をするに際し、当該消費者に対して次に掲げる行為をしたことにより困惑し、それによって当該消費者契約の申込みまたはその承諾の意思表示をしたときは、これを取り消すことができる。

①当該事業者に対し、当該消費者が、その住居またはその業務を行っている場所から退去すべき旨の意思を示したにもかかわらず、それらの場所から退去しないこと。

②当該事業者が当該消費者契約の締結について勧誘をしている場所から当該消費者が退去する旨の意思を示したにもかかわらず、その場所から当該消費者を退去させないこと。

③当該消費者に対し、当該消費者契約の締結について勧誘をすることを告げずに、当該消費者が任意に退去することが困難な場所であることを知りながら、当該消費者をその場所に同行し、その場所において当該消費者契約の締結について勧誘をすること。

例えば、イ．時間的な余裕がない旨を消費者が告知した場合（例…「時間がありませんので」「これから別の場所に用事がある」と消費者が告知した場合）、ロ．当該消費者契約を締結しない旨を消費者が明確に告知した場合（例…「要らない」「結構です」「お断りします」と消費者が告知した場合）、ハ．口頭以外の手段により消費者が意思を表示した場合（例…手振り身振りで「契約を締結しない」という動作をしながら、消費者がイスから立ち上がった場合）といったケースであれば、直接的に表示した場合と同様の要保護性が消費者に認められ、相手方である事業者にも明確に意思が伝わることから、社会通念上「退去する旨の意思を示した」とみなすことが可能であると考えられる。

また、消費者の任意の退去が困難か否かは、当該消費者の事情を含む諸般の事情から客観的に判断される。例えば、ニ．消費者が車で人里離れた勧誘場所に連れていかれ、帰宅する交通手段がない場合や、ホ．階段の上り下りが困難な身体的障害をもつ消費者が、階段しかない建物の2階に連れていかれた場合は、当該消費者は任意に退去することは困難とみなすことが可能であると考えられる（消費者庁「消費者契約法逐条解説」）。

対策

●顧客の意に反して勧誘を行うことは厳に慎むべき

不退去等はもちろんのこと、顧客の意に反して無理に勧誘を行うことは厳に慎むべきである。特に一部の金融商品取引に関しては、「金融商品取引契約の締結の勧誘の要請をしていない顧客に対し、訪問しまたは電話をかけて、金融商品取引契約の締結の勧誘をする行為」なども禁止行為として定められている（金商法38条4号）。無理な勧誘を行わせない態勢整備としては、無理な勧誘を禁止行為として定めることに加え、そのような勧誘を生じさせないための報酬・業績評価体系となっているか（従業員に対して過度な営業プレッシャーがかかっていないか）という点にも留意する必要があろう。

（吉田和央・鑓野目真由）

200 不当条項の無効

銀行が、消費者と契約を締結するに際し、銀行の損害賠償責任を免除する旨の規定を置いたり、損害賠償額の予定や違約金を定める条項が消費者にとって著しく不利となる場合には、それらの条項は無効もしくは超過部分について無効となる（消契法8～10条）。

解説

●**事業者に一方的に有利な条項は無効**

事業者と消費者との間に情報や交渉力の格差がある場合には、事業者がこれを利用して自己に一方的に有利な規定を設ける可能性も否定できない。そこで、消費者契約法8条から10条は、事業者の損害賠償責任を免除する条項、損害賠償責任の一部を免除する条項のうち軽過失の場合にのみ適用されることが不明確な条項（8条）、消費者の解除権を放棄させる条項（8条の2）、消費者が支払う損害賠償の額を予定する条項の平均的な損害額を超える部分等（9条）、消費者の利益を一方的に害する条項（10条）、のような条項を不当条項としてその効力を否定している。

特に、消費者の利益を一方的に害する条項（10条）は、民法等の任意規定に比して、消費者の権利を制限しまたは消費者の義務を加重する消費者契約の条項であって、民法1条2項に規定する信義則に反して消費者の利益を一方的に害する条項を無効とするものである。

金融庁は、相続の開始を期限の利益喪失事由とするカードローン契約等の規定について、消契法10条に基づく協議の存在を踏まえ、預金取扱金融機関に対して当該規定の削除等を要請している（金融庁「相続の開始を期限の利益喪失事由とするカードローン契約等における規定の検証について（要請）」（2022年6月20日））。民法1条2項に規定する信義則に反するか否かは、消費者契約法の趣旨、目的（同法1条参照）に照らし、当該条項の性質、契約が成立するに至った経緯、消費者と事業者との間に存する情報の質・量・交渉力の格差等の事情を総合考量して判断される（最判平23・7・15民集65巻5号2269頁）。

なお、民法548条の2第2項は、定型約款の条項のうち、相手方の権利を制限し、または相手方の義務を加重する条項であって、その定型取引の態様及びその実情並びに取引上の社会通念に照らして信義則に反して相手方の利益を一方的に害すると認められるものについては、合意をしなかったものとみなす旨定めている（不当条項の組入れ否定）。基本的に消契法10条と類似の内容を定めるものであるが、①適用対象は必ずしも消費者契約に限定されない点、②信義則に反するか否かが定型取引の態様及びその実情並びに取引上の社会通念に照らして判断される点、③その効果が合意（組入れ）の否定である点、で異なっている。「定型取引の実情」としては、その取引がどのような社会的・経済的活動に関して行われるものか、その取引において条項が設けられた理由や背景、その条項がどのように位置づけられるものか、例えば、その条項自体は相手方である顧客に負担を課すものであるが、他の条項の存在等によって取引全体ではバランスが取れたものとなっているかなどが考慮される（筒井健夫＝村松秀樹『一問一答　民法（債権関係）改正』（商事法務））。

また、消契法は、事業者に対し、①民法第548条の2第1項に規定する定型取引合意に該当する消費者契約の締結について勧誘をするに際しては、消費者が同項に規定する定型約款の内容を容易に知り得る状態に置く措置を講じているときを除き、消費者が同法第548条の3第1項に規定する請求を行うために必要な情報を提供すること、②消費者の求めに応じて、消費者契約により定められた当該消費者が有する解除権の行使に関して必要な情報を提供すること、について努力義務を課している（消契法3条1項3号、4号）。

対策

●契約条項の確認態勢が必要

銀行が作成する各種消費者向け取引に係る規約や契約書等については、消契法8条から10条や民法548条の2第2項に該当する不当な条項が含まれていないかの確認が必要となる。

（吉田和央・鐺野日真由）

201 代理業者・仲介業者との取引と事業者の責任

銀行が、第三者に対し、消費者との契約の締結について媒介することを委託し、その第三者が不適切な勧誘をして消費者を誤認または困惑させた場合にも、消費者は当該契約を取り消して、その代価の返還を求めることができる（消契法5条1項）。

解説

●不適切な勧誘の主体

消契法5条1項は、事業者が、第三者に対し、消費者との契約の締結について媒介することを委託し、その第三者が不適切な勧誘をして顧客を誤認または困惑させた場合にも、消費者に取消権を認めた。この場合には、当該第三者の行為は委託者である事業者の行為と同視できるためである。

銀行業務においては、「銀行代理業」（預金または定期積金等の受入れを内容とする契約の締結の代理または媒介、資金の貸付けまたは手形の割引を内容とする契約の締結の代理または媒介、為替取引を内容とする契約の締結の代理または媒介）を銀行代理業者に委託する場合や、それ以外の業務を第三者に委託する場合に問題となる。この場合、銀行代理業者や委託先が不適切な勧誘をして消費者を誤認または困惑させた場合、銀行と消費者との間の各種取引の効力が否定される可能性がある。

なお、媒介業者としては、金サ法が、預金等媒介業務（同法11条2項）等を行う「金融サービス仲介業」を規定している。

対策

●銀行代理業者等の勧誘行為の適正確保

銀行の業務を銀行代理業者等に委託すれば業務の効率化が図られる場合があるが、その受託者が顧客に対して不適切な勧誘を行えば、顧客との取引が取り消されるリスクが生じることになる。

そのため、銀行は銀行代理業者等に対して適切な教育・指導を実施するとともに、業務の遂行状況についての報告を適宜求め、不適切な勧誘がなされていないかどうかを継続的にモニタリングすることが重要である。特に銀行代理業に関しては、銀行には銀行代理業に係る業務の指導その他の健全かつ適切な運営を確保するための措置を講じることが求められている（銀行法52条の58第1項。一方、金融サービス仲介業に関しては、所属制を前提とした銀行による指導等は規定されていない）。また、銀行代理業以外の業務の委託に際しても、受託者における業務の実施状況を、定期的にまたは必要に応じて確認することにより、受託者が当該業務を的確に遂行しているかを検証し、必要に応じ改善させることその他の受託者に対する必要かつ適切な監督を行うための措置が求められている（同法施行規則13条の6の8第1項2号参照）。

（吉田和央・福島邦真）

202 契約締結時の情報提供

登録金融機関は、金融商品取引契約が成立したときなどは、遅滞なく、当該金融商品に関する事項等に係る情報を顧客に提供しなければならない（同法37条の4第1項）。これに違反して情報提供せず、虚偽の情報を提供した者には、6カ月以下の懲役（2025年6月に拘禁刑への改正が予定されている）もしくは50万円以下の罰金またはその併科に処せられる（同法205条12号）。登録金融機関も50万円以下の罰金に処せられる（両罰規定、同法207条1項6号）。この情報提供義務は、2023年11月20日に成立した令和5年改正金商法により、デジタル化の進展を目的とした改正がなされたもので、その施行までは重要事項の説明を記載した「契約締結時交付書面」の交付義務を負う。

解説

●契約締結時の情報提供の要否

契約締結時に情報提供すべき事項は、①当該金融商品取引業者等の商号、名称または氏名、②当該金融商品取引業者等の営業所または事務所の名称、③当該金融商品取引契約等の概要、④当該金融商品取引契約の成立等の年月日、⑤当該金融商品取引契約等の手数料等に関する事項、⑥顧客の氏名または名称、⑦顧客が当該金融商品取引業者等に連絡する方法、⑧その他取引類型に応じた記載事項、などから構成される（金商法37条の4、改正前金商業府令99条1項等）。なお、契約締結時の情報提供は、契約締結前の情報提供とは別個に必要となるものであり、同一の内容を情報提供しなければならない事項もあるが、それぞれ求められる事項が異なるため注意を要する。

登録金融機関において、顧客からの個別の取引に関する照会に対して速やかに回答できる体制が整備されている場合、特定投資家が相手方となるときには、契約締結時の情報提供義務はない（同法45条2号、金商業府令156条1号）。

なお令和5年改正金商法施行前までに交付する契約締結時交付書面は、金商法施行令の規定に従い顧客の承諾を得て、同書面に記載すべき事項を電子情報処理組織を使用する方法その他の情報通信の技術を利用する方法であって金商業府令で定めるものにより提供することができる(改正前金商法37条の4第2項による同法34条の2第4項の準用)。ただし、令和5年改正金商法施行は、書面交付から情報提供に改正されることに伴い、金商法37条の4第2項は削除される。

対策

●交付漏れ、不適切記載の防止を

銀行が登録金融機関として顧客との間で金融商品取引契約を締結する場合には、契約締結時の情報提供義務を負う。これらの情報提供漏れはもとより、金商法37条の4に規定する情報を提供しないことや虚偽の情報を提供することは明白な法令違反であると同時に、顧客とのトラブルの原因となる。

契約締結時の情報提供が適切に行われるように、情報提供事項の確認も含め、所要のシステムやマニュアル等を整備する必要がある。

(吉田和央・福島邦真)

203 売買等に関しての虚偽表示

登録金融機関またはその役職員は、金融商品取引契約の締結またはその勧誘に関して、顧客に対して虚偽のことを告げる行為、虚偽の表示をし、または重要な事項につき誤解を生じさせるような表示をしてはならない（金商法38条1号・9号、金商業府令117条1項2号）。これに違反すると、免許の取消し、または6カ月以内の業務の全部もしくは一部の停止等の処分を受けることがある（金商法52条の2）。

解説

●商品の性格等について正確に説明する必要あり

銀行が登録金融機関として金融商品取引契約の締結または勧誘をする場合、例えば投資信託等を勧誘する場合には、顧客が必要かつ十分な情報に基づいて投資決定を行うことができるように、投資信託等の商品の性格・商品の仕組み・損失を被るリスク等について正確に説明する必要がある。

仮に事実を偽った説明や誤解を生じさせるような説明を行う場合には、金商法違反に問われ、行政処分等を受けるおそれがある。なお、その場合、取引が取り消される可能性があることについては、196参照。

（吉田和央）

204 有利買付表示

有価証券の募集・売出しに際し、不特定多数の者に対して、これらの者が取得した有価証券については、自己または他人が、あらかじめ特定した価格以上の価格で買い付けるとか、またはあらかじめ特定した価格以上の価格での売付けをあっせんする旨の表示(誤認されるおそれがある場合を含む)をしてはならない(金商法170条)。これに違反した者は1年以下の懲役(2025年6月に拘禁刑への改正が予定されている)もしくは100万円以下の罰金またはこれらの併科に処され(同法200条21号)、法人に対しては、1億円以下の罰金に処される(同法207条1項5号)。

解説

●投資者が損害を被るおそれがあり禁じられる

投資者が、投資した額を下回らない資金の回収が可能であるといった約束がなされると、多数の投資者が買戻しを請求するなどした場合に、損害を被るおそれがある。実際に当該約束が履行されるのであれば、投資家は損害を被らないともいえるが、そのような約束が広範囲でなされる場合には、その履行が困難となるおそれもあることから(神田秀樹他『金融商品取引法コンメンタール』(商事法務、2011)186頁参照)、金商法はこうした行為を禁止している。登録金融機関が投資信託等を販売する場合、顧客に対してあらかじめ投資結果を保証するなどの行為は厳に慎むべきであり、そのための行内規程やマニュアル等の整備が求められる。

(吉田和央)

205 名義・住所貸し、名義・住所借り、仮名取引

登録金融機関の役職員は、顧客の有価証券の売買等またはその名義換えについて自己もしくはその親族その他自己と特別の関係のある者の名義または住所を使用させてはならず（従業員規則7条8号）、自己の有価証券の売買等について顧客の名義または住所を使用してはならない（同条10号）。また、顧客から有価証券の売買等の注文を受ける場合において、仮名取引であることを知りながら、当該注文を受けてはならない（同条9号）。これらに違反した場合、外務員資格の資格の取消しや職務停止等の処分の対象となる（協会員の外務員の資格、登録等に関する規則6条、11条等）。

解説

●本人名義の取引が鉄則

登録金融機関の役職員が、顧客の取引のために、自身やその親族等の名義・住所を貸すことは、顧客の内部者取引、相場操縦、マネー・ローンダリングなどの不正な取引に利用される可能性があることから禁止されている。同様に、登録金融機関の役職員が、顧客の名義を使用することは、役職員の不正行為の防止の観点から、禁止されている。登録金融機関自体が、顧客に名義を貸すことも同様に禁止されている（投資勧誘規則13条2項）。

仮名取引とは、顧客が架空名義あるいは他人の名義を使用するなど、口座名義人とその口座で行われる取引の効果帰属者が一致しない取引のことである。仮名取引であることを知りながら、顧客から有価証券の売買等の注文を受けることは禁止される（従業員規則7条9号、投資勧誘規則13条1項）。なお、当該規制は、口座名義人の代理人や口座名義人本人の意思を伝達するに過ぎない者（いわゆる「使者」）からの口座名義人本人の注文の受託は禁止するものではない。

また、役職員が顧客から依頼された名義書換等について、所属登録金融機関を通じないで手続することは、

名義貸しや仮名取引の温床となるため、禁止されている(従業員規則7条11号)。

金融商品取引はあくまでも本人名義での取引が鉄則である。取引のために名義を借用等することに、通常正当性は認められず、何らかの不正行為に使用されることが容易に推測される。これらの違反は、外務員資格等の資格の取消しや職務停止等の処分の対象となることに留意すべきである。

対策

●内部管理態勢の確立を

登録金融機関は、かかる不正行為を防止するための内部管理態勢を整える必要がある。まず、口座開設時において、犯罪収益移転防止法に基づく取引時確認を厳格に行うことが重要である。既存口座についても、仮名取引の受託を防止する観点から受注手続を定めたマニュアルを策定するなどにより、態勢整備が図ることが重要である。また、金融庁マネロンガイドラインの内容にも留意する必要がある。

架空名義口座または借名口座であるとの疑いが生じた口座、実体のない法人の口座、住所と異なる連絡先に報告書等の送付を希望する顧客の口座などを通じた取引は、疑わしい取引の代表事例である。金融機関等は、このような口座での取引を把握した場合、疑わしい取引として当局へ届出を行わなければならない(犯収法8条)。また、金融庁マネロンガイドラインに即して定められた社内規程に従って、リスク低減措置の実施、実効性の評価、リスク遮断(取引謝絶)といった対応をとる必要がある。名義貸しや仮名取引の疑いを持ったにもかかわらず、漫然と取引を継続することは、AML/CFTの観点から重大な問題を引き起こすリスクのあるものであり、厳に避けなければならない。

(白川剛士・池田創人)

206 契約締結後のフォローアップ（投資信託等販売）登録

金融機関と投資者との関係は、商品を販売してしまえば終わるというものではない。商品の販売後の丁寧な顧客管理（アフターケア）も、投資者との信頼関係の確保のためには不可欠である。

解説

●金融機関と投資者との関係は、商品を販売して終わるものではない

登録金融機関には、商品販売後も適切なアフターケアを行うことが求められる。例えば、金融庁「顧客本位の業務運営に関する原則」原則6（注1）においては、金融商品・サービスの販売後において、顧客の意向に基づき、長期的な視点にも配慮した適切なフォローアップを行うことが示されている。また、金商監督指針（Ⅲ−2−3−4⑴②へ）は、特に、市場動向の急変や市場に重大なインパクトを与える事象の発生が、投資信託の基準価額に重大な影響を与えた場合において、顧客に対して適時適切な情報提供に努め、顧客の投資判断をきめ細かくサポートすることを求めている。とりわけ、身体的な衰えに加え、短期的に投資判断能力が変化する場合もある高齢顧客については、より一層のフォローアップ体制を整える必要性があるが、この点については207を参照。

販売後の情報提供に関するものとして、投資信託については、運用の状況その他所定の情報を、投資者に提供することが求められる。また、この情報提供事項のうち重要なものについては、別途、情報提供する必要がある（投資信託及び投資法人に関する法律（以下「投信法」）14条1項及び2項）。なお、この情報提供義務は2023年11月20日に成立した令和5年の金商法及び投信法改正により、デジタル化の進展を目的とした改正がなされたもので、その施行までは所定の事項を記載した「交付運用報告書」「運用報告書（全体版）」という名称の書面の交付義務を負う。

さらに、各投資者が投資信託購入時点から現在までの投資期間全体における累積分配金を含む損益を把握できるよう、登録金融機関は顧客に対してトータルリターンを通知することが求められる（投資勧誘規則23条の2）。この他、各投資信託委託会社が任意に作成する運用レポートが、登録金融機関から投資者に対し実務上提供されている。これらの情報の提供に際し、必要または求めに応じて適切なフォローアップを行うことが考えられる。

この他、契約締結後の登録金融機関の義務としては、指導助言義務が指摘されることがある（最判平17・7・14民集59巻6号1323頁の才口千晴裁判官補足意見参照）。かかる義務の有無について判例は確立していないが、留意しておく必要はある。

対策

●不十分なアフターケア態勢は当局指摘の対象となり得る

適切なアフターケアは、投資者との信頼関係を確保するだけでなく、苦情を早期に発見し、紛争を未然に解決することに役立つ。2023年6月30日付金融庁「リスク性金融商品の販売会社における顧客本位の業務運営のモニタリング結果」でも、顧客の最善の利益の追求に向けた課題として、フォローアップ機会を適切に活用すべきことが指摘されている。このように、登録金融機関にとって商品販売後のアフターケア態勢の整備は重要である。

（白川剛士・池田創人）

207 高齢顧客に対する継続的なフォローアップ

金融商品の販売後においても、顧客の意向に基づき、長期的な視点にも配慮したフォローアップを行う必要がある。とりわけ、身体的な衰えに加え、短期的に投資判断能力が変化する場合もある高齢顧客については、より一層のフォローアップ体制を整える必要性がある。

解説

●高齢顧客に対しては、特に丁寧なフォローアップが求められる

高齢顧客へのフォローアップについて、金商監督指針（Ⅳ－3－1－2(3)）は、「商品の販売後においても、高齢顧客の立場に立って、きめ細かく相談に乗り、投資判断をサポートするなど丁寧なフォローアップ」を行うことを要請している。また日証協は、投資勧誘規則5条の3において、高齢顧客の勧誘を行う場合には、高齢顧客の定義、販売対象となる有価証券等、説明方法、受注方法等に関する社内規則を定めることを求めており、「高齢顧客への勧誘による販売に係るガイドライン」（以下「高齢者ガイドライン」という）では、社内規則に定めるべき、高齢顧客に対する継続的なフォローアップの内容の具体的な指針を定めている。具体的には、アフターフォローについて、リスクベースにより、対象となる顧客、頻度、方法、連絡・確認と状況把握を行う者を定めることが求められる。

まず、継続的な状況把握の対象となる高齢顧客の範囲としては、目安として80歳以上の顧客を含む必要がある。頻度については、リスクベースで各社が定めることになる。

継続的な状況把握において確認が求められる事項としては、以下の事項が例示されている。

① 高齢顧客が、自身の取引及び保有商品の現状（時価、評価損益、市況環境等）について十分に認識しているか、不満はないか。

② 高齢顧客の健康状態及び投資判断に係る記憶力及び理解力等の状況・変動の傾向。

③ 高齢顧客のキャッシュフローや保有資産の状況に変化はないか、今後の投資方針に変わりはないか。

もっとも、これらはあくまで例示であるため、顧客の状況を踏まえて追加で確認すべき事項があるかの検討が常に求められることに留意すべきである。

また、継続的な状況把握は、内部管理責任者等の内部管理を行う者または営業担当の役席者等、顧客管理や取引の適切性について適切な判断ができる者が行う必要がある。

対策

●社内規則に即したフォローアップの実施

金融機関は高齢者ガイドラインに従い、適切な内容の社内規則を定めることになる。かかる社内規則はリスクベースで定められるものであるため、各社の実情に応じ、内容が異なることになる。継続的な状況把握は、取引のフォローアップや顧客の健康状態、保有資産等について把握し、追加的な対応が必要ないかを検討するために行うものであり、関係する担当者においては、かかる目的に沿って、社内規則の内容を十分に把握・理解し、適切に実施する必要がある。

(白川剛士・江橋　翔)

208 取引一任勘定取引

有価証券の売買等について、顧客から売買の別、銘柄及び数について同意を得た上で、価格については適切な幅を持たせた同意の範囲内で登録金融機関が定めることができることを内容とする契約を締結するなどの際（いわゆる取引一任勘定取引を行う際）には、当該行為が投資者の保護に欠け、取引の公正を害し、または金融商品取引業等の信用失墜を防止するため十分な社内管理体制をあらかじめ整備しなければならない（金商法40条2号、金商業府令123条13号）。

解説

●取引一任勘定取引の範囲

登録金融機関が投資者から有価証券の売買の銘柄、数量や価格を一任されて取引を行うことは、損失が生じたときに顧客との間で紛争が発生し損失補填が行われるおそれ、また、手数料目的の過剰な売買が行われるおそれがあることから、社内管理体制の整備等を条件に、売買の別、銘柄及び数について同意を得た場合等の一定の範囲で認められている。

なお、投資判断、売買、資産の管理などを包括的に一任する「ラップ口座」は、金融商品の価値等の分析に基づく投資判断の全部または一部を一任する契約（投資一任契約）に基づき行うもので、投資運用業に該当する（金商法28条4項、2条8項12号）。信託銀行を除く登録金融機関は、投資運用業登録を行うことはできない（金商法33条1項）。

（白川剛士・江橋　翔）

209 損失補填・利益追加等

登録金融機関は、有価証券の売買その他の取引につき、①損失の発生前に、損失保証または利益保証の申込み・約束をすること、②損失の発生後に、損失補填または利益追加のための財産上の利益提供を申込み・約束をすること、③損失の発生後に、損失補填または利益追加のための財産上の利益提供をすること、を禁止する（金商法39条）。これらの違反は、業務停止処分または登録取消処分（金商法52条の2）の対象となる他、刑罰（個人について3年以下の懲役（2025年6月に拘禁刑への改正が予定されている）または300万円以下の罰金（またはこれらの併科）、法人について3億円以下の罰金）の対象となる（同法198条の3、207条1項3号）。

解説

●損失補填の約束・申込み等は禁止

前記①は損失発生前の損失保証・利益保証の申込み・約束、②は既に生じた損失または利益に関する損失補填・利益追加の申込み・約束、③は実際に財産上の利益を提供する行為である。第三者にこれらの行為を行わせることも禁止される。

これらは、それぞれ「補填し、または補足（追加）するため」と規定されていることから、その目的・意思をもって行われる行為のみが禁止される。したがって、そのような目的・意思のない行為、例えば、単なる儀礼のための贈答や接待は禁止行為には該当しない。もっとも、この場合も単なる儀礼のために行われたか否かの判断は厳格になされるおそれがあるので、特に社会通念上高額な贈答品を送る際などには十分な注意を要する。

「損失」には、売買等による実現損のみならず、評価損も含まれることに留意する必要がある。また、「財産上の利益」とは、経済的な価値を有するもの全てを意味するため、現金や物品の贈与はもちろんのこと、債務の免除や信用の供与、物品を通常の価格より高く購入したり安く売却する行為なども「財産上の利益の提供」に該当する。

対策

●事故による損失の補填も一定の手続に従って行う必要あり

損失補填・利益追加を申込むだけ（したがって、意思の合致を要しない）でも禁止の対象となることを営業担当者が十分認識するよう周知徹底を行う必要がある。また、損失補填の禁止には例外があり、登録金融機関またはその役職員等による事故（違法または不当な行為として内閣府令に列挙されるもの）による損失を補填することは許されるが、この場合であっても、法令上一定の手続に従って行う必要があるため、無断で損失補填が行われないような態勢整備が重要である（金商法39条3項、金商業府令118条以下）。なお、2022年6月22日施行の改正により、損失補填の禁止の例外として、当局による事故確認を要しない金額基準が、10万円以下から100万円以下と変更された。

（白川剛士・江橋　翔）

210 無断売買登録

金融機関は、あらかじめ顧客の同意を得ずに、当該顧客の計算により有価証券の売買その他の取引等を行ってはならない（金商法38条9号、金商業府令117条1項11号）。これに違反した場合、業務停止処分または登録取消処分の対象となる（金商法52条の2）。

解説

●顧客に利益が生じても法令に抵触

顧客に無断で顧客の計算で取引を行うことは禁止される。仮に、顧客との間で継続的な取引関係があるなどの理由により顧客の事後承諾が得られることが推測できるとしても、後日顧客に損失が生じた場合など、顧客との紛争につながるものであり、一切許されない。したがって、たとえ結果として、無断売買により顧客に利益が生じたとしても、法令違反であって行政処分の対象となる。無断売買の効果は顧客には帰属しないものとされており（最判平4・2・28判時1417号64頁）、かかる取引により損失が発生したとしても、顧客の負担とすることは当然できない。類似規制として、あらかじめ顧客の注文内容を確認することなく頻繁に当該顧客の計算により取引等する状況の禁止（金商業府令123条1項1号）があるが、これは、顧客の注文内容を事後的に確認するような取引を頻繁に行うことを禁止する趣旨のものである。

（白川剛士・江橋　翔）

211 金銭・有価証券の貸借

登録金融機関の役職員は、有価証券の売買その他の取引等に関して顧客と金銭、有価証券の貸借（顧客の債務の立替えを含む）を行ってはならない（従業員規則7条14号）。これに違反した場合、外務員資格の取消しや職務停止等の処分を受けることがある（協会員の外務員の資格、登録等に関する規則6条、11条等）。

解説

●顧客とのトラブル等を未然防止するための規制

登録金融機関の役職員が、有価証券の売買その他の取引等に関して、顧客と金銭・有価証券の貸借（顧客の債務の立替えを含む）を行うことにより、金銭・有価証券を借り入れた側の顧客または役職員が投機的取引を行い、財務状態を著しく損ねる結果となるおそれがある。また、信用の供与を条件として有価証券の売買の受託等をする行為は禁止されるところ（金商法44条の2第2項1号）、顧客と金銭及び有価証券の貸借を行うことにより、かかる規制に抵触するおそれもある。さらに、顧客と役職員個人が、金銭及び有価証券の貸借を行うことは、後日損失が生じた場合などに、顧客との間でトラブルが発生する原因となりかねない。これらを未然に防止する趣旨で、顧客と役職員が金銭及び有価証券の貸借を行うことが禁止されている。

（白川剛士・江橋　翔）

212 相場操縦の禁止

①他人に誤解させる目的をもって仮装売買や馴合注文などの偽装取引を行うことは禁止される（金商法159条1項）。また、②有価証券の売買等を誘引する目的をもって、当該有価証券の売買等が繁盛であると誤解させ、または当該有価証券の相場を変動させるべき一連の有価証券の売買取引等またはその委託もしくは受託をすること（現実売買による相場操縦）が禁止される（同条2項1号）。これらの規制に違反した者は、違反行為により形成された金融商品市場で有価証券等の売買を行った投資家等に損害が生じた場合は損害賠償責任を負う（同160条）。また、これらの相場操縦取引の委託等を行った者は、自己の計算であっても、他人の計算であっても、課徴金納付命令の対象となる（同法174条、174条の2）。

解説

●相場操縦は市場の価格形成機能を阻害する

金融商品市場における、有価証券の流通と価格形成の機能が十分に機能し、価格決定の公正性を確保するためには、価格形成は人為的操作によらず、自然の需給関係によるものでなければならない。しかし、人為的に作られた需給とそれに伴って形成される誤った投資判断に基づく需給は、流通市場における価格形成機能を阻害する。このため、人為的に価格を形成させる偽装取引・現実取引による相場操縦は禁止されている。

（白川剛士・江橋　翔）

213 乗換え勧誘時の重要事項の不説明

登録金融機関の役職員は、投資信託受益証券等の乗換えを勧誘するに際し、顧客に対して、当該乗換えに関する重要な事項について説明を行わなければならない（従業員規則7条24号）。

解説

●解約と取得を同時に勧誘する行為は効率的な資産形成を阻害

「乗換え」とは、現に保有している投資信託受益証券等について、解約と取得を同時に勧誘する行為を指す。投資信託の乗換えは、顧客に販売手数料の負担が増加するなど、顧客の安定的かつ効率的な資産形成につながらない問題がある。そのため、登録金融機関は、投資信託受益証券の乗換えを勧誘するに際し、顧客の理解度に応じて、投資信託の乗換えの投資目的との整合性を含め、顧客の知識、経験、財産の状況、投資目的や投資信託等の性質等に応じて当該乗換えの合理性について顧客が判断するために必要な事項（解約する投資信託等の概算損益や、解約する投資信託等と取得する投資信託等の商品性や費用等の比較が例示されているが、個別に検討が必要である）を説明し、実効的な検証を行うために必要な社内管理態勢を構築することが求められる（金商法40条2号、金商業府令123条9号、金商監督指針Ⅷ-1、Ⅳ-3-1-2(5)）。かかる説明義務については、日本証券業協会「投資信託等の乗換え勧誘時の説明義務に関するガイドライン」も踏まえて対応する必要がある。また、「顧客本位の業務運営に関する原則」との関連では、乗換え勧誘の各種問題点を踏まえて、乗換え勧誘を行う際には、顧客の最善の利益といえるのか、顧客にふさわしいのか否かなどを常に慎重に検討することが必要である。

（白川剛士・池田創人）

214 顧客との損益共同計算

登録金融機関の役職員は、有価証券の売買その他の取引等について、顧客と損益を共にすることを約束して勧誘し、または実行してはならない（従業員規則7条6号）。

解説

●**顧客と役職員の損益共同計算は禁止**

登録金融機関の役職員が、顧客に対し、損益を共にすることを約束して勧誘し、また実際に損益共同計算を行う場合、顧客の正常な投資判断が害されるおそれがある。また、かかる損益共同計算を一部の顧客との間でのみ行うとすれば、所属先登録金融機関に対する信頼・業界全体に対する信頼も失墜させることになる。こうした理由から、顧客と役職員の損益共同計算が禁止されるものと考えられる。また、日本証券業協会規則は、法令違反の未然防止も目的とするところ、一部顧客との間でのみ損益共同計算を行うことは、特別の利益提供の禁止（金商業府令117条1項3号）に違反するおそれがあるし、また、顧客に損失が生じた場合に、損失補填（金商法39条1項）につながるおそれがあることからも禁止されるものと考えられる。

対策

●**社内規程を整備し、周知徹底する**

所属する役職員の行う有価証券の売買等の取引について、顧客との共同計算を明確に禁止する服務規程を策定し、周知徹底する必要がある。

（白川剛士・江橋　翔）

215 地位利用の売買等の禁止

自己の職務上の地位を利用して、①顧客の有価証券の売買その他の取引等に係る注文の動向その他職務上知り得た特別の情報に基づいて、または②専ら投機的利益の追求を目的として、有価証券の売買その他の取引等を行うことは禁止される（金商法38条9号、金商業府令117条1項12号）。これらに違反した場合、業務停止処分または登録取消処分の対象となる（金商法52条の2）。

解説

●証券業務に従事する個人を対象

この規制は、登録金融機関業務に従事する役職員個人が自己のために行う行為を対象とする。前記①について、顧客の注文動向を知り得る立場を利用して自己の利益を追求することは、当該役職員に対する顧客の信頼を害し、また、所属先である登録金融機関に対する信頼・業界全体に対する信頼も失墜させることになるので禁止される。②について、登録金融機関の役職員は、その職務・環境等から投機的な取引を行う誘惑に駆られやすく、また、実際にも役職員による自己の計算による過当投機が、所属業者自体の経営を不健全にする事例があったことから禁止される。②については、同様の趣旨から、日本証券業協会規則において、原則として協会員の役職員による信用取引・一定のデリバティブ取引が禁止されている（従業員規則7条4号）。

（白川剛士・江橋　翔）

216 法人関係情報に基づく有価証券取引の規制

登録金融機関及びその役職員は、「法人関係情報」に基づく自己の計算での有価証券の売買その他の取引等をしてはならない（金商法38条9号、金商業府令117条1項16号）。また、登録金融機関及びその役職員は、「法人関係情報」を提供して、顧客に対し有価証券の売買その他の取引を勧誘してはならない（金商法38条9号、金商業府令117条1項14号）。これに違反した場合、業務停止処分または登録取消処分の対象となる（金商法52条の2）。この他、日本証券業協会の自主規制規則に基づき、法人関係情報を適切に管理する必要がある。

解説

●法人関係情報に基づく自己の計算での有価証券取引やそれを利用する勧誘は法に抵触

「法人関係情報」とは、①上場有価証券または店頭売買有価証券の発行会社（「上場会社等」）の運営、業務または財産に関する未公表の重要な情報であって、顧客の投資判断に影響を及ぼすと認められるもの、②公開買付け及びこれに準ずる株式等の買集めの実施または中止の決定にかかる未公表の情報（金商業府令1条4項14号）をいい、それぞれインサイダー取引規制（218参照）に係る「重要事実」と「公開買付け等の実施または中止に関する事実」にほぼ符合するが、投資者の投資判断に「著しい影響」を及ぼすことを要求する「重要事実」とは異なり、顧客の投資判断に「影響」を及ぼせば足りるため、「重要事実」よりも広い範囲をカバーしている。

さらに、インサイダー取引規制に係る「重要事実」については、当該事由は基本的に限定列挙で、かつ軽微基準による除外事由を細かく規定されているのに対し、「法人関係情報」は除外事由をあらかじめ設けず抽象的に広く規定されている点も異なる。これは、インサイダー取引規制に係る「重要事実」等は、刑罰法規の適用を前提とするため明確かつ厳密な内容が要求されるのに比し、「法人関係情報」は、あくまでも登録金融機関等及びその役職員に及ぶ業規制であることから、市場の信頼を害する行為を幅広に捉えるため、実質的見地から規制を加えたものと考えられる。

不公正な取引を防止するため、登録金融機関またはその役職員が法人関係情報に基づく自己の計算で有価証券取引を行うことは禁止される。また、登録金融機関等またはその役職員が顧客に法人関係情報を提供して有価証券の売買等を勧誘する行為は、不公正な取引を誘発するものであるから、かかる勧誘それ自体が禁止される。

対策

●自己売買の禁止を含めた法人関係情報の適切な管理が必要

証券市場の健全性と投資者の信頼確保のため、その投資判断に影響を与える情報は投資者に等しく公平に開示され利用されることが重要である。そのため、日本証券業協会では「協会員における法人関係情報の管理態勢の整備に関する規則」により、協会員における法人関係情報の管理態勢等の整備を図ることを求めている。具体的には、①管理部門の明確化、②法人関係情報の管理・伝達方法や、法人関係情報に関わる禁止行為を含む、社内規則の制定、③法人関係情報を取得した際の社内手続、④法人関係情報の適切な管理方法の確保、⑤社内規則に従った管理に関するモニタリング、等が求められる。

（白川剛士・池田創人）

217 内部者であることを知った上での有価証券取引の受注

金融商品取引業者等またはその役職員は、顧客の有価証券の売買等がインサイダー取引の規定に違反することなどを知りながら、その受託をしてはならない（金商法38条9号、金商業府令117条1項13号）。これに違反した場合、業務停止処分または登録取消処分の対象となる（金商法52条の2）。

解説

●インサイダー取引の可能性がある場合、取引は不可

インサイダー取引は、証券市場の公正性と健全性を阻害するおそれがあり、また証券市場に対する投資家の信頼を損なうおそれがあるために禁止される（金商法166条、167条）。このようなインサイダー取引を未然に防止するため、金融商品取引業者等及びその役職員は、顧客の注文がインサイダー取引に違反すると知っている場合のみならず、これに違反するおそれがあると知っている場合にはその注文を受託できない。ここではインサイダー取引の「違反のおそれ」を問題としているので、たとえ顧客が「会社関係者」または「公開買付者等関係者」であると知っていても、それがインサイダー取引の「適用除外」（同法166条6項、167条5項）に該当し、「違反のおそれ」がないことが確認できれば、取引は可能である。

対策

●受注の際には、インサイダー取引に該当しないことを確認する

日本証券業協会は、投資勧誘規則25条において、協会員は内部者取引の未然防止に関する事項を定めた社内規則を制定するなど、内部者取引に関する管理体制を整備することを義務付けている。同協会の社内規程モデルでは、投資勧誘規則15条に基づく内部者登録カードに登録されている上場会社の役員等である顧客から、当該上場会社等の特定有価証券等の売買等の注文を受託するにあたっては、あらかじめ、当該顧客から当該取引が未公表の重要事実に基づく取引でないことを確認しなければならないことなどが規定されている。また、内部者登録の確認を行った際に顧客の注文が未公表の重要事実に基づくものと明らか

に認められる場合には、受託を禁止するなどの対応を図るための規定も置かれている。このような社内規程や運用ルールをあらかじめ制定すること、そのとおりに運用されていることを定期的に確認することが重要である。

（鈴木仁史）

218 内部者から聞いた情報に基づく自己のための有価証券取引

「会社関係者」から、その職務に関して知った重要事実の伝達を直接に受けた者(「第一次の情報受領者」)は、その重要事実の公表がされるまで、当該重要事実に係る上場会社等の株式など特定有価証券等の売買等が禁止される(金商法166条3項)。この違反は、刑罰(個人について5年以下の懲役(2025年6月に拘禁刑への改正が予定されている)もしくは500万円以下の罰金(またはこれらの併科)、法人について5億円以下の罰金)の対象となり(同法197条の2第13号、207条1項2号)、課徴金納付命令の対象にもなる(同法175条)。

解説

●会社関係者からの第一次の情報受領者もインサイダー取引規制の対象

「会社関係者」には、上場会社等の役職員のみならず、上場会社等と契約を締結しているか、締結交渉過程にある者が含まれており、かかる契約の締結・交渉・履行に関して知った重要情報に基づく取引は禁止される。これには融資金融機関も含まれると考えられる。さらに、そのような融資金融機関の役職員がその職務に関して知った重要情報に基づく取引も禁止される(この場合、当該役職員も「会社関係者」に含まれる)(金商法167条1項4号・5号)。

このような「会社関係者」によるインサイダー取引だけを禁じても、未公表の重要事実を第三者に伝達することによって脱法的な取引が可能になってしまう。このため、「会社関係者」から未公表の重要事実の伝達を受けた者(第一次の情報受領者)もインサイダー取引規制の対象とされる。規制対象となる「情報受領者」とは、①「会社関係者」(金商法166条1項)から未公表の重要事実の伝達を受けた者、②職務上重要事実の伝達を受けた者が属する法人の他の役職員のうち、その者の職務等に関し未公表の重要事実を知った者である。これら第一次の情報受領者から情報の伝達を受けた者(第二次の情報受領者)は規制の対象とされないが、上記②の第一次の情報受領者には、「会社関係者」から直接に重要事実の伝達を受けたわけではない者も含まれることに留意が必要である。

第一次の情報受領者はインサイダー取引規制の適用により取引が禁止されるが、重要事実の伝達を受ける前に締結した契約や策定した計画に基づく売買（いわゆる「知る前契約・計画」）は、一定の要件を満たす場合には規制対象外とされる（有価証券の取引等の規制に関する内閣府令59条）。

対策

●情報の伝達・情報を基にした取引推奨も規制対象

インサイダー取引規制は、会社関係者や第一次の情報受領者による重要事実公表前の取引の禁止に留まらない。会社関係者による未公表の重要事実の伝達行為及び未公表の重要事実を知りながら行う取引推奨行為も規制される（金商法167条の2第1項）。

銀行員は、その職務上、上場会社等に係る未公表の重要事実を入手する機会が多いため、故意はもちろんのこと、不注意による法令違反も防止するよう、周知徹底する必要がある。

（白川剛士・江橋　翔）

219 内部者取引未然防止態勢の整備

登録金融機関は、法人関係情報の管理など、内部者取引を未然に防止するための適切な措置を講じることが求められる。

解説

●要求される措置

登録金融機関は、法人関係情報（216参照）を入手し得る立場であることから、その厳格な管理とインサイダー取引等の不公正な取引の防止が求められる。このような情報へのアクセス及びその利用は業務遂行上の必要性のある役職員に限定されるべきであり、その取扱いについては金商監督指針Ⅲ-2-4(1)において、社内規程を策定するなど、一定の管理態勢の構築が求められる。

さらに、同監督指針Ⅲ-2-4(3)においては、法人関係情報を利用したインサイダー取引等の不公正な取引の防止に係る留意事項として、①チャイニーズウォールを設けるなど、法人関係情報を利用したインサイダー取引等の不公正な取引を防止するための適切な措置を講じること、②役職員及びその関係者による有価証券の売買その他の取引等に係る社内規則を整備し、当該社内規則に従い事前承認等の手続きを要することとした取引については、コンプライアンス部門による適切な関与を行わせるなど、適切な内部管理態勢を構築すること、③役職員によるインサイダー取引等の不公正な取引の防止に向け、職業倫理の強化、関係法令や社内規則の周知徹底等、法令等遵守意識の強化に向けた取組みを行うこと、④法人関係情報を入手し得る立場にある役職員及びその関係者による有価証券の売買その他の取引等の実態把握を行い、必要に応じてその方法の見直しを行うなどの適切な措置を講じること、⑤海外営業拠点を有している場合や国際的に活動する金融グループに属している場合、法人関係情報の管理について、グローバルのグループベースで組織的・一元的な方針、手続き、システム等による管理を行うなど、各国法規制を遵守しつつ、グローバルに提供される業務の内容・規模等にふさわしい水準の適切な管理態勢を確立すること、を求めている。
①については、220を参照されたい。
また、②に関し、「その関係者」の範囲及び適切な内部管理態勢のあり方については、法人関係情報を利用したインサイダー取引等の不公正な取引の防止という趣旨を踏まえ、各部門等の業務の性質に応じ、各金融機関が適切に判断することになる。

対策

●インサイダー取引等の不公正な取引を防止するための態勢整備と適正運用が不可欠

登録金融機関の役職員においては、その業務上、法人関係情報に触れる機会が多い。このようにして得た法人関係情報が、その有価証券取引においてインサイダー取引等に利用されることがないよう、金商監督指針Ⅲ−2−4(3)に照らして法人関係情報を利用したインサイダー取引等の不公正な取引を防止するための態勢整備、適正運用について施策を講じる必要がある。

（白川剛士・池田創人）

220 プライベート部門とパブリック部門とのチャイニーズウォール

登録金融機関においては、プライベート部門とパブリック部門との間に、情報管理のための組織上、物理上またはシステム上の障壁（チャイニーズウォール）を設けるなど、法人関係情報を利用したインサイダー取引等の等不公正な取引を防止するための適切な措置を講じる必要がある。また、チャイニーズウォールを跨いだ情報共有（ウォールクロス）や、経営管理上の必要性から役員等に法人関係情報へのアクセスを認めている場合、法人関係情報の漏えいや不正利用を実効的に防止する観点から必要となる手続を具体的に定める必要がある（金商監督指針Ⅲ−2−4⑶）。

解説

●チャイニーズウォールの構築及びその具体的な方法

法人関係情報の取得・保有を行う営業部門（プライベート部門）と、取引を行う部門（パブリック部門（プライベート部門以外の営業部門。有価証券の売買その他の取引等の勧誘やその取引の媒介・取次ぎ・代理を行う部門や、自己取引または委託取引の執行を行う部門等がこれに相当する））を分離するために、情報管理のための組織上、物理上またはシステム上の障壁（チャイニーズウォール）を設ける等の措置を講じる必要がある。

「組織上の障壁」としては、部門やレポーティングラインの分離、役職員の兼職の制限等の措置を講じることなどが該当する。「物理上の障壁」としては、法人関係情報を管理する部署への入出制限や文書管理等の措置を講じることなどが該当する。「システム上の障壁」としては、法人関係情報へのアクセス権限の管理等の措置を講じることなどが該当する。

具体的にどの部門単位で、プライベート部門、パブリック部門のいずれに区分するかについては、①上記の監督指針における両部門の定義、②当該単位における業務の実態、③取引停止措置といった併せて講じられる他の措置の実効性の程度等に照らし、法人関係情報を利用したインサイダー取引等の不公正な取引の防止という趣旨を踏まえて適切に判断されるべきであるとされる。

また、ウォールを構成する具体的な措置の内容については、法人関係情報を利用したインサイダー取引等の不公正な取引の防止という趣旨に照らして実効性が認められる限りにおいて、各社の業務の内容・規模等に応じて適切に判断すべきとされる。

●ウォールクロスを行う際の態勢整備

チャイニーズウォールを跨いだ情報共有（ウォールクロス）を行う場合には、情報共有を行った各部門の役職員の氏名、日付、関連銘柄等を記録し、コンプライアンス部門の事前承認を要するなど、法人関係情報の不正利用を実効的に防止するための手続を具体的に定める必要がある。

対策

●経営管理上の必要性から役員等に法人関係情報へのアクセスを認めている場合の態勢整備

経営管理上の必要性から役員等に法人関係情報へのアクセスを認めている場合、当該役員等による法人関係情報の漏えいや不正利用を実効的に防止する観点から必要となる措置が講じることが要求される。

これは、役員等の立場を踏まえた特別の権限として法人関係情報へのアクセスを認めるケースを想定したものであり、例えば、顧客に重大な影響を及ぼす可能性があるなど、経営上重要な事案について、対応方針の意思決定に経営陣が適切に関与するためにアクセスを認めている場合がこれにあたる。この場合に講じるべき措置については、各金融機関における業務内容や法人関係情報の漏えいや不正利用のリスクの観点から個別に検討されるべきであるとされる。

（白川剛士・池田創人）

221 融資部門と金融商品仲介部門とのチャイニーズウォール

金融商品取引業・金融商品仲介業務を行う銀行は、金融商品仲介部門とその他の部門、特に融資部門との人的・組織的分離及び情報遮断措置(いわゆるチャイニーズウォールの構築)が必要となる。

●融資業務で得られた非公開融資等情報を有価証券勧誘に用いてはならない

金融商品取引業・金融商品仲介業務を行う銀行においては、①融資業務・金融機関代理業務により職務上知り得た特別な情報であって投資判断に影響を及ぼす情報や、②金融商品取引業・金融商品仲介業務により職務上知り得た顧客の有価証券取引の情報など特別の情報であって融資業務・金融機関代理業務に重要な影響を及ぼす情報(①・②を「非公開融資等情報」という)を、融資部門の役職員と金融商品仲介部門の役職員の間で授受することが禁止されている。かかる情報授受については管理上一定の例外が認められているが、原則として顧客の同意を得ないでかかる情報を勧誘に利用することはできない(金商業府令123条1項19号、150条5号)。非公開融資等情報を利用した取引勧誘が行われると、取引の公正性が阻害され、不均等な競争条件が生じてしまうため、このような規制が設けられている。なお、顧客が上場企業等に該当する場合は、一定の要件のもとでオプトアウトの制度が導入されている。

解説

銀行が金融商品取引業・金融商品仲介業務を行う際、金融商品仲介部門と融資部門とが人的・組織的に分離されていないと、金融商品取引業・金融商品仲介業務に従事する役職員が、非公開融資等情報を自ら取得、または融資業務に従事する役職員から受領して、取引勧誘に利用することが可能となってしまう。かかる事態を未然に防止し、公正な証券取引を確保するため、銀行には部門を分離し、管理態勢を整備する際の部門間の情報の遮断措置や障壁を指す「チャイニーズウォール」の構築が求められる。

なお、非公開融資等情報は法人関係情報(同府令1条4項14号)にも該当しうる。この場合は、顧客の同意を得たとしても、当該情報を勧誘に用いることは許されない（同府令117条1項14号）。さらに、このような非公開融資等情報がインサイダー取引規制における未公表の重要事実にも該当する場合は、インサイダー情報として管理する他、未公表の重要事実の伝達行為及び取引推奨行為の禁止にも留意する必要がある（218参照）。

法人関係情報を利用したインサイダー取引等の不公正な取引の防止に関しては、220を参照されたい。

対策

●情報の伝達が相互に遮断される態勢が必要

金融商品取引業・金融商品仲介業務を行う銀行においては、金融商品仲介部門と融資部門その他の顧客の未公表の重要事実を取得することのある部門とは人的・組織的に分離される必要がある。また、外形的な人的・組織的分離がなされるのみでは不十分で、金融商品仲介部門と他の部門の顧客に関する情報の伝達の遮断に実効性をもたせるため、情報のアクセス制限を行う等の態勢整備を図る必要がある。

（白川剛士・池田創人）

222 証券子会社とのファイアーウォール

親銀行と証券子会社とが互いに提携するなどして取引の公正を害して顧客の利益を損なうことのないよう、弊害防止措置が定められている（金商法44条の3）。これに違反すると、業務停止命令等の行政処分の対象となる（同法51条の2、52条の2）。

解説

●ファイアーウォール規制の見直し

銀行の証券子会社を通じた証券業務への参入を認めた当時、利益相反の危険性増大等の懸念から、銀行と証券子会社との間には各種のファイアーウォール（防火壁）規制が導入された。しかし、資金調達方法の多様化や、顧客の利便性等の考慮から、当該規制は見直しが進められ、相当程度緩和されている。一方で、条文上、金融商品取引業者等の親法人等または子法人等の関与する行為を規制する態様となっていることから、当初の規制目的とは異なり必ずしも親銀行が関与しなくても規制に抵触する可能性があることに留意が必要である。

現行法上のファイアーウォール規制（弊害防止措置）としては、主に以下のものがある。

・証券子会社は、親・子法人等と、通常の条件と異なる条件で、有価証券取引・デリバティブ取引を行ってはならない（いわゆるアームズ・レングス・ルール。金商法44条の3第1項1号）。
・証券子会社は、金融商品取引を条件として親・子法人等が信用供与を行っていることを知りながら当該金融商品取引を行ってはならない（いわゆる抱き合わせ行為。同法44条の3第1項第2号）。
・証券子会社が親銀行の融資先企業が発行する有価証券の引受人となる場合、調達される資金が借入返済に充てられる旨を顧客に告げずに販売してはならない（同法44条の3第1項4号、金商業府令153条1項3号）。
・証券子会社は、親銀行が顧客に購入代金の融資などをすることを知りながら、過去6カ月以内に引き受けた有価証券を、その顧客に販売してはいけない（金商法44条の3第1項4号、第2項4号、金商業府令153条1項5号、同府令154条3号）。

・証券子会社（またはその役職員）は、例外として許容される場合を除き、外国法人を除く発行会社や顧客の同意を得ずにその非公開情報を、親銀行（またはその役職員）と授受してはいけない（金商法44条の3第1項4号、第2項4号、金商業府令153条1項7号、154条1項4号）。

なお、非公開情報の授受に関しては、同意の取得方法は書面に限らず電磁的記録も許容されたほか、上場企業等が、そのオプトアウトに応じて非公開情報の提供が停止されることとなっている旨を容易に知り得る状態に置かれているときは、当該上場企業等に係る非公開情報の授受について同意を要しないなど、規制緩和が進められてきた。かかるオプトアウトに関しては、金商監督指針Ⅳ-3-1-4(2)に詳しい取扱いが定められている。これには、上場企業等からオプトアウトがあった場合には、可能な限り速やかに、かつ、適切に対応できる態勢を整備することが含められる。この点を含め、オプトアウトを導入する場合には、ルール通りの運営がなされているかを検証する態勢確立が重要である。

対策

●グループ全体での管理が重要

親銀行の役職員としては、ファイアーウォール規制に抵触しないよう留意が必要である。特に、顧客の非公開情報の授受規制については、銀行グループが業務を拡大する中で実務上問題となることが多い。例外事由が複数設けられる一方で、規制が複雑になっていることから、認識不足による法令違反が生じないよう、グループ全体での管理が重要である。

第十一章　保険販売

223 顧客本位の業務運営に関する取組方針に則した保険勧誘・販売

銀行は、顧客本位の業務運営に関する原則を採択している場合、顧客本位の業務運営を実現するための明確な方針を策定・公表した上で、当該方針に基づいて業務運営を行う必要がある。したがって、保険の販売を行う場合も、自行の取組方針を十分に理解した上で、同方針に沿った販売活動を行う必要がある。

解説

●顧客にふさわしい商品の提供と重要な情報の分かりやすい提供

金融庁が公表した「顧客本位の業務運営に関する原則」（以下「本原則」）は、原則1として、顧客本位の業務運営を実現するための明確な方針（以下「取組方針」）を金融機関が策定・公表すべき旨を述べている。そして、当該取組方針は、本原則で示されるその他の原則（原則2～7）の内容について、実施する場合はその対応方針を、実施しない場合にはその理由や代替策を盛込んだものである必要がある。

銀行における保険の販売もこの取組方針に沿って行わなければならないが、その際、特に留意が必要な原則として、①顧客にふさわしい商品の提供（原則6）と、②重要な情報の分かりやすい提供（原則5）があげられる。①に関しては、例えば、投資性の強い保険（変額保険・外貨建て保険）の販売にあたり、「当該顧客に販売しても法令（適合性原則）に反しないか」という目線ではなく、「当該顧客にとって（その他の金融商品との比較を含めても）その保険がふさわしいか」という目線で商品選択をする必要がある。その際には、顧客の意向を確認した上で、まず、顧客のライフプラン等を踏まえた目標資産額や安全資産と投資性資産の適切な割合を検討し、それに基づき、具体的な金融商品・サービスの提案を行うことや、具体的な金融商品・サービスの提案は、自らが取り扱う金融商品・サービスについて、各業法の枠を超えて横断的に、類似商品・サービスや代替商品・サービスの内容（手数料を含む）と比較しながら行う必要がある。また、②に関しては、当該保険の利益・損失その他のリスク等のみならず、前記商品選択の理由（顧客の意向に沿ったものであると判断する理由を含む）を含めた商品選択上のアドバイスについても、当該顧客の取引経験や知識・当該商品の複雑さなどに応じて、明確かつ分かりやすく行う必要がある。加えて、顧客に対して販売・推奨等を行う金融商品の組成に携わる金融事業者が販売対象として想定する顧客属性につき情報提供を行う必要がある。

もっとも、保険の販売に関するこれらの原則の実施については、保険業法に定められる意向把握・確認義務、比較推奨販売に係る情報提供義務等の履行とも重複するところであり、銀行としては、当該義務を真摯に履行することが顧客本位の原則の実施につながるといえよう。また、2023年11月20日に成立した改正金融サービスの提供及び利用環境の整備等に関する法律は、保険販売の業務を行う者につき、顧客の最善の利益を勘案しつつ、顧客に対して誠実・公正に業務を行うべき義務を定めているところ（本原則2を法的義務に格上げしたものである）、当該義務の履行の一環ともいえよう。

なお、外貨建て保険に関しては、金融庁より、外貨建て保険の運用損益や手数料を販売会社・商品別に可視化し比較可能とする観点から共通ＫＰＩ（成果指標）が公表されている。具体的な指標としては、「運用評価別顧客比率」と「銘柄別コスト・リターン」である。顧客本位の業務運営の原則を採択し、取組方針とともに顧客本位の業務運営に係るＫＰＩを公表している銀行においては、外貨建て保険の推奨販売を行う場合、これら２つの共通ＫＰＩに関する自行の数値（実績）を公表することも期待される。

対策

●自行の取組方針を十分に理解した上での販売活動が重要

顧客本位の原則は、プリンシプルベース、ベストプラクティスベースのものであり、具体的な実施方法は各行の創意工夫に委ねられているため、銀行においては、自行なりの取組方針を定めることが必要となる。取組方針自体はある程度概括的な内容になるであろうが、研修や好事例の共有などを通じて、真の顧客本位とは何かということや取組方針のより具体的な実施方法などについて全行に浸透を図り、各担当者が自行の取組方針を十分に理解した上で販売活動を行えるようにすることが重要である。

（篠原孝典）

224 保険募集人に対する態勢整備

銀行等の保険募集人は、保険募集業務の規模・特性に応じて、「保険会社に課されている態勢整備」に準じた態勢整備の対応を行う必要がある（保険業法294条の3）。また、規模の大きい乗合代理店の場合、帳簿書類の備付け及び事業報告書の提出も義務付けられる（同法303条、304条）。

解説

●業務の適切な運営を確保するための態勢整備義務の構築

保険業法は、保険募集代理店を含む保険募集人の態勢整備に関し、保険会社による管理・指導を通じて確保するという建付けに加え、保険募集人に対しても、その業務の規模・特性に応じて、保険募集に係る業務を健全かつ適切に行うための態勢整備を義務付けている（保険法業294条の3第1項）。

すなわち、保険募集人である銀行は、①顧客への重要事項説明等保険募集の業務の適切な運営を確保するための社内規則等の策定、及び保険募集担当者に対する同社内規則等に基づいた適正な業務運営を確保するための研修の実施（保険業法施行規則227条の7、保険監督指針Ⅱ－4－2－9⑵）、②保険募集の業務に関して取得した顧客に関する情報の適正な取扱い（同施行規則227条の9、同指針Ⅱ－4－2－9⑵）、③保険募集の業務を第三者に委託する場合における当該募集業務の的確な遂行（同施行規則227条の11）、④2以上の所属保険会社等を有する場合における保険の比較推奨販売を行う場合における比較事項の提供（同施行規則227条の12、227条の14、同指針Ⅱ－4－2－9⑸）等に関して態勢整備義務を負うことになる。

なお、保険募集人の「規模・特性に応じて」とは、当該保険募集代理店が一社専属代理店か乗合代理店か、小規模代理店か大規模代理店か、比較推奨販売等の業務を行っているか否か等を踏まえて必要な態勢整備を行うことをいう。したがって、例えば、大規模な乗合代理店であって比較推奨販売を独自に行っている場合は、保険会社による指導監督に基づく態勢整備のみならず、比較推奨販売のための方針の策定や従業員への指導等の態勢を代理店自身で整備する必要がある。

さらに、一定の大規模乗合代理店（事業年度末において保険会社・少額短期保険会社の乗合数が15以上であって、一事業年度の手数料収入等が10億円以上である代理店）は、その業務に関する帳簿書類を作成、保存するとともに、毎事業年度経過後3カ月以内に事業報告書を作成し、内閣総理大臣への提出が義務付けられる（保険業法303条、304条、同法施行規則236条の2、237条、237条の2）。

対策

●保険募集人自体に業務の規模・特性に応じた体制整備を義務付けられている

保険募集人である銀行は、自らの規模・特性に応じて、顧客の信頼を得られるよう募集態勢等の構築に努める必要がある。個人営業で一社専属代理店であれば、保険会社による研修・業務管理に従って業務を行うことでも態勢整備としては十分と考えられるが、大規模な乗合代理店であれば、保険募集人が独自に社内規則等を策定するとともに、それらを従業員に対する研修等により周知することなども必要となる。

（篠原孝典）

225 事業資金融資担当者の保険

募集の禁止銀行等は、その使用人のうち事業に必要な資金の貸付に関して顧客と応接する業務を行う者が、保険募集を行わないことを確保するための措置を講じなければならない（保険業法施行規則212条3項3号、212条の2第3項3号、212条の4第3項3号、212条の5第3項3号）。

解説

●**対象となる保険商品は法律で定められる**

この規制の趣旨は、銀行で事業性資金の融資に係る応接業務を担当する者は、顧客に対し優越的地位にある場合が想定されるため、当該担当者を保険募集業務から分離することにより、圧力募集を事前に排除し保険契約者等の保護を図るというものである。この規制の対象となるのは、一時払終身保険（法人契約）、一時払養老保険（法人契約）、短満期平準払養老保険、個人向け賠償保険、定期保険、平準払終身保険、長期平準払養老保険、貯蓄性生存保険（死亡保障部分の大きいもの）、医療・介護保険、自動車保険、団体火災保険、事業関連保険、団体傷害保険等（保険業法施行規則212条1項6号、212条の2第1項6号または8号、212条の4第1項5号または6号、212条の5第1項5号～9号）の締結の代理または媒介を行うときで、それ以外の保険商品は規制対象外となる。「事業性資金の融資に係る応接業務を行う者」とは、フロントラインで常態として融資に係る応接業務を行う融資担当者や渉外担当者をいい、融資に係る業務を統括するだけの管理職や、臨時的に対応する者は該当しない。また、保険募集に関する相談、苦情対応、保険事故発生時の顧客対応等の業務は規制の対象外と解されている。

●**特例地域金融機関の場合は例外がある**

特例地域金融機関（営業地域が特定の都道府県に限られているものとして金融庁長官が定める一定の金融機関）については、以下のいずれかの選択肢をとることで、事業性資金の融資担当者が前掲の保険商品の取扱いを行えるとされている。

①融資担当者等が自ら担当する貸出先法人（自己担当貸付先）やその役職員に対して保険募集を行わないようにするための措置を講じる（これにより融資担当者等は、自己担当貸付先以外の法人の役職員に対しては保険募集を行うことができる）。

②本店・本部や主要な営業所等に、融資担当者等の募集行為が適正であったことを個別に確認するための担当者（法令適合性個別確認者）を配置する（これにより融資担当者等は、自己担当貸付先の法人の役員・従業員に対しても保険募集を行うことができる）。

対策

●明確な業務分離を

規制対象社員、募集が禁止される保険商品等の範囲を把握しておくことが必要となる。融資担当者が顧客から保険商品の相談を受けた場合には、別途保険業務担当者にその旨を伝え、業務の分離を明確化して対処する態勢を設けておくことが必要となる。

（篠原孝典）

226 自己契約の禁止

損害保険代理店及び保険仲立人は、その主たる目的として、自己または自己を雇用している者を、保険契約者または被保険者とする保険契約の保険募集を行ってはならない（保険業法295条1項）。生命保険代理店も、保険料の割戻し等を目的とした自己契約の募集は禁止されている。

解説

●自己契約の原則禁止

損害保険代理店及び保険仲立人は、その主たる目的として、自己を保険契約者または被保険者とする保険契約の保険募集を行ってはならず、また、自己を雇用している者を保険契約者または被保険者とする保険契約の保険募集も行ってはならない。その趣旨は、自己契約の保険募集をすることによって実質的な保険料の割引等を防止するとともに、損害保険代理店や保険仲立人の自立育成を図ることにある。「その主たる目的として」自己契約の保険募集を行っている場合とは、損害保険代理店または保険仲立人が保険募集を行った自己契約に係る保険料の合計額が、当該損害保険代理店または保険仲立人が保険募集を行った保険契約に係る保険料の合計額の50％を超える場合をいう（計算方法の詳細は、保険業法施行規則229条参照）。

保険仲立人の場合には、損害保険について海外直接付保が一部認められていることなどから、自己契約が禁止される保険の種類は保険業法施行規則によってさらに限定されている（同施行規則228条）。法令・規則上、自己契約の禁止は、損害保険契約の募集について規定されているが、生命保険に関しては、保険業法300条1項5号の特別利益の提供禁止との関連で、自主規制として実質的には生命保険募集人及び保険仲立人の取り扱う生命保険についても自己契約禁止の規制が及ぶことになる（保険監督指針Ⅱ-4-2-2⑻③、保険業法施行規則234条1項1号、234条の27第1項1号）。そして、前記の趣旨に鑑み、生命保険募集の実務においては、自己契約について保険会社から募集手数料は支払われない取扱いとなっている。

そして、自己契約とは、次の者を保険契約者または被保険者とする保険契約であると考えられる。

①個人保険代理店・保険仲立人の場合、店主、店主と生計を共にする親族、店主が常勤役員である法人（法人でない社団もしくは財団を含む）、店主が雇用されている個人または法人。

②法人保険代理店・保険仲立人の場合、その法人。

対策

●どのような場合に該当するか

損害保険代理店となっている銀行または銀行の行員から、銀行が自社の本店または支店等を保険の目的として火災保険契約の募集を受ける場合が典型的な例である。また、銀行の取締役が個人の資格で損害保険代理店や仲立人登録をして、銀行の保有する物件につき、火災保険契約の募集をする場合や、銀行の労働組合等に対する保険募集も自己契約の禁止違反に該当するものと解されている（石田満著『保険業法2017』（文眞堂、2017年）697頁参照）。

（篠原孝典）

227 保険業務・銀行業務で知り得た顧客情報の相互利用の制限

銀行等は、顧客に関する「非公開金融情報」を「保険募集に係る行為」に利用しないことを確保するための措置を講じなければならない。また、顧客に関する「非公開保険情報」を、「保険募集に係る業務以外の業務（貸付業務等）」に利用しないことを確保するための措置を講じなければならない（いずれも顧客から同意を取得した場合を除く）（保険業法施行規則212条2項1号、212条の2第2項1号、212条の4第2項1号、212条の5第2項1号参照）。

解説

●顧客の非公開情報の相互利用の場合は顧客の同意が必要

銀行は、預金・為替・貸出等の銀行業務を通じて知り得た顧客の非公開情報（非公開金融情報）を保険募集に係る行為に利用する場合には、書面その他の適切な方法により、当該顧客の事前同意を得ておかなければばならない。また、銀行が保険募集の際に知り得た顧客の非公開情報（非公開保険情報）を銀行業務に使用する場合も同様である。

「非公開金融情報」とは、預金・為替取引・資金の借入れに関する情報や、金融取引・資産に関する公表されていない情報をいい、「非公開保険情報」とは、生活（家族構成等）、身体（健康状態等）、財産（年金受給状況等）等に関する公表されていない情報をいう。他方、顧客の属性に関する情報（氏名、住所、電話番号、性別、生年月日及び職業）や、単に当該銀行に預金があるというだけの情報はこれらに含まれないと解されている。

また、「保険募集に係る行為」とは、具体的な保険セールスのみならず、保険募集の準備行為も含まれ、例えば、専ら保険募集を目的としたリストを作成するなどの行為も含まれる。

保険監督指針によれば、非公開金融情報や非公開保険情報の利用については、当該同意の有効期間及びその撤回の方法、非公開情報を利用する保険募集や業務の方式（対面・郵便等の別）、利用する非公開情報の範囲等につき明示した上で、例えば、以下で示すような適切な方法により、事前に、顧客の同意を得ることが求められている（同Ⅱ-4-2-6-2）。

①対面の場合…書面による説明を行い、同意を得た旨を記録し、契約申込みまでに書面による同意を得る方法、②郵便による場合…説明した書面を送付し、保険申込書の送付等保険募集の前に、同意した旨の返信を得る方法、③電話による場合…口頭による説明を行い、同意を得た旨を記録し、その後速やかに当該利用について説明した書面を送付（電話での同意取得後対面にて顧客と応接する場合には交付でも可とする）し、契約申込みまでに書面による同意を得る方法、④インターネット等による場合…電磁的方法による説明を行い、電磁的方法による同意を得る方法。

対策

●保険募集の準備段階から適用される

非公開情報の保護措置は、保険募集を開始する前の準備行為の段階から適用がある点には十分留意が必要である。顧客の事前同意を取得するための書面を自行が定める社内規則・マニュアルに従って適切なタイミングで取得する必要がある。

（篠原孝典）

228 保険募集制限先の確認義務

銀行等が一定の保険商品の募集を行うときは、顧客が保険募集制限先に該当するか否かを確認する義務を負う。そして該当する場合には、手数料その他の報酬を得て保険募集を行うことができず、保険募集制限先に該当するかどうかを確認する業務を的確に遂行するための措置を講じる必要がある（保険業法275条1項1号、同法施行規則212条3項1・2号、212条の2第3項1・2号、212条の4第3項1・2号、212条の5第3項1・2号）。

解説

●保険募集制限先の確認が必要

銀行の保険募集に係る弊害防止措置の1つとして、銀行等が、一時払終身保険（法人契約）、一時払養老保険（法人契約）、短満期平準払養老保険、個人向け賠償保険、定期保険、平準払終身保険、長期平準払養老保険、貯蓄性生存保険（死亡保障部分の大きいもの）、医療・介護保険、自動車保険、団体火災保険、事業関連保険、団体傷害保険等の保険募集を行うときには、顧客が次の保険募集制限先に該当するか否かを確認する義務を負う。①事業性資金等の融資を行っている法人及びその代表者、個人事業主、②事業性資金等の融資先である小規模事業者（常時使用する従業員数が50名以下）に勤務する役員（代表者を除く）・従業員。

銀行等は顧客が保険募集制限先に該当する場合には、手数料その他の報酬を得て保険募集を行うことができない（保険業法275条1項1号、同法施行規則212条3項1号、212条の2第3項1号、212条の4第3項1号、212条の5第3項1号参照）。また、銀行等またはその役職員は、あらかじめ、顧客に対し、保険募集制限先に該当するかどうかを確認する業務に関する説明を書面の交付により行わずに前記の保険契約の締結の代理または媒介を行う行為が禁止される（同法施行規則234条1項9号）。

保険募集制限先の確認等を適切に行うために、①保険募集に際して、あらかじめ、顧客に対し、銀行等保険募集制限先等に該当するかどうかを確認する業務に関する説明を書面の交付により行った上で、当該顧客が銀行等保険募集制限先等に該当するかどうかを顧客の申告により確認するための措置、②募集を行った保険契約に係る契約申込書その他の書類を引受保険会社に送付する時までに、保険募集の過程で顧客から得た当該顧客の勤務先等の情報を当該銀行等の貸付先に関する情報と照合し、当該顧客が銀行等保険募集制限先等に該当しないことを確認するための措置、③前記の措置によって、顧客が銀行等保険募集制限先等に該当することが確認された場合に、当該保険契約に係る保険募集手数料その他の報酬について、所属保険会社から受領せず、または事後的に返還するための態勢の整備、が求められている(保険監督指針Ⅱ-4-2-6-4(1))。

なお、特例地域金融機関(営業地域が特定の都道府県に限られているものとして金融庁長官が定める一定の金融機関)については、保険募集制限先規制の対象となる小規模事業者の常時使用する従業員数の要件が20人以下に緩和される(したがって、常時使用する従業員の数が21人以上であれば役員(代表者を除く)・従業員は保険募集制限先に該当しない)。また、常時使用する従業員数が21人以上(銀行が融資担当者分離規制の措置を講じている場合は21人以上50人以下)である融資先法人の役員(代表者を除く)・従業員が契約者となる場合における前掲の保険商品(ただし、損害保険は除く)の契約者1名あたりの通算保険金額・給付金額については、一定金額以下とする制限が課される(同施行規則212条4項、212条の2第4項、212条の4第4項、212条の5第4項)。

対策

●融資情報を一元管理して照合を

本規制の対象となる保険商品の勧誘にあたっては、募集制限先に該当するか否かを確認する業務につき書面を交付して説明の上、まずは顧客からの申告に基づきその該当性を確認し、さらに貸付先に関する自行のデータベース(年1回更新)との照合や本部等で融資情報を一元管理して各支店からの照合依頼を受ける方法等により改めてその該当性を確認する必要がある。

(篠原孝典)

229 融資申込み中の顧客への保険募集の禁止

銀行等は、一定の保険商品に関し、顧客が当該銀行等に対して事業性資金の借入れの申込みを行っていることを知りながら、当該顧客を契約者とする保険契約の締結の代理または媒介を行ってはならない。また、銀行等に対して事業性資金の借入れの申込みを行っている法人の代表者に対して保険募集を行うことも禁止されている。

解説

●融資申込中、一定の保険契約について保険募集が禁止される

銀行等は、顧客が当該銀行等に対し事業性資金の借入れの申込みを行っていることを知りながら、当該顧客に対して、一時払終身保険（法人契約）、一時払養老保険（法人契約）、短満期平準払養老保険、個人向け賠償保険、定期保険、平準払終身保険、長期平準払養老保険、貯蓄性生存保険（死亡保障部分の大きいもの）、医療・介護保険、自動車保険、団体火災保険、事業関連保険、団体傷害保険等の締結の代理または媒介を行ってはならない。また、銀行等に対して事業性資金の借入れの申込みを行っている法人の代表者に対して前掲の保険商品の保険募集を行うことも禁止されている（保険業法300条1項9号、同法施行規則234条1項10号・234条の27第1項1号）。いわゆる「タイミング規制」と言われるものである。

顧客がまだ融資を受けていなくとも、その申込みを行っている者は一般的に融資の決定を期待して銀行等の影響力を受けやすい状態にあると考えられるため、その弊害を防止する趣旨の規制である。したがって、この規制の対象となるのは、顧客から明確な借入れ申込みの意思表示がなされた時点より後であり、顧客から銀行に対して融資申込みがなされる前や融資契約が成立した後などは、本規制の対象にはならない。保険契約締結後に借入れの申込みがなされた場合も、原則として、本規制の対象とはならない。借入れの申込みを行っている顧客が企業の場合には、その企業の役員（ただし、代表者を除く）及び従業員は、本規制の対象とはならない。顧客が代表者以外の役員や従業員である場合、顧客が、勤務先企業が銀行に借入れを申し込んでいるかどうかは、通常分からないことが多いことから、規制の対象外とされている。

これに対し顧客に資金需要があるにもかかわらず、銀行等が保険募集を行うために意図的に借入れ申込みを妨げるような場合についても、「資金の借入れの申込みを行っている場合」とみなされ、タイミング規制に抵触することになる（保険監督指針Ⅱ-4-2-6-7）。

対策

●融資部門への照会を

借入れの申込みの有無の確認に関し、特段の事情のない限り、顧客の申告を基準に、関係支店の融資部門への照会による確認を実施することが最低限必要である。顧客から事業性資金の借入れの申込みがあった場合には、保険募集中であってもタイミング規制について説明をし募集を中止しなければならない。

（篠原孝典）

230 特定関係者による潜脱行為の禁止

銀行等の特定関係者またはその役員もしくは使用人が、①その保険契約者または被保険者が当該銀行等に係る保険募集制限先等に該当することを知りながら、または②顧客が当該銀行等に対し資金の借入れの申込みをしていることを知りながら、当該顧客またはその密接関係者に対し、保険契約の締結の代理または媒介を行う行為は禁じられている（保険業法300条1項9号、保険業法施行規則234条1項14号・15号）。

解説

●保険募集制限先や融資申込み中の顧客への保険募集禁止規制の潜脱は許されない

銀行等が保険募集制限先規制やタイミング規制の適用を受けることでその影響力を不当に利用した不適切な保険募集を行うことができない場合であっても、その子会社や関連会社等（特定関係者）である保険代理店が、銀行等と通謀してまたは自らの意思で銀行の影響力を不当に利用した保険募集を行う可能性がある。このような懸念に鑑みて、銀行等の特定関係者またはその役員もしくは使用人による次の行為は禁止される。

①契約者または被保険者が銀行の保険募集制限先に該当することを知りながら、融資先制限規制の対象となる保険商品の保険募集を行う行為

②顧客が銀行等に対し事業性資金の借入れの申込みをしていることを知りながら、当該顧客またはその密接関係者に対し、融資先保険募集規制の対象となる保険商品の保険募集を行う行為

また、銀行は、グループ会社と連携した上で、保険募集制限先規制またはタイミング規制に該当するために自らが販売できない保険商品をグループ会社等に紹介し、当該グループ会社等を通じて販売することはできない。これはグループ会社を通じた保険募集制限先規制、融資申込み中の顧客への保険募集禁止規制のタイミング規制の潜脱行為に該当する。

対策

●グループ全体で対応を

特定関係者による脱法行為は、組織ぐるみで行われる行為と認識される。したがって、グループ全体としてコンプライアンスに目を向けた対応が必要となる。

グループ会社が銀行の融資情報を知ることは顧客との守秘義務との関係で一般論としては通常は想定し得ない。しかし、顧客との交渉過程等において、そのような情報を知り得た場合には、法令等の規制を説明した上で、募集行為を中止することが必要となる。

（篠原孝典）

231 保険募集の基本的ルール①意向把握義務

保険募集人は、保険募集を行う際に、①顧客の意向の把握を行う義務、②当該把握した顧客の意向に沿った保険商品を提案する義務、③当該保険商品の内容を説明する義務、④保険契約の締結等に際して、顧客の意向と当該保険契約の内容が合致していることを顧客が確認する機会を提供する義務（これらの一連のプロセスを「意向把握義務」という）を負う（保険業法294条の2）。

解説

●顧客の意向把握の確認が不可欠

保険募集人は、この意向把握義務の履行に係る態勢整備義務として、例えば意向把握に用いた帳票等のうち当初の意向把握に用いたものと最終的な意向に係るものを保存するなどの意向把握に係る業務の適切な遂行を確認できる措置を講じることが求められている（保険監督指針Ⅱ-4-2-2(3)④）。

●意向把握・確認の方法

顧客の意向把握・確認の方法に関しては、保険会社または保険募集人の創意工夫により適切に行うことが求められるが、保険監督指針において、①アンケート等によって事前に意向把握をし、当該意向に沿った個別プランを作成する方法（事前把握型）と、②顧客の性別、年齢等の顧客属性や生活環境等に基づき意向を推定し、個別プランを作成・提案する方法（推定型）等の例が示されている（同Ⅱ-4-2-2(3)①）。この際、公的年金の受取試算額など公的保険制度に関する情報提供を適切に行うことにより、ライフプランや公的年金制度等を踏まえた保障の必要性を顧客に適切に理解させ、その上での意向を把握することとされている。また、既存契約の更新や一部変更の場合において、実質的な変更に該当する場合は、当該変更部分について適切に意向把握・確認を行うことも求められている（同Ⅱ-4-2-2(3)③）。なお、顧客の意向に関する情報の収集や提供等に際しては、個人情報保護法（利用目的の明示や第三者提供に係る同意等）や銀行等の窓口販売における弊害防止措置などの関係法令等を遵守する必要があることに留意することが求められる（同Ⅱ-4-2-2(3)④）。

●意向把握・確認の対象

意向把握・確認の対象は、保険監督指針において、第1分野及び第3分野の保険商品については、①どのような分野の保障を望んでいるか、②貯蓄部分を必要としているか、③保障期間、保険料、保険金額に関する範囲の希望、優先する事項がある場合はその旨、第2分野の保険商品については、①どのような分野の補償を望んでいるか、②顧客が求める主な補償内容、③補償期間、保険料、保険金額に関する範囲の希望、優先する事項がある場合はその旨、についての顧客の意向に関する情報を把握・確認していることが求められる（同Ⅱ-4-2-2(3)②）。

対策

●顧客の意向把握・確認義務との適切な遂行確認が必要

意向把握義務の具体的な方法及び対象については保険募集人の創意工夫に委ねられている。監督指針で示されている例を参考とし、さらに保険会社等の助言なども踏まえて具体的な方法を検討する必要がある。

（篠原孝典）

232 保険募集の基本的ルール②情報提供義務

保険募集人は、保険募集を行う際に、①顧客が保険商品の内容を理解するために必要な情報（契約概要）、②顧客に対して注意喚起すべき情報（注意喚起情報）、③その他保険契約者等に参考となるべき情報、の提供義務を負う（保険業法294条、同法施行規則227条の2第3項1号2号）。乗合代理店が複数の保険会社の商品の比較推奨販売を行う場合には、比較可能な商品の概要、特定の商品を提示・推奨する際の推奨理由等について説明しなければならない（同施行規則227条の2第3項4号）。

解説

●「情報」は契約概要、注意喚起情報、その他参考情報

保険募集人は、保険契約の締結または保険募集等に関し、保険契約の種類及び性質等を踏まえ、保険契約の内容その他保険契約者等に参考となるべき情報の提供を適正に行うことが求められている（保険監督指針Ⅱ－4－2－2(2)①）。

情報提供は、「契約概要」「注意喚起情報」を記載した書面等を用いてなされ（同指針Ⅱ－4－2－2(2)②）、これらの内容を記載した書面等を用いるなどの一律・画一的な手法で行われることが求められる（保険業法施行規則227条の2第3項1号2号、同指針Ⅱ－4－2－2(2)）。もっとも別個の方法を認めたほうがより分かりやすい説明が期待できる場合や、商品内容が比較的単純で、一律の手法を強制すると過度な負担になると考えられる場合には、一律の手法によらない情報提供が許容されている（同施行規則227条の2第3項3号、同指針Ⅱ－4－2－2(2)）。

本項冒頭①の情報としては、保険金の支払条件、保険期間、保険金額等、②の情報としては、告知義務の内容、責任開始期、契約の失効、セーフティーネット等、③の情報としては、ロードサービス等の主要な付帯サービス、直接支払サービス等が示されている。

①及び②の内容は、従来、「契約概要」「注意喚起情報」として書面等で示されていた内容のものである。③で対象となる付帯サービスとは、保険契約(保険契約の趣旨・目的、保険事故、保険給付の内容・方法等)と関連性が大きい付帯サービスに係る事項である。

直接支払サービスについては、①直接支払サービスの利用が義務付けられているのではなく、保険金を受け取ることができること、②提携事業者の選定基準、③直接支払サービスを受ける場合において、保険金が財・サービスの対価に満たないときは、顧客が不足分を支払う必要があること、④当初想定していた財・サービスを提供可能な提携事業者の紹介が困難となる場合として想定されるケース、等について情報提供する必要がある(同指針Ⅱ-4-2-8)。

銀行においては、乗合代理店として、顧客に複数の保険会社の商品を比較し、各商品の特徴等を説明したり(比較説明)、これらの中からあらかじめ特定の保険商品を勧めたりすること(推奨販売)が一般に行われる。このような比較推奨販売を行うにあたっては、①「顧客の意向に沿って商品を選別して提案する場合」と、②「募集人側の理由・基準により特定の商品を提案する場合」に分けて、異なる情報提供を行う必要がある。

①の「顧客の意向に沿って商品を選別して提案する場合」は、比較可能な同種の保険商品の概要をパンフレット等を用いて説明するとともに、特定の商品を提案する際には、当該提案理由を分かりやすく説明する必要がある。この場合の提案理由については、顧客の意向と提案する保険商品がどのように対応しているかを具体的に説明する必要がある。また、②の「募集人側の理由・基準等渉外活動上の規制により特定の商品を提案する場合」は、その基準や提案理由等を説明する必要がある。この場合の提案理由の説明については、特定の保険商品を提案することとした理由(保険代理店側の事情。例えば、一番保険料の安い商品を提案するなど)を説明する必要があり、かつ、商品の提示・推奨等を適切に行うための措置について、あらかじめ社内規則等において定めておくことが必要である(同指針Ⅱ-4-2-9(5))。

対策

●比較推奨販売の情報提供は適切に行う

「契約概要」「注意喚起情報」については、保険会社が作成した書面を顧客に交付した上で説明することにより、適切に顧客への情報提供を履行する必要がある。また、銀行が比較推奨販売における情報提供を行う場合については、特定の保険会社の商品の推奨理由が合理的なものでなければならず、かつ、あらかじめ社内規則等において定めておく必要がある（それ以外の理由で推奨してはならない）ことに留意が必要である。

（篠原孝典）

233 個人年金保険募集時の説明態勢の強化

全国銀行協会は、国民生活センターから個人年金保険の銀行窓口販売に関するトラブル防止について要請を受けたことを踏まえ、２００９年９月、銀行における保険商品の窓口販売に関する顧客の理解と信頼を深めるため、保険商品の募集にあたって預金との誤認防止の徹底を図るなど、顧客とのトラブルの未然防止に向けた説明態勢の強化に取り組む旨の申合せを行った。

解説

●誤認防止の徹底と中途解約時の説明

1．預金との誤認防止の徹底

銀行は、個人年金保険の募集を行うにあたり、顧客が預金等と誤認することがないよう、当該保険商品が、①元本が保証されている預金ではないこと、②預金保険の対象にはならないこと、③運用実績等によって年金受取額が元本（払込保険料）を下回ることがあること、④保険商品であり、契約の相手方は保険会社であること、などについて十分に説明する必要がある。

2．中途解約時等に係る各種費用等の説明

銀行は、契約時に係る費用、運用期間中の保険関係費用などの各種費用、中途解約時の解約手数料について、具体的な金額を例示して説明するなど、十分な理解を得られるよう努める必要がある。また、中途解約をした場合、解約返戻金額が元本（払込保険料）を下回ることがあることについても十分に説明する必要がある。

さらに、保険募集人として、①情報提供義務（保険業法294条）、②意向把握義務（同法294条の2）を遵守し、複数の保険会社の商品の比較推奨販売を行う場合には、比較可能な同種の保険商品の概要をパンフレット等を用いて説明するとともに、特定の商品を提案する際には、当該提案理由を分かりやすく説明する必要等が

ある（同法施行規則227条の2第3項4号）。

対策

●商品内容に関する顧客の理解の確認

預金との誤認防止については、個人年金保険の「契約概要」「注意喚起情報」や商品パンフレットを用いて説明することが考えられる。そして、当該説明を行ったことについては記録を残しておき、各種費用等の説明についても、当該説明を十分に行い顧客の理解を得たことについて、確認書面等により記録しておくことが有用である。さらに、手元流動性の確保を求める顧客や、高齢の顧客に対して保険募集を行う際には、年金受取開始日や受取期間など顧客のニーズを確認書面等に記載してもらうことなどにより十分に確認する必要がある。

また、個人年金保険の契約時には、クーリング・オフ制度の適用があることについて適切に説明する必要があり、この点についても「契約概要」「注意喚起情報」等により説明することになろう。

なお、顧客が商品内容を理解したことを確認するために各種書面へ記名捺印を求める場合には、その手続が形式的にならないよう十分に留意する必要がある。

（篠原孝典）

234 適切な外貨建て保険等の募集

外貨建て保険や変額保険は「特定保険契約」に該当する。特定保険契約の販売・勧誘にあたっては、金商法の準用により、適合性原則の遵守が求められる（保険業法300条の2、金商法40条1号）。

解説

●商品内容の適切な把握、販売・勧誘に際しての合理的根拠の検討・評価が求められる

適合性原則の遵守に則り、銀行には、販売・勧誘する個別の特定保険契約について、そのリスク、リターン、コスト等の顧客が特定保険契約の締結を行う上で必要な情報を十分に分析・特定すること、その上で、当該特定保険契約の特性等に応じ、研修の実施、顧客への説明書類の整備などを通じ、販売・勧誘に携わる担当者が当該情報を正確に理解し、適切に顧客に説明できる体制を整備することが要請されている（保険監督指針Ⅱ−4−4−1−3(1)）。特に銀行においては、顧客への説明書類の整備に関し、商品を顧客に提案し、または顧客がこれを選別する場面において用いられることが想定されている「重要情報シート」も活用することが望ましい（金融庁『「重要情報シート」を作成・活用する際の手引き』）。

また、特定保険契約の販売・勧誘に際して、合理的根拠についての検討・評価も求められる。具体的には、①顧客に対する販売・勧誘に先立ち、その対象となる個別の特定保険契約や当該顧客との一連の取引の頻度・金額が、把握した顧客属性等に適うものであることの合理的根拠があるかについて検討・評価すること、②その検討・評価を確保する観点から、特定保険契約の特性等に応じ、あらかじめ、どのような考慮要素や手続をもって行うかの方法を定めること、が求められる（保険監督指針Ⅱ−4−4−1−3(3)）。

上記監督指針の着眼点は、外貨建て保険等に関する苦情が近年高い水準にあり、契約内容やリスク等の説明が十分でないケース、顧客の属性・意向と異なる勧誘・契約が行われているケースが目立つことなどを背景に、適合性原則の内容を明確化するため、2021年1月15日の改正において明確化された。

金融庁が公表した「リスク性金融商品の販売会社による顧客本位の業務運営のモニタリング結果」においても、銀行は、顧客ニーズを的確に把握し、顧客本位の業務運営に関する原則を踏まえつつ、外貨建て一時払い保険がそのニーズに最適な商品かを検証し、その上で、顧客が契約判断に必要な商品の特徴やリスク特性等を丁寧に説明する必要があるとされている。顧客への丁寧な説明の例として、運用目的の場合、他のリスク性金融商品とのリスク・リターン・コスト等を比較説明するなどが考えられる。

対策

●不適当な販売・勧誘行為が行われないよう注意が必要

販売・勧誘の方法が、対面に加えてインターネットを主とする非対面による方法も広がってきており、それぞれの方法に応じて適切な販売・勧誘方法を検討することが必要である。さらに、不適当な販売・勧誘が行われないよう、社内規定・マニュアル等において合理的な販売・勧誘基準を定めたり、元本の安全性を重視するとしている顧客に対して、元本の棄損リスクがある外貨建て保険を販売・勧誘する行為や、こうした販売・勧誘において、販売する外貨建て保険に適合するような取引目的への変更を、顧客にその変更の意味や理由を正確に理解させることなく求める行為などを禁止することが重要となる。

（吉田和央・福島邦真）

235 保険契約者に対する情報提供

保険業法294条1項は、保険募集人に対して、保険契約の締結等に関し保険契約者等の保護に資するため、保険契約の内容その他保険契約者等に参考となるべき情報の提供を行うことを求めている。また、保険業法300条1項1号は、「保険契約者または被保険者に対して、虚偽のことを告げ、または保険契約の契約条項のうち保険契約者または被保険者の判断に影響を及ぼすこととなる重要な事項を告げない行為」を禁止している。契約上も、重要事項について事実と異なることを告げた結果、顧客が事実を誤認して契約を締結した場合は、消費者契約法上の取消事由を構成することに留意が必要である（消費者契約法4条1項1号）。

解説

●**商品の内容等について情報提供が求められる**

保険業法294条1項に基づき書面による情報提供が求められる事項は、同法規則227条の2第3項1号に定められており、商品の仕組み、保険給付に関する事項、付加することのできる主な特約に関する事項、保険期間に関する事項、保険金額その他の保険契約の引受けに係る条件、保険料に関する事項などから構成される。これらの事項を盛り込んだ書面として、保険監督指針Ⅱ-4-2-2(2)において「契約概要」や「注意喚起情報」が定められている。

また、この他、保険契約の締結または保険契約に加入することの判断に参考となるべき事項についての説明も求められる（保険業法施行規則227条の2第3項2号）。

対策

●**情報提供を適切に行うための態勢整備が必要**

銀行が保険募集人として保険を販売する場合、「契約概要」「注意喚起情報」を交付・説明し、顧客に対して必要な情報提供を行うための態勢を整備する必要がある。態勢整備上の着眼点は、保険監督指針Ⅱ-4-2-2(2)⑩に定められており、例えば、以下のようなものがあげられる。

・文字の大きさや記載事項の配列等について、顧客にとって理解しやすい記載とされているか。
・記載する文言の表示にあたっては、その平明性及び明確性が確保されているか。
・顧客に対して具体的な数値等を示す必要がある事項（保険期間、保険金額、保険料等）については、その具体的な数値が記載されているか。
・当該書面に記載する情報量については、顧客が理解しようとする意欲を失わないよう配慮するとともに、保険商品の特性や複雑性にあわせて定められているか。

（吉田和央）

236 顧客の意向把握・確認

保険募集人は、顧客の意向を把握し、これに沿った保険契約の提案・説明をし、顧客の意向を確認するといった意向把握・確認を行わなければならない。

解説

●「事前把握型」と「推定型」の2つの類型がある

意向把握・確認の方法は、①顧客の意向の把握、②これに沿った保険契約の提案、③保険契約の内容の説明、④顧客の意向と当該保険契約の内容が合致していることを顧客が確認する機会の提供、から構成される（保険業法294条の2本文）。

その方法は、「顧客が、自らのライフプランや公的保険制度等を踏まえ、自らの抱えるリスクやそれに応じた保障の必要性を適切に理解しつつ、その意向に保険契約の内容が対応しているかどうかを判断した上で保険契約を締結する」ために、「公的年金の受取試算額などの公的保険制度についての情報提供を適切に行うなど、取り扱う商品や募集形態を踏まえ、保険会社または保険募集人の創意工夫による方法」が想定される（保険監督指針Ⅱ－4－2－2(3)①参照）。典型的なプロセスとしては、①保険金額や保険料を含めた当該顧客向けの個別プランを説明・提案するにあたり、当該顧客の意向を把握する、②その上で、当該意向に基づいた個別プランを提案し、当該意向とどのように対応しているかも含めて説明する、③その後、最終的な顧客の意向が確定した段階において、その意向と当初把握した主な顧客の意向を比較し、両者が相違している場合にはその相違点を確認する、④契約締結前の段階において、当該意向と契約の申込みを行おうとする保険契約の内容が合致しているかどうかを確認（＝「意向確認」）する、ことが挙げられる（同ア参照）。

このうち①の意向把握の方法は、「事前把握型」と「推定型」に分類することができる。「事前把握型」では、例えば、アンケート等により、事前に顧客の意向を把握することが想定される。「推定型」では、例えば、性別や年齢等の顧客属性や生活環境等に基づき推定し、保険金額や保険料を含めた当該顧客向けの個別プランを提案する都度、保険会社または保険募集人が、どのような意向を推定（把握）して当該プランを設計したかの説明を行い、当該プランが当該意向とどのように対応しているかも含めて説明することが想定される（同（注1・2）参照）。

対策

●顧客の意向把握・確認を実施するための態勢整備が必要

顧客の意向把握・確認を実施するための態勢整備にあたっては、保険募集のプロセスに応じて、意向把握に用いた帳票等（例えば、アンケートや設計書等）であって、顧客の最終的な意向と比較した顧客の意向に係るもの及び最終的な意向に係るものを保存するなどの措置を講じる必要もある（保険監督指針Ⅱ-4-2-2(3)④ア参照）。

（吉田和央・福島邦真・正田和暉）

237 外貨建て保険等の投資性を有する保険販売時の留意点

外貨建て保険等の投資性を有する保険は「特定保険契約」に該当し、その販売にあたっては、一般的な保険募集規制に加え、金商法の行為規制が準用される（保険業法300条の2）。

解説

●特定保険契約には金商法が準用される

外貨建て保険等の「特定保険契約」に準用される金商法の行為規制として、例えば以下のものがあげられる（ただし、②・④については改正金商法施行までは重要事項を記載した書面の交付義務がある。189 202参照）。

①利益の見込み等について、著しく事実に相違する表示をし、または著しく人を誤認させるような広告等の禁止（準用金商法37条2項、保険業法施行規則234条の20）。
②契約締結前の情報提供義務（準用金商法37条の3第1項）。
③実質的説明義務（同条第2項）
④契約締結時の情報提供義務（準用金商法37条の4第1項本文）
⑤損失補填等の禁止（準用金商法39条）。
⑥適合性の原則の遵守（準用金商法40条1号）。

このうち⑥については、顧客のア．生年月日、イ．職業、ウ．資産、収入等の財産の状況、エ．過去の金融商品取引契約の締結及びその他投資性金融商品の購入経験の有無及びその種類、オ．既に締結されている金融商品の満期金または解約返戻金を特定保険契約の保険料に充てる場合は、当該金融商品の種類、カ．特定保険契約を締結する動機・目的、その他顧客のニーズに関する情報、などを顧客から収集する必要がある（保険監督指針Ⅱ-4-4-1-3(2)①）。

理する必要がある。

対策

●外貨建て保険等の「特定保険契約」には特別な管理を

外貨建て保険等の「特定保険契約」に金商法の行為規制が準用されるのは、投資性を有することから金融商品に類似し、その取引によって顧客が損失を被る可能性が生じるためである。このような特性を踏まえ、「特定保険契約」の販売にあたっては一般的な保険とは別に規程やマニュアル等を策定して管理する必要がある。

特に、ここ数年銀行等の金融機関における外貨建て保険の販売件数は急増しているが、それに伴って苦情件数も増加する傾向にある。外貨建て保険の販売にあたっては、生命保険協会が策定した「市場リスクを有する生命保険の募集等に関するガイドライン」、「金融機関代理店における重要情報シート作成ガイドライン」なども参考に、顧客本位の情報提供等が期待される。後者のガイドラインは、金融機関代理店において適切な情報提供・募集が行われることを目的に、販売時の分かりやすい情報提供及び投資信託等他の金融商品との比較の観点から、記載事項や記載例等、会員各社が顧客にとって分かりやすい「重要情報シート」を作成する際の参考の用に供するためのものである。また、生命保険協会は、近時、外貨建て保険の販売について新たな資格制度を設けている。

金融庁が公表した「リスク性金融商品の販売会社による顧客本位の業務運営のモニタリング結果」では、外貨建て一時払い保険は、「過去の円高進行時の解約の円転換によって損失が発生した旨の苦情が多く寄せられた経緯もあり、商品性を十分に理解できる顧客に対し、長期保有を前提に提案・販売する必要がある。特に、目標（ターゲット）到達型については、顧客が目標到達後に解約して同様の保険に再加入する場合、顧客に販売手数料等の二重負担が生じることを踏まえた販売のあり方を検討する必要がある」との指摘がなされている。

（吉田和央・福島邦真・正田和暉）

238　告知義務違反を勧め、告知義務履行を妨げる行為

保険業法は、保険契約者または被保険者が保険会社に対して「重要な事項につき虚偽のことを告げることを勧める行為」（保険業法300条1項2号）及び「重要な事実を告げるのを妨げ、または告げないことを勧める行為」（同項3号）を禁じている。このような行為を行った者は、1年以下の懲役（2025年6月に拘禁刑への改正が予定されている）もしくは100万円以下の罰金に処せられ、またはこれを併科される（同法317条の2第7号）。

解説

●保険団体の成立基盤や公平性を害する行為

1．保険法上の問題

保険契約の締結に際して、保険契約者または被保険者となる者は、保険者の危険選択ないし危険測定上の重要な事実のうち保険者になる者が告知を求めたものについて告知する義務を負う（保険法4条、37条、66条）。この義務を告知義務という。

保険者は、保険契約者または被保険者が、告知事項について、故意または重大な過失により事実の告知をせず、または不実の告知をしたときは、当該保険契約を解除できるとし（同法28条1項、55条1項、84条1項）、既に保険事故（保険給付事由）が発生していたときでも、原則として保険者は責任を負う必要はない（同法31条2項1号、59条2項1号、88条2項1号）。

保険媒介者（保険者のために保険契約の締結の媒介を行う者）が、告知妨害、不告知教唆・不実告知教唆を行ったときには、保険者は告知義務違反を理由に当該保険契約の解除をすることができなくなる（保険法28条2項2号・3号、55条2項2号・3号、84条2項2号・3号）。告知義務違反を勧め、告知義務の履行を妨げる行為は、まさに前記の告知義務違反の解除阻却事由となる。

2. 保険業法上の問題

保険業法300条1項2号及び3号は、保険募集人に対して以下の行為を禁止している。保険契約者または被保険者が保険会社等または外国保険会社等に対して、①重要な事項につき虚偽のことを告げることを勧める行為（虚偽告知教唆）、②重要な事実を告げるのを妨げる行為（告知妨害）、③重要な事実を告げないことを勧める行為（不告知教唆）。

保険契約者または被保険者は前記のとおり告知義務を負っているところ、これに対して保険募集人が①虚偽告知教唆、②告知妨害または③不告知教唆を行った場合、適切な危険選択が阻害され、保険団体の成立基盤や公平性が害されるためである。

なお、告知の受領については、生命保険協会において「正しい告知を受けるための対応に関するガイドライン」が定められている。

対策

●告知の改竄や誘導は絶対にしてはならない

告知書は顧客が記入したものを改竄することなく、そのまま保険会社に回付する。また、顧客が告知書に記入する際に質問があった場合には、告知書に従って正確な告知を行うように伝えなければならない。例えば、告知の対象となる疾病やその罹患時期については一定の制限が設けられている場合もあるが、不明な点が生じた場合には所管部署や保険会社に対して慎重に確認すべきである。そのような確認を怠って不正確な回答を行ってしまった場合（例えば「その程度の病気は告知しなくてよいですよ」と回答した場合）、事後的に保険業法違反に問われるとともに、被保険者の告知義務違反を問えなくなるおそれがある。

（吉田和央・福島邦真・正田和暉）

239 乗換・転換にあたっての不利益事実の告知・情報提供

保険業法は、「保険乗換」にあたって「保険契約者または被保険者に対して、不利益となるべき事実を告げずに、既に成立している保険契約を消滅させて新たな保険契約の申込みをさせ、または新たな保険契約の申込みをさせて既に成立している保険契約を消滅させる行為」(同法300条1項4号)を禁じている。また、情報提供義務の履行として「保険転換」にあたっての情報提供も求めている(同法294条1項、同法施行規則227条の2第3項9号)。これに違反した場合には、業務改善命令、登録の取消しもしくは、業務停止命令(同法306条、307条1項3号)などの行政処分の対象となる。

解説

●乗換・転換にあたっては不利益事実の告知・情報提供が不可欠

既に有効に継続している契約を消滅させ、新しい保険に加入させる行為(乗換)は、旧契約について解約控除がなされ、新契約について新たに付加保険料が課されるなど、保険契約者等を害するおそれがあることから、そのような不利益を告げることなく行うことが禁止される。

保険業法300条1項4号の「既に成立している保険契約を消滅」とは、保険契約の消滅を意味し、契約が完全には消滅しない保険金額の減額、保険料払済保険への変更、定期延長保険への変更等はこれに含まれないと考えられる。また「不利益となるべき事実」として、例えば以下のような事項があげられる(保険監督指針Ⅱ－4－2－2(7))。

①一定金額の金銭をいわゆる解約控除等として保険契約者が負担することとなる場合があること
②特別配当請求権その他の一定期間の契約継続を条件に発生する配当に係る請求権を失うこととなる場合があること
③被保険者の健康状態の悪化等のため新たな保険契約を締結できないこととなる場合があること

また、「乗換」と類似するものとして、「転換」がある。「転換」とは、既契約を消滅させると同時に、既契約の責任準備金、返戻金の額その他の被保険者のために積み立てられている額を、新たに締結する保険契約の責任準備金または保険料に充当することによって成立する保険契約をいう。「転換」では、乗換え募集で問題となる解約控除が行われない一方で、予定利率の低い（保険料の高い）保険に誘導されるおそれがあることから、一定の情報提供が求められている。

対策

●不利益事実の説明や情報提供を行う態勢整備が必要

乗換・転換にあたっては不利益な事実の説明や情報提供が必要となるが、これを現場の募集人の判断に委ねるのは容易でない。そのため、「乗換」や「転換」を想定して必要な情報を盛り込んだ書面等をあらかじめ準備した上で顧客に交付するなどの態勢整備が求められる。また、無理な乗換・転換を勧誘することは、意向把握・確認義務（231参照）に反するおそれもあるため、そのような勧誘が行われないための態勢も重要である。

（吉田和央）

240 クーリング・オフへの対応

保険会社は、保険契約の申込みの撤回等があった場合には、申込者等に対し受取済の保険料等を速やかに返還しなければならず、また、その申込みの撤回等に伴う損害賠償または違約金その他の金銭の支払を請求することができない。ただし、保険業法309条1項の規定による保険契約の解除の場合における当該解除までの期間に相当する保険料として内閣府令で定める金額については、この限りでない(同条5項)。

解説

●顧客が自発的に申し込んでいる場合等は適用除外

保険会社等に対し保険契約の申込みをした者または保険契約者は、書面または電磁的記録によりその保険契約の申込みの撤回または解除(申込みの撤回等。クーリング・オフ)を行うことができる(保険業法309条1項)。

クーリング・オフには適用除外が定められており、例えば以下の場合があげられる(同法309条1項各号・9項、同法施行令45条)。

①申込者等が、保険契約の申込みの撤回等に関する事項を記載した書面を交付された場合において、その交付をされた日と申込みをした日とのいずれか遅い日から起算して8日を経過したとき。

②申込者等が、営業もしくは事業のために、または営業もしくは事業として締結する保険契約として申込みをしたとき。

③当該保険契約の保険期間が1年以下であるとき。

④申込者等が、保険募集人等に対し、あらかじめ日を通知してその営業所、事務所その他これらに準ずる場所(営業所等)を訪問し、かつ、当該通知し、または訪問した際に自己の訪問が保険契約の申込みをするためのものであることを明らかにした上、当該営業所等において当該保険契約の申込みをした場合

⑤申込者等が、自ら指定した場所（保険業者の営業所等及び当該申込者等の居宅を除く）において保険契約の申込みをすることを請求した場合において、当該保険契約の申込みをしたとき。
⑥申込者等が、郵便を利用する方法等（同法施行規則241条）により保険契約の申込みをした場合

対策

●クーリング・オフは顧客の当然の権利であることを周知徹底する

クーリング・オフは顧客の権利であり、不当に妨げることがあってはならない。他方で、クーリング・オフには適用除外も定められていることから、募集人に対してはいかなる場合に顧客がクーリング・オフの権利を行使できるか（できないのか）について十分な教育を実施する必要がある。また、顧客をクーリング・オフできない場合に恣意的に誘導することがないように管理する必要もある。

（吉田和央・正田和暉）

241 募集資料の適正な表示の確保

保険募集時に必要とされる表示や書面交付の実行を確保するためにも、募集資料の適正な表示を確保しなければならない。

解説

●募集資料の作成にあたっての留意点

適正な募集管理態勢を確保するためには、保険募集の方法等に関する教育を実施することに加え、募集資料の管理が重要である。

この点について、保険監督指針Ⅱ-4-10(2)は、「募集用の資料等（広告も含む）について、表示媒体や商品の特性に応じた適正な表示を確保するための措置が講じられているか」との着眼点を示している。

また、表示にあたっての個別の着眼点として、例えば以下のような点にも留意する必要がある（同指針Ⅱ-4-10(3)(4)）。

①保険商品の保障内容に関する優良性を示す際に、それと不離一体の関係にあるものを併せて分かりやすく示さないことなどにより、契約者等に著しく優良との誤解を与える表示となっていないか。

②保険商品の取引条件の有利性を示す際に、制限条件等を併せて分かりやすく示さないことなどにより、契約者等に著しく有利との誤解を与える表示となっていないか。

③保険商品・サービス等に関する表示が客観的事実に基づくものとなっているか。

④保険商品・サービス等に関する表示に業界における最上級その他の序列を直接に意味する用語、唯一性を直接に意味する用語または相対的な優位性があることを意味する用語を使用する場合は、その主張する内容の根拠についても明確に表示しているか。

⑤銀行等で販売する保険商品について表示を行う場合（銀行等が行う表示を含む）には、例えば、定期預金な

ど銀行等の商品であるかのような誤解を招かないように、当該商品が保険会社の保険商品であることを適切に表示しているか。

⑥表示媒体や表示内容に応じ、「契約概要」、「注意喚起情報」を記載した書面を読むことの重要性を喚起するための表示を行うための措置を講じているか。

対策

●募集資料についての社内のチェック態勢が重要

募集資料を適切に管理するためには、顧客に交付される募集資料を社内において一元的にチェックする態勢を構築することが重要である。募集資料の作成や交付を現場の募集人に無制限に委ね、表示の適切性について十分な確認が経られていない募集資料が顧客に交付されることのないようにする必要がある。

（吉田和央）

第十二章　相談・提案

242 取引先の経営支援における利益相反

取引経営支援の名の下に、債権回収等の銀行の利益を優先して取引先の利益を不当に害する行為が行われないように利益相反管理態勢を確立し、外部の専門機関等を活用する際にも、その独立性・中立性の確保に配慮し、銀行との役割・責任の分担等を明確化しておくことが望ましい。

解説

●利益相反の基本構造を超克する経営支援態勢の整備が必要

コンサルティング業務、ビジネスマッチング業務は例示付随業務である地域活性化等業務のうち経営相談等業務（銀行法10条2項21号、同法施行規則13条の2の5第1号）として、その他のM＆Aに関する業務はいわゆるその他付随業務（銀行法10条2項柱書、中小監督指針Ⅲ－4－2－2(1)）として認められているが、債権者である銀行と債務者である取引先との間では、経営支援の名の下に、債権回収等の銀行の利益を優先して取引先の利益を不当に害する行為が行われる懸念がある。そのため、銀行には利益相反管理態勢の確立が求められている（銀行法13条の3の2、同法施行規則14条の11の3の3）。金融庁が公表した「金融仲介機能のベンチマーク」の項目である取引先企業の経営改善や成長力の強化等を達成するに際しても、利益相反管理が問題となり得る。また、顧客本位の業務運営に関する原則3でも、「金融事業者は、取引における顧客との利益相反の可能性について正確に把握し、利益相反の可能性がある場合には、当該利益相反を適切に管理すべき」「そのための具体的な対応方針をあらかじめ策定すべき」とされており、金融商品取引法等の一部を改正する法律（令和5年11月29日号外法律第79号）により顧客等に対する最善利益義務が法定化されたため、この観点からも留意が必要である。

この利益相反管理では、まず管理対象取引の類型化を明確にすることが求められており、銀行と顧客の利益が対立・競合する場合（自己取引型）、顧客と顧客の利益が対立・競合する場合（双方代理型）、銀行が顧客の情報を不当に利用し得る場合（情報利用型）があると考えられている（小田大輔「利益相反管理の合理的実践」（金融法務事情1870号18頁）等）。経営支援においても、管理対象取引として把握するのが適当な場合がある。具体例として、M&Aの案件では、売り手側と買い手側の双方のアドバイザーになる場合（一方の利益を図ることで、他方の利益を不当に害するおそれがある）や買い手側に買収資金を融資する場合（この融資取引で銀行の利益を優先して買い手側の利益を不当に害したり、M&Aの成約を優先して売り手の利益を不当に害する等）等があげられる。

利益相反管理方法は、①情報共有先の制限、②取引条件または方法の変更、③一方の取引の中止、④顧客への開示の伝統的な4つのパターンに加えて、⑤情報を共有する者の監視がある（中小監督指針Ⅲ-4-12-2(2)①ニ）。自己取引型（②）、双方代理型（①②③④）、情報利用型（①⑤）それぞれに応じた利益相反管理方法を実効的に選択する必要がある。

対策

●**経営支援策の主体は取引先にある点を明確に説明**

経営支援の実効性を高める観点から、外部専門機関等の第三者的な視点や専門的知見を積極的に活用する場合はその独立性・中立性に配慮する。また、結果的に支援業務が奏功しなかった場合の責任問題等に備え、取引先に対しては、銀行が示す解決案やプラン等はあくまでも提案の1つに過ぎず、その採否と実行は取引先の主体的判断によるもので、銀行はその成果を保証しないこと、取引先に損失や損害が生じても責任を負わない旨を明確に説明し、文書で確認しておくことが考えられる。

（吉田和央・福島邦真・正田和暉）

243 取引先へのソリューション提案に基づく融資実行と貸手責任

銀行が、顧客に対して融資を行うとともに当該融資返済のための企画・プランを提案することがある。このような場合に、裁判例において、建築会社の担当者とともに、顧客に対して法令の制限により実現不可能な計画の説明を行った銀行も、説明義務違反が認められた例が存在する。銀行の業務範囲規制の観点からも、このようなソリューション提案は慎重に行う必要がある。

解説

●銀行がソリューション提案を行った場合に負い得る説明義務

近時の監督当局の姿勢も相まって、銀行の収益性確保のために、銀行がソリューション提案を行うことが増えている。2021年の銀行法改正により、銀行やその子会社・兄弟会社の業務範囲に、デジタル化や地方創生など持続可能な社会の構築に資する業務が追加されることとなったことも踏まえて、その傾向はより加速すると考えられる。他方で、銀行が、顧客に対して融資を行うとともに返済のための企画・プランを提案する場合に、融資や関連する金融商品販売は適法であっても、返済の企画やプランの法令適合性について十分な確認をしていなかったことを理由に、銀行の担当者に説明義務違反があったとして、損害賠償義務を認める裁判例が存在する。

裁判例の事案（最判平18・6・12集民220号403頁）では、銀行担当者と銀行が紹介した建設会社が、取引先に対して、取引先所有の土地に自己資本と借入金により店舗・事務所を建築した後、当該土地の一部を売却して返済資金を確保する計画を提示した。ところが、当該計画に従って売却した場合、買主が土地上に法令上建物を建築し建築確認をすることができないことが判明し、取引先は当該土地を売却できず、貸付金を返済することができなくなった。最高裁は、銀行担当者が土地の売却により返済資金を捻出することを前提とする計画を作成・提案していたことなどを理由に、「特段の事情」があれば、銀行担当者の説明義務違反が認められるとした。これを受けた差戻審（大阪高判平19・9・27金商1283号42頁）は、本件では「特段の事情」として、前記のとおり銀行が返済資金計画作成・説明に深く関与していたことや、取引先に対して土地の売却が可能であると判断させるような言動を行ったことなどを理由に、説明義務違反があったと認定している。

対策

●慎重な対応及び調査の必要

問題となった裁判例では、銀行が土地の売却が可能であると取引先に判断させるような言動を行ったことが説明義務の根拠の一因となっている。場合によっては、銀行の業務範囲として認められていない媒介（本件では不動産取引の媒介）にも該当し得るため、このような提案を行う際には銀行としては専門業者と連携して慎重な対応をとる必要がある。他方で、前記の裁判例では、事情によっては銀行の担当者が専門業者（本件では不動産業者）の説明を鵜呑みにすることなく、法適合性の有無等を専門業者とともに十分に調査し、取引先に説明する義務があったとしている。このような裁判例も踏まえ、取引の提案・実行段階において、銀行自身が適切なリーガルチェックを行う態勢を整えておく必要がある。

（吉田和央・飯島隆博）

244 紹介した取引先の倒産

銀行が、取引先（A社）に別の取引先（B社）を紹介して、A社とB社で商取引がスタートした後、B社が倒産してA社が損害を被ったような場合、B社と取引するか否かは、A社の判断によるものであり、原則として銀行には責任はないといえるが、そのためには単なる「紹介」にとどまるようにする必要がある。

解説

●紹介した取引先が倒産した場合に銀行が責任を問われることもある

銀行が、ビジネスマッチングの一環として、取引先（甲社）に別の取引先（乙社）を紹介して、甲社と乙社で商取引がスタートした後、乙社が倒産して甲社が損害を被ったような場合、乙社を甲社に紹介した銀行が法的責任を問われるかどうかが問題となる。

関連する判例としては、工事途中で倒産した建設業者を紹介した銀行の不法行為責任を認めたものがある（東京地判平7・2・23金法1415号43頁）。これは、玩具卸商を営むXが、所有建物の建替えの相談と建設業者の紹介の依頼をY銀行にしたが、Yは多額の融資先で債務超過にある建設業者Aを紹介して請負契約を斡旋し、XからAの口座に振り込まれた契約着手金を融資金の回収として処理したという事案である。裁判所は、「認定事実を公平の原則及び自由競争原理の内在的制約に照らし勘案すると、Yには、本件弁済充当を受けた見返りとして、右債権回収の限度で債務超過にあるAの本件契約上の施工義務の履行を支援して本件振込金に見合う工事を行わせXに損害が生じないように配慮すべき義務が生じた」として、Yに不法行為に基づく損害賠償責任を認めた。

なお、控訴審（東京高判平7・12・26金法1445号49頁）では、Yが当時はAに融資を継続する意思を有しており、倒産を予測し得ず、かつXに対する債権侵害の認識もなかったという認定を前提に、Yには不法行為が成立しないとして銀行を勝訴させている。

対策

●「紹介」にとどめ、取引を行うか否かは顧客の判断であることを十分に説明

原則として銀行が取引先を紹介したこと自体により、紹介をした銀行に法的責任が生じることにはならない。これは、商取引は自己責任であり、紹介を受けた甲社も独自に乙社の信用状況、経営状態等を調査・判断すべきことに基づく。

ただし、銀行が、乙社の信用状況が悪化しているのを知りながら、または、通常であればそれに気付くべきであったのにそれに気がつかないで紹介したような場合には、銀行が法的責任を負う場合もあり得る。銀行における対応策としては、単なる「紹介」にとどめ、乙社と取引するか否かは甲社の判断によるものであることを明示的に説明し、同意をとるとともに、銀行自身も紹介する取引先の信用力等を確認し、問題があると認識している取引先を紹介しないことが考えられる。特に、銀行が甲社から手数料をとって行うビジネスマッチングにおいては、銀行の注意義務として求められる水準は高くなり得るため、留意しなければならない。

（吉田和央・飯島隆博）

245 株式公開の助言等と市場誘導業務の遵守事項

銀行が、取引先企業に対し、株式公開に向けたアドバイスを行ったり、引受金融商品取引業者に対し、株式公開等が可能な取引先企業を紹介する「市場誘導業務」は、付随業務として行うことが可能であるが、顧客情報の整備・管理態勢の構築が重要である。

解説

●フィー・ビジネスとしての市場誘導業務

かかる市場誘導業務は、伝統的に銀行等の「その他の付随業務」(銀行法10条2項柱書)に含まれていたところ、2021年銀行法改正により同業務ないし列挙された付随業務の一環(同項21号、同法施行規則13条の2の5第1号)として手数料収入を得て行うことが可能である。

銀行の顧客企業からすれば、銀行から、融資だけでなく、資本市場からの調達をも含めた資金調達に関する総合的なアドバイスを得ることができるという点で利便性がある。また、引受金融商品取引業者からすれば、当該企業の情報を熟知している銀行との連携を図ることで、より効率的な事業運営が可能になり得る。

したがって、銀行は、株式公開等に向けたアドバイスの対価として取引先企業から手数料を得ること、及び取引先の公開候補企業を引受金融商品取引業者に紹介する対価として金融商品取引業者から紹介手数料を得ることが可能になっている。

なお、こうした業務の実施にあたっては顧客保護や法令等遵守の観点から、次の点について態勢整備が図られている必要がある。市場誘導業務は例示付随業務として行うことができるようになったが、「その他の付随業務」における着眼点は引き続き参考になる(中小監督指針Ⅲ－4－2－2参照)。

①優越的地位の濫用として独占禁止法上問題となる行為の発生防止等法令等の厳正な遵守に向けた態勢整備が行われているか

②コンサルティング業務等により提供される商品やサービスの内容、対価等契約内容が書面等により明示されているか
③付随業務に関連した顧客の情報管理について、目的外使用も含め具体的な取扱い基準が定められ、それらの行員等に対する周知徹底について検証態勢が整備されているか（同指針Ⅱ−3−2−3−2参照）

対策

●顧客情報の整備・管理態勢の構築が重要

取引先企業を引受金融商品取引業者に対して紹介する場合であっても、銀行の守秘義務に基づき、取引先企業の同意なしに取引先企業の情報を当該金融商品取引業者に対して提供することはできないため、取引先企業から明示的な同意を取得する必要がある（金商業府令153条1項7号イ）。また、株式公開の助言等を行ったことにより取得した情報についても当然に目的外の利用をしてよいことにはならない。銀行内部においても、個人情報の保護に加え、法人信用情報等、顧客情報の整備・管理等の内部管理態勢を整備し、適切な運用を図る必要がある。

他方、上場企業等や、株式を上場しようとする会社等、及びこれらの子会社等の顧客情報をグループ内銀証で共有する場合、オプトアウトの措置をとることを前提に、事前同意が不要とされることとされている（金商業府令153条1項7号ヌ、123条1項18号ト）一方、顧客保護や法令等遵守のための態勢整備について、より強化・明確化が図られているため（中小監督指針Ⅲ−4−7−6(3)、Ⅲ−4−12）、留意が必要である。

（吉田和央・飯島隆博）

246 ビジネスマッチング等における情報開示・利益相反管理

銀行が取引先企業から依頼を受け、他の取引先・提携先等を紹介する場合、銀行が顧客に対して負う守秘義務との関係で、取引先企業に対して、同じく銀行の顧客である取引先等候補に関する情報をどの程度まで開示することが許されるのかが問題となる。さらに、顧客同士の資本・業務提携や事業譲渡等に関する助言・指導等を行う場合には、利益相反管理も問題となる。

解説

●情報開示の許容範囲と利益相反管理

銀行が取引先企業からビジネスマッチングやM&A業務として取引先や事業提携先等の紹介を委託された場合、銀行は他の取引先企業を取引先等の候補として紹介することになるが、その際には委託者に対し、取引先等の候補に関する情報を開示することが想定される。

しかし、一般に、銀行は、顧客に対して、顧客との取引などによって知り得た情報を正当な理由なく他に漏えいしてはならないという守秘義務を負っていることから（東京地判平3・3・28判時1382号98頁等）、銀行は、委託者である顧客に対して、同じく銀行の顧客である取引先等の候補に関する情報を、どの程度まで開示することが許されるのかという点が問題となる。

また、例えば銀行が既に顧客Aにコンサルティング業務等を行っている場合に、顧客Bに対して、顧客Aとの間の資本・業務提携や事業・資産譲渡等を提案し、助言・指導等を行う場合、顧客AとBとの間ではいわば双方代理型の利益相反関係にあり、利益相反管理の要請も生じる。この場合には、顧客A、Bともに情報を開示することで対応をすることが有効であるが、守秘義務との関係に留意が必要となる。

対策

●顧客からの同意の取得

銀行は、ビジネスマッチング業務を提供する際には、業務委託契約等において、事前に紹介先に対する情報開示についての承諾を得ることにより、あらかじめ顧客から守秘義務の解除を得ておくことが望ましい。

また、利益相反管理が必要なビジネスマッチング・コンサルティング業務を提供する場合にも、利益相反管理の手法として顧客双方に対して情報開示を行い、個別に同意を取得することが望ましい。その際にも守秘義務との関係で、後から助言・指導等を行う顧客（前記の顧客B）から守秘義務解除の同意を得た後に、顧客Aに利益相反の事実を開示し同意を得ることが適切である。この際、あわせて、顧客への開示という管理方法を選択した理由を顧客に対し説明することが望ましい（中小監督指針Ⅲ－4－12－2(2)①ハ参照。なお、付随業務に関連した顧客の情報管理について、Ⅱ－3－2－3－2も参照）。

（吉田和央・飯島隆博）

247 銀行による税務アドバイス・申告書の作成

一般的な税法の解説や単に仮定の事例に基づき計算を行うことなどは、税理士法において税理士以外が業として行うことが禁止される「税務相談」には該当しないが、顧客からの質問等には慎重な対応が求められる。

解説

●**税務相談が税理士業務に抵触する場合**

税理士または税理士法人でない者は、法律に別段の定めがある場合を除く他、税理士業務を行ってはならず（税理士法52条）、違反した者は、2年以下の懲役（2025年6月に拘禁刑への改正が予定されている）または100万円以下の罰金に処せられる（同法59条1項4号）。税理士業務としては、税務代理（税務申告、不服申立等）、税務書類（申告書等）の作成、税務相談があげられているところ、税務アドバイスが税理士法に抵触するか否かは、「税務相談」に該当するかという問題となる。「税務相談」とは、税務官公署に対してする申告等に関し、租税の課税標準等の計算に関する事項について、相談に応ずることをいうとされており、「相談に応ずる」とは具体的な質問に対して答弁し、指示しまたは意見を表明することをいうとされている。したがって、一般的な税法の解説・講習会や単に仮定の事例に基づき計算を行うことなどは、「税務相談」には該当しないと解されている（日本税理士連合会「税理士法逐条解説（新訂版）」18頁（日本税理士協同組合連合会、1998年））。

対策

●**アドバイスの限界に留意**

税理士法で規定している「税務相談」は、報酬の有無を問わず禁止されている。しかし、相続税、租税の特例措置等の一般的な税法の解説をすることや、顧客が不動産を購入または売却したと仮定して税金の計算を行うことは、認められる余地がある。固有業務における顧客も税金関係については関心が強いところであり、銀行の担当者に対して質問がなされることも多いと思われ、そのような質問・要望に対して一般的な説明は可能ではあるものの、顧客へのアドバイスには限界があることに注意する必要がある。

具体的な税額がいくらになるかという相談や、どのような商品を選択すればいくらの節税になるかといった詳細な相談があった場合は、応じられない旨を述べるとともに、有資格者を招き金融機関等で行っている税務相談会等に参加してもらうなどの対応が考えられる。具体的なアドバイスや、税務申告書を顧客に代わって作成することは、税理士法に違反する行為であり、また、誤った申告等をした場合には、顧客との間の民事責任も生じ得るため、注意を要する。

（吉田和央・飯島隆博）

248

不動産取引の仲介と報酬の受取り

無免許で宅地建物取引業を営んだり、宅地建物取引業を営む旨の表示をし、または宅地建物取引業を営む目的をもって広告をしてはならない。銀行が、異種リスクの排除のために不動産の売買の代理・媒介を行うことは認められないことと合わせ、注意をする必要がある。

解説

●付随業務との関係で問題

宅地建物取引業の免許を受けない者は、宅地建物取引業を営んではならないとされている。宅地建物取引業とは、宅地建物の売買等（交換も含む）、または宅地、建物の売買等、賃借の代理もしくは媒介をする行為を業として行うことをいう（宅建業法2条2号）。

なお、無免許業者は、あたかも免許を受けた宅建業者であるかのように宅建業を営む旨の表示または広告をしてはならない（同法12条2項）。例えば「不動産仲介斡旋」や「貸家を世話します」などの表示も、通常一般の者を誤認させる表示・広告としてすることはできない。

銀行が付随業務として、不動産関連事業者とのビジネスマッチング等を行うことは許容され得る。他方で、銀行が不動産の売買の代理・媒介を行うことは、宅建業法違反となることに加え、銀行法上の業務範囲を逸脱することになる。

対策

●契約成立に向けた尽力とみなされないための措置

特に問題となる不動産取引の「媒介」は、当事者の委託を受けて、売買等の契約の成立に向けて交渉条件等を斡旋尽力する行為とされる。そのため、「媒介」に該当するかは契約の成立に向けた「尽力」という積極的な関与の有無を個別に検討せざるを得ないが、例えば、取引物件の存在（売り情報）、物件を探している買手の存在（買い情報）を提供するだけの行為（いわば「紹介」）は、情報提供行為にとどまり、宅建業法における「媒介」には該当しないと解される（岡本正治・宇仁美咲「[三訂版]逐条解説宅地建物取引業法」77頁（大成出版社、２０２０））。これに対し、個別の物件に関して自らも現地案内し取引の相手方との条件交渉、契約の立会等に関与したり、当該物件を推奨したり顧客に口添え、助言等する行為は、その具体的な内容によっては情報提供の域を越え、「媒介」に該当すると解されるため、少なくとも個別の物件について説明すべきでない。

業務の対価についても、外形上及びインセンティブ上「媒介」ではなく単なる「紹介」に留めるため、成約に応じた成果報酬を仲介業者から受け取るよりは、紹介数に応じた報酬体系とすることが考えられるが、他方で紹介に起因して成約した不動産売買取引に基づき提携先が得る手数料額の一定割合とすることも直ちに禁じられるものではないとも考えられる。その場合でも、成約数や手数料額等の目標値の設定は行わないなど、不動産売買取引の成立に向けた積極的な関与を行うことを排除するための一定の配慮が適切である。

（吉田和央・飯島隆博）

249 法務アドバイスによる報酬の受取り

弁護士または弁護士法人でない者は、報酬を得る目的で訴訟事件、非訟事件……その他一般の法律事件に関して鑑定、代理、仲裁もしくは和解その他の法律事務を取扱い、またはこれらの周旋をすることを業とすることができない（弁護士法72条）。これに違反した場合は、2年以下の懲役（2025年6月に拘禁刑への改正が予定されている。以下同じ）または300万円以下の罰金に処せられる（同法77条3号）。弁護士または弁護士法人でない者は、利益を得る目的で、法律相談その他法律事務を取扱う旨の表示または記載をしてはならない（同法74条2項）。これに違反した場合は、100万円以下の罰金に処せられる（同法77条の2）。

解説

●法律事務の取扱いは広く弁護士法に抵触し得る

弁護士法72条は、弁護士または弁護士法人でない者が法律事務を取り扱うことを禁止している。違反した場合には、2年以下の懲役または300万円以下の罰金に処せられる（同法77条3号）。その要件は、①弁護士または弁護士法人でない者が、②報酬を得る目的で、③法律事件に関する法律事務を取り扱うこと、またはその取扱いを周旋すること、④それらが業としてなされること、とされている。

②については、法律相談に応じたことに対して直接報酬を申し受けることが違反に該当することに加え、相談料として受領しなくても、銀行が営業行為の一部として行う限り、実質的に報酬を得る目的でなされていると扱われる可能性がある。また、④については、反復継続の意思をもって法律事務の取扱いをすれば「業」に該当し、反復継続の意思が認められれば、具体的になされた行為の回数にはよらないと解されている。③については、いわゆる「事件性」（紛争性）がある場合に限り処罰の対象となるか否かについて争いがあるが、「事件性」がなくとも、「法律事件」に該当し弁護士法違反になるという考え方も有力である（日本弁護士会連合会調査室編著「条解弁護士法［第5版］」647頁（弘文堂、2019年）。

対策

●具体的な案件で解決方法を示唆しない

銀行が取引先に対する経営指導の一環として行う助言や、債権回収、不動産売買、相続・遺言などの場面で法律問題も出てくる場合がある。制度や手続等についての一般的な情報提供や説明は認められると考えられるが、具体的な案件に立ち入って解決方法の指導に及ぶのは、「法律事件に関する法務事務」に該当し、弁護士法に抵触し得る。個別具体的な事情との関係で法律・交渉が問題となる場合には、弁護士を紹介することが適切である。

この際、弁護士法は、法律事件に関する法律事務を取り扱うことの「周旋」も、報酬を得る目的で、業として行ってはならないとしている。取引先を弁護士に紹介する場合も、そこから何らかの報酬を得ることは認められていない。また、非弁護士と提携し、非弁護士に法律事件を紹介した場合（非弁提携）には、銀行も共同して民事・刑事の責任を問われ得る。

（吉田和央・飯島隆博）

〈監修者紹介〉

野村　修也（のむら　しゅうや）

1962年北海道出身。1985年中央大学法学部卒業。西南学院大学法学部助教授を経て、1998年中央大学法学部教授（2004年より同大学法科大学院教授）。同年6月金融監督庁検査部参事（後に金融庁顧問）に就任（2011年まで）。金融審議会委員・郵政民営化委員などを歴任。

2024年版　コンプライアンスのための

金融取引《きんゆうとりひき》ルールブック

＜検印省略＞

1992年2月3日　第一版発行
11刷　1992年7月20日
1992年11月2日　第二版発行
6刷　1995年7月10日
1996年9月2日　第三版発行
5刷　1996年12月6日
1998年2月1日　第四版発行
4刷　1999年2月15日
1999年4月19日　第五版発行
9刷　2000年10月16日
2000年11月6日　第六版発行
3刷　2002年3月14日
2002年9月11日　第七版発行
3刷　2003年4月10日
2003年9月24日　第八版発行
3刷　2004年8月20日
2005年5月6日　第九版発行
1刷　2005年5月6日
2006年7月3日　第十版発行
1刷　2006年7月3日
2007年8月13日　第十一版発行
1刷　2007年8月13日
2008年8月1日　第十二版発行
2刷　2009年1月30日
2010年1月12日　第十三版発行
1刷　2010年1月12日
2012年2月10日　第十四版発行
2刷　2013年2月11日
2014年2月28日　第十五版発行
1刷　2014年2月28日
2016年2月19日　第十六版発行
1刷　2016年2月19日
2018年3月5日　第十七版発行
1刷　2018年3月5日
2020年3月23日　2020年版発行
1刷　2020年3月23日
2022年4月15日　2022年版発行
1刷　2022年4月15日
2024年5月7日　2024年版発行
1刷　2024年5月7日

監修者　野《の》　村《むら》　修《しゅう》　也《や》

発行者　星《ほし》　野《の》　広《ひろ》　友《とも》

発行所　株式会社 銀行研修社

東京都豊島区北大塚3丁目10番5号
電話 東京03(3949)4101(代)〒170-8460
振替 00120-4-8604番

印刷／誠宏印刷株式会社
製本／株式会社中永製本所
落丁・乱丁本はおとりかえ致します。
ISBN978-4-7657-4712-7 C2033